珍藏本
纪念版

汉译世界学术名著丛书

塔西佗
历史

王以铸 崔妙因 译

2017年·北京

Tacitus

THE HISTORIES

English Translation by

C. H. Moore

The Loeb Classical Library

Reprinted in Great Britain, 1952

根据 1952 年英国洛布古典丛书再版本译出

汉译世界学术名著丛书
（120年纪念版·珍藏本）
出版说明

2017年2月11日，商务印书馆迎来120岁的生日。120年前，商务印书馆前贤怀揣文化救国的理想，抱持“昌明教育，开启民智”的使命，立足本土，放眼寰宇，以出版为津梁，沟通中西，为中国、为世界提供最富智慧的思想文化成果。无论世事白云苍狗，潮流左右激荡，甚至战火硝烟弥漫，始终践行学术报国之志，无改初心。

迻译世界各国学术名著，即其一端。早在20世纪初年便出版《原富》《天演论》等影响至今的代表性著作，1950年代后更致力于外国哲学和社会科学经典的译介，及至1980年代，辑为“汉译世界学术名著丛书”，汇涓为流，蔚为大观。丛书自1981年开始出版，历时三十余年，迄今已推出七百种，是我国现代出版史上规模最大、最为重要的学术翻译工程。

丛书所选之书，立场观点不囿于一派，学科领域不限于一门，皆为文明开启以来，各时代、各国家、各民族的思想与文化精粹，代表着人类已经到达过的精神境界。丛书系统译介世界学术经典，引领时代思想，为本土原创学术的发展提供丰富的文化滋养，为推动中国现代学术和现代化进程做出了突出的贡献。

为纪念商务印书馆成立120周年，我们整体推出“汉译世界学术名著丛书”120年纪念版的珍藏本，寄望既利于文化积累，又便于研读查考，同时向长期支持丛书出版的译者、编者和读者致以敬意。

两甲子后的今天，商务印书馆又站在了一个新的历史时间节点上。我们不仅要铭记先辈的身影和足迹，更须让我们的步伐充满新的时代精神。这是商务人代代相传的事业，更是与国家和民族的命运始终紧密相连的事业。我们责无旁贷，必须做好我们这代人的传承与创造，让我们的努力和成果不仅凝聚成民族文化的记忆，还能成为后来人可以接续的事业。唯此，才能不负前贤，无愧来者。

商务印书馆编辑部

2017年10月

目　　录

中译者的话…………………………………………………………… 1
本书提要……………………………………………………………… 5
历史…………………………………………………………………… 1
　第一卷…………………………………………………………… 1
　第二卷…………………………………………………………… 90
　第三卷…………………………………………………………… 183
　第四卷…………………………………………………………… 270
　第五卷…………………………………………………………… 369
　残　篇…………………………………………………………… 399
要目索引……………………………………………………………… 402

地图

　罗马帝国………………………………………………………… 421
　罗马帝国时代西亚地图………………………………………… 422

中译者的话

——写在《编年史》及《历史》中译本前面

《编年史》主要译自洛布古典丛书(The Loeb Classical Library)拉英对照本中约翰·杰克逊(John Jackson)的英译本，翻译过程中参考了企鹅古典丛书(The Penguin Classics)中迈克尔·格兰特(Michael Grant)的英译本、万人丛书(Everyman's Library)中阿瑟·墨菲(Arthur Murphy)的英译本和比尔努(J. L. Burnoff)的法译本。

《历史》主要译自洛布古典丛书拉英对照本中穆尔(C. H. Moore)的英译本，翻译过程中参考了万人丛书中阿瑟·墨菲的英译本、比尔努的法译本和昂利·葛尔策(Henri Goelzer)的法译本。

在这几种译本里，洛布古典丛书中的两种拉英对照本(原书两种分订四册)译文一般说来比较准确，但文采稍逊。万人丛书中的墨菲译本，虽然在相当长的一段时期里是标准的英译本，但严格说来，这几乎不是翻译，而是用自己的话加以复述，即英国人所说的paraphrase。由于这个译本在文字上不受原文的限制，所以在原文难于理解的地方，译者可以根据自己的理解不吝笔墨地把字里行间的意思替原作者表达出来。这种译法虽有其可取的一面，但是毕竟离开原文远了。

比尔努的法译本(1861年),直到目前为止仍不失为较好的一个译本,但这个译本也有不少偏重意译而不够准确的地方。后来的葛尔策的《历史》的法译本(1921年)基本上弥补了这个缺陷。

此外,墨菲的译本和比尔努的译本还受到时代的限制。比如说,近百年来罗马史的研究成果和对原文的研究成果就不能反映在他们的译文上。这个译文的参考价值毋宁说更多是在原文的理解和表达方面。

企鹅古典丛书中格兰特译的《编年史》(译本的名称是 The Annals of Imperial Rome)是另一种风格的译文。译者根据内容给原作重新分了章节,把一些枝节性的叙述改为脚注。由于译者过分注意了便利读者的阅读这一点,因此对译文的处理方式比较大胆灵活,这样在一定的程度上就引起了和墨菲的译本相同的情况:原文的风格和译文的准确多少受到了一些影响。

然而我们还应当肯定,这几个译本都具有一定水平和特点,这些译者从各种不同的角度去探索并用不同的方式来表达《编年史》和《历史》这样的原作的含义,这就便利了中译者对译文的理解。

* * *

我们在翻译时,遇到几个译本相去很远或完全不同而需要核对原文才能最后确定的地方,则核对拉丁原文解决。核对原文时除了使用洛布古典丛书本的原文部分之外,还使用了韦兹(C. H. Weise)编订的原文本(1870年版)和戈德利(A. D. Godley)编订的《历史》原文本(1891年初版,1950年第14版)。

《编年史》的注释主要是根据洛布古典丛书的英译本的注释编译而成的,酌量加入了其他译本的注释。《历史》的注释则主要是根据洛布古典丛书的英译本和戈德利编订本的原文的注释编译的，并根据其他译本的注释作了适当的补充。

现在我们终于把这两部西方古典历史名著全部介绍过来了，这是我们感到欣慰的。原著的内容艰深复杂，尽管我们用了很大的力量想把这一工作做好，但我们知道肯定还会有误漏不妥的地方，希望读者能不吝指教，以便再版时改正。

中 译 者

北京，一九六四年冬

附　　记

上面是我们在十四年前脱稿时所写的说明，为了保留原样，这次基本上未作改动。现在，在经过林彪、“四人帮”的一场浩劫之后，我们竟还能参照原文和原来的几个英法文译本把此稿重看一遍，真不禁有隔世之感！这里首先应当感谢商务编辑部，他们居然把这部未留副本、既大又洋且古的作品的译稿完整地保存下来！

当然，如果没有林彪、“四人帮”这些丑类捣乱，这个中译本也许能早十来年同读者见面，但它肯定也会带着较多的错误出去。虽然在这十年的漫漫长夜里，我们失学了，同整个史学界隔绝了，本来比较熟悉的东西也都生疏了，但毕竟保留了一对冷眼，使我们能以在这次重校中又看出一些错误，这也可以说是坏事变成好事吧。

《历史》一书写作时间在《编年史》之前，但涉及的年代则接在

《编年史》之后(传世部分大约相当原书三分之一弱,记述了从公元69年元旦到70年8月间的事情),这两部书作为帝国初期的历史来说,实际上构成了一个整体。《历史》可以说是《编年史》的续编。因此,为了节省篇幅,《编年史》书前所附"关于塔西佗"、"关于与本书有关的皇帝世系的若干说明"、"东方两王国的世系"等就不再在本书重复刊登了,只《编年史》所附两幅地图本书仍予刊用,以便读者查阅。

此外,译文中所用的"皇帝"、"皇子"之类的词都是一种假定的译名,和我们中国历史上的"皇帝"、"太子"等等不是一回事。中国的皇帝和罗马帝国的"皇帝",无论就历史背景、理论上和法律上的依据而论,都不是对等的。二十年前译者之一翻译《古代罗马史》时,曾建议用"元首"的译名,但这又同罗马帝国的名称有格格不入之感。在有更合适的译名出现之前,我们还是暂时沿用了旧的译法,读者只需了解这是披着共和外衣的个人专政就可以了。

中 译 者

北京,一九七八年九月

本书提要

第一卷记述的是公元 69 年的事情。

第 1 章:历史家的引言,他的意图。

第 2—5 章:全书概略;城市、军队和行省。

第 6—7 章:伽尔巴的宫廷及其统治时期的罪恶。

第 8—11 章:西班牙、高卢、上下日耳曼、叙利亚、埃及和阿非利加的情况;由维斯帕西亚努斯进行的、对犹太人的战争。

第 12—13 章:上日耳曼军团的哗变;伽尔巴商讨选一继承人的问题;他的近臣维尼乌斯、拉科和伊凯路斯(他的一名被释奴隶)的不同意见;奥托有被指定的希望。

第 14 章:选定披索为继承人。

第 15—20 章:选定时伽尔巴的发言;他在军营和元老院宣布指定继承人一事;伽尔巴的不适时的严厉;一个使团被派往日耳曼军团。

第 21—28 章:奥托策划一次政变;他收买近卫军;两个普通士兵着手处理统治权问题;奥托被宣布为皇帝。

第 29—36 章:伽尔巴这时正在首都奉献牺牲;披索对士兵的演说。伽尔巴一方的情况。

第 37—39 章:奥托在军营中向近卫军士兵发表演说。

第 40—41 章:近卫军士兵冲入城内;伽尔巴被杀。

第 42—45 章:提图斯·维尼乌斯之死;一个百人团长的坚定不屈;披索被处死;元老院和人民阿谀奥托;奥托巧妙地挽救了凯尔苏斯。

第 46—47 章:士兵支配一切;大批人被杀。

第 48 章:披索和提图斯·维尼乌斯的性格。

第 49 章:伽尔巴的性格。

第 50 章:伽尔巴死前,维提里乌斯便已有意夺取统治大权。

第 51—62 章:日耳曼军团哗变的缘由;维提里乌斯被推举为皇帝;他派遣两支军队向意大利发动进攻,一支由法比乌斯·瓦伦斯率领,另一支由凯奇纳率领;瓦伦斯和凯奇纳的残暴和掠夺。

第 63 章:高卢人部分由于恐惧,部分由于同情而效忠维提里乌斯。

第 64—66 章:瓦伦斯在进军时听到伽尔巴死亡的消息。

第 67—70 章:凯奇纳进攻埃尔维提人并且蹂躏了他们的国土;他穿过奔尼努斯隘路进入意大利。

第 71 章:奥托在罗马的行动:他开始加紧行动。

第 72—73 章:提盖里努斯的死亡和他的性格。

第 74—79 章:奥托和维提里乌斯之间的信件;他们都想骗过双方;双方都向对方派出密探;撒尔玛提亚人进攻美西亚行省,但遭到惨败。

第 80—82 章:罗马本城士兵的哗变。

第 83—85 章:奥托对士兵的演说。

第 86 章:一些朕兆和怪事在罗马引起普遍的惊恐。

第 87—88 章：奥托研究作战方案：他任命将领并把舰队派出去进攻纳尔波高卢。

第 89—90 章：罗马人民的悲惨处境；奥托出征维提里乌斯的军队并离开了他兄弟、罗马长官撒尔维乌斯·提齐亚努斯。

第二卷记述的仍是公元 69 年伽尔巴死后几个月里的事情。

第 1—4 章：奉父亲维斯帕西亚努斯之命向伽尔巴表示祝贺的提图斯得到了皇帝的死讯而停留在科林斯；他决定返回叙利亚并乘船赴罗得岛和塞浦路斯；他在塞浦路斯访问了帕波司的维纳斯的神殿；关于这一女神的记述和对她的祭仪；他在叙利亚登陆。

第 5—7 章：维斯帕西亚努斯和木奇亚努斯的性格；他们忘掉过去的不和并谐调地行动；东方的军团决心参加皇帝的推举。

第 8—9 章：人们发现并逮捕了一个伪尼禄。

第 10 章：在罗马，细小的事件引起重大的分歧；维比乌斯·克利司普斯控告告密者安尼乌斯·法乌司图斯并使他被定了罪（但克利司普斯本人也是一个告密者）。

第 11 章：关于奥托的兵力的记述。

第 12—13 章：他的海军威力所及直到沿海阿尔卑斯山一带；奥托派打劫阿尔宾提米里乌姆城；一位母亲英勇地保卫了自己的儿子。

第 14—15 章：奥托的舰队骚扰纳尔波高卢沿岸；在那一地区同维提里乌斯派的战斗，奥托派得到胜利。

第 16 章：科西嘉的统治者帕卡里乌斯拥护维提里乌斯并被谋杀。

第 17—26 章：凯奇纳率领维提里乌斯派的军队进入意大利并

包围了普拉肯提亚；奥托派的一名军官司普林那保卫那个地方；凯奇纳撤除了包围并率军退往克雷莫纳（克列蒙那）；那里的一次战斗；奥托派获胜；瓦伦斯进入意大利；凯奇纳在瓦伦斯到达之前决定进行一次打击；他伺伏奥托派，但是在卡司托路姆地方被苏埃托尼乌斯·保里努斯打败；在奥托一面作战的国王埃披帕尼斯负伤。

第 27—30 章：瓦伦斯到达提奇努姆；巴塔维亚人的一场骚乱；瓦伦斯和奥托为共同的事业结合起来。

第 31—33 章：奥托和维提里乌斯的比较；奥托召开会议讨论作战方案；有人主张拖延，有人主张马上行动；奥托主张进行一次决定性的打击；他按照劝告退到布利克赛路姆去。

第 34—36 章：凯奇纳和瓦伦斯等待敌人的行动；维提里乌斯作出要渡过波河的姿态，企图抵抗的奥托派被击败。

第 37—38 章：有一个十分可能实现的消息，即双方军队倾向于讲和。

第 39—40 章：奥托的兄弟提齐亚努斯和近卫军长官普洛库路斯被委以最高统帅权；他们在离贝德里亚库姆四英里的地方设营；奥托从布利克赛路姆发布命令，要他们赶紧作战。

第 41—44 章：贝德里亚库姆之战；奥托派战败，他们在第二天放下了武器；维提里乌斯派进入军营，双方含泪拥抱。

第 45—49 章：奥托对内战感到厌倦，虽然士兵们保持对他的忠诚，但他决定制止进一步发生流血事件；他用剑自戕；立刻举行了他的葬仪；一些人在火葬堆附近自杀。

第 50 章：奥托的身世和性格。

第 51—54 章：他的士兵的哗变；维尔吉尼乌斯因他们的愤怒

而处于危险之中。

第 55 章:罗马平静;按照习俗举行凯列司赛会;剧场内知道了奥托死亡的消息;人民以欢呼宣布拥护维提里乌斯。

第 56 章:维提里乌斯派蹂躏意大利。

第 57—59 章:维提里乌斯向意大利进发,并听到他的将领取得胜利的消息;两个玛乌列塔尼亚宣布拥护他;从西班牙进入阿非利加的克路维乌斯·路福斯的密使把玛乌列塔尼亚长官阿尔比努斯杀死。

第 60—61 章:维提里乌斯下令把奥托派的百人团长中最勇敢者处死;玛利库斯在高卢的疯狂企图;在一种精神失常的情况下他把自己说成是神;他被捕并被处死。

第 62 章:维提里乌斯的贪吃使罗马穷于应付;在给罗马的信函中,他暂时拒绝了奥古斯都的称号并完全拒绝了恺撒的称号;占星术士被送出意大利;严禁罗马骑士去斗兽场表演。

第 63—64 章:维提里乌斯将多拉贝拉陷害致死;路奇乌斯·维提里乌斯的妻子特里娅里娅的凶悍和他的母亲塞克司提拉的和蔼可亲的性格。

第 65—67 章:克路维乌斯·路福斯从西班牙来到罗马并受到维提里乌斯的宽恕;被战败的军队仍不驯服;巴塔维亚人和第十四军团士兵之间的争端。

第 68—69 章:当维提里乌斯在狂欢滥饮时,提奇努姆发生严重骚动。

第 70—71 章:维提里乌斯去克雷莫纳,他视察了贝德里亚库姆的战场,那里仍残留着阴森可怕的屠杀痕迹;他的奢侈可以同尼禄相比;他在快到罗马时愈益沉湎在放荡的行为之中。

第72—73章:一个叫盖塔的奴隶自称是司克里波尼亚努斯;他被发觉并因维提里乌斯的命令而被处死。

第74—76章:在东方,维斯帕西亚努斯和木奇亚努斯进行种种考虑;木奇亚努斯就这一问题发表意见。

第77—78章:维斯帕西亚努斯受到神托的鼓舞;他在卡美尔山上请示神托。

第79—80章:维斯帕西亚努斯被宣布为皇帝,最初是在埃及,随后是在叙利亚的军队中。

第81章:国王索海木斯、安提奥库斯、阿格里帕和女王贝列妮凯结成同盟。

第82—84章:作战计划;维斯帕西亚努斯掌握了埃及;他的儿子提图斯继续对犹太人作战;木奇亚努斯向意大利进发。

第85—86章:美西亚、潘诺尼亚和达尔马提亚的军团由于安托尼乌斯·普利姆斯和科尔涅里乌斯·富斯库斯的策动而倒向维斯帕西亚努斯。

第87—89章:维提里乌斯率领一大批放荡之徒进入罗马。

第90—91章:他发表了一篇自吹自擂的浮夸的演说;他在那里的行为。

第92—94章:凯奇纳和瓦伦斯掌握了行政大权;士兵们的懒散、骚乱和死亡;维提里乌斯需要钱,却又浪费无度;他的被释奴隶搜括了巨额财富。

第95—98章:人民受苦,但维提里乌斯却大肆挥霍地做寿;皇帝为尼禄办丧事;关于在东方发生叛乱的传闻无法消除;维提里乌斯向西班牙、日耳曼和不列颠求援，却又想掩盖这种需要。

第 99—101 章：敌人的部队开进意大利；凯奇纳和瓦伦斯下令作战；凯奇纳的背叛；他和路奇里乌斯·巴苏斯（拉温那和米塞努姆的海军司令官）勾结到一起。

第三卷所记述的仍是公元 69 年间的事情。

第 1—5 章：维斯帕西亚努斯派的领袖们考虑他们的作战计划；安托尼乌斯主张出征；他率领军队到达意大利。

第 6—7 章：阿里乌斯·伐鲁斯在军中是安托尼乌斯的副手；他们占领了阿克维莱阿和其他城市。

第 8 章：安托尼乌斯确定维罗那为作战地点；维斯帕西亚努斯不知在意大利的迅速进展；他写信建议要小心，不要操之过急；木奇亚努斯也写了同样意思的信。

第 9 章：在凯奇纳和维斯帕西亚努斯的将领之间的书信往来。

第 10—11 章：安托尼乌斯平息了维斯帕西亚努斯军队中的叛乱。

第 12 章：路奇里乌斯·巴苏斯和凯奇纳阴谋背叛维提里乌斯；拉温那的海军叛投维斯帕西亚努斯；路奇里乌斯·巴苏斯被捕后送往维本尼乌斯·路菲努斯处，上了镣铐。由于维斯帕西亚努斯的被释奴隶霍尔姆斯的干预，他被释放了。

第 13—14 章：凯奇纳拟在军队中发动全面的叛乱；由于他的建议，一些人向维斯帕西亚努斯宣誓效忠；士兵对这一做法的不满；他们给凯奇纳加上了镣铐。

第 15—19 章：安托尼乌斯到达贝德里亚库姆；对维提里乌斯

派的一次战斗;维斯帕西亚努斯的军队获胜;士兵急于向克雷莫纳推进。

第20章:安托尼乌斯向士兵们发出呼吁,劝他们少安毋躁。

第21—23章:得到六个军团的增援的维提里乌斯派转回来发动进攻;安托尼乌斯奋力迎战;一场顽强的战斗;维提里乌斯派战败。

第25章:一个儿子在战斗中杀死了自己的父亲,而在认出了对方是谁时他抚尸痛哭。

第26—35章:克雷莫纳被包围;维提里乌斯派的军官有投降之意。他们释放了凯奇纳,指望通过他同胜利者讲和;凯奇纳拒绝了他们的建议;克雷莫纳向安托尼乌斯投降;但他的士兵仍然冲入城内,进行了可怕的蹂躏。克雷莫纳被烧成平地。

第36—37章:维提里乌斯沉湎于豪奢的生活之中;他召开元老院的会议;元老院在凯奇纳缺席时定了他的罪;罗西乌斯·列古路斯担任了一天的执政官。

第38—39章:皇帝的兄弟路奇乌斯·维提里乌斯使得尤尼乌斯·布莱苏斯被杀;布莱苏斯的性格。

第40—43章:法比乌斯·瓦伦斯的耽搁和豪奢毁了维提里乌斯的事业;听到克雷莫纳战败的消息,他和一些侍从逃跑;他从海上逃跑,但是被逮捕。

第44—45章:西班牙、高卢和不列颠的军团宣布向维斯帕西亚努斯效忠;不列刚提斯人的女王卡尔提曼杜娅的已离婚的丈夫维努提乌斯在不列颠人当中煽起骚动。

第46章:日耳曼诸民族和达奇亚的一次叛乱;木奇亚努斯平

息了达奇亚的叛乱。

第 47 章:一个叫阿尼凯图斯的被释奴隶在本都发起了一次暴动;此人被捕并被处死。

第 48 章:维斯帕西亚努斯攻占了亚历山大,目的在于造成了罗马的饥馑。

第 49—50 章:安托尼乌斯把他的一部分军队留在维罗那并出发去搜索维提里乌斯派。

第 51 章:一名士兵因为在战斗中杀死自己的兄弟而索取报酬;对这类不合情理的行为的想法。

第 52 章:木奇亚努斯在他给维斯帕西亚努斯的信中指责安托尼乌斯过于鲁莽行事。

第 53 章:安托尼乌斯对木奇亚努斯表示不满;两位统帅相互结怨。

第 54 章:维提里乌斯试图向罗马人民隐瞒在克雷莫纳战败的消息;一位百人团长优利乌斯·阿格列斯提斯的坚定表现。

第 55 章:维提里乌斯下令固守亚平宁山的各个山口并且亲自去巡视军营。

第 56 章:朕兆和奇迹;维提里乌斯本人就是最突出的一个朕兆;他返回罗马。

第 57 章:米塞努姆海军的叛变;普提欧里的人民宣布效忠维斯帕西亚努斯;卡普阿坚定地站在维提里乌斯的一面;克劳狄乌斯·优利亚努斯投向维斯帕西亚努斯方面,成了塔尔拉乞那的统治者。

第 58 章:皇帝的兄弟路奇乌斯·维提里乌斯被派出去领导康

帕尼亚的战争;罗马要征募一支军队,但元老和骑士抵制。

第 59 章:维斯帕西亚努斯的军队开始穿过亚平宁山;打扮成农民的佩提里乌斯·凯里亚里斯参加了这些军队并被作为统帅受到接待。

第 60 章:士兵们急于作战;安托尼乌斯发表演说并约束了他们的暴躁情绪。

第 61 章:在维提里乌斯派中间流行一种叛离的情绪;普利斯库斯和阿尔菲努斯离开军营回到维提里乌斯处。

第 62 章:法比乌斯·瓦伦斯在乌尔比努姆被处死;他的性格。

第 63 章:维提里乌斯派的军队在纳尔尼亚放下武器;对方向维提里乌斯提出建议;他倾向于接受这一建议并谈论欣然退休的问题。

第 64 章:罗马的首要人物试图鼓动维斯帕西亚努斯的兄弟佛拉维乌斯·撒比努斯进行活动。

第 65 章:撒比努斯同维提里乌斯商谈和平问题并在阿波罗神殿达成协议。

第 66—68 章:维提里乌斯的友人劝他鼓起勇气而未成;他走出宫廷自愿投降;在士兵和民众的强迫下又返回宫殿。

第 69—70 章:撒比努斯担起治理罗马的责任;日耳曼的士兵反对他;发生了冲突;维提里乌斯派占了上风;撒比努斯把自己关进了卡披托里乌姆神殿。

第 71—72 章:卡披托里乌姆神殿被包围和烧平;关于这一灾难的种种联想。

第 73 章:撒比努斯和执政官克温图斯·阿提库斯被俘。

第 74 章:多米提安由于给被释奴隶科尔涅里乌斯·普利姆斯藏了起来而得救;撒比努斯被拖到维提里乌斯面前,维提里乌斯想好意地接待他,但他却被杀死并被陈尸示众。

第 75 章:撒比努斯的性格;执政官克温图斯·阿提库斯担起了放火烧掉卡披托里乌姆神殿的责任,维提里乌斯救了他。

第 76—77 章:路奇乌斯·维提里乌斯攻下了塔尔拉乞那;克劳狄乌斯·优利亚努斯被处死。

第 78 章:维斯帕西亚努斯的军队在亚平宁山中停留数日,但是听到卡披托里乌姆神殿被焚毁的消息后,他们就继续向罗马推进。

第 79 章:维提里乌斯派在离罗马不远的一次战斗中战胜了佩提里乌斯·凯里亚里斯。

第 80 章:元老院派代表去军营劝说缔结和约;阿路列努斯·路斯提库斯负伤;去安托尼乌斯那里的使节受到了比较温和的接待。

第 81—82 章:维斯帕西亚努斯的军队分三队进入罗马;城外的小接触;维提里乌斯派战败,但他们又在城内集合起来,准备迎击敌人。

第 83 章:发生了一场可怕的屠杀;罗马成了进行杀戮和荒淫无耻的地点;人们观看战斗,如同观看剑奴的互斗那样叫好。

第 84 章:维斯帕西亚努斯包围并攻克近卫军的军营。

第 85 章:维提里乌斯在其躲藏的地方被发现;在受到民众的种种侮辱之后被处死。

第 86 章:维提里乌斯的性格;多米提安被宣布为恺撒。

第四卷记述了主要是公元 70 年的事情，但其中有关维斯帕西亚努斯和维提里乌斯两派之间内战的部分还是公元 69 年的事情。维斯帕西亚努斯即位后，则是公元 70 年的事情了。在这一年里，最先担任执政官的就是维斯帕西亚努斯本人和他的儿子提图斯。

第 1 章：维斯帕西亚努斯的军队在罗马的残酷行为。

第 2 章：路奇乌斯·维提里乌斯和他的全部军队投降；他被处死。

第 3 章：路奇里乌斯·巴苏斯恢复康帕尼亚的秩序；元老院承认了维斯帕西亚努斯的统治。

第 4 章：在木奇亚努斯不在场的情况下把荣誉授给了他；安托尼乌斯和阿里乌斯·伐鲁斯得到荣誉；决定重建卡披托里乌姆神殿；赫尔维狄乌斯·普利斯库斯表现了独立不倚的精神，没有任何谄媚之处。

第 5—8 章：赫尔维狄乌斯·普利斯库斯的性格；他同玛尔凯路斯·埃普里乌斯的较量。

第 9 章：关于国家支出的辩论。

第 10 章：穆索尼乌斯·路福斯攻击普布里乌斯·凯列尔，后者曾因伪证而陷害过巴列亚·索拉努斯。

第 11 章：木奇亚努斯进入罗马；他掌握了国家的全部权力；卡尔普尔尼乌斯·伽列里亚努斯和被释奴隶亚细亚提库斯都被处死。

第 12—13 章：日耳曼爆发战争；战争的原因；战争的发动者是巴塔维亚人克劳狄乌斯·奇维里斯。

第 14 章：最早拿起武器的是奇维里斯领导下的巴塔维亚人。

第15—16章:布林诺领导的坎宁尼法提斯人和弗里喜人都参加了他们的联盟;罗马人的一座要塞被摧毁。

第17章:日耳曼各民族也拿起了武器;奇维里斯向高卢求援。

第18章:霍尔狄奥尼乌斯·佛拉库斯的无所作为;穆尼乌斯·卢佩尔库斯对奇维里斯作战;为罗马服役的巴塔维亚人转向敌人一面;罗马人被打败;他们逃到叫做维提拉的营地去。

第19—20章:一些开向罗马的巴塔维亚人的中队和坎宁尼法提斯人的中队被奇维里斯争取过去;他们不顾霍尔狄奥尼乌斯·佛拉库斯的许诺而返回下日耳曼并在波恩击败了罗马人。

第21章:奇维里斯掩盖了自己的真实意图而作出拥护维斯帕西亚努斯的样子。

第22—23章:他包围叫做维提拉的营地。

第24—25章:霍尔狄奥尼乌斯·佛拉库斯由于营中的哗变而被赶下领导岗位:他把权力交给了沃库拉。

第26—28章:希伦尼乌斯·伽路斯同沃库拉联合起来;军队在盖尔杜巴设营;一只满载粮食的船从罗马人手里被拖到莱茵河对岸去;希伦尼乌斯·伽路斯受到他自己的士兵的痛打并被监禁起来,但沃库拉释放了他。

第29—30章:奇维里斯想在夜间进攻维提拉。

第31章:安托尼乌斯的来信告诉罗马人克雷莫纳胜利的消息;高卢的辅助部队背离了维提里乌斯;霍尔狄奥尼乌斯·佛拉库斯迫使士兵对维斯帕西亚努斯宣誓效忠。

第32章:在克雷莫纳统率维提里乌斯派的一个中队的蒙塔努斯被派到奇维里斯那里去,要求他放下武器;奇维里斯激发蒙塔努

斯的叛变情绪。

第 33—35 章:奇维里斯派出一支队伍去进攻沃库拉;发生了一场战斗,最初优势是在日耳曼人方面;罗马人终于取得了胜利,但沃库拉没有利用这一胜利。

第 36 章:奇维里斯使自己成为盖尔杜巴的主人;在罗马人中间发生了新的哗变;士兵们杀死了霍尔狄奥尼乌斯·佛拉库斯;沃库拉扮作奴隶的样子逃掉。

第 37 章:沃库拉重新担任领导,他率领士兵解除了对摩功提亚库姆的围攻;特列维利人叛变后投到奇维里斯一面去。

第 38 章:罗马的情况;维斯帕西亚努斯和提图斯不在罗马时被宣布为执政官;罗马担心会发生饥荒;传说阿非利加方面拿起了武器。

第 39 章:多米提安担任行政长官;木奇亚努斯忌妒普利姆斯·安托尼乌斯和伐鲁斯·阿里乌斯;他削弱这两个人的权力;部分军队奉命开回日耳曼;罗马恢复了平静。

第 40—41 章:伽尔巴的哀荣;穆索尼乌斯·路福斯再度指控普布里乌斯·凯列尔;凯列尔被定罪。

第 42 章:维普斯塔努斯·美撒拉为他的兄弟、臭名昭著的告密者阿克维里乌斯·列古路斯求情;库尔提乌斯·蒙塔努斯发表了一篇反对列古路斯的激烈的演说。

第 43—44 章:埃普里乌斯·玛尔凯路斯再次受到赫尔维狄乌斯·普利斯库斯的攻击;多米提安建议大家忘掉过去的怨恨;命令一些罪犯返回他们的流放地。

第 45 章:一名元老抱怨自己在谢纳移民地遭到当地居民的殴

打;罪犯被带到罗马并受到惩处。

第 46—47 章:近卫军部队发生的骚乱为木奇亚努斯所镇服;维提里乌斯所确定的担任执政官的次序被宣布无效;为佛拉维乌斯·撒比努斯举行了监察官的葬礼。

第 48—49 章:路奇乌斯·披索在阿非利加被暗杀。

第 50 章:欧埃阿和列普提斯两城人民之间的战争为军团将领费司图斯所制止;伽拉芒提斯人被赶跑。

第 51 章:维斯帕西亚努斯得知维提里乌斯死去的消息;帕尔提亚国王想提供援助,但被谢绝。

第 52 章:维斯帕西亚努斯听到多米提安在罗马的行为后十分生气;提图斯试图缓和他父亲的怒气;他出发去进行对付犹太人的战争。

第 53 章:重建卡披托里乌姆神殿之事委托给路奇乌斯·维司提努斯。

第 54—57 章:由于维提里乌斯之死,在日耳曼和高卢同时爆发战争;在克拉西库斯、图托尔和优利乌斯·撒比努斯的影响下,特列维利人和林哥尼斯人叛离了罗马人;高卢人的其他各地也即将叛离。

第 58—59 章:沃库拉向他的士兵发表演说;他被克拉西库斯派来的一名密使杀死;士兵宣布拥护高卢人的统治大权。

第 60 章:在维提拉被包围的军团同样向高卢人投降。

第 61 章:奇维里斯曾许愿把头发留起来:在打败军团之后,他认为他许的愿已经实现了,所以就把它剪短了;据说他把他的罗马俘虏交给他的小儿子作为练习射箭和投枪的靶子;他送礼物给日耳曼的女预言者维列妲；玛尔库斯·卢佩尔库斯作为礼物给送到她那里去，但他在路上就被杀死了；维列妲预言军团的覆灭；她的威望在全日耳曼越来越高。

第62章：被俘的军团垂头丧气地从诺瓦伊西乌姆开赴特列维利人的移民地去；皮肯提那骑兵中队为沃库拉之死进行报复。

第63—65章：科洛尼亚·阿格里披嫩西斯（科隆）受到莱茵河对岸民族的威胁。

第66章：奇维里斯对克劳狄乌斯·拉贝欧作战；在把他打败之后，把巴塔维亚人和通古里人收归自己的保护之下。

第67章：林哥尼斯人被谢夸尼人打败；优利乌斯·撒比努斯（林哥尼斯人的首领）逃跑，在这之后的九年间生活在地洞里；他的妻子埃波尼娜的忠贞。

第68—69章：人们认为罗马的统治大权处于危险之中；木奇亚努斯和多米提安准备去高卢；高卢人召开各地的代表大会；他们宁要和平而不愿冒险作战。

第70章：奇维里斯和图托尔在作战方面意见分歧。克拉西库斯同意图托尔的看法，他们决定冒险一战。

第71章：佩提里乌斯·凯里亚里斯到达摩功提亚库姆；他在莫塞列河上的利果杜路姆对特列维利人取得了全面胜利；特列维利人的首领瓦伦提努斯被俘。

第72章：背叛的军团返回罗马营地。

第73—74章：凯里亚里斯把特列维利人和林哥尼斯人收归自己的保护之下。

第75—78章：凯里亚里斯对奇维里斯和克拉西库斯作战：战

斗开始时胜负难分，但最后罗马人获胜。

第 79 章：科洛尼亚·阿格里披嫩西斯人民背弃了日耳曼人的事业。

第 80 章：木奇亚努斯下令处死维提里乌斯的儿子；安托尼乌斯·普利姆斯不满意木奇亚努斯的行为而去维斯帕西亚努斯处，但是没有受到应有的接待。

第 81—82 章：维斯帕西亚努斯在亚历山大时出现的奇迹；他访问了塞拉皮斯的神殿。

第 83—84 章：记述埃及人对这个神的崇拜的起源。

第 85 章：在阿尔卑斯山下，瓦伦提努斯被解送到木奇亚努斯和多米提安面前；他被处死；他临死时的坚定表现。

第 86 章：多米提安到达路格杜努姆(里昂)；他想说服凯里亚里斯放弃日耳曼的军事统帅权；他的伪装：他做出专心研究文学的姿态，借以掩盖自己的真正意图。

第五卷所记述的仍是公元 70 年的事情。

第 1 章：提图斯负起对犹太人作战的任务；他进入犹太；他的军队的实力；他在耶路撒冷城下设营。

第 2—5 章：犹太人的起源；他们的风俗习惯、政治制度和宗教。

第 6—7 章：他们的领土和疆界；棕榈树和凤仙花；黎巴嫩山；约旦河；生产沥青的湖；大片的不毛之地；倍路斯河口的可以制造玻璃的沙子。

第 8 章：首都耶路撒冷；神殿的巨额财富；在亚述人、米地亚人、波斯人统治时期犹太人的处境;他们的国王。

第 9—10 章:庞培是第一个包围和占领过耶路撒冷的罗马统帅;玛尔库斯·安托尼乌斯使希罗登上王位;卡里古拉下令把自己的胸像安放在神殿之内,犹太人拒不执行;同罗马长官盖西乌斯·佛洛路斯的新的争端;尼禄派维斯帕西亚努斯去进行这场战争。

第 11—12 章:提图斯围攻耶路撒冷;该城的兵力和防御设施;它的神殿;城内由不同将领统率的三支军队。

第 13 章:围攻前的怪事,但犹太人均不介意;被误解了的古代预言。

第 14 章:继续记述奇维里斯在日耳曼进行的战争。

第 15—18 章:奇维里斯和凯里亚里斯在不同战斗中取得各种胜利。

第 19—20 章:奇维里斯率领他的全部军队开入巴塔维亚岛并进攻罗马的卫戍部队。

第 21 章:凯里亚里斯前往解救罗马人。

第 22 章:凯里亚里斯由于疏忽而几乎在敌人的夜袭中被捉去。

第 23—25 章:奇维里斯在玛司河口附近广大海湾上装备了一支庞大的海军;凯里亚里斯集合了一些船只并展开了战斗;海上的一次小的战斗;这是奇维里斯最后的举动;他退到莱茵河对岸去;洪水淹没了巴塔维亚岛,罗马人受到很大威胁。

第 26 章:奇维里斯倾向于讲和;他同凯里亚里斯会晤。〔后面部分已佚。〕

历　史

第　一　卷

（1）我的这部著作是从谢尔维乌斯·伽尔巴第二次出任执政官的时候开始的，他的同僚是提图斯·维尼乌斯。① 从罗马建城以来的八百二十年间的事情，已经有很多历史学家写过了；关于罗马人民的历史，②他们写得同样雄辩有力而又真诚坦率。③ 但是在阿克提乌姆一役之后，当和平的利益要求把全部权力集中到一人之手的时候，④具有这种才能的大师就再也看不到了。同时，历史的真相在很多方面受到了损害。首先这是因为人们认为政治与自己毫无关系，从而也就对政治一无所知；其次，则是因为他们热衷于逢迎谄媚，或是因为对他们的专制主子的憎恨。一批

---

① 按尼禄死于罗马建城821年，即公元68年6月11日。元老院当即宣布当时在西班牙的伽尔巴为皇帝。伽尔巴于是与提图斯·维尼乌斯于次年即69年1月1日就任执政官之职。伽尔巴于1月15日即遭杀害。

② 指共和国时期的历史。

③ 按精确的计算，按瓦罗关于罗马建城的日期的说法，到这时已是建城822年。但在塔西佗当时，人们一般认为罗马的建城是在公元前753年。

④ 这样看来，塔西佗认为帝国是开始于公元前31年。但是实际上奥古斯都的地位是直到公元前27年1月才完全在法律上确定下来。

人卑躬屈节地讨好，另一批人又在咬牙切齿地痛恨，这样一来，他们就置后世子孙于不顾了。然而当人们很快地对那些趋时讨好的历史家感到厌恶的时候，他们却又喜欢倾听那些诽谤和怨恨的话了。阿谀谄媚被斥责为奴隶根性的可耻表现，但是恶意却又在人们心目中造成独立不倚的假象。至于我本人，我同伽尔巴、奥托或维提里乌斯都没有任何恩怨可言。我不能否认，我是由维斯帕西亚努斯的关系而开始了政治生活的；这一事业后来经提图斯加以促进，多米提安又帮了忙；①但是自称始终不渝地忠于真理的人们，在写到任何人时都不应存个人爱憎之见。如果我能够活得长久的话，那么我就要把圣涅尔瓦的统治时期和图拉真的统治时期保留到我老年的时候再去写，这是一段内容比较丰富而且危险性较小的时期，因为在这段时期里，我们享有这样一种稀有的幸福：我们在这一时期里可以按照愿望去想，按照心里想的去说。②

（2）我正要写的这段历史，是充满了灾难的历史，在这里面有恐怖的战争、激烈的内讧，这些内讧即使没有大动干戈也是恐怖的。有四个皇帝被杀；③发生了三次内战，更多的对外战争，常常是国内与国外的战争同时进行。在东方成功了，在西方却遇到不

① 塔西佗在维斯帕西亚努斯或提图斯时期必然已经担任了财务官，因为在公元88年他是行政长官，在公元97年他是执政官。

② 据我们所知，塔西佗始终没有完成自己的计划。在完成了包括从公元69年至96年这一段时期的《历史》之后，他又向前追溯，写了包括从公元14年到公元68年的《编年史》。

③ 他们是伽尔巴、奥托、维提里乌斯和多米提安。

幸。伊里利库姆[1]受到骚扰，高卢诸行省动荡不安，不列颠被征服之后很快地又失掉了。[2] 撒尔玛塔伊人和苏埃比人起来反对我们。达奇人由于在对我们的战争中互有胜负而取得了荣誉；甚至帕尔提亚人由于一个冒称尼禄的人的诡计，也几乎拿起武器来反对我们。[3] 此外，意大利还被一些灾难折磨着，这些灾难都是前所未有，或是多年未有、最近才又发生的。康帕尼亚的十分肥沃富庶的海岸上的城市都被吞没或是被毁了；[4]罗马遭到大火的浩劫，它的最古老的神殿烧掉了，连卡披托里乌姆神殿也被市民烧毁了。[5]神圣仪节遭人亵渎；名门大族常常发生奸情，海上到处是亡命者，临海的悬崖上沾满了死者的血迹。在罗马则是更加可怕的暴行。高贵的出身、财富、拒绝或是接受官职，这一切都会成为进行控

① 塔西佗在这里一般用伊里利库姆这个词来指潘诺尼亚、达尔马提亚和美西亚诸行省；但是其他历史家和写《编年史》时的塔西佗却扩大或缩小这一词的范围。

② 在三次内战里，有奥托对维提里乌斯的一次和维提里乌斯对维斯帕西亚努斯的一次；另一次大概是多米提安镇压上日耳曼的背叛的长官路奇乌斯·安托尼乌斯·撒图尔尼努斯的一次（公元 89 年）（参见苏埃托尼乌斯:《多米提安传》，第 6 章；狄奥·卡西乌斯，第 67 卷，第 11 章）。

对外的战争是对罗克索拉尼人（参见本书第一卷，第 79 章）和对犹太人（参见本书第五卷，第 1 章）的战争。这里所说的东方成功是指对犹太人的战争的胜利，在西方遇到的不幸则指奇维里斯和他手下的巴塔维亚人对罗马的叛变，这一点在本书后面还要提到，特别是第四卷，第 12－37 章，第 54－79 章；第五卷，第 14－26 章。不列颠是由塔西佗的岳父阿古利可拉在公元 77－84 年间征服的；在多米提安的统治晚期这一行省的某些部分显然又失掉了。

③ 参见苏埃托尼乌斯:《多米提安传》，第 6 章；《涅尔瓦传》，第 57 章。

④ 这里所指的是公元 79 年维苏威火山喷火的事情。参见小普利尼:《书信集》，第 6 卷第 16、20 章。

⑤ 这里指公元 69 年的火灾（参见本书第三卷，第 71 章）和公元 80 年提图斯当政时的大火。参见狄奥·卡西乌斯，第 66 卷，第 24 章。

诉的理由，而德行则会引起货真价实的毁灭。控告者所得到的报酬和他们所犯的罪行是同样令人憎恨的东西；因为他们中间的某些人取得了祭司职位和执政官职位作为赃物，另一些人则取得了皇帝代理官的地位和宫廷中的潜在势力，他们到处为非作歹，引起了憎恨和恐怖。奴隶们受贿陷害他们的主人，被释奴隶受贿陷害他们的保护人。那些没有仇人的人结果却毁在自己的朋友的手里。

（3）然而，在这个时代，道德并没有沦丧到连一点崇高的典范都见不到的地步。母亲陪同自己的孩子们一同逃跑，妻子跟着自己的丈夫一道被流放；①亲族们表现了勇气，女婿们表现了坚定，②奴隶们表现了甚至严刑拷问都不能动摇的忠诚。③ 一些著名的人物以刚毅不屈的精神迎接他们不可避免的死亡，他们在临死时的气概可以与古人的光辉的死亡并列而无愧。④ 在人类遭到的多次不幸的打击之外，人们还看到了出现在天空和地上的一些怪异的事物，听到了雷声的示警，关于未来的欢乐的和阴暗的预言，暧昧的和明确的预言。诸神不关心保护我们的安全，却很注意我们所受的惩罚，这一点可以从罗马人民身受的可怕灾难或不容怀疑的

---

① 参见《阿古利可拉传》，第 45 章（中译本，商务印书馆 1977 年版）和小普利尼：《书信集》，特别是第 7 卷，第 19 章，在这里他就提到了特拉西娅的女儿芳尼娅对她的丈夫赫尔维狄乌斯·普利斯库斯的忠诚。

② 参见塔西佗在本书第四卷，第 5 章，对赫尔维狄乌斯·普利斯库斯所作的描述。

③ 作者在本书第四卷，第 50 章里，就记述了一个叫做披索的奴隶为了要拯救主人而牺牲了性命的事情。

④ 这里可能是指例如苏格拉底和乌提卡的加图那样的死亡。

朕兆得到最充分的证明。①

（4）但是在我开始按计划执笔写作之前，我认为我们应当回过头去，考虑一下罗马的情况、军队的情绪、行省的态度、整个世界上有利的和不利的因素，这样我们不仅可以理解多半出于偶然的事件及其结局，而且可以理解它们的来龙去脉。虽然尼禄的死亡在开头时受到人们的热烈欢迎，但是这一事件却不单单在罗马的元老、人民和卫戍士兵中间，而且也在所有的军团和将领中间都引起了各种不同的反应。由于帝国的秘密现在已被揭露出来：在外地可以同在罗马一样地拥立皇帝。② 元老们皆大欢喜，他们自然立刻便充分利用了他们的自由，因为他们必须对付还没有到来的一个新皇帝。骑士阶级中的首要人物几乎和元老感到同样的高兴。普通人民中间有身份的那一部分，以及依附名门大族的人，那些被判罪和被流放的人的食客和被释奴隶，又都有了希望。沉湎于赛马和看戏的最下层的阶级以及跟他们在一起的最卑贱的奴隶，还有浪费掉自己的财产之后、竟然可耻地仰仗尼禄的赏赐为生的那些人，则感到垂头丧气，并且急不可待地打听着每一个消息。

（5）城市的卫戍部队长期以来就习惯于向皇帝们宣誓效忠，他们之背弃尼禄与其说是出于自己的意思，毋宁说是由于别人施加了巧妙的压力。但是现在，他们看到以伽尔巴的名义答应给他

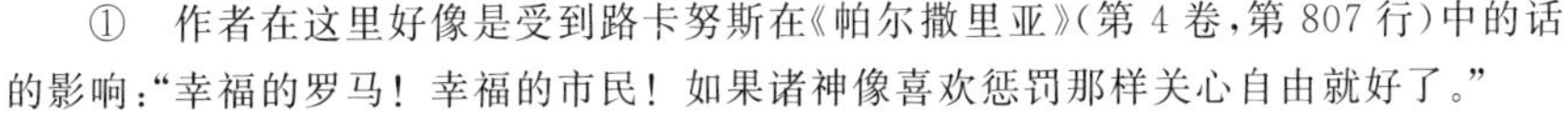

① 作者在这里好像是受到路卡努斯在《帕尔撒里亚》（第 4 卷，第 807 行）中的话的影响："幸福的罗马！幸福的市民！如果诸神像喜欢惩罚那样关心自由就好了。"

② 伽尔巴是第一个在罗马之外被宣布为皇帝的人。

的赠赐实际上并没给他们；[①]看到在和平时期和战争时期不同，人们并没有大显身手和取得丰厚赏赐的机会；看到军团已经从他们拥立的皇帝那里取得了好处，于是，本来已经有了支持政变倾向的士兵进一步又受到了近卫军长官尼姆披狄乌斯·撒比努斯的罪恶行动的煽惑，因为他本人也想取得皇帝的地位。[②] 不错，尼姆披狄乌斯的这个企图被粉碎了，但是，叛乱的首脑虽被消灭，大部分的士兵仍然没有忘记他们犯下的罪行。他们中间的许多人对伽尔巴的年纪和他的贪欲作了不利的评论。他的严格在过去曾经受到称许并且得到士兵们的赞扬，但现在这种严格却使他们感到苦恼，因为他们讨厌旧日的纪律；在十四年中间，尼禄把他们训练得喜爱皇帝的过错就和过去他们尊重皇帝的德行一样。此外，伽尔巴还有这样一种说法，那就是：他习惯于选拔，而不是收买他的士兵；这话说得不错，它对国家有利，但对他本人却是危险的。因为实际上，所有其他的一切都不符合这样一个标准。

（6）伽尔巴身体衰弱，年纪也老了。他的威信就毁在世界上最坏的人提图斯·维尼乌斯和世界上最懒的人科尔涅里乌斯·拉科两个人手里，因为人们对提图斯的罪行的憎恶和对科尔涅里乌

---

① 尼姆披狄乌斯曾经答应给近卫军每人七千五百德拉克玛（约合一千五百美元），给军团士兵每人一千二百五十德拉克玛（约合二百五十美元）。七千五百德拉克玛是曾经许给士兵的最大的一笔款项，参见普鲁塔克：《伽尔巴传》，第2章。

② 尼姆披狄乌斯不久就感到他做的事情并没有得到伽尔巴的应有的赏识，同时还感到提图斯·维尼乌斯和科尔涅里乌斯·拉科已在伽尔巴的心目中代替了他的位置。继而他便说明他是卡里古拉的儿子（参见塔西佗：《编年史》，第15卷，第72章；普鲁塔克：《伽尔巴传》，第9章），并且希望说服近卫军宣布他为皇帝以代替伽尔巴；但是近卫军拒绝了他，而当他自己企图强行闯进近卫军军营的时候，他们就把他杀死了（参见普鲁塔克：《伽尔巴传》，第14章；苏埃托尼乌斯：《伽尔巴传》，第11章）。

斯的昏昏沉沉的作风的嘲骂这些负担，都只能由伽尔巴承受着。[①] 伽尔巴前来罗马的速度十分缓慢，并且伴随着血腥的罪行：当选而尚未就职的执政官钦戈尼乌斯·瓦罗和先前担任过执政官的佩特洛尼乌斯·图尔披里亚努斯被处死了。钦戈尼乌斯被处死，是因为他曾与尼姆披狄乌斯同谋；佩特洛尼乌斯则是因为他是尼禄手下的将领。[②] 这两个人都是未经审问、没有得到辩护的机会便被处死了的，所以人们都认为他们死得冤枉。伽尔巴进入罗马之前的朕兆是不吉利的，因为在这之前成千上万的手无寸铁的士兵被屠杀了，这件事情甚至引起了屠杀者们本身的恐惧。一个西班牙军团被调到罗马来；早先尼禄从海军里征募来的那个军团也还留在那里，这样一来罗马城里便有了一支不寻常的兵力。此外还有从日耳曼、不列颠和伊里利库姆调来的许多队伍，这些队伍同样是经尼禄选拔之后，派到卡司披亚门那里去参加他准备对阿尔巴尼人进行的战役的。但是他把他们召了回来，是为了镇压温代克斯的不轨图谋。这里有许多能引起政变之火的燃料。当士兵们无意拥戴任何特定人物的时候，他们是准备为任何一个有胆量的人效劳的。

(7) 恰巧与此同时，人们又听到了克洛狄乌斯·玛凯尔和丰

① 关于提图斯·维尼乌斯，参见本书后面的第 1 卷，第 48 章；代替尼姆披狄乌斯被任命为近卫军长官的拉科在伽尔巴的短期统治中起了显著作用，但是他却和伽尔巴同时被奥托杀死了（参见本书第一卷，第 46 章；普鲁塔克：《伽尔巴传》，第 27 章）。

② 钦戈尼乌斯·瓦罗是尼姆披狄乌斯向近卫军发表的演说的实际起草人。参见普鲁塔克：《伽尔巴传》，第 14 章。佩特洛尼乌斯·图尔披里亚努斯（公元 61 年度执政官）在公元 61—63 年间是不列颠的长官（参见塔西佗：《编年史》，第 14 卷，第 39 章；《阿古利可拉传》，第 16 章）。他被尼禄选拔出来担任对温代克斯和伽尔巴作战的将领，但是他却和伽尔巴取得了协议（参见佐纳列斯，第 11 卷，第 13 章）。

提乌斯·卡皮托被处死的消息。① 毫无疑问，曾在阿非利加制造过骚乱的玛凯尔是根据伽尔巴的命令被皇帝的代理官特列波尼乌斯·伽路提亚努斯处死的。有过同样企图的卡皮托是在日耳曼给军团的将领科尔涅里乌斯·阿克维努斯和法比乌斯·瓦伦斯在他们接到这样做的命令之前就处决了的。有一些人认为，虽然卡皮托的品行堕落而且有贪婪和纵欲的恶行，但他仍然不曾有过任何要发动叛乱的想法，倒是那些怂恿他发动战争的将领们在他们发现不能说服他的时候，才故意地捏造了他的大逆罪。他们还认为，伽尔巴同意不管用什么方法处死这两个人，完全因为非这样做不可：这或者是由于他生性犹豫不决，或者是由于他不想深究这件事情。不过外界对这两次处决的反应很不好，而且一旦皇帝成了人们憎恨的对象，他做的好事和坏事就同样会引起人们对他的厌恶。一切东西都是可以出卖的，他的被释奴隶很有势力，他的奴隶则贪婪地去争夺那些能够大发横财的机会，因为在这样一个老皇帝的统治之下，这种迫不及待的心情是十分自然的。新宫廷里的罪恶和旧宫廷里的一个样：它们同样是罪恶累累，然而却不能得到同样的谅解。在那些已习惯于尼禄这个年轻皇帝并且按照俗人的见解、以外貌的美丑来比较皇帝的人们中间，伽尔巴的衰年遭到了嗤笑和嘲骂。

(8) 以上就是在罗马这里表现出来的各种反应，而在拥有这样大量人口的城市里，有这样多的反应是不足为奇的。在各行省当中，西班牙的长官克路维乌斯·路福斯是一个能说会道的人，他

① 克洛狄乌斯·玛凯尔是阿非利加的长官，参见本卷第73章；苏埃托尼乌斯：《伽尔巴传》，第6、13章；丰提乌斯·卡皮托是公元67年度的执政官，下日耳曼的长官，参见本卷第58章，本书第三卷，第62章。

在政治方面很有办法，但是在军事上却没有受过什么锻炼。[①] 高卢诸行省保持着对罗马的忠诚，这不仅因为他们没有忘记温代克斯的失败，而且还因为他们在不久之前取得了罗马公民权，他们今后的税也都减轻了。[②] 虽然如此，离日耳曼的军队最近的那些高卢部落却不曾得到和其余的高卢人同样的荣誉；有些人实际上被剥夺了他们的土地，这样不管是他们计算他们邻人所得到的东西或是他们自己所遭到的损失，他们都是同样感到激怒的。[③] 日耳曼的军队感到愤恨和恼怒，而在大量军队都有这种情绪时，这确是十分危险的事情。[④] 由于最近取得的胜利，他们有一种自豪感，但是他们心里却又感到害怕，因为他们是站在失败的一方面的。他们抛弃尼禄的时间较晚，而且他们的将领维尔吉尼乌斯[⑤]并没有

① 克路维乌斯·路福斯这时是塔尔拉科西班牙（今天西班牙西北部的行省）的长官，他记述过尼禄、伽尔巴、奥托和维提里乌斯四朝的故事。他是塔西佗指名道姓提到的作家之一。

② 公元 48 年克劳狄乌斯把完整的公民权给予科玛塔（长发的）高卢贵族（参见塔西佗：《编年史》，第 11 卷，第 23 章）。伽尔巴把这一公民权授予拥护温代克斯和他本人的高卢部落和城市的全部公民；同时他还把租税降低了四分之一（参见本书第一卷，第 51 章；普鲁塔克：《伽尔巴传》，第 18 章）。

③ 这里指的是支持维尔吉尼乌斯的林哥尼斯人和特列维利人。参见本书第一卷，第 53 章以次。

④ 为了行政上的和军事上的目的，莱茵河的地区分成了上日耳曼和下日耳曼两部分。上日耳曼位于莱茵河的两岸，从温多尼撒（今天康斯坦茨湖附近的温狄什）到摩功提亚库姆（今天的美因茨）；下日耳曼从摩功提亚库姆到北海，但是只包括莱茵河东岸的很少一部分土地。在上、下日耳曼通常各有四个军团，但是这时在上日耳曼只有三个军团。

⑤ 他是上日耳曼的长官，曾镇平温代克斯的起义。他是没有父亲的小普利尼的监护人。我们从小普利尼的书信中知道不少有关他的事情。他活到公元 97 年，当时担任执政官的塔西佗为他发表了临葬演说。

立刻宣布拥护伽尔巴；人们都倾向于这样一个意见：他自己也不是没有做皇帝的意思。人们还相信士兵曾经把皇帝的大权给予他。甚至那些不能为丰提乌斯·卡皮托之被处决而鸣不平的人也憋了一肚子火。但是他们没有领袖，因为在友谊的名义之下维尔吉尼乌斯被调走了。他没有被送回来，而实际上是受到了审讯，这件事情在士兵们眼里看起来，正是对他们自己的一种控诉。

(9) 上日耳曼的军队瞧不起他们的统帅霍尔狄奥尼乌斯·佛拉库斯。佛拉库斯由于年老腿瘸而失去了工作能力，他既没有勇气，又没有威信。甚至在士兵们平静无事的时候，他都没有能力控制他们。士兵们一旦被激怒，他那软弱无力的限制只会使他们更加愤慨。下日耳曼的士兵在很长的一段时期里都没有一位执政官级的统帅，最后伽尔巴才把奥路斯·维提里乌斯派了来。这个人就是那个曾经担任过监察官并且三次担任过执政官的维提里乌斯的儿子：奥路斯·维提里乌斯的父亲的荣誉似乎给了他相当大的威望。[①]驻扎在不列颠的军队并没有敌对的情绪；而在由于内战所造成的全部混乱时期，确实没有任何其他军团在行动上比他们更规矩的了，这或者是因为他们远离罗马并且有大洋在中间隔着，或者是因为他们在多次的战役里学会了宁肯把憎恨放到敌人身上。伊里利库姆也是宁静的，虽然尼禄从那一行省召来的那些军团，当他们还

① 奥路斯·维提里乌斯曾先后受到卡里古拉、克劳狄乌斯和尼禄三人的宠信。公元48年他和路奇乌斯·维普斯塔努斯·波布里科拉是常任的执政官；公元60—61年他显然是阿非利加的总督，次年，他在同一行省担任他的兄弟（当时是长官）的副帅。他是最重要的一个祭司团的成员，并且还在罗马负责公用事务。塔西佗在本书第二卷的第86章里曾对他作了描述。

驻扎在意大利的时候，曾通过他们的代表向维尔吉尼乌斯提出过建议。[①] 但相互隔得很远的各支军队——这是使军队保持忠诚的最有效的办法——却未能把他们的罪恶或是他们的力量结合起来。

（10）东方依然平静无事。叙利亚和它的四个军团控制在李奇尼乌斯·木奇亚努斯的手里，这是一个在好运和逆运方面都十分著名的人物。[②] 年轻的时候，他为着个人的目的结交了显贵的朋友；后来，当他的财产花光了的时候，他就不能再保持他自己的地位，又怀疑克劳狄乌斯在生他的气，于是他就退居到亚细亚，几乎成了一个逐客，就和后来他几乎成了皇帝一样。这个人充满着矛盾的性格：他是既奢侈又勤俭，既亲切又傲慢，既有良好的品质又有恶劣的毛病。他在闲居无事时游乐无度，但是每当作战的时候，他却表现出崇高的品德。他的从政生活也许值得你的赞许，但是，他的私生活却又是声名狼藉的。通过各种不同的诱惑，他得以控制他的部属，他的亲信和他的同僚；他又是这样一个人：他认为把统治大权授予别人较之由他自己掌权更容易些。对犹太人进行的战争是由统率着三个军团的佛拉维乌斯·维斯帕西亚努斯指挥的；[③]他是尼禄亲自选拔的统帅。维斯帕西亚努斯就他的愿望和

① 这里所说的军团是由于温代克斯的起义才被撤回来的。

② 李奇尼乌斯·木奇亚努斯在尼禄当政时担任过执政官，公元 67 年他被任命为叙利亚的长官。在维斯帕西亚努斯取得了皇帝大权时，他是维斯帕西亚努斯的最有力的支持者。详细情况参见本书第二至四卷。

③ 提图斯·佛拉维乌斯·维斯帕西亚努斯公元 9 年生于列阿特，直到这时为止，他一直过着军人生活。他治理过色雷斯、克里特、日耳曼和不列颠；公元 38 年他是营造官，公元 40 年是行政长官，公元 51 年是执政官，公元 66 年犹太战争爆发，第二年他被尼禄任命为对犹太人作战的统帅。

情绪而论都不反对伽尔巴，因为他曾把他的儿子提图斯派去向伽尔巴致敬，并且向他表示自己的忠诚。这些事情我到适当的时候还要谈。注定要使维斯帕西亚努斯和他的儿子们取得统治大权的命运的秘密和朕兆与神示，只有在他取得了成功之后我们才能相信。

(11) 有军队来维持秩序的埃及从圣奥古斯都的时代起便由罗马骑士代替那里先前的国王进行统治。[①] 把埃及这个行省置于皇室的直接控制之下看来是一个明智的办法，因为要到这个地方去，交通不便，但该地盛产粮食，又常常发生内讧和出其不意的骚乱；原来该地居民性格狂热，又很迷信，他们既不懂得我们的法律，又不习惯我们的民政制度。这时的长官是提贝里乌斯·亚历山大[②]，他本人就是一个埃及人。现在克洛狄乌斯·玛凯尔既然已被杀死，则业已领教过一个小暴君的滋味的阿非利加和它的军团，对任何皇帝都会觉得满足了。玛乌列塔尼亚(或译毛里塔尼亚。——中译者)的两个行省、莱提亚、诺里库姆、色雷斯和由皇帝的代理官所管理的其他地区，则按照每一个地区附近军队的情况，通过同比他们本身要强大的军队的接触而决定采取拥护或是反对的态度。没有军队驻守的行省，特别是意大利本土，则

① 关于埃及的地位及其重要性，参见塔西佗：《编年史》，第2卷，第59章："原来作为保持专制统治的秘密手法之一，奥古斯都曾禁止任何元老或高级骑士进入埃及，除非是得到了他的许可。他通过这种做法来孤立埃及，以便不使任何一个人(在这里不管他的守卫力量何等小，而他要抗击的兵力又有多么强大)力图通过控制这一行省以及海上和陆上的枢纽地点而陷意大利于饥饿的境地。"

② 他从公元63年起是埃及的代理官(Praefectus Aegypti)。他在行省的统治者当中是第一个拥护维斯帕西亚努斯的(参见本书第二卷，第74章)。

是任何一个主人的奴役对象，它注定会成为胜利者手中的战利品。

当第二次当选执政官的谢尔维乌斯·伽尔巴和他的同僚提图斯·维尼乌斯进入伽尔巴一生的最后一年同时又几乎是他的国家遭到毁灭的一年的时候，罗马国家的情况就是这样。

(12) 元旦之后不几天，皇帝在比尔伽伊高卢[1]的代理官彭佩乌斯·普洛皮恩库斯送来了一个急报，说上日耳曼的军团已经完全不再理会他们的效忠誓言，要求拥立另一个皇帝，不过他们却把选择皇帝的权力交给元老院和罗马人民，这样他们的叛乱行为就不会显得那样严重了。这个消息加速了伽尔巴的决心。他自己已经考虑，并且同他的密友一起考虑了选择一位继承人的问题。在过去几个月里，确实没有一个问题比这个问题更加受到全国人士关心的了，这首先是因为人们对这类事情非常喜欢毫无顾忌地谈论，其次则是因为伽尔巴已经衰老了。具有健全判断力或是真正爱国心的人是很少的；大多数怀抱着痴心妄想的人在他们私下的谈话里就提到了他们的这个保护人或那个朋友的名字。他们也憎恨提图斯·维尼乌斯，此人的权力越大，就越遭人憎恨。此外，伽尔巴的亲切照顾也助长了他的朋友们的贪心，这些人在春风得意之时贪欲大大滋长起来。他们正在与之打交道的是一个身体虚弱而又容易相信别人的人物，因此他们虽然做了坏事，却是有恃无恐，并且因而抱有更多的希望。

① 高卢四个行省中最北的一个，约略相当于今日比利时及其附近地区。对皇帝宣誓效忠，在每年元旦，也在他的生日那天举行。

（13）帝国的实际大权是由执政官提图斯·维尼乌斯和近卫军长官科尔涅里乌斯·拉科分掌着，伽尔巴的被释奴隶伊凯路斯的势力也不比他们的小。他曾被赐以骑士的金指环，而人们则喜欢用骑士的名字玛尔奇亚努斯来称呼他。[①] 这三个人[②]是不和的，在比较次要的事情上，他们三个人各自追求自己的目的。但是在选择一个继承者这样一个问题上，他们分为两派。维尼乌斯中意玛尔库斯·奥托；拉科和伊凯路斯虽不是已经一致同意选定他们喜欢的某一特定的人，但在坚决不同意奥托这一点上他们是一致的。伽尔巴并不是不知道奥托和维尼乌斯之间的友谊；而人民对什么问题都要说短道长，这时他们在谈论中已经把奥托说成是维尼乌斯的女婿，因为奥托这时还是单身汉，而维尼乌斯又正有一个没有出嫁的女儿。我可以相信伽尔巴也有一些爱国之情，如果把从尼禄手里夺来的国家交到奥托这样一个人手里，那么夺取尼禄的国家的这一行动就没有意义了。因为奥托的少年时代无人管教，青年时代行为放荡。他是由于仿效尼禄的放纵才取得了尼禄的欢心的。由于这个缘故，尼禄才把他自己的情妇波培娅·萨比娜托付给参与他的丑事的奥托，[③]直到他能够摆脱掉自己的妻子屋大维娅。后来皇帝怀疑他本人和这个波培娅的关系也十分暧昧

① 伊凯路斯一得到尼禄死去的消息，立刻就从罗马到西班牙伽尔巴那里去，并且被赐以金指环和在衣服上面加窄紫条（angustus clarus）的特权（这是骑士阶级的特权）。那时他就成了伽尔巴的主要谋士；他后来被奥托处死，参见普鲁塔克：《伽尔巴传》，第7章；苏埃托尼乌斯：《伽尔巴传》，第14、22章。

② 苏埃托尼乌斯说这三个人是伽尔巴的“指导人”（paedagogi）。

③ 关于奥托和波培娅之间的关系参见塔西佗：《编年史》，第13卷，第45、46章，但内容略有不同。

不清，这才以到行省去担任长官的名义把他调到路西塔尼亚去。奥托在那里的治绩还是不错的，但是他首先就加入了伽尔巴的一派并且是相当出力的一个成员。在整个战争期间，他在伽尔巴的所有最亲近的支持者中间是最出色的一个，现在当他一旦有了被伽尔巴过继为继子的希望，他就日益强烈地想实现这件事了。大部分的士兵对他都抱有好感，尼禄的廷臣们也都倾向于他，因为他和尼禄是一类人物。①

(14) 伽尔巴接到日耳曼方面有背叛活动的消息，虽然他还没有得到关于维提里乌斯的任何确实情报，但他对于军事叛变可能引起的后果感到十分苦恼，他甚至对罗马城里的军队都没有信心。因此便召集了一次御前会议，他把这看成是他的惟一补救办法。②参加会议的人除了维尼乌斯和拉科之外，他还召来了已经选出但尚未视事的执政官马利乌斯·凯尔苏斯和罗马市长官杜肯尼乌斯·盖米努斯。他首先简略地谈到他本人的高龄，然后指出应当把李奇尼亚努斯·披索召来。这也许是他自己的意思，也许像某些人所说的那样，是出于拉科的主张，因为在路贝里乌斯·普劳图斯的家里，他曾和披索结成十分亲密的友谊。但是拉科巧妙地支持披索，把他当成仿佛是一个和自己不相干的人，而披索的好的声誉也增加了拉科的意见的分量。披索是玛尔库斯·克拉苏斯和司

① 玛尔库斯·撒尔维乌斯·奥托生于公元 32 年。他在尼禄当政的一段时期中间(公元 59—68 年)把路西塔尼亚治理得很不坏，但是他很快地便参加了伽尔巴派，随他一同到了罗马。

② 会上是要正式提出过继披索为义子的问题。过继的仪式是在 1 月 10 日举行的。

克里波尼娅的儿子，他的父母双方都是高贵出身。[①] 他的外貌和举止都是老派人物的样子，因此可以正当地被称为严厉的人物；但是那些论人比较苛刻的人们却觉得他这个人阴郁。他的性格中的这一因素使得顾虑多的人对他不大放心，但是却使伽尔巴把他过继为继子。

（15）据说后来伽尔巴拉着披索的手说了这样的话："如果作为一个普通市民，我遵从元老院的法律，按照传统的方式[②]在祭司们的面前过继你为继子的话，那么这就是我的一个荣誉，因为我把格涅乌斯·庞培和玛尔库斯·克拉苏斯的后人带到我的家里来。同时这对你来说，也是一件殊遇，因为你把苏尔皮奇乌斯家族和路塔提乌斯[③]家族的荣誉又加到你自己的高位上面了。但是我实际上是由于诸神和人民的同意才取得皇帝大权的，现在我受到你的崇高品格和爱国精神的感动，要以和平方式把皇帝的统治权给了你；要知道，我们的祖先都是马上得天下，而我也是通过武功取得政权的。我在这方面是模仿圣奥古斯都的榜样：圣奥古斯都放在仅次于他的高位之上的，最初是他的姊妹的儿子玛尔凯路斯，[④]其

---

① 披索生于公元38年，他在尼禄当政时期长期被放逐在外（参见本书第一卷，第48章），因此在罗马没有担任过行政职务。他的父亲、母亲和一个兄弟都被克劳狄乌斯处死，另一个兄弟则是被尼禄杀死的。

② 要使过继一个成年人为继子这一行为（arrogatio）具有法律上的效力，就必须得到库里亚和祭司们的同意。公元前286年库里亚民会即已失去它的政治权力，然而在举行仪式时它仍有由大祭司召集的三十名侍从（lictor）作为代表。伽尔巴是最高祭司（pontifex maximus），他废除了传统的方式。

③ 伽尔巴的母亲也是克温图斯·路塔提乌斯·卡图路斯的后人。

④ 他是屋大维娅和克劳狄乌斯·玛尔凯路斯的儿子，又是奥古斯都的女儿优利娅的丈夫。他死于公元前23年。

次是他的女婿阿格里帕，后来又是他的孙辈，最后才是他的继子提贝里乌斯·尼禄。不过奥古斯都是在他自己的家族中寻求继承人，可是我却在全国范围内寻求继承人。我所以这样做，并不是因为我自己没有亲族或战友；我自己不是为了追求个人的目的才取得这皇帝大权的，我要用这样一件事实来证明我的决定的性质，那就是，我不仅把我的亲族，而且把你的亲族也放在比你次要的地位上去。你有一个和你自己一样高贵，但是比你年纪大的哥哥，①如果不是你比他更好的话，你这个哥哥的确也是配得上皇帝的地位的，你的年龄不小，已经不是血气未定的青年了；你持身方正，这使你在回顾过去时没有什么可以抱愧的地方。直到当前为止，你一直是命途多舛；顺境对人们的精神的考验是更加严厉的，因为我们对不幸完全能忍受，但是在成就面前却容易受到腐蚀。人们心目中的主要幸福，即荣誉、自由、友谊，你都能和先前一样持之以恒地加以维护；但是别的人却由于他们的奴性而企图削弱这些幸福。谄媚、阿谀和侵害一颗诚实的心灵的最坏的毒药，即私欲，就要侵蚀进来了。尽管你和我今天十分坦率地相互交谈，但是所有其他的人却更愿意谈论我们的无比幸运，而不是我们本身。因为说服一个皇帝去履行自己的职责是一件艰巨的事情，但是要顺从他，而不管他是怎样一个皇帝，那只要掩盖自己的真实感情就可以做到。

（16）“如果帝国的庞大机构在没有一个统治者的情况下仍然能够维持下去的话，那么从我这时起，就可以把共和国重新建立起来了。但实际的情况却是，长期以来，我们处于这样一种状态：我

---

① 指克拉苏斯·司克里波尼亚努斯，参见本卷第 47 章。

在老年时除了确定一个好的继承人之外，不能给罗马人民更多的东西，或者说，你在青年时代除了做一个好的皇帝之外，也不能给罗马人民更多的东西。在提贝里乌斯、盖乌斯和克劳狄乌斯的统治时期，我们罗马人民可以说是一个家族的私产；我们皇帝现在开始通过推选而产生，这一事实对所有的人来说意味着有了自由；既然优利乌斯和克劳狄乌斯家族都已经不复存在，那么过继时就只能选拔最好的人物了。因为生在帝王之家只不过是一种机缘，人们对这一点不会给予更大的重视，但是在过继的情况下，人们却可以充分运用自己判断力；如果人人都希望进行选择的话，大家的一致同意会指出谁该当继承人的。你要以尼禄为诫。这个以自己出身于帝王世家而自豪的人物是怎样毁掉的呢？毁掉他的不是领导着一个没有武装的行省的温代克斯，也不是只领导着一个军团的我本人，而是他自己的那些恶劣之极的品行，是他自己的奢侈无度，使他自己从人民的脖子上摔了下来。然而给皇帝判罪的事情在先前是从来没有过的。我们这些通过战争和人民对我们的优点的认识而取得了权力的人，不管我们能证明自己是何等公正诚实，也将会引起别人的忌妒。如果在基础已被动摇的世界里，还有两个军团的骚动没有被压制下去，那你是用不着害怕的。我个人并不是在安全无事的环境中取得了皇帝大权的。当人们听说我将你过继为继子的时候，看来我就不再是一个老年人，虽然年老正是人们加给我的一项罪名。品质最坏的公民对于尼禄的死一直觉得惋惜。但是你和我却必须要注意到不要使好人对他的死亡也感到惋惜。现在还不宜于给你更多的劝告；此外，如果你的行为证明我的选择是明智的，那么我对你的一切劝告就都实现了。要分辨善恶，人们有一个最实用的，而且是最便捷的办法，这就是，你只需想一想，如果别人做皇帝的话，你希望他做的和反对他做的都是些什么就可以了。因为在我们这里，和由国王统治的国家那里的情况不同，在那里有固定的统治家族，而其他的人都是奴隶；但你将要统治的人却是既不能忍受完全的奴役，又享用不了完全的自由。”

伽尔巴又讲了同样内容的一些话，看来好像他正在选定一个皇帝，但所有其他的人在和披索交谈时，却把他看成是已经被指定为皇帝的人了。

（17）据说，不论是在当时望着披索的那些人的面前，还是后来他成了所有的人的注意中心的时候，他都没有过焦虑不安或是兴高采烈的表情。他怀着对父亲和皇帝的应有的尊敬作了回答。他谦虚地谈到自己。他的表情和他的衣着都没有任何改变。看起来他是一个有能力担任皇帝，然而却没有这种愿望的人。当时人们曾讨论了这样一个问题：他被过继的事情将在广场的讲坛（rostra）上宣布，是在元老院宣布，还是在近卫军的营地里宣布。后来人们决定还是到近卫军的营地去宣布这件事情，因为他们认为通过正当途径而取得的他们的支持，这将是对军队的一种荣誉；更何况即使通过贿买和劝诱等不正当手段取得他们的支持，也是未可轻视的。正在这时，那些等候着消息的人民群众包围了皇帝，他们迫不及待地等待着这次重大的机密决定，而那些想消除谣传的人们的无效的努力反而使外面议论得更加厉害了。

（18）正月伊都斯日之前的第四天，[①]竟日暴雨、雷声、闪电等

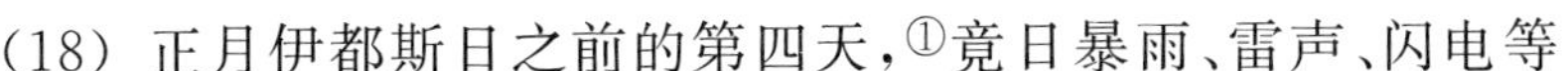

① 伊都斯日（idus）一般指每月的 13 日或 15 日。这里是指 1 月 10 日而言。

上天的异乎寻常的恐吓，使暴雨显得十分可怕。在古时，这些朕兆会使一次选举停止举行，但是这时它们却未能阻止伽尔巴到近卫军的军营去，因为他认为这些事情不过是一种偶发的事件，并不是什么预兆。也许实际上是因为命运所注定的事情，不管通过什么朕兆表现出来，都是我们无法避免的。他在大群士兵的面前，以符合皇帝身份的简洁语言，宣告他遵照圣奥古斯都的先例，并根据一个人选定另一个人时所用的军事惯例，①过继披索为继子。他觉得要隐瞒军团的叛变反而会使人夸大这次叛变的意义，因此他接着又说，第四和第二十二军团曾被少数叛乱的将领引入歧途，不过他们的错误仅限于一些言论和叫嚣，很快地他们就会就范的。他并没有向士兵们讨好，也没有提到要给他们什么东西。那些同他最接近的将领、百人团长和士兵以令人满意的方式回答了他；但是在所有其他近卫军士兵中间，却是情绪低沉，一声不吭，因为他们感到，由于战争，他们竟然失掉了取得甚至在和平时期都属于他们的赠赐的权利。毫无疑问，这个吝啬的老头子，只要是把手稍稍放松一些，近卫军士兵对他的忠诚是完全可以争取过来的。他的旧式的严格和过度的严厉毁了他自己，这已是我们不能再容忍的一些品质了。

（19）伽尔巴在元老院的发言与对士兵的发言同样单调而简短。披索的发言则很得体，元老们对他的发言表示同意。许多人表示同意是出于善意，那些内心里反对这次过继的人则故意更加热心地表示这一点，而那些占最大多数的无所谓的人则对谁都采

① 根据征兵的原始的方法。

取卑躬屈节的态度，因为在这些人心里都各有自己的打算，他们根本没有考虑过国家的利益。在被过继到他被杀之间的四天中，披索在外面没有再发表任何言论，也没有任何行动。

日耳曼叛乱的消息日益频繁地传到罗马来。由于公民们容易听信怪事和坏事，所以元老院便决定派一个使团到日耳曼的军队那里去。在暗中还讨论了是不是把披索也派去的问题，因为这样一来这个使团就显得更有分量了：使团的其他成员带有元老院的权力，披索则具有恺撒的高贵身份。他们还决定把近卫军长官拉科也派去，不过拉科却否决了他们的计划。于是元老院便决定由伽尔巴自己选择使团的成员。伽尔巴缺乏定见，这个缺点实在丢人。他任命了一些人，后来又免掉对他们的任命，而用别的一些人代替他们，因为这些人按照自己是有所畏惧还是有所希求而请求他把他们留下来，或把他们派出去。

（20）另一个心事就是钱的问题。经过充分的考虑之后，看来最好的办法还是从造成贫困的原因的那个地方去弄钱。原来尼禄以赠赐的名义浪费掉的钱有二十二亿谢司特尔提乌斯①。元老院决定把人们召集起来，并且决定每个人只能保留尼禄原来赠赐的十分之一。但是尼禄的宠臣们所剩下的钱几乎连十分之一都没有了，因为他们浪费别人的钱和浪费自己的钱一个样；最贪婪的和最堕落的人们既没有土地也没有资金，他们剩下的只是助长他们为非作歹的那些东西。任命了三十名罗马骑士来进行收集款项的工作。这是一种新的官职，同时也就成了一个新的负担，因为担任这

① 至少相当于今天的二十亿美元。

一职务的人员众多，而且他们诡计多端。到处都在进行拍卖，到处都是投机倒把分子，城里给诉讼事项搞得乌烟瘴气。然而使人们看了特别高兴的是，从尼禄那里取得了赠赐的那些人就要和被他们夺取了金钱的人一样贫穷了。就在这些日子里，四个将领被免职了，安托尼乌斯·陶路斯和安托尼乌斯·纳索被开除出了近卫军，埃米里乌斯·帕肯西斯被开除出了城市步兵中队，优利乌斯·佛隆托被开除出了警卫队。这些措施对其余的人并不发生什么有益的影响，但是却引起了他们的恐惧：他们认为，由于所有的人都遭到怀疑，因此他们将被巧妙而又小心地、一个一个地解除了职务。

(21) 在这个时候，从和平的安排中根本不能得到任何好处并且把自己的打算完全建立在混乱之上的奥托，由于很多的理由而加紧展开了活动。他穷奢极欲，连皇帝都花费不起那么多钱；他贫穷时，过的又是普通公民都受不了的生活。他恨伽尔巴，他忌妒披索。他装出恐惧的样子，以便满足更大的贪欲。他说他过去在尼禄眼里是一个可怕的人物，但是他却不想再去路西塔尼亚，不想再享有第二次放逐的光荣了；他说，暴君总是怀疑和憎恨那被认为是他们的继承者的人的；正是由于这一原因，他受到了年老的皇帝的伤害，而禀性残忍和因长期的放逐而性格变得很坏的年轻皇帝一定会给他以更大的伤害。一个奥托是可以被谋害死的；[①]因此当伽尔巴的威信还不高而披索的威信又还没有建立起来的时候，他

① 这话的意思是：伽尔巴和披索都不会轻轻饶过也有担任皇帝希望的奥托。有些人想修改或删去这句话，这显然是不正确的。

必须鼓起勇气来有所行动。这种变革的时代是发动大事的最好的时机，而当无所事事较之唐突行事更为有害的时候，就不应当徘徊观望。大自然注定一切人最终都要死亡；但是死亡与死亡却有所不同：有的人死后默默无闻，有的人却流芳百世。如果有罪的和无辜的都会遭到同样后果的话，那么一个有更大魄力的人物是应当死得更有意义的。

（22）奥托的思想并不像他的体格那样懦弱。他的亲信的被释奴隶和奴隶过着比在一般私人家庭中更加放纵的生活，他们经常把尼禄的宫廷中的奢侈生活、他的淫乱、他的多次的结婚和宫廷中的其他罪恶说给渴望这些东西的奥托听。他们指出，只要他有胆量去取得它们的话，他所渴望的这些享乐就可以为他所有，而如果他不及时行动起来，那么这些东西就是属于别的人的了。占星术士们[①]——这类人得不到有势力的人的信任，他们会欺骗有野心的人，他们在罗马常常是既被禁止又被保留——也催促他行动起来，他们说从天上的星象来判断，就要发生新的变动，而且当年对奥托来说将会是光荣的一年。许多这样的占星术士成了皇后的最坏工具，他们曾参与过波培娅的密谋，而且其中一个名叫托勒米[②]的人曾和奥托一道住在西班牙，他曾经告诉奥托，奥托的寿命一定能比尼禄长。在这件事上取得了信任之后，他便利用他自己的猜测和那些用伽尔巴的年老和奥托的年轻相比的人的闲谈，告诉奥托说，他会被选定为皇帝。但是奥托却相信了他的预言，好像

① 参见塔西佗《编年史》第 2 卷第 27、32 章中他们被逐的事情。

② 苏埃托尼乌斯：《奥托传》，第 4 章称他为塞琉古(Seleucus)，这可能是同本书第二卷，第 78 章的那个同名的占星术士混淆了。普鲁塔克的说法与本书相同。

这些预言是通过托勒米的技能而揭示给他的、对于命运的真正的预告，因为人类的本性是特别愿意相信神秘莫测的事物的。而且托勒米正是积极地这样干的，他甚至在唆使奥托犯罪了。而对于有着奥托这样的野心的人来说，他又是极其容易干出这样的罪行的。

（23）不过我们还无法确定，犯罪的想法是不是突然出现于奥托的头脑之中的。很久以来他就设法取得士兵们对他的好感，因为他希望继伽尔巴为皇帝或是准备发动某种大胆的举动。在行军时、检阅时或是在营地里，他叫得出所有最老的士兵的名字，他提醒他们说，他们曾一同在尼禄的手下共过事，①因此他就称他们为伙伴。他和一些人拉老交情，向一些人问寒暖，又用金钱或是自己的势力帮助另一些人。在谈话的时候，对伽尔巴他常常加进一两句抱怨话或是含混的语义双关的意见，并且还做了另一些会激起士兵的不满情绪的事情。因为他们对于辛苦的行军、给养的缺乏和严酷的纪律是非常不满的。过去习惯于乘船到康帕尼亚的湖泊和阿凯亚②的城市去的人，现在要背着武器攀登比利牛斯山和阿尔卑斯山，并且要在山路上进行永无休止地行军，这在他们看来当然是十分艰苦的了。

（24）士兵们的情绪已经被煽动起来了。这时，提盖里努斯③

① 尼禄的亲兵都是由近卫军士兵组成的；既然在西班牙那里没有近卫军士兵，所以有人认为这一章是被窜改了的，但也可能有一队皇帝的亲兵曾被派出去迎接伽尔巴。

② 阿凯亚是希腊行省的正式名称。近卫军士兵常常陪同尼禄到那里去。但如果认为近卫军陪着伽尔巴从西班牙来到罗马，却是不合事实的。

③ 关于提盖里努斯，参见本书第一卷，第 72 章以次。

的最亲密的友人之一麦维乌斯·普登斯更在火上浇油。所有那些性格轻率的人、需要钱用的人，以及热望发动变革的人，都被他争取过来，这样他便逐步做到每当伽尔巴在奥托家里用餐的时候，得以用晚宴为名发给警卫的步兵中队[①]的每一名士兵一百谢司特尔提乌斯。[②] 这是按国家的规定给予的赠赐，但是奥托却通过暗中给予个人的赏赐而增加了这种赠赐的分量。而且在他的行贿行动上，他的胆子竟大到这种程度，以致当着皇帝的亲卫队[③]中的一名士兵科凯乌斯·普洛库路斯同他的邻人因为地界的问题发生争吵时，奥托竟用他自己的钱把这个邻人的全部田地买了过来，送给这个普洛库路斯。只是由于对坏事和秘密的事情同样都看不出来的近卫军长官拉科的糊涂，这样的事情才能做得出来。

(25) 于是奥托便委托他的一个被释奴隶名叫欧诺玛斯图斯的来执行他的罪恶计划。当欧诺玛斯图斯把给亲卫兵传达口令的军官[④]巴尔比乌斯·普洛库路斯和普洛库路斯的助手维图里乌斯争取过来，并且通过各种各样的交谈知道这两个人都是既聪明而又有胆量的时候，他就把大量的赏赐赠给他们两人，对他们作了许多许诺并且给他们钱，要他们去贿赂更多的人，使他们叛变。这样一来，两名普通士兵就干出了转移皇帝大权的事情，而且他们也真

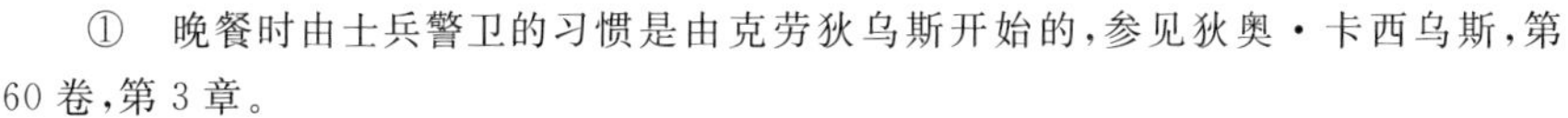

① 晚餐时由士兵警卫的习惯是由克劳狄乌斯开始的，参见狄奥·卡西乌斯，第60卷，第3章。

② 用来代替应当款待他们的晚餐。这就当时来说是很大的一笔赏钱。

③ 皇帝的亲卫队士兵(speculator)是从近卫军士兵中选拔出来的。他们有时也担任送急信的任务(参见本书第二卷，第73章)。

④ 亲卫队中有专门向亲卫队士兵传达口令的人，称为tesserarius，因为口令是写在小板(tessera)上的，发口令的人则是亲卫兵的将领，或是皇帝本人。

的做到了这一点。知道这一阴谋的人极少。他们利用各种各样的办法煽起士兵们的不安情绪;对于较高级的士兵,他们设法使这些士兵相信自己受到怀疑,因为尼姆披狄乌斯曾对他们表示过好感;而对于一般士兵,则是激起他们的愤怒和失望情绪,因为许给他们的赠赐一再地拖延不给。也有一些人还热烈地想念着尼禄和他们先前的放纵生活;不过所有的人都有一种共同的恐惧,那就是害怕他们的编制会有所变动。

(26)这种涣散军心的做法也影响了军团士兵以及辅助部队的忠诚,这些军队已经发生了动摇,因为这时大家都知道,日耳曼的军队有了反叛情绪。那些不怀好意的人是这样迫不及待地发动叛乱,甚至正派的人对于坏事都采取不闻不问的态度,以致在1月14日,当奥托在晚饭之后回去的时候,如果不是害怕夜里发动没有把握,如果不是因为各队的士兵分散在城内各处,如果不是由于人们在喝醉的时候,难于共同行动的话,他们是会按照计划把奥托拥立为皇帝的。他们并不为国家的前途担心,因为他们内心深处实际上正是准备用他们的皇帝的鲜血来玷污他们的国家;然而他们害怕在黑暗中,从潘诺尼亚或日耳曼来的士兵会把他们随便碰上的一个什么人当做奥托而宣布他为皇帝,因为大部分的人都不认识他。已经有了许多爆发叛乱的征兆,但是这些征兆都被阴谋者压下去了。伽尔巴听到了一些事情,但近卫军长官却不把它们放在心上。他并不了解士兵们的情绪,只要不是他自己提出的计划,不管多么好的计划他都反对,而那些比他有见识的人也被他认为是死对头。

(27) 在2月朔日之前的第十八天,①当伽尔巴在阿波罗神殿的前面奉献牺牲的时候,占卜师翁布里奇乌斯宣布说朕兆不吉,一件阴谋即将爆发,而且在他家中就隐藏着一个敌人。当时奥托就站在伽尔巴旁边,所以他是听到了这话的,但是他从相反的一方面来理解这句话,认为这个朕兆对他有利,并且预示他的目的能够实现。不一会儿,他的被释奴隶欧诺玛斯图斯便向他宣布说,他的建筑师和承包人都在等着他。其实这是他们约好的暗号,表明士兵业已集合起来,阴谋时机也已成熟了。当有些人问奥托为什么要离开的时候,他借口说他购置了一些产业,不过他因为这些产业的修建年代而怀疑这些产业的价值,因此他想自己先去看一看。他在他的被释奴隶的搀扶之下,穿过提贝里乌斯的宫殿到维拉布鲁姆②去,然后又来到撒图尔努斯神殿附近黄金标柱③的地方。二十三名亲卫兵便正式拥戴他为皇帝;由于前来迎接他的士兵很少,所以他满怀恐惧,但就在这时,士兵迅速地把他放在肩舆上,带着出了鞘的刀赶忙把他抬走了。大约有同样数目的士兵在途中加入了他们的队伍,他们中间的一些人由于事先知道这事,但更多的人则由于感到惊奇,一部分人大声呐喊,抽出刀来;一部分人沉默不语,他们要等待事情有了结果之后才有勇气表示自己的态度。

(28) 那一天,营地里值勤的将领是优利乌斯·玛尔提亚里斯。他被这一突如其来的严重罪行吓坏了,他不知道营地里有多

---

① 即1月15日。

② 地名,位于帕拉提努斯山附近。

③ 黄金标柱(miliarium aureum)是奥古斯都所建立的、上面镀了青铜的圆柱,上面刻着罗马帝国的主要城市的名字以及它们和罗马之间的距离。

少士兵有叛变情绪，同时又害怕若是反对的话自己有被杀死的危险，因此他对这件事的反应使得大多数的士兵猜想他是参与谋反者。所有其他的将领和百人团长也宁肯采取当前的这种暧昧的态度以求自保，而不肯为了国家的利益去冒险。他们的想法是：只有少数人敢于犯叛国的罪行，较多的人想这样做，但所有的人则对之采取默许的态度。

（29）伽尔巴完全不知道这时发生的事情。他正在专心致志地奉献牺牲，向着现在已不属于他的帝国的诸神进行祈求；就在这时，他得到报告说，一位元老或别的一个什么人已匆忙赶到军营那边去了。后来又传说这个人就是奥托；与此同时，民众从全城的四面八方拥来了，正好看见了刚刚发生的事情的那些人因为害怕而夸大了事实，有些人则又认为这种事情算不了什么，因为甚至这时他们仍然没有忘掉阿谀谄媚。在经过集会讨论之后，决定先对守卫宫廷的步兵中队的情绪进行试探，不过不是通过伽尔巴本人，伽尔巴的威信要等到最紧迫的关头再拿出来。站在宫廷台阶上的披索把士兵们召集起来对他们说：“我的同伴们，在不知道未来命运如何的情况之下，我被过继为恺撒已经五天了，我不知道这个头衔将会引起人们的羡慕还是恐惧。我的家族和国家的命运都依靠你们。我讲这话并不是因为我害怕自己会遭到什么不幸，因为我饱尝过不幸的命运，而目前我知道好运也不会带来更少的危险。但是我为我的父亲、为元老院和帝国本身的命运而悲痛，如果我们必须自己在今天丧命或是把别人杀死的话——因为这样的行动会同样给好人也带来悲伤。在前一次政变中，我们感到欣慰的事实是：城里并没有发生流血事件，政权也是在毫无异议的情况下转到另

一个人的手里去的:看来过继的事情甚至在伽尔巴死后也都是可以防止任何战争的。

(30)“我不想标榜我本人的高贵出身或品格,而在同奥托这样一个人相比较时,我也无须列举我的德行方面的一些优点。他能够用来炫耀的东西只是缺点,这些缺点甚至在他自命是皇帝的朋友的时候都在危害着帝国的生存。难道他的言谈举止或是他的那种女人气的服饰能够配得上皇帝的宝座么?那些受到表面上的慷慨赠赐而染上了奢侈恶习的人是受骗了。奥托只知道怎样毁人,可是他不知道怎样把东西给人。他满脑子里想的不外是淫乱,是酒宴,是大群的女人,他把这些东西看成是皇帝的特权。这些特权所带来的淫欲和欢乐都是属于他的,但它们所带来的羞耻和耻辱却是要每个罗马人来负担。要知道,通过不正当的手段取得的皇帝大权,意味着谁也不能光荣地行使这种权力。全人类同意伽尔巴担任皇帝,而伽尔巴又是在你们的同意之下使我成为皇帝的。如果国家、元老和人民只是徒具虚名,那么,同伴们,你们就应当注意到不要使品质最坏的公民把皇帝拥戴出来。军团的士兵叛离他们的统帅,这样的事情是常常可以听到的;但你们的忠诚和令名直到今天却一直是洁白无瑕的。就是尼禄,也是他抛弃了你们,不是你们抛弃了他。不到三十个叛徒或是逃兵甚至连推选一个百人团长或将领的权力都没有,难道竟能容许他们把皇帝的大权授予一个人么?你们能容忍这样的事例么?你们容忍的话,不就是使他们的罪行变成你们自己的罪行了么?这种放肆的行为会蔓延到各个行省去,他们的罪行的后果会落到我们身上,而引起的战争则要由你们负担。给予谋杀皇帝的凶手的报酬不会比给予克制自己不

去犯罪的人们的报酬更大。要知道,由于忠诚而从我们手里得到的赏赐是不会少于由于叛变而从别人手里得到的赏赐的。”

(31) 亲卫队的士兵们溜走了,但是步兵中队的其他人等却并不拒绝听他的讲话,并且正像在骚动时期常常发生的情况那样,他们仓促地毫无计划地打起自己的军旗,而不是像后来所认为的那样,有意掩盖他们的背叛行为。凯尔苏斯·马利乌斯奉派到从伊里利亚来的精锐部队(这些军队驻扎在维普撒尼乌斯门①)那里去;主力百人团长阿穆里乌斯·谢列努斯和多米提乌斯·撒比努斯则奉命把日耳曼的军队从自由殿堂②那里召来。海军的军团是得不到信任的;他们对伽尔巴还抱敌视的态度,因为伽尔巴在初进罗马时,立刻把他们的同伴都屠杀了。③ 凯特里乌斯·谢维路斯、苏布里乌斯·代克斯特和彭佩乌斯·隆吉努斯这三个将领竟到近卫军的军营里去看一看风向,他们的打算是,如果叛乱刚刚开始而还没有达到高潮的话,他们就想用比较明智的说服办法来制止这场叛乱。苏布里乌斯和凯特里乌斯受到了士兵的攻击和恫吓,他们并且抓住隆吉努斯,并解除了他的武装;士兵们所以对他采取这样的行动,是因为他还对伽尔巴保持忠诚,而这种忠诚并不是由于

① 这座门在阿格里帕广场(Campus Agrippae)的西面,阿格里帕广场是玛尔库斯·维普撒尼乌斯·阿格里帕在玛尔斯广场(Campus Martius)上开辟的,公元前7年由奥古斯都完成并奉献。广场位于罗马第七区,在玛尔斯广场和皮恩奇乌斯山(Mont Pincius)之间。神殿或柱廊式的门往往被用来驻军。

② 这座保存档案文件和监察官办公用的建筑物是阿西尼乌斯·波里欧修复的。波里欧在公元前39年在这座建筑物里设立了罗马的第一座公共图书馆。看来这座建筑位于图拉真后来修建他的广场的地方或在它的附近。

③ 参见本卷第6章。

他的军事地位,而是由于他和伽尔巴之间的友情。这样一来,叛乱的士兵就更加怀疑他了。海军军团毫不犹豫地站到近卫军这一面来。伊里利亚的精锐部队用枪尖对着凯尔苏斯,把他赶跑了。日耳曼的军团分队观望了很长一个时候;他们的体力还是弱的,对于伽尔巴的态度也是好的,因为尼禄曾把他们派到亚历山大去,而当他们在返回时因长途行军而病倒的时候,伽尔巴曾十分用心地照料过他们。

(32) 宫殿里挤满了大群的民众,和他们在一起的还有奴隶。人们发出杂乱的呼声要求处死奥托,要求处死阴谋者,情况就完全和人们在赛马场里或是在剧场里要求表演节目时一样。他们提出这种要求,并不是由于他们有什么是非之心,也不是出于他们的真诚,因为就在这一天里面,他们也曾同样热心地提出过相反的要求。[①] 他们只不过是按照以令人作呕的喝彩和毫无意义的热情来阿谀皇帝的传统习惯行事,不管这皇帝是什么人。

在这个时候,伽尔巴在两种建议之间摇摆不定:提图斯·维尼乌斯主张伽尔巴必须留在宫内,把奴隶武装起来进行自卫,封锁宫廷的各个入口,并且不要到愤怒的军队中去。他认为伽尔巴应当给不忠诚的人以悔悟的时间,应当给忠诚的人以取得一致的协议的时间。罪恶通过迅猛急速的行动而取得力量,但贤明的意见却通过耽搁而取得力量。总之,如果这种办法被证明是贤明的,那么他自己在以后仍然有机会采取相应的行动,但是如果他目前便轻举妄动而又未能成功的话,那么他能不能再回到宫里来,就要依靠

① 参见优维纳尔:《讽刺诗》,第 10 卷,第 54 行至第 77 行。

别人了。

（33） 但是所有其余的人则认为他应当立刻行动起来，不要让那力量还不大而且又仅限于少数人的阴谋得逞。他们说，如果伽尔巴立刻行动起来，奥托就会吓得丧魂落魄。他是偷偷地溜出去，并出现在并不认识他的人民群众面前的，但是现在由于那些正在浪费着自己时间的人们的观望犹豫和无所作为，奥托就有觊觎皇位的机会了。必须不让奥托得到在军营中安排一切的机会，必须进攻广场，并在伽尔巴亲眼看到的情况下到卡披托里乌姆神殿①去；但是最尊贵的皇帝和他的勇敢的朋友们却把自己关在宫里，不出宫门一步，等待肯定被包围的命运！如果全体人民的共同感情和他们在开头时的最强烈的义愤情绪冷下来的话，奴隶们会向他们提供最有力的支援！因此，不光彩的决定就是危险的决定。即使他们免不了覆灭的命运，他们也应当迎着危险前行；这种做法可以给奥托带来更多的耻辱，给他们自己带来更多的荣誉。当维尼乌斯反对这个意见的时候，拉科就带着恫吓的口吻攻击他。伊凯路斯在后面煽动拉科，而伊凯路斯对维尼乌斯的强烈的私人仇恨，终于毁了国家。

（34） 伽尔巴不再犹豫了，他同意那些提出更加冠冕堂皇意见的人的做法。② 虽然如此，披索还是首先被派到营地去，③因为他年纪轻，有声望，并且由于新近才被召来做皇位的继承人从而赢得了士兵的爱戴；他也是提图斯·维尼乌斯的对头，这或是一个事

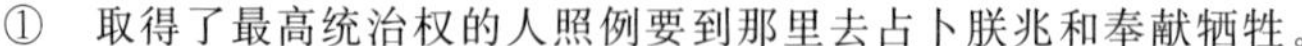

① 取得了最高统治权的人照例要到那里去占卜朕兆和奉献牺牲。

② 苏埃托尼乌斯在《伽尔巴传》第19章中的说法和这里的说法不同。

③ 苏埃托尼乌斯没有提到披索的这一使命。

实，或是因为维尼乌斯的敌人在盛怒时希望情况就是这样：要知道，仇恨特别容易使人轻信啊。在披索几乎还没有离开宫殿的时候，外面就有这样一个起初是模糊和不能肯定的传说：奥托在军营里被杀死了。过了一会儿，正如在传播重大的谎言时自然会发生的情况那样，有人竟然自称当场曾看到这次杀人的行为。那些听到这个消息后感到高兴和无所谓的人，都信以为真。但许多人则认为这种说法是混在群众当中的奥托一派的人捏造和故意加以夸大的，这些人散布这个听了令人高兴的谣言，目的是把伽尔巴从宫中引诱出来。

（35）对这件事情感到欢天喜地的，其实不止是人民以及盲目无知的群氓[①]，就是在骑士和元老中许多人也是这样。他们不再害怕了，不再谨小慎微了，他们冲进了宫殿的大门，向伽尔巴抱怨说，他们失去了报复的机会。这些人其实都是卑鄙无耻的胆小鬼，而事实也证明，他们在危险的时候一点骨头也没有，但现在他们却特别大言不惭并且表现得激昂慷慨。谁也不知道情况到底是不是这样，但每个人却都肯定他们听到的消息。伽尔巴最后知道传说没有根据，是大家弄错了，于是他就披挂上了他的甲胄。他的年龄和体力都无法应付蜂拥而至的人群，结果他就被抬上了一个肩舆。他的亲卫队的一名士兵优利乌斯·阿提库斯在宫殿里遇到了他时把自己的沾上了血迹的刀拿给他看，喊着说他已经杀死了奥托。伽尔巴在约束士兵的放肆行为这一点上向来是不放松的，于是他

① 拉丁文原文人民（populus）和群氓（plebs），如仔细区别，plebs似专指更加穷苦的人们。

就问这个士兵："战友，你这样做，是谁下的命令？"[①]伽尔巴这个人不会被威胁吓倒，更不会被谄媚冲昏头脑。

(36) 这时军营中所有士兵的情绪倾向于哪一方，已不再有什么怀疑了。他们的情绪热烈到这样的程度，以致不满足于在他们行进时把奥托扛在肩头上，他们还把他放在不久之前上面还立着伽尔巴的一座镀金胸像的台座上，并且用军旗把他围了起来。他们不许任何一个将领或百人团长挨近他。普通士兵们一直在叫喊着说，他们首先必须提防着他们的统帅们。呼哨、骚动和相互的激励闹得一片混乱。这时和人民群众集会时通常会出现的各种各样的呼叫和并非出自诚意的谄媚表示不同，他们是把每一个来到他们跟前的人抓住，拥抱他，把他带到台座那里去，告诉他誓词，要他宣誓效忠，他们时而把皇帝介绍给士兵，时而又把士兵介绍给皇帝。奥托这一方面也没有闲着，他伸出双手向普通士兵致意，向他们飞吻[②]并且为了取得最高统治大权而不惜做出一切卑躬屈节的姿态。

当海军的整个军团[③]向他宣誓效忠之后，他对自己的力量有了信心，并且认为现在应当对他先前个别进行鼓动的人们，作为一个整体来加以鼓励了。于是他就站在军营的壁垒上讲了这样的话：

(37)"同伴们，我不知道我以什么身份在你们面前讲话，因为

① 苏埃托尼乌斯的记述的原文是"quo auctore?"

② adoratio 的意思是用右手摸自己的嘴唇，参见阿普列乌斯：《变形记》，第 4 卷，第 28 章。

③ 这是驻在罗马的唯一的海军军团。

在你们拥戴我为皇帝之后，我已不能自称为一个普通公民，然而在别的人还掌握着统治大权的时候，我又不能称自己为皇帝。当本人在军营中还不能确定是一个皇帝还是罗马人民的敌人的时候，你们的称谓也是难以确定下来的。你们难道没有听到有人要求处决我，同时又要严惩你们这些同谋犯吗？毫无疑问，我们要死就死在一起，要活也活在一起。伽尔巴是个多么仁慈的人物啊！这时他也许已经向人们作出了适合于自己的人格的保证：他是个无须经过任何人的请求便能够冷酷地杀害成千上万无辜士兵的人啊！每当我回想到他那次不祥的入城时，我就不寒而栗，而就在他取得了仅有的一次胜利的时候，他就下令把那些投降的人当中的十分之一当着全城人民的面杀死。而这些人正是他接受其请求而置于自己的保护之下的！他就是在这样的前兆下进了城的。他给皇帝的大权带来了什么光荣呢？他做的事情是在西班牙杀死了奥布尔特洛尼乌斯·撒比努斯[①]和科尔涅里乌斯·玛尔凯路斯[②]，在高卢杀死了贝图斯·奇罗[③]，在日耳曼杀死了丰提乌斯·卡皮托[④]，在阿非利加杀死了克洛狄乌斯·玛凯尔，在前来罗马的途中杀死了钦戈尼乌斯，在城里杀死了图尔披里亚努斯，在军营里杀死了尼姆披狄乌斯。哪一个行省，哪一个营地，没有被鲜血玷污过，或者用伽尔巴的说法，没有被清洗和整肃过？原来别人称为罪行的东西，

① 克劳狄乌斯当政时期的国库财务官（quaestor aerarii），参见塔西佗：《编年史》，第 13 卷，第 28 章。

② 可能是西西里的财务官和后来的总督。参见塔西佗：《编年史》，第 16 卷，第 8 章。

③ 不详，此人姓名只在铭文中再见一次。

④ 以下五人参见本卷第 5、6、7 章。

他则称为“整顿”，他颠倒黑白地把残酷称为“严格”，把贪婪称为“节俭”，把你们身受的惩罚和侮辱称为“纪律”。尼禄已经死了七个月，但是伊凯路斯所搜刮的财产，比波里克利图斯[①]、瓦提尼乌斯[②]、埃吉亚路斯[③]之流所浪费[④]的全部财产还要多。提图斯·维尼乌斯如果他本人做皇帝的话，他的贪欲和非法的行径也许反而要好一些。现在我们被他践踏在脚下，几乎和他的奴隶一样。他瞧不起我们，因为我们是属于另一个人的。伽尔巴一家的财富就足够偿付他每天许诺给你们，但从来不给你们的赠赐。

(38)“此外，为了使你们甚至不能把希望寄托在他的继承人身上，伽尔巴竟然从放逐中把这样一个人召了回来，因为在他看来，这个人的阴郁和贪婪使得这个人看来和他自己几乎一模一样。同伴们，你们已经看到，甚至诸神都通过一场可怕的风暴表示他们对这一不祥的过继是不同意的。元老院和罗马人民也有同样的感觉。他们对你们的勇敢行动寄予很大的希望，因为你们是实现光荣的计划的全部力量，不得到你们的参加，不拘是何等崇高的意图都是没有用的。我不是号召你们去作战或是去冒险。全部武装力量都在我们的一面。而穿着便服的一个步兵中队[⑤]现在并不是在保卫着，而是拘留着伽尔巴；当他们一旦看到你们，当他们一旦接受我的口令的时候，你们之间所要较量的就是要看哪一方对我表

① 参见塔西佗：《编年史》，第 14 卷，第 39 章。

② 参见同上书，第 15 卷，第 34 章。

③ 不详。这不像一个希腊的或拉丁的名字，所以有人都怀疑有错误。

④ 原抄本 perierunt，今从通行的校读为 perdiderunt（浪费）。

⑤ 城内亲卫队的士兵，穿便服以代替军服，但是佩带武器。

现最热诚的拥护了。对于只有付诸实现才值得称赞的计划，是不应当耽搁的。”说完这话之后，他就下令打开武器库。士兵们立刻拿起了武器，不管什么军事惯例或等级，也不想用自己的标帜来区别什么近卫军的和军团的士兵；他们不加区别地戴上了辅助部队的头盔，并拿起了辅助部队的盾牌；没有任何将领或百人团长率领着他们。每个人都是自己率领着和激励着自己前进。流氓恶棍的主要刺激物就是忠贞之士的不幸。

（39）披索被越来越严重的骚动所发出的吼声以及甚至在城里都能听得到的叫嚣声吓坏了，他追上了这时已离开了皇宫并且走近广场的伽尔巴。马利乌斯·凯尔苏斯已经带来了一个令人沮丧的消息。于是一些人建议伽尔巴返回皇宫，另一些人则建议他设法到卡披托里乌姆神殿去，但又有许多人认为必须先占夺广场上的讲坛[①]。但是大多数的人坚决反对其他人的意见；而正像在提出这样一些不幸的建议时通常所发生的情况那样，业已错过了机会的那些计划现在看来却似乎是最好的计划了。人们说拉科想背着伽尔巴杀死提图斯·维尼乌斯，这或者是为了通过对他的惩罚来平息士兵的怒气，或者是因为他相信维尼乌斯参与了奥托的机密，或者干脆就因为他恨维尼乌斯。但是他在时间和地点上拿不定主意，因为屠杀一旦开始，再想要制止就很困难了；再者，他的计划也由于那些令人不安的消息和他最亲信的党羽的背叛而被破坏了，因为那些最初曾热望表现自己忠诚和勇敢的人，现在都已经

① 讲坛（rostra）是向人民群众发表演说的地方，而发表演说是争取群众的重要手段。

没有那么大的劲头了。

(40) 伽尔巴在起伏不定的人潮里被冲来冲去。公共会堂[①]和神殿到处都挤满了赶来观望这一阴郁不祥事件的人群。普通人民和下等人群全都一言不发,但是他们脸上却带着恐怖的表情,他们对任何一个声音都不肯放过去。这里没有吵闹声,却并不平静,而是和巨大的恐惧与巨大的愤怒伴随在一起的一种沉默。不过奥托接到一个报告,说群氓正在武装起来;于是他下令手下的人火速到那里去,抢先制止这一危险。罗马士兵于是蜂拥而上,就好像他们正在去把一个沃洛伽伊苏斯(沃洛吉西斯)或一个帕科路斯从阿尔撒奇达伊族的世代相传的王位上赶下来,[②]而不是忙着去杀死他们自己的皇帝——一个手无寸铁的老人。他们冲散了群氓,践踏了元老;用武器吓住了别人,这样他们就很快地冲到了广场。眼前看到的卡披托里乌姆神殿,耸立在他们上方的殿堂的神圣性,以及关于古往今来的皇帝的想法,都不能阻止他们犯罪——犯下一件任何继承皇位的人都必须加以惩处的罪行。

(41) 当他看到武装士兵逼近他的时候,卫护伽尔巴的步兵中队的旗手——据说他的名字叫阿提里乌斯·维尔吉里奥——就把伽尔巴的像[③]从军旗上扯下来抛在地上。这一信号就明白地表示,所有士兵的情绪是拥护奥托的。人民都从广场逃跑了。如果

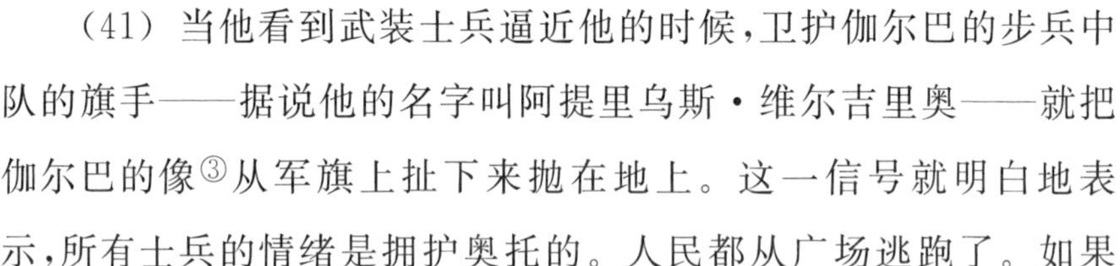

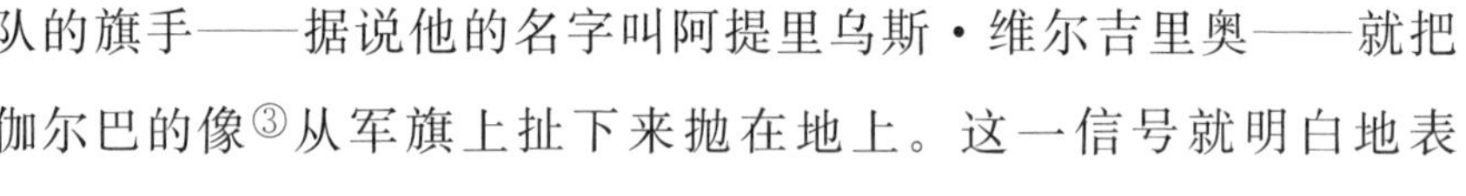

① 一般指广场周边的巨大建筑物,人们把它利用为法庭和在那里谈判商务。

② 沃洛吉西斯(Vologaesus),在克劳狄乌斯的统治时期是帕尔提亚人的国王;他的兄弟帕科路斯现在显然臣属于帕尔提亚人的米地亚的国王。参见塔西佗:《编年史》,第12卷和第15卷。

③ 军旗的圆牌上面,有皇帝的浮雕像。

有谁在那里犹豫的话，军队就用他们的武器来恐吓他们。当伽尔巴被惊慌失措的抬肩舆的人们从肩舆上摔到地上的时候，他正好在库尔提乌斯池①的近旁。他最后说的话是什么，人们的说法各不相同，因为有的人憎恨他，有的人崇拜他；有人说他用恳求的语气问他到底做了什么坏事，并且请求给他几天的宽限把赠赐给予士兵；又有许多人报道说，他自动把脖子伸给想杀死他的人，并告诉他们说，如果这样做符合国家的利益的话，那么就快快动手吧。杀死他的人哪里还管他讲了些什么话。关于杀死他的人到底是谁，我们也没有确实的材料。有人说这个人是后备部队中的一个叫做提伦提乌斯的人，又有人说这个人的名字是莱卡尼乌斯。还有一种比较流行的说法是：第十五军团②的一个名叫卡木里乌斯的士兵一剑刺穿了他的喉头。其他士兵则可耻地割断了他的四肢，因为他的胸部有铠甲保护着，他们甚至在割掉他的脑袋之后又野蛮残暴地在他身上留下许多伤痕。③

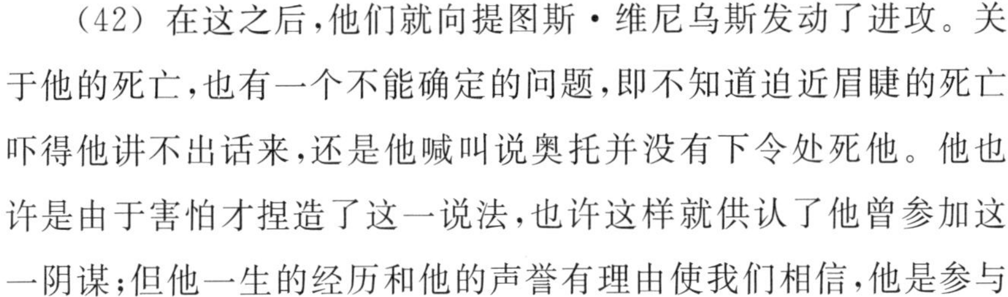

（42）在这之后，他们就向提图斯·维尼乌斯发动了进攻。关于他的死亡，也有一个不能确定的问题，即不知道迫近眉睫的死亡吓得他讲不出话来，还是他喊叫说奥托并没有下令处死他。他也许是由于害怕才捏造了这一说法，也许这样就供认了他曾参加这一阴谋；但他一生的经历和他的声誉有理由使我们相信，他是参与

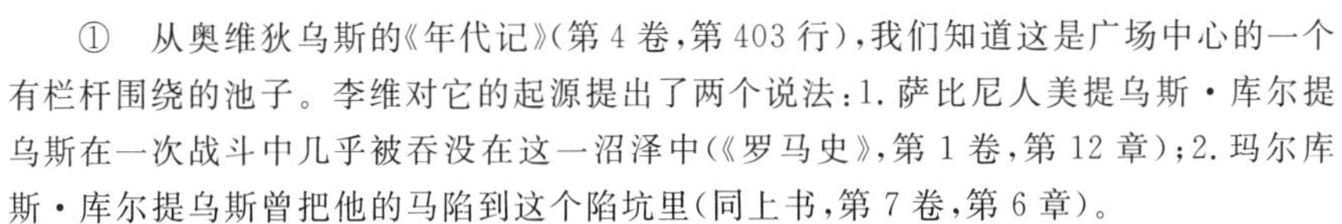

① 从奥维狄乌斯的《年代记》（第 4 卷，第 403 行），我们知道这是广场中心的一个有栏杆围绕的池子。李维对它的起源提出了两个说法：1. 萨比尼人美提乌斯·库尔提乌斯在一次战斗中几乎被吞没在这一沼泽中（《罗马史》，第 1 卷，第 12 章）；2. 玛尔库斯·库尔提乌斯曾把他的马陷到这个陷坑里（同上书，第 7 卷，第 6 章）。

② 下日耳曼的军团，驻在维提拉（Vetera）〔克桑顿（Xanton）〕。

③ 参见苏埃托尼乌斯：《伽尔巴传》，第 20 章。

了由他所引起的这一罪行的。第一下刺到他膝盖后面的地方时，他就倒在圣优利乌斯神殿[①]的前面了；后来一个名叫优利乌斯·卡路斯的军团士兵又把他的身体刺穿了。

(43) 在我们自己的时代的那一天，出现了一个名叫显普洛尼乌斯·邓苏斯[②]的崇高的英雄人物。他是近卫军步兵中队的一个百人团长，伽尔巴曾指定他负起保护披索的责任。他抽出他的匕首向军队冲去，斥责他们的罪行并且用行动和言语把谋杀者的注意力引到自己身上来，虽然他自己负伤了，却给了披索一个逃跑的机会。披索逃到维司塔神殿[③]里，那里的一个国家奴隶[④]出于怜悯而收容了他，把他隐匿在自己的房间里。正是由于他的隐藏的地方偏僻，而不是由于对于神圣场所或对于它的仪节的某种顾忌，才使他得以稍稍延缓了威胁到他头上的死亡。但是不久之后，比任何人都更加切望将披索置于死地的奥托把不列颠辅助部队中一个被伽尔巴解放不久的苏尔皮奇乌斯·佛洛路斯和亲卫队的司塔提乌斯·穆尔库斯派了来，这两个人把披索拖出来之后，就在神殿的门口把他杀死了。

(44) 据说，杀死任何别人都不像杀死披索那样使奥托得到这样大的快乐。他对任何人的脑袋都不曾这样没完没了地看了又看。这理由可能在于现在他的内心首先摆脱了顾虑，感到了欢乐；

---

① 公元前42年奥古斯都所建，这里是恺撒火化的地方。它位于广场北面，最高祭司(Pontifex Maximus)就在这里办公。

② 苏埃托尼乌斯和普鲁塔克说他保卫过伽尔巴。

③ 广场南角的一座圆形建筑物。

④ 指管理神殿的奴隶。

或许是在杀死伽尔巴时想到自己的背叛，而在杀死提图斯·维尼乌斯时想到自己同他的友谊，这些情况甚至使他的残酷心肠都因阴惨的景象而感到十分痛苦；但是对于披索这个敌人和对手的被杀，他却认为他的高兴是合理而又合法的。被杀死的人们的头颅插在与军团的军旗并列的步兵中队队旗中间的竿子上面，而那些进行屠杀的人，那些在场的人，还有那些正当地或是虚伪地吹嘘他们之参加他们自认是杰出的和可以纪念的行动的人，则竞相夸示他们自己的血手。维提里乌斯在后来发现有一百二十多份申请书，为那一天所做的某一值得表彰的事情而要求赏赐。他下令把写这些申请书的人毫无例外地捉来杀死，这倒不是因为他想给伽尔巴以荣誉，而是按照皇帝们的传统习惯行事，因为这样可使他在当前得到安全，为未来先施报复。

（45）元老院和人民看来已完全变了：所有的人都向军营那边跑，他们力图越过他们身边的人，赶上走在他们前面的人；他们咒骂伽尔巴，赞扬士兵们的坚决果断，吻奥托的手，他们行动的过火同他们的虚伪成正比。当奥托想通过他的言语和表情来制止士兵的急切和威胁情绪时，他却不拒绝个人对他表示的好感。他们要求惩处当选的执政官马利乌斯·凯尔苏斯，因为直到最后他还忠于伽尔巴。他们恨他的毅力和正直的性格，就仿佛这都是邪恶的品质似的。非常明显，他们是想动手杀戮、劫掠并搞掉每一个正直的公民，但是奥托却没有足够的威望来制止罪行：他只能够对他们下命令。[①] 于是他便装作发怒的样子，下令逮捕凯尔苏斯。他声

① 这里意思是说士兵只容许奥托干坏事。

称要对凯尔苏斯加以严惩，这样就使他免于立即被处死。

（46）从此之后，士兵的意志便是至高无上的了。近卫军士兵选择了他们自己的长官普洛提乌斯·费尔姆斯。这个人先前是一个普通士兵，后来成了城市警卫队的头目，他甚至在伽尔巴活着时就是奥托的同党。他们又选择李奇尼乌斯·普洛库路斯担任费尔姆斯的同僚；[①]普洛库路斯和奥托的亲密关系使人疑心他也参与了奥托的阴谋。他们选择佛拉维乌斯·撒比努斯[②]担任市长官，这样也就承袭了尼禄过去的任命，因为过去尼禄便曾选拔他担任这一职务。但许多人这样做却有其另外的目的，那就是想讨好他的弟弟维斯帕西亚努斯。军队还要求取消在请假时通常要送给百人团长的钱，因为这笔钱简直就成了普通士兵每年缴纳的税金。如果士兵们按规矩向百人团长付出代价的话，那么每一小队士兵都会有四分之一的人请假外出或是到营地的周围地方去游逛。谁也不理会士兵们的负担有多么重，而他们又是怎样取得这些钱的。实际上士兵们是通过拦路打劫、小偷小摸以及各种贱役才得以通过行贿的手段而暂时摆脱了军役的。而且，最有钱的士兵则被残酷地分配以最累人的劳役，最后他们只得花钱以减轻自己的劳苦。士兵们因懒散而变得贫穷和情绪沮丧之后，便返回自己的队伍；这时他们囊空如洗，而不是颇有积蓄；一片灰心，而不是精力充沛；他们由于同样的贫困和缺乏纪律，就一个一个地垮掉了，结果他们就准备参加兵变和纷争，最后甚至是内战。但奥托希望对士兵的宽

① 参见本卷第 82 章。

② 关于此人的结局，参见本书第 3 卷，第 74 章。

厚措施不要得罪百人团长，因此他答应说，皇帝的财库将负担每年假期中应付的钱，[①]这一措施毫无疑问是有益的，而且后来又为好皇帝规定为固定的军役条例。表面上被放逐到一个岛上去的近卫军长官拉科则被一个退伍的士兵暗杀了，这个士兵是被奥托派去暗杀了他的。只有被释奴隶身份的玛尔奇亚努斯·伊凯路斯是公开被处死的。

（47）这一天是在罪行中度过的，罪行中最坏的是人们对于罪行所感到的喜悦。城市行政长官召集了元老院的会议。[②] 其他的高级长官竞相献媚，元老们都赶到元老院去，投票把保民官的权力、奥古斯都的称号以及曾给予其他皇帝的一切荣誉授予奥托。所有的人都尽力想使人们忘掉他们先前对他的嘲弄和侮辱，而且任何人都没有遗憾地发现，这些偶然的谈话过去曾深深地印在奥托的脑海里。他是忘记了这些话，还是推迟了他的报复，我们不知道，因为他的统治时期太短了。继而当广场上还散发着血腥气，而成堆的尸体还摆在那里的时候，他乘着肩舆到卡披托里乌姆神殿去，随后又到帕拉提乌姆皇宫去。在这之后，他才下令埋葬和焚烧尸体。披索的后事是由他的妻子维拉尼娅[③]和他的兄弟司克里波尼亚努斯料理的，提图斯·维尼乌斯是由他的女儿克利司披娜料理的：他们先是找到了死者的尸体，再赎回死者的首级。谋杀者故意留起了死者的首级以便从中取利。

① 这是说，国家默认行贿的钱是正当的开支。

② 这时两位执政官伽尔巴和维尼乌斯都已经死了，因此元老院的会议按规定应由城市行政长官召集。

③ 小普利尼《书信集》第2卷第20章提到了她。

（48）披索活到第三十一个年头将尽的时候；他的声名比他的命运要好一些。他的一个兄弟玛格努斯①是被克劳狄乌斯处死的，他的另一个兄弟克拉苏斯②是被尼禄处死的。他本人长期被逐在外，只做了四天的恺撒。由于这次仓促的过继，比起他的哥哥来，他所得到的惟一优越之处，就是他比他哥哥更早地遇害。提图斯·维尼乌斯活了五十七年；他的性格在不同的时期而有所不同。他的父亲出身行政长官的家庭，他的外祖父曾被宣告剥夺罗马公民权。③ 当他在副帅卡尔维西乌斯·撒比努斯④的领导下第一次服军役的时候，他就蒙受了耻辱。原来撒比努斯的妻子为了可耻地想看一看军营，便伪装为普通士兵的样子在夜间进了军营。她起初一直是恬不知耻地跟守卫和其他值勤士兵捣乱，继而竟大胆到敢于在统帅的本营里宣淫。⑤ 提图斯·维尼乌斯被控以参与这一罪行，因而卡里古拉下令给他戴上了沉重的镣铐。后来时过境迁，他又被放了出来。他一帆风顺地升迁，而在担任了行政长官之后又被任命统率一个军团；虽然在这个位置上他很成功，但是后来

① 格涅乌斯·彭佩乌斯·玛格努斯在公元 41 年娶了皇帝克劳狄乌斯的女儿安托尼娅，但是不到六年他就被处死了。

② 玛尔库斯·李奇尼乌斯·克拉苏斯·福路吉被恶名昭著的玛尔库斯·阿克维里乌斯·列古路斯控以大逆罪并在公元 66 与 68 年间被处决。参见本书第四卷，第 42 章。

③ 公元前 43 年第二次三头时期，参见狄奥·卡西乌斯，第 47 卷，第 7 章。

④ 撒比努斯是公元 26 年度执政官（参见塔西佗：《编年史》，第 4 卷，第 46 章），在卡里古拉手下担任过潘诺尼亚的行政长官衔副帅（legatus pro praetore）。他和他的妻子因这里说到的事情受到追究，结果二人都在定罪之前便自杀了（参见狄奥·卡西乌斯，第 59 卷，第 18 章）。

⑤ 罗马人认为妇女参观士兵的演习是失仪的（参见塔西佗：《编年史》，第 2 卷，第 55 章）。

由于奴隶常犯的罪行而玷污了自己的名誉。原来他被控在克劳狄乌斯的一次晚宴上偷了一只金杯，结果在第二天，克劳狄乌斯下令只把陶器给维尼乌斯使用。但是作为纳尔波高卢的总督，维尼乌斯的统治却是严格而又公正的。后来由于同伽尔巴的友谊，他被提拔到一个危险的高位上去。他勇敢、狡猾、干练，时而缺德、时而有德，那要看他当时的意向如何而定。但任何时候他都是同样精力充沛的。他的巨大的财富使他的遗嘱无效，[1]但是披索的贫苦却使他的最后希望得以实现。

（49）伽尔巴的尸体长期无人过问，人们趁着黑夜对尸体进行了不可胜数的侮辱。最后伽尔巴先前的一名奴隶、他的管家阿尔吉乌斯把它草草地埋葬在伽尔巴的私人花园里。伽尔巴的首级曾被插在竿子上并受到随军人员和仆从们的侮弄，这个首级是第二天在佩特洛比乌斯的墓前找到的，找到之后就和他那业已火化的尸体埋到一处了。[2] 佩特洛比乌斯是尼禄的一个被释奴隶，曾受过伽尔巴的惩处。这就是谢尔维乌斯·伽尔巴的结果。他活了七十三岁，十分顺利地经历了五个皇帝的统治，[3]他在别人的统治下，比自己亲自统治时更为幸运。他出身于古老的贵族之家，拥有大量的财富。伽尔巴本人的才能中常，缺点不多，但也没有什么德行可言。他注意自己的声誉，但是不吹嘘自己。他并不贪求别人的财产；他生平自奉甚俭，对国家的钱却颇吝啬。他在发现他的朋

① 这里的意思是说皇帝的贪欲根本不把遗嘱的条款放在眼里。

② 根据普鲁塔克的说法（《伽尔巴传》，第 28 章），做这件事的是著名的赫尔维狄乌斯·普利斯库斯。

③ 他生于公元前 4 年，奥古斯都死时他十八岁。

友和被释奴隶为人诚实时，就对他们仁慈而又宽厚；如果他们不诚实，他就任性甚至不顾一切。但是他的高贵的出身和时代所引起的恐怖掩盖了真实情况，以致人们把实际上的懒散说成是智慧。他在年富力强之时，因在日耳曼各行省担任军务而享有声名。作为总督，他治理阿非利加措施得当，他年老时，治理近西班牙①也以正直著称。他当臣民时，看来臣民的身份对他这样一个伟大人物来说总是不相称，而且所有的人都会同意这样的看法：如果说他从未取得过皇帝大权的话，那他是有资格取得这样的大权的。

(50) 这时罗马处于一片混乱和恐怖的状态，这不仅仅是由于最近的一场残暴罪行，而且是因为人们同时又想起了奥托先前的性格。现在人们听到维提里乌斯的消息时更加害怕了；维提里乌斯本来在伽尔巴死前已被镇压下去了，因此公民们当时认为发动兵变的只是上日耳曼的军队。② 世界上两个最无耻、懒惰和放荡的坏蛋显然是被命运挑选出来毁灭帝国的，与国家有一些利害关系的元老和骑士想到这一点，就掩饰不住内心的悲痛，即使是普通人民心里也很难过。他们所谈的不再是最近的一次血腥的和平所带来的恐怖，而是回忆过去的内战，并且谈到罗马军队过去曾多次攻占罗马，谈到意大利遭受的涂炭，各行省受到的劫掠，谈到帕尔

① 盖乌斯时期他是上日耳曼的副帅；克劳狄乌斯时期他是阿非利加行省(属元老院)的总督，尼禄时期他是塔尔拉科西班牙的副帅。

② 参见本卷第 14 章。这里指维提里乌斯被下日耳曼军团所拥立的消息。这个消息在路上要走大约一个星期，从美因茨到斯特拉斯堡，再从那里到韦维、玛尔提尼(Martigny)和奥斯塔。因此莱茵河下游一带的活动在元旦开始时，罗马不可能很早得到这个消息。伽尔巴所说的两个不听节制的军团是上日耳曼的。

撒里亚[①]、菲利皮[②]、佩路西亚[③]和木提那[④]这样一些同人民的灾难有联系的地名。他们说，取得皇帝大权的，即使是正直的人，世界差不多也要搞得天翻地覆；但是，当优利乌斯·恺撒取得胜利的时候，帝国依然存在，奥古斯都胜利时，帝国也是依然存在；如果胜利的是庞培和布鲁图斯，那么共和国就可以保存下来了。但是在当前的情况之下，他们是不是应当到神殿去为奥托或是为维提里乌斯祈求呢？为他们任何一个人祈求，都是对神的不敬，为他们任何一个人发愿都是可恶的，因为这时在两个人之间的斗争中，人们所能肯定的只是，胜利者会是两人中间最坏的一个。一些人已经预感到了维斯帕西亚努斯和东方的军队，他们虽然知道维斯帕西亚努斯比奥托或维提里乌斯好一些，但是他们仍然害怕再引起一场战争或屠杀。维斯帕西亚努斯的声誉如何还不分明。与先前的所有皇帝不同，他是在做了皇帝之后变得好起来的惟一的一个皇帝。

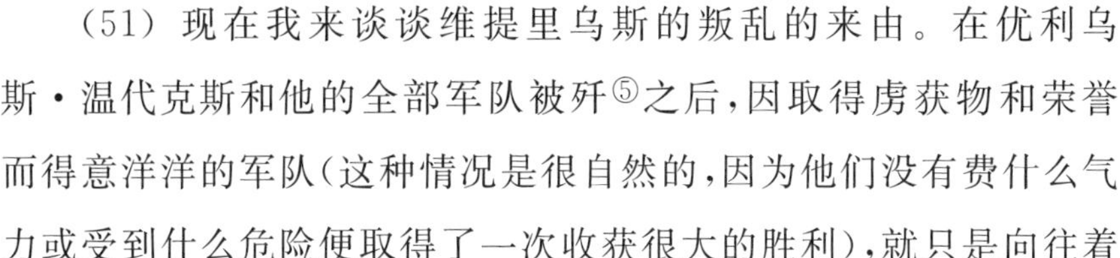

(51) 现在我来谈谈维提里乌斯的叛乱的来由。在优利乌斯·温代克斯和他的全部军队被歼[⑤]之后，因取得虏获物和荣誉而得意洋洋的军队（这种情况是很自然的，因为他们没有费什么气力或受到什么危险便取得了一次收获很大的胜利），就只是向往着

① 公元前48年8月9日恺撒对庞培之役是在希腊的帕尔撒里亚平原进行的。

② 公元前42年秋安托尼乌斯和屋大维对布鲁图斯和卡西乌斯之役是在希腊的菲利皮进行的。

③ 公元前41年屋大维（或毋宁说阿格里帕）围攻路奇乌斯·安托尼乌斯之役。

④ 公元前43年玛尔库斯·安托尼乌斯对执政官希尔提乌斯和庞撒之役是在木提那（Mutina，即现在的摩德纳〈Modena〉，位于意大利中部）。

⑤ 在谢夸尼人的首府维松提奥（Vesontio），被维尔吉尼乌斯的军队所歼灭。

出征和作战,向往取得报酬,而不只是饷银了。士兵们在军队中长期服役,无利可图;由于地区和气候的性质以及由于纪律严格,他们过的是严峻的生活。但是和平时期的严明纪律在内争中破坏了,因为双方都有贪污腐化的人,叛变都不会受到惩处。军队有许多可供使用和装装样子的人员、武器和马匹,但是在战争之前,士兵只认识他们自己的百人团和中队[①],因为当时军队是被各个行省的疆界相互隔离开来的。但是在那个时候,军团被调去对温代克斯作战,这样他们就认识到他们自己的力量以及高卢各行省的力量了。因此,他们便又向往起战争和新的争端来了;他们不再像先前那样称高卢人为"同盟者",而是称作"敌人"和"战败者"了。实际上,高卢诸行省沿莱茵河的那一部分[②]和这些军团的士兵的想法是一致的,他们这时正在拼命唆使士兵反对"伽尔巴派",他们瞧不起温代克斯,就给他的军队起了这样的名字。这样,他们首先就对谢夸尼人[③]和埃杜伊人[④]采取敌视的态度,接着又按照财富的多少而依次对其他城市采取了敌视的态度。他们一心要攻打城市,蹂躏土地,打家劫舍。他们急不可耐,不仅仅是由于贪欲和横傲(这在强者是特别常见的缺点),也是出于高卢人狂妄不逊的本性。高卢人为了故意侮辱军队而夸耀说,伽尔巴曾豁免了他们四

① 每个行省都有自己的军队。

② 这里指比尔伽伊人(Belgae)。

③ 谢夸尼人住在现在的佛朗什-孔代(Franche-Comté)、勃艮第(Burgundy)和亚尔萨斯(Alsace)的一部分,他们的首府是维松提奥(今天的贝赞松)。

④ 埃杜伊人的地区位于索恩河和卢瓦尔河之间。他们的首府是奥古斯托杜努姆(今天的奥顿)。

分之一的租税，并且给了他们各城市的人民不少赏赐。[①] 还有一个谣传说得很巧妙，而且很快就有人相信了，据传军团的十分之一要被处死，最活跃的百人团长要被撤职。四面八方都有惊人的消息传来，罗马方面也有令人不安的报道。里昂的移民地也采取了敌视的态度，而由于那里的人们一贯忠于尼禄因而谣传特别多。但是在军营之中，最能引起人们的妄想和轻信的却是士兵的憎恨和恐惧，以及他们在考虑到本身的力量时表现出来的自信。

（52）大概在前一年 12 月 1 日，奥路斯·维提里乌斯到下日耳曼，[②]细心地巡视了军团的冬营。军队中有许多人恢复了官阶，恢复了名誉，并且被取消了对他们的指责。他为着个人的目的做了不少工作，但有些事情却是做得公正的。在这些事情里有一件是：他对丰提乌斯·卡皮托过去任意取消或授予军衔时的卑劣和贪婪的做法进行了公平的纠正。维提里乌斯的行动不仅仅被视为一位曾担任过执政官的副帅的行动，而且还毫无例外地被认为具有更加重要的意义。[③] 要求严格的人认为维提里乌斯这样做降低了自己身份，但与他意见相同的人却称之为亲切和仁慈，因为他毫无限制地、不加考虑地花掉他自己的财产，并浪费掉属于别人的财产。同时，他们的权力欲使他们把他的缺点也都看成了美德。在两军中间都有许多忠诚、守法的士兵，同时也有许多什么坏事都敢做的家伙。但是军团的统帅阿里耶努斯·凯奇纳和法比乌斯·瓦

① 这些城市从伽尔巴手中得到了罗马公民权和附加的土地。

② 他被任命为行省长官一事，参见本卷第 9 章。他是接替丰提乌斯·卡皮托的。

③ 这是说士兵把他看成是未来的皇帝。

伦斯却都是贪得无厌、胡作非为的人物。[①] 瓦伦斯敌视伽尔巴，因为在瓦伦斯揭露维尔吉尼乌斯的犹豫时，在瓦伦斯摧毁卡皮托的计划时，伽尔巴都采取了忘恩负义的态度。[②] 瓦伦斯开始教唆维提里乌斯，告诉他士兵们的跃跃欲试的情绪，说他在各处都享有很高的声誉；说佛拉库斯·霍尔狄奥尼乌斯[③]不会采取徘徊观望的态度，不列颠会站到他的一面来，日耳曼的辅助队伍也会追随他；他认为各行省对皇帝的忠诚是很成问题的，年老的皇帝的统治很靠不住，很快就会结束的；他只需张开双臂，赶快去迎接日益临近的幸运就是了。他还说维尔吉尼乌斯的犹豫是很有道理的，因为他出身骑士家庭，他的父亲不是知名人物，而且他如取得皇帝大权也担负不起来，但是如果他拒绝的话，却可以得到安全；至于维提里乌斯，他父亲曾三次出任执政官，又曾同皇帝一同担任过监察官，[④]因此很久以来这便使他享有皇帝的尊严，并失去了一个臣民的安全。这些论点使他那迟钝的本性产生了贪欲，而不是希望。

(53) 但是在上日耳曼，凯奇纳这个年轻、漂亮、魁梧而又抱着极大野心的人物却由于巧妙的言语和威严的举止而赢得了士兵的支持。伽尔巴任命这个青年人统率一个军团，因为当他在

① 凯奇纳统率第四军团，驻在上日耳曼的摩功提亚库姆(Mogontiacum)，瓦伦斯统率第一军团，驻在下日耳曼的波恩纳(Bonna)，即今日的波恩。

② 参见本卷第8章，第9章。

③ 霍尔狄奥尼乌斯是上日耳曼的统帅。

④ 维提里乌斯的父亲是公元34年的执政官，在克劳狄乌斯当政时期，他两度(公元43年和公元47年)和皇帝一同担任执政官。在克劳狄乌斯当政的最后一年，他又同皇帝一道任监察官。

巴伊提卡[①]担任财务官的时候,他曾毫不犹豫地倒向伽尔巴一边。但是后来,伽尔巴发现他有侵吞公款的行为,便下令追究他的贪污罪行。凯奇纳感到受不住,因此他决定搅个天下大乱,以国家的不幸来掩盖他私人的创痛。在军队要设法引起纠纷并不困难,因为他们曾全力参加过反对温代克斯的战争,直到尼禄被杀的时候才归附了伽尔巴,而且那时他们向伽尔巴宣誓效忠也是走在下日耳曼的一些队伍的后面的。此外,特列维利人[②]、林哥尼斯人[③],还有被伽尔巴用无情的敕令惩罚过或是被他剥夺了土地的其他那些国家,也和军团的冬营有密切的联系。结果举行了一次叛乱会议。士兵由于和平民混在一处,军纪败坏了。而且他们对维尔吉尼乌斯明显地表现出来的那种依附,他们是愿意对任何其他人也同样表现出来的。

(54) 根据古老的习惯,林哥尼斯人把握在一起的两只右手[④]的友谊标记,送给了军团做礼物。他们的使节装出贫穷而又愁苦样子,在大本营以及在大群士兵当中时而抱怨他们所受到的不公正的待遇,时而又抱怨他们相邻的城市得到了较多的报酬。士兵们对他们的话感到了兴趣,他们便又抱怨军队本身遭到的危险和侮辱,这样就激起了军队的情绪。事实上,当霍尔狄奥尼乌斯·佛拉库斯命令使节们离开并且要他们在夜间离开以免引起人们注意

---

① 西班牙南部的一个行省,包括今天的安达卢西亚和格拉纳达,这是属于元老院的行省,因此与共和国时代相同,它的财务仍由一个财务官负责。

② 居住在比尔伽伊高卢境内,他们的首府是奥古斯塔·特列维洛路姆(Augusta Treverorum),即今天的特里尔(Trier),马克思的故乡。

③ 居住在塞纳河(Seine)上游两岸朗格勒和第戎附近。

④ 青铜制或银制的握在一起的两只右手。

的时候，士兵们几乎就要发动兵变了。从这件事还引起了一个令人不安的消息：许多人说使节已经被杀死了。因此有人认为，如果士兵们不为自己着想的话，那么他们中间最活动的分子以及对当前情况表现过不满情绪的人就要在夜里、在同伴们不知道的情况下被处死。于是军团的士兵们便立下了秘密誓言，辅助部队的士兵也参加了。这些士兵最初曾被怀疑有向军团士兵发动进攻的计划，因为他们的步兵和骑兵就在营地四周驻守着；[①]但是他们很快就表现出对这件事更加热心；要知道，恶人在一起很容易搞起战争，他们是不愿意在和平时期和谐相处的。

（55）不过在元旦那天，下日耳曼的军团照例向伽尔巴宣誓效忠。[②] 虽然，他们在宣誓时表现了很大的犹豫，只有在前列的一些人跟着念誓词，而其余的人则默默无语地在那里等待着，每个人都在等待着他身旁的人拿出勇气，人之常情就是这样：人们犹豫不定而不敢贸然发动的事情正是人们热烈追求的事情。但是在各军团本身，人们的情绪却不相同。第一和第五军团[③]叛乱情绪最为严重，他们中间的一些人甚至向伽尔巴的胸像投掷石块。第十五和十六军团[④]所敢做的最多也只是发发牢骚，说几句威胁的话，但他们却在寻求一次发动的机会。可是在上日耳曼，在同一营地[⑤]过冬的第四和第二十二军团，在元旦那一天捣毁了伽尔巴的胸像。

① 军团习惯于在辅助部队的四周设营，但这里的情况恰恰相反。

② 从提贝里乌斯当政时起，军队习惯上每年都要向皇帝宣誓效忠。

③ 第一军团驻在波恩纳（波恩）。第五军团驻在克桑顿（Xanten），即维提拉（Vetera）。

④ 分别驻在克桑顿和诺瓦伊西乌姆（诺伊斯）。

⑤ 在摩功提亚库姆（美因茨）。

第四军团劲头更大些，第二十二军团起初表现出犹豫，但他们很快便和第四军团完全取得一致了。他们在他们的誓言中呼唤现在已经被忘记的、元老院和罗马人民的名字，这样他们才不致被人看起来好像放弃了对帝国的尊敬。在副帅或将领当中，没有一个人想出力替伽尔巴说话。一些人就像骚乱时常有的情况那样，显然是在那里煽风点火。不过这时却没有任何人发表正式讲话，或是到座坛上向士兵们讲话，因为还没有一个人被认为能够担起这样一项任务。

(56) 执政官衔的副帅霍尔狄奥尼乌斯·佛拉库斯对这可耻的一幕采取了旁观的态度。他不敢制裁那些头脑发热的人，或是制止那些怀疑观望的人，甚至也不敢赞扬忠诚的人，不过他行动迟缓、畏怯，而他所以没有犯罪就因为他做任何事总是懒洋洋的。第二十二军团的四名百人团长诺尼乌斯·列凯普图斯、多纳提乌斯·瓦伦斯、罗米里乌斯·玛尔凯路斯、卡尔普尔尼乌斯·列本提努斯在他们想保护伽尔巴的胸像时，被一拥而上的士兵们推开，然后又被戴上了镣铐。任何人都不再对先前的誓言[①]保持任何忠诚，也不再去想那个誓言，而是像兵变的情形那样，所有的人都参加到人数较多的一面去。

元旦次日夜间，第四军团的一名军旗手来到了科隆[②]，向正在

① 指尼禄死后对伽尔巴的效忠宣誓。

② 公元前38年阿格里帕允许乌比伊人从莱茵河的右岸迁至左岸。他们的城市 oppidum Ubiarum 在公元50年变成 colonia Claudia Augusta Agrippinensis(或 Aggrippinensium)。参见塔西佗：《编年史》，第12卷，第27章；狄奥·卡西乌斯，第48卷，第49章，第3节；斯特拉波，第4卷，第3章。

进餐的维提里乌斯报告说，第四和第二十二军团已经打倒了伽尔巴的胸像，并且宣誓向元老院和罗马人民效忠了。这类的宣誓看起来是没有什么用处的。他们决定抓住这尚未最后决定的时机向士兵提出他们自己推选的皇帝。维提里乌斯派人到军团和副帅那里去通告说，上日耳曼的军队已经叛离了伽尔巴。因此他们必须对叛军作战，或是拥戴自己的皇帝，如果他们愿意取得安宁与和平的话。他还说，接受一个皇帝较之寻求一个皇帝，危险性会小一些。

(57) 第一军团的冬营最近，①它的统帅当中，最活跃的是法比乌斯·瓦伦斯。第二天，他就率领着军团的骑兵部队②和辅助部队开进了科隆，拥戴维提里乌斯为皇帝。同一行省的军团对这件事争相仿效；上日耳曼的军队也把元老和罗马人民的冠冕堂皇的名称抛在脑后，于1月3日转到维提里乌斯这边来；而从这一点便很容易看出，在前两天里面，他们对国家根本就谈不到什么忠诚。科隆的公民、特列维利人、林哥尼斯人和军队同样热心。普通的个人按照自己的体力、财富或每个人的不同才能而自动前来效劳，提供马匹、武器或金钱。不仅仅是移民地的首要人物和将领们(他们现在已经有了大批的钱，而且如果他们取得胜利，他们的指望就更大了)，而且所有的中队和普通士兵由于别人的鼓动，由于热情并由于贪欲③而提供出他们自己使用的钱，或者代替钱而提

① 距离大约只十五英里。

② 每个军团有一个由一百二十人的骑兵中队，中队分成四个小队。在这之外，全部骑兵都有辅助骑兵部队(alae)，数目五百人或一千人。

③ 他们拿出来是为了将来收回更多的东西。

供出他们的带子[①]、胸饰[②]和他们甲胄上的银制勋记[③]。

(58) 于是维提里乌斯便称赞士兵们的热情，继而便在罗马骑士当中分派通常由被释奴隶担任的帝国官职。[④] 他还自己出钱给百人团长，为士兵们请假。[⑤] 他常常同意士兵们提出的要惩办许多人的那些野蛮要求。他偶尔用把被告囚禁起来的办法使他们免于这种惩办。皇帝在比尔伽伊高卢的代理官彭佩乌斯·普洛皮恩库斯立刻被处死了；[⑥]优利乌斯·布尔多，日耳曼海军[⑦]的统帅被他用巧计救了性命。士兵们所以特别痛恨布尔多，是因为他诬告过丰提乌斯·卡皮托，后来又阴谋陷害了他。[⑧] 士兵们带着感激的心情怀念卡皮托。维提里乌斯尽管能够在愤怒的士兵面前公开杀人，但是他要赦免一个人，不使用欺骗的手法是不行的。因此布尔多就被看管起来，直到维提里乌斯胜利之后，他才得到释放，到了这时，士兵们对他的怒气已经平息了。与此同时，百人团长克利司披努斯被当成了替罪羊。他的手上沾有卡皮托的鲜血，这一点就使他成了士兵要求的比较明显的牺牲者，而在刽子手的眼里，用

① balteos 可能是刀剑的带子，一般说来，它上面有金银的钉扣装饰。

② 装饰在胸部的小圆盘，大多是金银制品。

③ 相当于现在的勋章。

④ 皇帝或元首(princeps)在理论上只是罗马的一个公民，因此作为公民来说，他不能再有公民做他的私人仆从。但由被释奴隶担任的皇帝私人秘书(特别是掌管往来文书、财务和诉状的三个秘书)却日益重要起来。在克劳狄乌斯和尼禄当政时，被释奴隶的权力已大到可以左右国家大局的程度。从这一点来看，维提里乌斯开始的这一改革实际上是一重大的改革，不过最后确立这一改革的却是哈德里亚努斯。

⑤ 参见本卷第 46 章。

⑥ 参见本卷第 12 章。

⑦ 提贝里乌斯的兄弟杜路苏斯所建立，在莱茵河沿岸有若干驻地。

⑧ 参见本卷第 7 章。

这个人作为牺牲,代价是比较低廉的。

(59) 接着,优利乌斯·奇维里斯也摆脱了危险。[①] 他在巴塔维亚人[②]中间很有影响,因此维提里乌斯不愿意因为惩办他而得罪野蛮的巴塔维亚人。此外,在林哥尼斯人的地区,也有巴塔维亚人的八个步兵中队,[③]这是属于第十四军团[④]的辅助部队,他们那时由于一时的不和而脱离了军团。不管他们倾向于哪一边,这八个步兵中队作为同盟者或是敌人都会起很大的作用。上面我们已经提过的百人团长诺尼乌斯、多纳提乌斯、罗米里乌斯和卡尔普尔尼乌斯都被他下令处决了,因为他们被宣布有忠诚的罪名——而忠诚在叛军中间是最坏的一项罪名。现在他还取得了比尔吉卡行省(Belgia provincia)的长官瓦列里乌斯·亚细亚提库斯的归附,后来他并且把自己的女儿嫁给这个人。尤尼乌斯·布莱苏斯[⑤]也归附了他;布莱苏斯治理路格杜努姆的高卢,在他统率之下的有意大利军团[⑥],还有驻守在里昂的陶路斯[⑦]骑兵中队。莱提亚[⑧]的军队也立刻站到他的一边,甚至不列颠方面在这件事上都没有任何

① 几个月之后他发动了一次声势浩大的起义,这在本书第 4 卷和第 5 卷里还要提到。

② 这些民族主要居住在莱茵河、默兹河和瓦尔河之间的岛上,他们很久以来便向罗马提供辅助部队。

③ 公元 61 年,在尼禄统治时期,我们知道他们在不列颠服役。

④ 这一军团曾被尼禄从不列颠调回意大利,但后来又被伽尔巴调往达尔马提亚。

⑤ 参见本书第三卷,第 38 章以次。

⑥ 即第一军团。尼禄建立的、高卢的仅有的一个军团。

⑦ 以建立者司塔提里乌斯·陶路斯而得名。

⑧ 莱提亚(和文戴里奇亚)由代理官治理,有辅助部队和当地民兵防守着。它位于诺里库姆以西,包括今天的瑞士东部、蒂罗尔和巴伐利亚。

观望犹豫的表现。

（60）不列颠的长官是特列贝里乌斯·玛克西姆斯[①]，他的贪欲和卑鄙使得他的士兵无不鄙视和憎恨他。第二十军团[②]的统帅罗司奇乌斯·科埃里乌斯很久以来就同他不和。科埃里乌斯的教唆加强了士兵对他的敌视。但是当时由于发生了内战，这两个人之间的敌视情绪就非常强烈地爆发出来了。特列贝里乌斯指控科埃里乌斯挑起兵变和破坏纪律。科埃里乌斯则责备特列贝里乌斯掠夺军团士兵，把他们搞得十分贫苦。而在这同时，统帅之间的这一可耻的争端就破坏了军队的纪律。纠纷发展到这样严重的程度，以致特列贝里乌斯竟然公开受到辅助部队的士兵以及军团士兵的侮辱，而当特列贝里乌斯的辅助部队的步兵和骑兵离开他而投到科埃里乌斯那里去的时候，特列贝里乌斯就逃到维提里乌斯那里去。虽然执政官衔的长官被赶跑，但是行省却依旧是安全的，有同等权力的军团统帅们[③]维持着局面；但是科埃里乌斯却由于敢干而在实际上握有较大的权力。

（61）在不列颠的军队加入了维提里乌斯的一面之后，已经拥有巨大的人力物力的维提里乌斯便选拔了两名统帅，并选定了两条进军的路线。他命令法比乌斯·瓦伦斯去征服高卢诸行省，如果这些地方拒绝他们，他们就进行蹂躏，然后再从科提安努斯阿尔

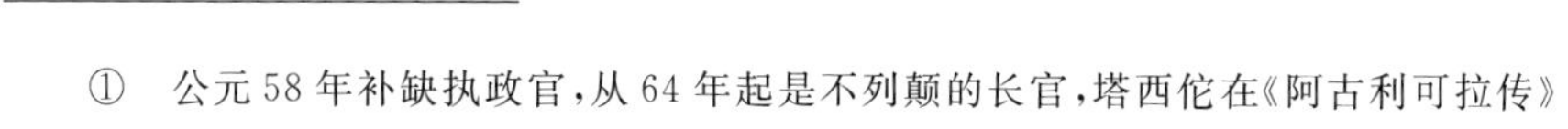

① 公元58年补缺执政官，从64年起是不列颠的长官，塔西佗在《阿古利可拉传》（第16章）中说他是一个懒惰无能的人物。

② 驻在德瓦（Deva），即切斯特，后来这一军团的统率者是阿古利可拉。

③ 统帅有三个。

卑斯山[1]攻入意大利。凯奇纳则要走较近的一条道路，从奔尼努斯山脉下来，进入意大利。[2] 瓦伦斯得到下日耳曼的精锐部队和第五军团[3]的军旗，还有辅助部队的步兵和骑兵，全军武装人数多达四万。凯奇纳则带领着上日耳曼的三万人。但他的主力是第二十一军团[4]。这两支军队之外又加上日耳曼的辅助部队。维提里乌斯也用这些部队来补足自己的队伍，因为他是打算率领着他的全部兵力跟着自己的。

（62）军队和统帅之间有着鲜明的对比。士兵们摩拳擦掌地要求作战，但是高卢各行省却还是不敢动手，西班牙行省也在观望。他们说，“冬天并不能阻碍我们，只有胆小怕事之辈才会缔结的和约虽能把事情推迟，却不能束缚我们的手脚。我们一定要进攻意大利，占领罗马。在内争之中，必须行动而不是辩论，只有赶快行动才是最安全的办法。”但是维提里乌斯却按兵不动，他无所用心，过着花天酒地、穷奢极欲的生活，以此来预先享受一下皇帝的幸福；中午时，他总是酒足饭饱，昏然欲睡。[5] 但情绪很高和渴望战斗的士兵们实际上却执行了统帅的任务。他们用希望激励那些劲头大的士兵，用恐惧刺激那些无精打采不能振作起来的士兵，

① 在塞尼山(Mont Cenis)和维佐山(Mont Viso)之间；这条路实际上要通过日内瓦山。

② 穿过大圣贝尔纳山直抵阿欧斯塔。

③ 从维提拉来的第五军团(马其顿军团)。

④ 从温多尼撒来的这一军团的名称是拉帕克斯(Rapax，意思是强盗)。它是伐鲁斯被击溃之后由下层群众组成，它之所以有 Rapax 之名不仅仅是他们打劫成性，而且由于他们的劲头足，作战时其锋锐不可当。

⑤ 关于维提里乌斯的贪吃，可参见苏埃托尼乌斯的记载(《维提里乌斯传》，第 13 章)。

正好像统帅本人就在那里似的。他们已经列好队，急不可耐地要与敌人交锋；他们要求发出征讨令。维提里乌斯立刻又被加上了日耳曼尼库斯（日耳曼的——译者）的称号。但甚至在他取得胜利之后，他仍然不许人们称他为恺撒。① 法比乌斯·瓦伦斯和他麾下的军队出发作战的那一天，他们看到了一个吉兆：一只鹰轻捷地飞在行进的军队的前面，仿佛在给他们引路。漫长的行军队伍在欢呼着，但这只鹰依然十分安详地飞着，大家都认为这肯定象征着一次巨大的胜利。

（63）军队在开近特列维利人的国土时当然是感到安全的，因为特列维利人是他们的盟友。但是在美狄奥玛特里奇人的一个城市狄沃杜路姆②那里，军队虽然受到十分殷勤的接待，却突然惊慌起来；他们匆匆忙忙地拿起了他们的武器屠杀无辜的公民，他们这样做不是为了虏获战利品或是为了抢劫财物，而是出乎一种野蛮的疯狂发作。人们不知道这种情况是什么引起的，因而也就更难于采取对策了。③ 最后，统帅们总算说服了他们，使该城没有遭到全毁。虽然如此，还是有四千人左右被屠杀。这种恐怖情绪传到高卢诸行省，因此后来军队行军时，各个城镇的官吏都率领全体人民出来向他们哀求，妇女和小孩子则都匍匐在路旁，而且其他各种可以平息敌人怒气的手段都用上了以求得和平，尽管那时根本没有战争。

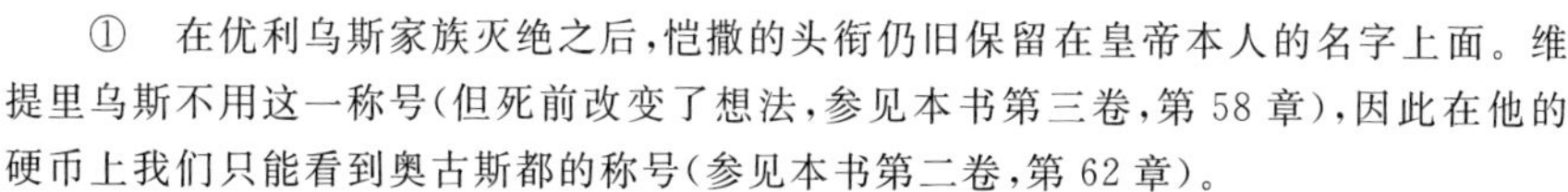

① 在优利乌斯家族灭绝之后，恺撒的头衔仍旧保留在皇帝本人的名字上面。维提里乌斯不用这一称号（但死前改变了想法，参见本书第三卷，第 58 章），因此在他的硬币上我们只能看到奥古斯都的称号（参见本书第二卷，第 62 章）。

② 今天的梅斯。美狄奥玛特里奇人住在特列维利人的南面。

③ 关于维提里乌斯这次出征高卢，参见茹里昂的《高卢史》〔C. Jullian: *Histoire de la Gaule*〕，第 4 卷，第 187 页以次。

（64）法比乌斯·瓦伦斯是在列乌奇人[①]的城市里得到伽尔巴被杀和奥托继位的消息的。士兵们听到消息并不欢欣，也不害怕，他们想的只是战争。高卢人不再徘徊观望了。他们虽然对奥托和维提里乌斯都是一样痛恨，但是对维提里乌斯却还有一个怕字。进军的下一站就是林哥尼斯人的城市。[②] 林哥尼斯人对他们是忠诚的。罗马士兵在那里受到了热情的接待，因此士兵们也就表现得特别客气。但是他们的高兴没有维持多久，因为辅助部队的步兵[③]干出了强暴的事情。前面我们说过，这部分军队是从第十四军团分出来并被法比乌斯·瓦伦斯编入自己的军队的。起初是巴塔维亚人和军团士兵发生口角，争吵变成了叫骂。由于双方都得到士兵的支持，他们最后几乎要大打出手；如果不是瓦伦斯惩办了几个人，并且提醒巴塔维亚人他们已经忘记了权威，[④]战争就真个打起来了。罗马士兵想对埃杜伊人[⑤]作战，但是没有找到借口；当他们命令埃杜伊人提供金钱和武器时，埃杜伊人在这之外甚至还免费供应了食物。埃杜伊人这样做是出于恐惧，而里昂人则是高高兴兴地做的。[⑥] 意大利军团和陶路斯的骑

① 住在现在图尔城一带。

② 林哥尼斯人住在马恩河和马斯河河源地带，在特列维利人和谢夸尼人中间。他们的首府是安德玛图恩努姆（今天的郎格勒）。

③ 即本卷第59章所说的巴塔维亚人的辅助部队。

④ 这是说他们应当尊重罗马人。

⑤ 军队现在是在温代克斯的行省、路格杜努姆高卢，而埃杜伊人是支持他的。他们沿阿拉尔河谷而下，埃杜伊人就在他们右手，谢夸尼人在他们左手。

⑥ 他们怨恨伽尔巴，因为他打倒了他们的恩人尼禄；这次他们把维提里乌斯看成复仇者（参见本卷第51章和后面的第65章）。

兵中队[①]被撤出了城市。但是却作出决定把第十八步兵中队留了下来,[②]因为他们平时的冬营就设在那里。意大利军团的统帅曼里乌斯·瓦伦斯并不为维提里乌斯所赏识,虽然他曾为维提里乌斯这一派做了不少工作。法比乌斯在暗中诋毁曼里乌斯,但曼里乌斯却一点也不知道。另一方面,法比乌斯在公开的场合却又称赞他而使他不加防备,这样他就更容易受骗了。

(65) 前一次的战争[③]燃起了里昂[④]人民和维也纳[⑤]人民之间的旧仇。[⑥] 他们都使对方遭到了很多的损失,而且他们是这样频繁和野蛮地相互厮杀,以致任何人也难于相信,他们只是为了尼禄或伽尔巴才作战的。伽尔巴也利用了他对里昂的厌恶情绪,把这个城市的收入转入了他自己的财库,但另一方面,他对维也纳的人

① 在帝国时期,骑兵中队(ala)专指辅助部队的骑兵队伍,他们或是自愿参加的,或是从罗马公民以及行省居民中间征募来的。

② 罗马近卫军的步兵中队有九个,城防步兵中队有四个,共十三个,蒙森也因为在里昂发现的铭文(公元一世纪的)中谈到第十三步兵中队,就认为这里的数字有误。但在盖乌斯当政时期,近卫军步兵中队增加到十二个,罗马的城防步兵中队增加到四个,因此里昂的中队番号也必定会相应改变。另外有两个步兵中队,一个在奥斯蒂亚,另一个在迦太基。(见于记载的还有第三十二的番号,可知这种罗马公民的步兵中队〔cohotes civium Romanorum〕至少还有十九个。)

③ 指温代克斯的起义。

④ 里昂即路格杜努姆,是公元前43年建立的罗马移民地,最初是从维也纳被逐出的罗马人移居到这里。由于它的起源和它的地理位置,这一地方很快便繁荣起来,这时罗马人和高卢人都把它看成是中心城市和三个高卢行省的首府。由于这一城市最初的建立者是罗马人,所以,正像本章后面所说,这里的市民把维也纳看成是外国人。

⑤ 维也纳(Vienne,这不是奥地利的那个同名城市)原是阿洛布罗吉斯人的古都,后来是纳尔波高卢的首府。它在卡里古拉当政时期才成为罗马公民的移民地。

⑥ 里昂始终忠于尼禄,并曾受到温代克斯的围攻,参见本章后面里昂对维也纳的指责。

民却十分尊重。因此，这两个民族之间虽然仅有一水之隔①，然而却因相互竞争、忌妒而结了仇恨。于是里昂的人民便开始挑拨个别的士兵，唆使他们去摧毁维也纳，因为这里的人们提醒他们说，维也纳的居民曾围攻他们自己的移民地，帮助过温代克斯的不逞企图，而不久之前又曾为保卫伽尔巴而征募军团。他们在提出了憎恨维也纳的这样一些口实之外，更指出了可以取得的大量战利品，不过他们不再是在暗中鼓动，而是公开地呼吁了。他们说，“前去复仇，把高卢的战争策源地摧毁吧。维也纳的一切都是外国的和敌视我们的。我们则是罗马的移民地，是你们军队的一部分，我们和你们是成败与共、休戚相关的。如果运气不好，望不要放弃我们，任凭愤怒敌人的宰割。”

（66）通过诸如此类的呼吁，他们把士兵挑拨到这样的程度，甚至统帅和指挥官都认为无法制止军队的这种疯狂的敌对情绪。这时维也纳人民已清楚知道他们自己的危险处境，便想办法来打消士兵们的这种意图。他们戴着面纱和彩带跑到军队行进的道路上，匍匐在地上，抱住士兵们的武器、膝头和双脚，苦苦哀求。瓦伦斯也把三百谢司特尔提乌斯给每一个士兵。这一移民地的古老和高贵的身份也起了作用。瓦伦斯劝导士兵不要骚扰和伤害维也纳人民，他的话得到了士兵的尊重。虽然如此，维也纳的人民还是被收去了全部武器，此外他们每个人自己还用各种各样的东西帮助士兵。但是外面却始终有这样的传说，即瓦伦斯本人曾受到重金

① 里昂在罗讷河右岸同索恩河合流处，维也纳在左岸，不过是在离里昂下游二十英里左右的地方。

的贿赂。长期以来，瓦伦斯一直是贫困的，现在突然富了起来，因此他就几乎不能掩饰他命运中的这种变化了。长期的贫困加强了他的欲望，因此现在他不再控制自己，在度过了贫苦的青年时代之后成为挥金如土的老人了。后来他又率领军队缓慢地开过了阿洛布罗吉斯人[①]和沃孔提伊人[②]的地区，每天行进多少路程以及在什么地方设营都是统帅勒索的手段，他就在这样的事情上，向他所经过的土地的主人和地方官吏进行无耻的交易。他采取了威胁性的行动，眼看就要把沃孔提伊人的城市路库斯[③]付之一炬，最后他受了贿赂，这才罢休。如果他没有得到金钱，那就只有使他的淫欲得到满足才能了事。他们就这样一路走到了阿尔卑斯山。

（67）凯奇纳这一路取得了更多的虏获物，杀了更多的人。埃尔维提人[④]触怒了他那暴躁的脾气。高卢的这个民族曾是武功卓著、豪杰辈出的民族，但是后来人们只能记起他们的光荣名字了。他们根本不知道伽尔巴被杀的事情，因此他们拒绝承认维提里乌斯的政权。引起战争的原因是第二十一军团的贪欲和轻率，[⑤]他们侵吞了给守卫一座要塞的埃尔维提人卫戍部队送去的金钱，这个要塞也是埃尔维提人自己出钱修建的。这种做法激怒了埃尔维

① 阿洛布罗吉斯人住在今天萨沃依和多斐奈的北部。

② 沃孔提伊人住在多斐奈的南部和普洛文斯。他们的首府是瓦细奥（维松，Vaison）。

③ 今天的狄瓦河畔路克（Luc-en-Diois）。

④ 住在瑞士西部。在汝拉、日内瓦湖、罗讷河与莱茵河之间。

⑤ 参见本卷第62章。第二十一军团的本营在温多尼撒，就在埃尔维提人居住区的边界上。

提人,他们截夺了日耳曼的军队送给潘诺尼亚[①]的军团的一些书信,并且扣留了百人团长和一些士兵。急于作战的凯奇纳总是主张有错就罚,不给留有悔悟的机会:他立刻拔营,蹂躏了那里的土地,并且劫掠了一个由于长期的和平而修建得像一座城市并且由于当地风光美丽和有疗病的泉水从而游人甚多的地方。[②] 莱提亚[③]的辅助部队也接到命令,要他们进攻正在同罗马军团对峙的埃尔维提人的后背。

(68) 埃尔维提人在紧要关头到来之前毫不恐惧,但是一旦危险到来他们就畏怯了。在纠纷开始的时候,他们推选克劳狄乌斯·谢维路斯为领袖,但是他们不曾学过使用武器,不曾组织过战斗队列或是在一起进行过商讨。对有经验的士兵作战,他们将会遭受惨重的损失。四周合围是一件危险的事情,因为他们的城壁由于年深日久已经倾圮了。一方面是率领着劲旅的凯奇纳;另一方面则是莱提亚的骑兵和步兵,还有习惯于战事并受到战斗训练的莱提亚本地的青年。到处都是掠夺和杀戮。被两支军队夹击在中间的埃尔维提人扔下武器,到沃凯提乌斯山[④]上逃命去了;他们大部分人受了伤或是掉了队。立刻就把色雷斯的一个步兵中队派了出去对付他们并把他们赶跑。他们在日耳曼人和莱提亚人的追击之下穿过了森林,但甚至在他们躲藏的地方他们还是被杀死了。

① 公元前58年为恺撒所征服。

② 苏黎世西北的里木玛特河畔的巴登。

③ 莱提亚在东面。

④ 瑞士汝拉山脉的博茨山(Bötzberg),在埃芬根(Effingen)和辛茨纳赫道夫(Schinznach-Dorf)之间。

成千上万的人被屠杀，又有成千上万的人被变卖为奴隶。在罗马军队摧毁了一切之后他们又去进攻埃尔维提人的首府阿文提库姆①时，这个城市的人民就遣使请降，而罗马人也就接受了这次投降。凯奇纳惩办了埃尔维提人的领袖之一优利乌斯·阿尔披努斯，把他当做战争的祸首。其他的人则被他交给维提里乌斯，任凭他去发落了。

（69）埃及维提人的使节难以断定罗马的统帅与士兵到底谁更残酷些。士兵们在使节的面前挥舞着武器和拳头，要求把这整个国家彻底摧毁。甚至维提里乌斯也不断发出恫吓的言语，最后使节当中才有一个名叫克劳狄乌斯·科苏斯的人平息了士兵的怒气。科苏斯以能言善辩而出名，但这时他却没有显示自己的演说家的才能，而是随机应变地装出战战兢兢的样子，这样就使他的话更有效果。这些普通士兵就和一般群众一样，他们是容易突然改变自己情绪的；现在他们立刻表示了同情，正如过去一下子表现出过分的残酷一样。这些使节痛哭流涕，坚持请求宽大，终于使自己得到了安全，而且也救了自己的国家。

（70）凯奇纳在埃尔维提人那里又耽搁了几天：他要等候维提里乌斯的意见，同时为越过阿尔卑斯山进行准备。但就在这时，他从意大利方面得到了令人高兴的消息：在帕都斯河②一带活动的

---

① 今天弗赖堡附近的阿旺施（Avenches）。在恺撒时期之前，它就是埃尔维提人的首府。为了赔偿它在战时所受的损失，维斯帕西亚努斯使它成为一个移民地。但是它的繁荣（今天那里还有一座剧院和一道设防的城壁的残址）并不长久，因为阿米亚努斯·玛尔凯路斯告诉我们（第15卷，第11、12章），到康司坦斯当政时期，这里已半为废墟，几乎荒无人烟了。

② 今天的波河。

西里乌斯骑兵队[1]已经向维提里乌斯宣誓效忠了。这个骑兵队在维提里乌斯担任阿非利加的总督[2]时曾在他的麾下服役；后来尼禄把这支队伍调到埃及去，但是因为爆发了对温代克斯的战争而把它召了回来，故而这时它正在意大利。骑兵队的队长们同奥托完全不相识，但同维提里乌斯的关系却是密切的，因此他们就不断称赞日益迫近的军团的力量和日耳曼驻军的声誉，这些士兵在他们的带动之下，于是便也投到维提里乌斯的一面去了。作为对新皇帝的一种献礼，他们为他攻占了帕都斯河以北的一些最坚强的城市美地欧拉努姆[3]、诺瓦里亚[4]、埃波列地亚[5]和维尔凯莱[6]。凯奇纳是从这些城市的居民那里知道这件事情的。由于一支骑兵队并不能保卫意大利的这片最宽阔的地带，因此他就先派出一支步兵部队，这支步兵部队是由高卢人、路西塔尼亚人、不列颠人和一些日耳曼的队伍再加上一个佩特拉骑兵队[7]组成的。凯奇纳本

① 这个名称可能来自提贝里乌斯当政时期上日耳曼的长官盖乌斯·西里乌斯(Gaius Silius)，因为这支骑兵队最初就是他征募来的。每个骑兵队命名的方式一般有四种：(1)最常见的是提供骑兵队士兵的民族的名称，如本卷第 59 章的 ala Tauriana〔陶路斯骑兵队〕；(2)有时用征募该骑兵队的皇帝家族的名字，如 ala Claudia〔克劳狄乌斯骑兵队〕；(3)有时用该队统帅的名字，如 ala Petrina〔佩特利乌斯骑兵队〕和 ala Siliana〔西里乌斯骑兵队〕；(4)有时队名来自武装的名称或某些特殊情况，如 aia catafractorum〔铁衣骑兵队〕。

② 在本书第二卷的第 97 章里，作者又提到这件事。

③ 今天的米兰。

④ 今天的诺瓦拉。

⑤ 今天的伊夫雷亚。

⑥ 今天的维切利。

⑦ 佩特拉大概是组织这一部队的人的名字。

人这时则又耽搁了一些时候，以便决定他是否需要转到莱提亚山[1]的那一面去向诺里库姆[2]发动进攻，因为皇帝的代理官佩特洛尼乌斯·乌尔比库斯就在那里。这个乌尔比库斯被认为是忠于奥托的，因为他曾经把辅助部队召来，摧毁了河上的桥梁。但是凯奇纳又害怕他会失掉已被他先派出去的步兵和骑兵，同时他还看到，夺取意大利将会是更大的光荣，而且决定性的战斗不管在什么地方发生，诺里库姆的人民终归是会同其他战利品一道转入胜利者之手的[3]。经过这样的考虑之后，他就率领着他的后备部队和重武装的军团从奔尼努斯隘路[4]越过了尚被冬雪覆盖着的阿尔卑斯山。

(71) 但这时奥托的表现却出乎所有人之预料：他并没有毫无作为地沉湎在豪奢或安逸的生活里。他放弃了他的享乐生活，[5]收敛起了他的放荡淫逸的恶习，把他的全部生活安排得完全配得上一个皇帝所要求的标准。他装出这样一些美德之后，恶习必然还会复萌，那样一来，人们的恐惧就更大了。他把当选的执政官马

① 今天的阿尔柏格(山)(Arlberg)。

② 诺里库姆在莱提亚和潘诺尼亚之间，大体上相当于今天的奥地利。

③ 凯奇纳这种做法本来是要保证他的左翼交通线的安全，但他所以没有这样做，是怕耽搁时间。亨德逊(Henderson)认为他要攻打诺里库姆是想通过勃伦纳山口进攻意大利，以切断波河流域和阿克维莱阿(Aquileia)之间的联系。

④ 今天的大圣贝尔纳(Great St. Bernard)山路。

⑤ 狄奥·卡西乌斯(第64卷，第8章)和优维纳尔(第2卷，第99行)的说法不同。从优维纳尔那里我们知道，奥托似乎经常还是像女人一样地带着镜子。狄奥·卡西乌斯则说，“他的生活习惯，他同司波路斯的亲密关系，以及他依旧使尼禄的其他宠臣为自己服务等等情况，都使所有的人深为惊恐不安。”

利乌斯·凯尔苏斯[①]——他曾借口囚禁凯尔苏斯而把他从士兵的愤怒情绪下挽救出来——召到了卡披托里乌姆神殿，因为他想通过他对凯尔苏斯的处理而取得宽厚的名声；要知道，凯尔苏斯本来是他的一派所憎恨的人物。

凯尔苏斯勇敢地为自己始终忠于伽尔巴这一罪名进行辩护，他甚至认为他的这种做法对奥托是有利的。奥托对待他，好像不是在宽恕一名罪犯，而是为了避免必须把他看成是一个可怕的敌人，因此他设法同他取得和解，并立刻开始把他看成是自己的一个知心朋友。后来奥托又选拔他为自己一方作战的统帅之一。凯尔苏斯这一方面就像命中注定那样，坚定不移地为奥托效命，但他的运气却不好。他的平安无事使国内的显要人物深为高兴，普通人民群众对这一点也颇有好评，甚至士兵对这一点也表示欢迎。这种做法过去曾激怒过士兵，但他们现在却加以赞美了。

(72) 提盖里努斯垮台的消息得到证实以后，所有的人都感到高兴，虽然各有各的高兴理由。欧弗尼乌斯[②]·提盖里努斯出身卑微，青年时代声名狼藉，到了老年，生活又很放荡。城市警卫队[③]的长官，近卫军长官以及其他美差都应当由有道德的人担任，但他却以罪恶的手腕很快地取得了这些地位。后来他行事残忍，贪财枉法，这都是成年男子的罪行。他还使尼禄变得堕落，以致尼

① 参照本卷第14、31、39、45诸章。

② 以前的本子是索弗尼乌斯(Sophonius)，今据其他史料改正(参见塔西佗:《编年史》，第14卷，第51章)。

③ 警卫队有七个(兼管消防)，由被释奴隶组成；他们在参加警卫队之后，往往转入正规军团。

禄胆大妄为、无恶不作。他竟敢背着尼禄干下一些勾当，终于离开并背叛了他。结果，不管是憎恨尼禄还是惋惜尼禄的人，尽管动机不同，他们都极其坚决地要求惩处提盖里努斯。在伽尔巴当政的时候，提盖里努斯受到提图斯·维尼乌斯的保护，因为维尼乌斯说提盖里努斯救过他的女儿的性命。[①] 他确实救过她，不过这样做并不是因为他发了善心——要知道，有多少人死在他的手里啊！——而是为了给自己的将来找一个避难之所；最坏的恶棍既不相信当前，又怕未来的变化，因此他就总是想取得私人对他的感激来抵消一般人对他的厌恶。这样的人根本不想清白做人，只希望做了坏事以后彼此都不受惩罚。这些事实使得人民群众更加憎恨他；人们最近对提图斯·维尼乌斯的厌恶更加强了对提盖里努斯的旧恨。他们从城市的各处冲向帕拉提乌姆宫和各广场，冲向赛马场和各剧场——他们在这些地方想干什么就干什么；他们大声叫喊，进行煽动，终于使在西努埃撒浴场[②]的提盖里努斯知道自己的死期确实已经到了。他在自己的情妇拥抱和亲吻中可耻地迟迟不肯自戕，最后才用剃刀割断了自己的咽喉。他临终之前再三拖延，无耻已极，这使他那不光彩的一生丑上加丑。

（73）这时人民群众还要求惩处卡尔维娅·克利司披尼拉。皇帝通过各种不同的手法挽救了她，使她免于危险；他的这种两面派的做法招来了很坏的名声。克利司披尼拉曾向尼禄传授了放荡的生活方法，随后她又渡海到阿非利加去教唆克洛狄乌斯·玛凯

① 参见本卷第 47 章。这里指克利司披娜。

② 这是康帕尼亚和拉提乌姆交界处西努埃撒地方的温泉（参见塔西佗：《编年史》，第 12 卷，第 66 章）。

尔发动叛乱，[①]并公然想使罗马人民遭受饥馑之苦。[②] 后来由于同一位前任执政官[③]结婚，她又取得了全城的好感，这样她就安全地度过了伽尔巴、奥托和维提里乌斯三人的当政时期。再后，她又由于自己的财富和没有子嗣而成了一位有势力的人物。这两个条件不拘是在承平时期，还是混乱时期，都有同样的分量。[④]

（74）这时，奥托写了许多信给维提里乌斯，信里有许多毫无丈夫气概的谄媚言辞，他答应给维提里乌斯金钱、恩惠，并允许他选择任何一个安静的地方去过放荡生活。[⑤] 维提里乌斯也向奥托提出了类似的建议。在开头的时候，双方的口气还很温和，但其借口却既愚蠢又不像样子。稍后，就像在一般吵架中的情况那样，他们相互攻击对方的放荡和卑鄙的行为，而这些攻击的话当然都是有根据的。奥托在召回了伽尔巴派出去的使节之后，[⑥]又以元老院的名义把他们派到日耳曼的两支部队去，派到意大利军团和驻守在里昂的军队去。这些使节结果却留在维提里乌斯那里，他们都心甘情愿地留在那里，这种情况很难使人相信他们是被扣留在

① 参见本卷第7章。

② 埃及是供应罗马粮食的主要基地。

③ 此人是何许人不详。使人奇怪的是她的名字没有出现在苏埃托尼乌斯的作品和塔西佗的《编年史》里，可能作者当时对她的这个丈夫或他的后人有所顾忌。

④ 对富有的但是没有子嗣的男人或女人的奉承是这时的无耻特征之一，它常常是讽刺诗的对象（例如参见优维纳尔：第3卷，第126行以次；第6卷，第548行以次；荷拉提乌斯：《讽刺诗》，第2卷，第5章）。

⑤ 苏埃托尼乌斯（《奥托传》，第8章）和狄奥·卡西乌斯（第64卷，第10章）都说奥托曾向他建议分享帝国统治大权；苏埃托尼乌斯还说，他还建议娶维提里乌斯的女儿。但普鲁塔克的说法和塔西佗的说法是一致的。

⑥ 参见本卷第19章。

那里的。奥托为了提高使节的威望而派出一些近卫军士兵伴随使节，但这些士兵并未能同那里的军团士兵混到一处就被送了回来。法比乌斯·瓦伦斯也以日耳曼的军队的名义写信给近卫军和城市步兵中队，吹嘘自己方面的力量，并且提出和解的条件。[①] 他甚至责备他们把帝国的统治大权给予奥托，这大权实际上早已给予维提里乌斯了。[②]

（75）这样近卫军就同时受到威逼和利诱的夹攻。对方要他们知道，他们没有力量作战，若是不动干戈，他们将会一无所失。然而他们仍未放弃他们的忠诚。奥托把密探派往日耳曼，维提里乌斯则把自己的密探派往罗马。双方都没有取得任何成果，但是维提里乌斯的密探却能够安全地在罗马进行活动，因为在罗马的这样多的人当中，他们既不认识人们，人们也不认识他们；不过奥托的密探却由于他们的陌生面孔被人发觉，因为在军队里面，彼此都是认识的。维提里乌斯写了一封信给奥托的哥哥提齐亚努斯[③]，在这封信里他威吓说，如果他的母亲和孩子不能得到安全的话，他就要处死提齐亚努斯和他的儿子。但实际上两家都没有受到伤害。奥托这方面可能是由于害怕，但维提里乌斯是指望在取得胜利时可以得到宽大仁慈的声誉。

（76）使奥托有了信心的第一个消息是从伊里利库姆[④]来的；

① 实际上是为了向士兵提出建议，以争取他们。

② 维提里乌斯受到士兵的拥戴比奥托只早十二三天而已。

③ 路奇乌斯·撒尔维乌斯·提齐亚努斯，公元52年度的执政官，公元65年任阿非利加总督时，阿古利可拉是他的财务官。他的名字常常出现在本书第2卷。

④ 塔西佗这一词在这里指潘诺尼亚、达尔马提亚和美西亚。但其他作家和塔西佗本人在《编年史》中用这一词时往往表现比这大或比这小的地域概念。

消息说达尔马提亚、潘诺尼亚和美西亚的军团[①]都已向他宣誓效忠。西班牙方面也传来了同样的消息，于是奥托就在一次公告中赞扬了克路维乌斯·路福斯[②]；但是紧接着又有消息传来说，西班牙又倒向维提里乌斯一边去了。尽管优利乌斯·科尔杜斯使得阿基坦[③]向奥托宣誓效忠，但是它也并没有长期忠于奥托。任何地方都没有任何忠诚或感情。恐惧和需要使得人们一时倒向这一边，一时又倒向那一边。同样的恐怖情绪使得纳尔波高卢行省转到维提里乌斯一边，因为投向最靠近的、比较强的一边是很容易的事情。远方行省和全部海外军队都站在奥托一边，这并不是他们对他这一派有什么热情，而是因为罗马的名声和元老院的崇高威信在他们的心目中有很大的分量。而且，他们第一次听到的皇帝，在他们心目中总是占着优先的地位。促使犹太的军队对奥托宣誓效忠的是维斯帕西亚努斯，促使叙利亚的军队对奥托宣誓效忠的是木奇亚努斯。与此同时，埃及和所有东方的行省都是以奥托的名义来统治的。在迦太基[④]的带动之下，阿非利加也很乐于服从，他们甚至没有等待总督维普斯塔尼乌斯·阿普洛尼亚努斯的批准。尼禄的一名被释奴隶克列司肯斯——在乱世里甚至这类人物也参与国家大事——设宴款待人民群众，以庆祝最近皇帝的即位；而人民群众[⑤]也就怀着很大热情赶忙张罗起来。[⑥] 其余的城市学

① 达尔马提亚和潘诺尼亚各有两个军团，美西亚有三个。

② 历史学家，参见本卷第 8 章。

③ 在法国西南部，卢瓦尔河以南。

④ 这里是首府。

⑤ 这里实际上只指有钱有势的人。

⑥ 这话的意思是说，他们也跟着尽力表示拥护新皇帝，唯恐引起误会。

了迦太基的样子。[①]

（77）既然军队和行省分成了这样的两派，维提里乌斯这方面就需要用武力来取得帝国的统治大权了。但是奥托这方面却仿佛是在承平已久的时代那样行使皇帝大权。有些事情他是按照国家的尊严做的，然而他的行动往往又和国家的荣誉相抵触，因为他出于当前的迫切需要而做得过分草率了。在3月1日以前，他本人和他的兄弟提齐亚努斯是执政官。[②] 在这之后的月份里，担任执政官的则是维尔吉尼乌斯；他起用这个人的目的是为了引诱上日耳曼的军队。[③] 他又要彭佩乌斯·沃皮司库斯担任维尔吉尼乌斯的同僚执政官，借口他们二人是老朋友；但大多数的人认为他的这一行动是为了向维也纳的人民讨好。[④] 在这一年的其余的时期当

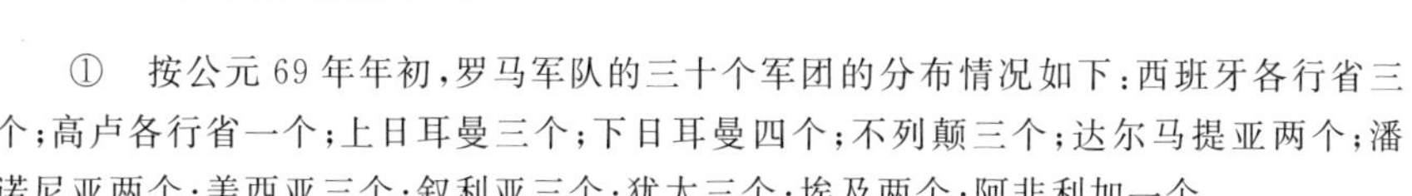

① 按公元69年年初，罗马军队的三十个军团的分布情况如下：西班牙各行省三个；高卢各行省一个；上日耳曼三个；下日耳曼四个；不列颠三个；达尔马提亚两个；潘诺尼亚两个；美西亚三个；叙利亚三个；犹太三个；埃及两个；阿非利加一个。

在这些正规军团之外，还有数量与军团相等的辅助步兵与骑兵部队，这样罗马帝国的陆上的部队这时大约有三十万人。

② 他们的任期开始于公元69年1月26日。为了理解这一章，我们应当指出，皇帝们为了削弱执政官的威信和增加他们自己手中傀儡的数目，把执政官的任期分成许多段，从而在一年当中使十二个人分享这个名义，但实权仍操在皇帝本人手中。在孔莫都斯当政时期，一年当中的执政官多达二十五人。人们通常用在1月1日就职的执政官的名字来记年，他们是常任执政官（consules ordinarii），其他的执政官则是补缺执政官（suffecti）。在这一年里撒尔维乌斯·奥托和提齐亚努斯·奥托之前的执政官是伽尔巴和维尼乌斯（元旦就职），而在安托尼努斯和凯尔苏斯之后担任执政官的（11月1日就职）则是法比乌斯·瓦伦斯和阿里耶努斯·凯奇纳。凯奇纳在次年元旦前一日被元老院宣布为叛国者，年末那一天的执政官则是罗西乌斯·列古路斯（参见本书第三卷，第37章）。

③ 因为奥托知道维尔吉尼乌斯在那里有声望。

④ 沃皮司库斯大概是维也纳人。同时我们还知道维也纳人由于他们支持温代克斯而在高卢有多么高的威信。

中，担任执政官的仍旧是尼禄或伽尔巴原来任命的那些人：7月份以前是凯里乌斯·撒比努斯和佛拉维乌斯·撒比努斯[①]；到9月份以前是阿里乌斯·安托尼努斯[②]和马利乌斯·凯尔苏斯；甚至在维提里乌斯已经取得了胜利的时候，他都没有取消他们所享有的这些荣誉。[③] 但是奥托却把大祭司和占卜师的职位赠给那些已经经历了一切官阶的老人们，[④]作为最高的荣誉；或是把祭司的职位授予不久之前从流放地返回的青年人，作为一种安慰，因为这种职位都是他们的父亲和祖先担任过的。卡狄乌斯·路福斯[⑤]、培狄乌斯·布莱苏斯[⑥]和赛维努斯·P[⑦]……恢复了元老的职位，他们是在克劳狄乌斯和尼禄当政时期由于被控受贿而被剥夺了元老职位的。赦免他们的那些人决定把罪名改变一下：这样一来，实际上是贪污罪就被说成是大逆罪，因为大逆罪这个罪名现在令人十分反感，它甚至使好的法律都变成一纸空文，不起作用了。[⑧]

① 凯里乌斯·撒比努斯是法学家，佛拉维乌斯·撒比努斯是维斯帕西亚努斯的父亲，不是他的兄弟。

② 他是皇帝安托尼努斯·披乌斯的外祖父。

③ 他们的任期后来又缩短了，结果公元69年度担任执政官的多达十五人。

④ 从奥古斯都当政时起，大祭司和占卜师实际上由皇帝指定的人担任，但表面上他们只是由皇帝“推荐”的。从公元14年起，选举在理论上由元老院负责，他们由祭司团(collegia)所提出的名单中选任，但一般说来这一手续是从来不遵守的。

⑤ 克劳狄乌斯当政时期是本都和比提尼亚的长官，公元49年曾因勒索而被定罪。

⑥ 尼禄时期克里特和库列涅的总督，也因勒索行为而被判罪。

⑦ 比尔努译本是彭提努斯(Pontinus)。

⑧ 在共和国时期，所谓“藐视罗马人民的尊严”(Minuere maiestatem populi Romani)意味着有损国家利益或尊严的任何行动。但在帝国时期，minuta majestas 或 laesa maiestas 则意味着对于元首(princeps)即皇帝个人的冒犯。在提贝里乌斯当政时期，有关 maiestas 的法律即大逆法及其推广应用，是告密人(delatores)利用皇帝的猜疑以陷害别人的主要武器。大逆罪的控告者受到人们这样的憎恶，以致如果把勒索罪或其他罪行说成大逆罪，被告反而能引起公众的同情。这样一来，正如作者所说，那些真正惩治贪污勒索的法律(如 lex repetundarum)反而变成空文，起不了什么作用。

(78) 奥托还试图以同样慷慨的手段争取各个城市和行省的帮助。他把更多的一些家族派到希思帕里斯[①]和埃美里塔[②]等移民地去。他把罗马公民权给予全体林哥尼斯人,把玛乌列塔尼亚的一些城市[③]赠给了巴伊提卡行省;他给卡帕多奇亚和阿非利加规定了新的政治制度,不过这种做法与其说为了这两个行省的长远利益,毋宁说是为了做个姿态给人看。他的这样一些行动乃是迫于形势的需要,乃是出于他无法摆脱的一些顾虑,但即使在他这样行动的时候,他依然不忘记自己心爱之人,要元老院赞同把波培娅的雕像重新树立起来。[④] 有人认为,为了争取罗马人民的好感,他还提出了纪念尼禄的问题;而且实际上有些人确实已把尼禄的像立起来了;此外,有几天,人民群众和士兵仿佛为了提高奥托的高贵身份和荣誉似的,竟然欢呼他为尼禄·奥托;但是奥托本人却拿不定主意,因为他既不敢拒绝,又不好意思接受这个头衔。

(79) 当所有人的念头都集中到内战上去的时候,人们对国外的事情就不感兴趣了。这种情况促使撒尔玛提亚[⑤]的一个民族罗克索拉尼人[⑥]——他们在前一年的冬天曾屠杀过两个中队——抱着很大的希望来进攻美西亚。他们有骑兵九千人。他们生性倔

① 在巴伊提卡,今天的赛维利亚(Seville)。

② 在路西塔尼亚,今天的梅里达(Merida)。

③ 例如琴吉斯(Tingis)、里克苏斯(Lixus)。

④ 它们是公元62年被人民群众毁掉的,参见塔西佗:《编年史》,第14卷,第61章。

⑤ 撒尔玛提亚泛指从多瑙河上游远至中亚细亚的大片土地。

⑥ 斯特拉波(《地理》,第7卷,第3章,第17节)认为他们居住在顿河和第聂伯河之间。但是现代的某些学者认为他们住在比萨拉比亚。

强，屡获胜利，这使得他们心里想的只是战利品而不是战斗本身。因此当他们分散开来、放松戒备的时候，第三军团[①]和某些辅助部队就突然向他们发动了进攻。罗马人方面早已作好了一切战斗准备。但撒尔玛提亚人却是分散的，他们由于贪图战利品，被沉重的负担压得疲惫不堪；再加上路滑难行，他们不能发挥骑兵的快速特色，结果就像是身戴镣铐的人那样地被砍倒在地上。说来奇怪，撒尔玛提亚人的全部勇气好像并不在他们自己身上。如果徒步作战的话，哪一个民族也不像他们那样怯懦；可是他们骑在马上向敌人进攻，任何防线都难以挡住他们。但是，这天下着雨，雪也正在融化，他们不能使用长枪或长刀（那要用双手才能抡起），因为他们的坐骑倒下了，而他们的锁子甲又重得使他们无法灵便地活动。他们的王公和贵族都用这种甲胄防身：它是用铁片或坚硬皮革制成的，穿在身上刺不透，但是若被敌人打倒就很难站起来。[②] 同时他们在又软又厚的雪里越陷越深。穿着胸甲的罗马士兵在战场上生龙活虎地杀来杀去，他们投射投枪进攻敌人，或是用长枪刺杀敌人。在情况需要的时候，他们还使用短刀在短兵相接的战斗中杀死无所依靠的撒尔玛提亚人，因为撒尔玛提亚人不用盾牌保卫自己。最后只有很少的人逃离战场，躲到沼地里去，但是他们仍然由

---

① 高卢军团，最近从叙利亚来的。他们是在得到温代克斯起义的消息后奉命开往罗马的，这时他们正经过美西亚。参见苏埃托尼乌斯：《维斯帕西亚努斯传》，第 6 章。

② 与罗马人敌对的欧亚两洲民族中，有许多军队穿过这样的铠甲。参见塔西佗：《编年史》，第 3 卷，第 43 章；李维：《罗马史》，第 35 卷，第 48 章；第 37 卷，第 40 章。库尔提乌斯，第 4 卷，第 35 章：equitibus equisque tegumenta erant ex ferreis laminis serie inter se conexis（指西徐亚人和巴克妥利亚人）等等。

于严寒或是重伤而死在那里。这个消息传到罗马，美西亚的长官玛尔库斯·阿波尼乌斯被授以树立凯旋装束的胸像的荣誉；[①]福尔乌斯·奥列里乌斯[②]、优利亚努斯·提奇乌斯[③]、努米西乌斯·路普斯[④]这几位军团统帅也被授以执政官的标记。奥托如此做，因为他对这次胜利感到高兴，并且把这一荣誉算到自己身上，说他打仗的运气好，他通过将士之手扩大了疆土。

（80）就在这时，从一件并未引起人们恐惧的小事开始，竟然爆发成几乎毁灭全城的兵变。奥托曾下令把第十七步兵中队[⑤]从奥斯蒂亚的移民地调回罗马。近卫军的一名将领瓦里乌斯·克利司披努斯奉命装备这些队伍。[⑥] 克利司披努斯从便于执行奥托的这项命令出发，直到晚上军营里安静下来的时候，才下令打开武器库，把武器装到属于中队的那些车上去。但是晚上装车，引起了人们的怀疑。他的动机被认为是罪恶的，从而成了人们向他发动攻击的根据。他本来想悄悄行事，结果却闹得满城风雨，而喝醉了酒的士兵看到手里的武器就想去使用它们。士兵们议论纷纷，他们指责将领和百人团长企图发动叛乱，说元老们的奴隶正在被武装

① 除皇帝本人之外，任何人都不能取得凯旋的荣誉，因为所有其他的人都只能是他手下的副帅（legati）。其他人所能取得的最高荣誉就是建立穿着凯旋者（triumphator）的服装的像，这种像戴桂冠，穿白色的上绣棕榈叶的内衣（tunica palmata），外加绣金紫色外袍（toga picta）。

② 安托尼乌斯·披乌斯的祖父，第三军团统帅。

③ 第七军团统帅，参见本书第二卷，第85章。

④ 第八军团统帅。

⑤ 即克劳狄乌斯配置在奥斯蒂亚的第五城市步兵中队（参见苏埃托尼乌斯：《克劳狄乌斯传》，第25章）。

⑥ 这是为了应付战争。

起来以便搞掉奥托。一部分士兵不了解这些情况，又喝得醉醺醺的；品行最不好的士兵便想利用这个机会进行抢劫。绝大多数的人则像通常那样，十分愿意参与任何新的骚动，而那些规矩士兵的奉公守法行为在黑夜里却发挥不了作用。克里司披努斯想制止这次兵变，他们就杀死了他和那些最严格的百人团长。随后他们便拿起自己的武器：抽出了刀，跳上马，[①]奔向罗马的帕拉提乌姆皇宫去了。[②]

(81) 奥托这时正在举行盛大宴会款待贵族男女。客人们惊惶万状，不知道这是当兵的偶然发疯，还是皇帝搞了什么阴谋，因此他们无法判断束手待擒更为危险，还是各自逃命更危险些。他们时而装出很勇敢的样子，时而又被吓得原形毕露。这时他们都注视着奥托的面孔。正像人们心里多疑时常见的那样，奥托自己害怕之时，正是他使别人怕他的时候。[③] 他还像为自己的安全担心那样地为元老院的安全担心。他立刻派近卫军长官去安抚士兵的怒气，[④]一方面请所有的客人迅速离开宴会。接着，国家的官员们就各自逃散了，他们抛掉他们的官阶标记，并且不让他们的朋友和奴隶伴随着他们。上了年岁的男男女女在黑暗中从不同的街道溜走，谁也不想回家，但绝大多数人则赶到朋友家去，或是躲到他们职位最低的下属家里去，因为那里是最不显眼的地方。

(82) 宫殿的大门甚至也阻挡不住情绪激昂的士兵，他们径向

---

① 每一中队都有自己的一小队骑兵。

② 营地中马匹不多，而且奥斯蒂亚距罗马十六英里，因此这里的说法未必可靠。

③ 普鲁塔克的《奥托传》的第 3 章中有类似的记述。

④ 这一点暗示近卫军也卷入了这一骚乱。

宴会所在的地方冲去。他们要求见到奥托。将领优利乌斯·玛尔提亚里斯和军团长官[①]维提里乌斯·撒图尔尼努斯想阻止他们冲进去，结果都负了伤。到处都是刀光剑影，到处都是威胁的声音；它们有时针对着百人团长和将领，有时又是针对着整个元老院的，因为这时所有的人都陷入一种盲目的惊恐情绪，又因为他们不知道他们的怒气到底应当发泄到谁身上去，因此他们就放开手脚，逢人便杀。最后，奥托竟顾不得自己的皇帝尊严，站在他的床上（罗马人宴会时半卧在床上——中译者注）哭着哀求起来，好不容易才使他们住了手。后来他们十分勉强地返回营地，手上还沾着血迹。第二天，家家户户都把门关得紧紧的，整个城市就好像已被敌人占领了一样。街上几乎看不到一个规规矩矩的人。老百姓都垂头丧气，惶惶不安。士兵们都两眼望着地，与其说是感到悔恨，毋宁说是在发愁。近卫军的将领李奇尼乌斯·普洛库路斯[②]和普洛提乌斯·费尔姆斯[③]向士兵讲了话，他们二人性格不同，一个人讲话的口气是温和的，另一个人的口气却很严厉。他们在结束发言时说，每个士兵将要得到五千谢司特尔提乌斯。[④] 直到经过这样的安排之后，奥托才敢来到营里。将领和百人团长围着他，他们扯掉他们自己军阶的帜记，要求他解除他们的这一危险职务，并保证他们的

---

① praefectus legionis，这里第一次出现这个官名，可能指的是营帅（prafectus castrorum）（参见塔西佗：《编年史》，第1卷，第20章）。他的职责看来是在副帅不在的时候代理他管理营地的事务。

② 此人是奥托的密友，参见本卷第46章。

③ 此人是奥托的顾问，参见本卷第46章。

④ 这笔钱约合今天（1952年）的美元二百二十五元，就当时来说不是个小数目，因为这笔钱所能买到的东西比今天这些美元能买到的东西实际上要多得多。

生命安全。普通士兵看到了他们的行动所造成的恶劣影响，就做出了愿意服从的样子，他们自动要求惩办肇事的罪魁祸首。

（83）由于普遍的动荡不安，而士兵中间又出现了分歧意见，这时奥托处于困难的境地。奉公守法的士兵要求制止目前这种放肆行为。但大多数士兵则喜欢这种兵变，也很喜欢这样一个依靠群众支持才能实行统治的皇帝，而骚乱和掠夺又很容易把他们推上内战的道路。但是，他意识到，一个用罪恶手段取得的皇位是不能用突然的温和态度以及用重新建立古老的尊严等办法来维持的。因罗马本城遭到的危机和元老院的危险而苦恼的奥托最后讲了这样的话：

“士兵同伴们，我到这里来并不是为了激发你们对我的爱戴情绪，也不是为了鼓励你们的勇气，这两种美德在你们身上已经不少了。我到这里来是请你们控制一下你们的勇气，稍稍节制一下你们对我的关心。最近发生的骚动，并不是任何贪欲或憎恨引起的——虽然这种情绪最容易促使军队发动叛乱——它甚至也不是因为你们想逃避危险或害怕危险而引起的。你们过于忠诚了，这才使你们采取了鲁莽而不够理智的行动。好的动机常常会引起坏的后果，若是不作周密的考虑的话。我们正在准备进行一场战争。在发生紧急事件或是在局势突然有了变化的时候，我有没有时间都把情况公开报告你们呢？需要不需要把每一个计划拿出来要大家仔细讨论呢？有些事情士兵应当知道，但有些事情不应当叫士兵知道，这都是理所当然的。在许多情况下，甚至百人团长和将领也只能接受命令。这才是明智的办法，而且只有这样，领袖的威信和严格的纪律才能维持。如果每个个人都一定要问为什么发布这样那样的命令，那就谈不到什么纪律，权威也就不复存在了。假设在战场上你们必须在深夜里拿起武器来，那么一两个微不足道的醉汉——我不能相信最近的一次疯狂行动是由于比这更多的人的惊惶所引起的——会动手杀死一个百人团长或是将领吗？他们会冲到他们统帅的营帐中去吗？

(84)“你们这样做确实是为了我。但是在骚乱的时候，在黑暗和混乱之中，有人也就有机会对我动手。如果维提里乌斯和他的党羽有机会选择他们希望激起你们什么样的精神和情绪的话，那么除了叛变和冲突之外，还有什么呢？你们不是希望士兵不服从百人团长，百人团长不服从将领，从而使我们的步兵、骑兵都在一团混乱中毁灭么？士兵同伴们，战争之所以得胜，这与其说是因为大家对长官的命令提出疑问，毋宁说是因为大家的服从，①而且只有在关键时刻到来之前最守纪律的军队，才是在关键时刻最勇敢的军队。武器和勇气，这是你们的事情；筹划战役，指挥你们勇敢作战，则是我的责任。犯了错误的人很少，应当受惩处的人只有两个：所有其余的人都忘掉那可怕的一夜的事情吧。我希望其他军队永远不再听到谩骂元老院的声音。元老院是帝国的头脑，②是一切行省的光荣；③天哪，甚至此刻正被维提里乌斯教唆来反对我们的那些日耳曼人都不敢干出这样的事情。在意大利的孩子和真正的罗马青年之中，有任何一个人会要求这个等级的人的血，要求把他们杀死么？与这个等级的伟大光荣对比之

① 比较李维《罗马史》第44卷第39章中保路斯·埃米路斯的说法。

② 元老院在理论上是国家的头脑机关，是最高的审议机构。

③ 习惯上各行省的最显赫的人物都是罗马元老院的成员。

下,维提里乌斯一派人的卑贱是暗淡无光的。维提里乌斯征服了一些民族;他多少也算有一些军队,但是元老院却与我们站在一起。因此,这就是说,国家是站在我们这一边,而站在他们那边的却是国家的敌人。说老实话,你们是不是认为这座最美丽的城市只是由房屋、建筑和一堆堆的石块组成的?① 那些没有生命的、不能讲话的东西可以毁坏,也很容易用新的来代替。但是我们的永恒的权力、世界的和平、我的和你们的安全,却只有在元老院安全无恙的时候才能得到保证。这个元老院是在取得吉兆之后由我们的城市的始祖和创建人建立起来的,它从王政时期一直绵延不绝地存续到各个皇帝当政的时期,让我们把这个元老院像我们从我们祖先手里接受过来那样地传给我们的后人吧。要知道,元老是从你们中间产生出来的,②而皇帝则是从元老中间产生出来的。"

(85) 这篇对士兵既是责备又是安抚的、写得十分得体的演说以及他的这种温和处理手段(因为他只不过下令处罚两个人)受到了士兵们的欢迎,这样一来,那些用武力制服不了的人的情绪这时就安静下来了。但罗马城还没有安定下来:还有武器的响声和战争的气氛。军队这时虽然没有发动任何全面的骚乱,但他们仍伪装分散到各家去,带着怀疑的情绪监视着由于出身高贵、由于财富或荣誉而成为人们的议论对象的那些人物。他们当中的大多数人都相信维提里乌斯的士兵也会到罗马来试探各派的情绪,因此到

① 在李维《罗马史》第 5 卷第 54 章中卡米路斯(Camillus)有类似的说法。

② 在近卫军士兵中间有一些人可以取得元老等级的身份,而通过皇帝的选拔他们就可以参加元老院。皇帝是以监察官的身份继承了过去属于监察官的这一特权的。

处都是怀疑的气氛，即使是在每个人自己家里和亲近的人在一起时也几乎很难摆脱这种恐惧。但是最令人害怕的是在公开场合，在公开场合，他们根据当时谣传的消息来改变自己的态度和神情，他们注意使自己在听到可疑的消息时不要显得意气颓丧，在听到好消息时不要显得不够欢喜。还有一点，元老院在议事堂[①]开会时，在任何问题上都很难表现得恰如其分：不讲话时要不致被人认为心中不高兴，公开讲话又要不致引起别人的怀疑。奥托本人就在不久之前还是一个臣属，他自己也一直是在讲着这一类的话，他对于什么是谄媚是有深切体会的。结果，元老们就把他们的建议用委婉曲折的话讲出来，也有许多人干脆把维提里乌斯说成是敌人和卖国贼；但是最审慎最有先见之明的人只用一般常用的骂人话来攻击他，尽管有些人对他进行的责骂完全有事实的根据。他们只是在大家争相发言闹成一片的时候才讲话，再不就是以夸夸其谈来掩盖自己的真正意思。

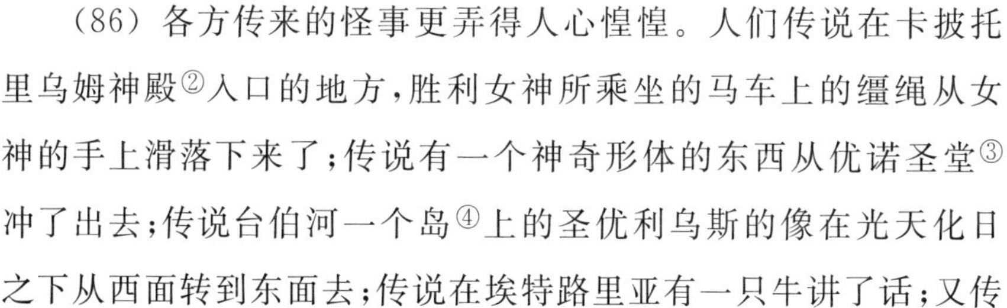

（86）各方传来的怪事更弄得人心惶惶。人们传说在卡披托里乌姆神殿[②]入口的地方，胜利女神所乘坐的马车上的缰绳从女神的手上滑落下来了；传说有一个神奇形体的东西从优诺圣堂[③]冲了出去；传说台伯河一个岛[④]上的圣优利乌斯的像在光天化日之下从西面转到东面去；传说在埃特路里亚有一只牛讲了话；又传

① 可能是协和神殿。

② 可能就是 area Capitolina，在那里有胜利女神的一辆二驾马车(bigae)。

③ 在卡披托里努斯山的朱庇特神殿里面有三个圣堂(cellae)：分属于朱庇特、优诺和米涅尔瓦。

④ 现在称为圣巴托罗缪岛(Isola di St. Bartolomeo)。

说许多动物生了怪胎。此外还传说其他许多事情，这些事情在蛮荒时代，即使是和平时期也会受到人们的注意，但现在只有在恐怖时期才能听到。不过，同当前灾难与未来危险有关的最大忧虑却是由台伯河的突然泛滥引起的。台伯河高涨的河水冲坏了苏布利奇乌斯桥[①]，倾圮的桥又拦住了河水，使它倒流，结果河水就不仅淹没了城市的低洼地带，而且也淹没了平常不会遭到这类灾害的地区。许多人在街上被大水冲跑了，更多的人是在店铺里或是在床榻上淹死的。老百姓无工可做，又缺乏食物，都闹了饥荒。[②] 出租的房屋[③]由于受到洪水的长期浸泡，房基都坏了，洪水退去之后房屋也就倒塌了。人们刚刚放下洪水的心事，又发生了这样一件事情：奥托正在筹划一次出征，他行军的必经之路玛尔斯广场和佛拉米尼乌斯大道[④]都被洪水封锁了，人们将这件事情解释为怪异，认为它预示着即将到来的灾难，而不认为它是偶然事件或是出于自然的原因。

---

① 这座木桥（Pons Sublicius）是从维拉布鲁姆渡过台伯河的最古老的桥。sublicius是“木架的”意思，有的译者把这一词作为普通的形容词。这座桥后来又增筑了石基。目前在这个地方的是罗托桥（Ponte Rotto）。传说中荷拉提乌斯所保卫的就是这座桥。

② 洪水淹没了菜市场和面包店集中的地区（参见普鲁塔克：《奥托传》，第4章）。公家的谷仓可能也被洪水冲走了。

尽管采取了各种预防措施，在帝国初期洪水依旧常常发生。根据记载，在奥古斯都当政时期，洪水就有五次。克劳狄乌斯对河口的治理稍稍缓和了洪水的威胁。

③ 出租的房屋（insulae）有几层高，有钱人家的住宅一般称domus。关于insulae的危险和不便，参见优维纳尔：《讽刺诗》，第3卷，第190—238行。

④ 从罗马通过翁布里亚到阿里米努姆的大道。苏埃托尼乌斯说洪水淹没的范围达二十英里（《奥托传》，第8章）。

（87）奥托在为罗马举行了祓除式之后，[①]就进而考虑出征的计划。由于奔尼努斯阿尔卑斯山和科提安努斯阿尔卑斯山以及进入高卢的其他山路都被维提里乌斯的军队封锁了，所以他就决定利用他的海军进攻纳尔波高卢。[②] 这支海军是强大而忠诚的，因为在穆尔维乌斯桥的屠杀中得以活下来的人[③]和被伽尔巴残暴地关入监狱的人[④]都被他编入了军团，这样他就使其余的人也能指望在将来取得光荣服役的机会。[⑤] 海军之外，他还派出了城市步兵中队和许多近卫军士兵作为陆军的主力和骨干，同时还能对将领们起顾问和监督的作用。领导这次出征的是两个主力百人团长安托尼乌斯·诺维路斯、苏埃狄乌斯·克利门斯和被他恢复了将领职位的埃米里乌斯·帕肯西斯（他是被伽尔巴撤职的）。但统率海军的却是他的被释奴隶莫斯库斯（莫斯库斯的军阶并没有变动），[⑥]这样是要他监督那些比他自己更要正直的人们的忠诚。他任命苏埃托尼乌斯·保里努斯、马利乌斯·凯尔苏斯、安尼乌斯·伽路斯[⑦]为步兵和骑兵的统帅。然而他最信任的却是近卫军长官

① 因为见到了上述朕兆，所以举行祓除式。献神的牺牲先巡行城界（pomerium）一周，皇帝以最高祭司（Pontifex Maximus）的身份参加仪式，牺牲可能是所谓三牲（suovetaurilia），即猪、羊和牡牛。

② 他这样做是决定在里维埃拉登陆，如果他实现这一计划，对瓦伦斯将是一个巨大的威胁。

③ 实际上是百分之九十，被处死的只有十分之一。

④ 参见本卷第 6 章和第 37 章。

⑤ 在军团中服役被认为比在海军中服役更加光荣，因此目前还在海军中服役的人就希望将来有到军团中去服役的机会。

⑥ 在尼禄和伽尔巴时期，莫斯库斯即担任同样的职务。

⑦ 公元 64 年度执政官。

李奇尼乌斯·普洛库路斯。普洛库路斯在内政方面是个精力充沛的干练人物，但是在战争方面却没有经验。他严格地根据各人的性格，把保里努斯的"声望"、凯尔苏斯的"毅力"和伽路斯的"干练"都利用来作声讨的基础，这样他就轻易地以自己的虚伪狡诈凌驾于有德行而又谦逊的人物之上。

(88) 大约就在这个时候，科尔涅里乌斯·多拉贝拉[①]被放逐到阿克维努姆移民地[②]。他在那里不曾受到严密的或是暗中的监视，人们也没有对他提出过任何控诉。他之所以出名是由于他的古老门第和他同伽尔巴的亲密关系。许多高级长官和很大一部分担任过执政官的人都奉奥托之命和他一同出征，他们不是以参加者或顾问的身份出征，而只是皇帝个人的随从。在这些人当中有路奇乌斯·维提里乌斯，这个人享受和其他人同样的待遇，奥托完全不把他看成是一个皇帝的兄弟或是一个敌人。这一行动在罗马引起了人们的不安。没有一个阶级能免除恐惧或是危险。元老院的首要人物都已年老力衰，他们在长期的和平环境中已变得迟钝不灵了；贵族人士都毫无生气，他们已经忘掉了作战的本领。骑士也不懂得什么是军事；人们越是想隐藏他们的畏惧心情，他们这种心情也就表现得越是明显。可是，在另一方面，却也有一些人出于毫无道理的虚荣而购置精良的武器和良马；有一些人则大规模置办宴会用品，把这作为一种战时的装备来刺激他们那邪恶的欲望。

① 后来被维提里乌斯毫无道理地处死了(参见本书第二卷，第63－64章)。有人认为他可能是伽尔巴的继承者(参见普鲁塔克：《伽尔巴传》，第23章)。

② 在拉丁大道(via Latina)上，离罗马约六十五英里，优维纳尔的故乡。今天的阿克维诺(Aquino)。

明智的人考虑的是和平与国家的命运;愚蠢的人则不关心未来,只是由于怀抱着一些无聊的妄想而得意洋洋;许多在和平时期因声名扫地而苦恼的人物都很欢迎这种混乱局面,在他们的心目中,在动荡不定中最为安全。

(89) 但是民众——他们人数过多,因而无法参与国事——却渐渐感到战争的坏处,因为现在所有的金钱全都用到士兵身上,粮价也上涨了。在温代克斯发动叛乱的时期,民众还没有受到这些情况的很大影响,因为罗马城本身那时很安全,而战争又是在行省进行的。既然战争是在罗马军团和高卢人之间进行,所以人们就把它看成是一场对外战争。事实上,自从圣奥古斯都建立起了恺撒的统治大权以后,罗马人民所进行的战争都在远离罗马的地方,而且这些战争只能使一个人操心或给他带来荣誉而已。在提贝里乌斯和盖乌斯当政时期,只有承平时期的不幸事件才会给全国带来影响;司克里波尼亚努斯反抗克劳狄乌斯的阴谋在它一经发觉时立刻就被镇压下去了。[①] 把尼禄赶下了皇位的,与其说是武力,毋宁说是消息和谣传。但是在当前,军团和海军,还有一件几乎是没有前例的做法,即近卫军和城防步兵中队也都被率领去作战了。如果领导作战的是更加出色的人物的话,则东方和西方以及它们本身所拥有的全部潜力,是足以为一次长期的战争提供材料的。有一些人想拖延奥托的出征,他们提出的是一些宗教上的理由,即

① 参见本书第二卷,第 75 章。玛尔库斯・福利乌斯・司克里波尼亚努斯是达尔马提亚的长官,他在公元 42 年发动了反克劳狄乌斯的叛乱,但这次叛乱不到五天就被镇平了(参见苏埃托尼乌斯:《克劳狄乌斯传》,第 13 章)。

那些神圣的盾牌还没有被放回到它们原来的地方去。[1] 但奥托对拖延嗤之以鼻，过去尼禄也是由于拖延而失败的。而且凯奇纳已经越过阿尔卑斯山了，这对他也是一个敦促。

（90）3月14日，奥托把国事付托给元老院之后，将出售尼禄所没收的财产的余款，凡未归入皇帝财库者，[2]全部赠给了那些从亡命地被召回来的人。这是一项极其合理的赠赐，从表面上看又很慷慨。但是这实际上毫无价值，因为财产早就急不可待地变卖成现钱了。[3] 随后他便召集了人民的集会，称颂罗马如何庄严伟大，赞扬人民和元老院对他本人的热诚拥戴。他对维提里乌斯方面的人用语甚为温和，他责备对方军团受人蒙蔽，而未责备他们的胆大妄为，而且他并没有直接提到维提里乌斯的名字。他所以不指名道姓，这或者是因为他本人的节制，或者是代他起草这一演说的人担心自己的安全而避免对维提里乌斯有任何侮辱性的词句。这是可能的，因为人们一般认为，在民政事务方面，奥托借重于伽列里乌斯·特拉卡路斯[4]的才能，就好像在策划军事行动方面，他

① 十二只神圣的盾牌(ancilia)保存在玛尔斯神殿或撒里伊人会堂(curia saliorum)里。在3月初盾牌从那里取出来，撒里伊人的祭司就在纪念玛尔斯神的月份里把它们拿到各处展览，3月底再送回原处。奥古斯都当政时期以前，城内没有玛尔斯神殿，那时盾牌是保存在王城(Regia)的圣物室(sacrarium)里，王城是过去国王和后来的最高司祭(Pontifex Maximus)办公之处。它在广场上维司塔神殿的旁边。

② 参见本卷第20章。

③ 在尼禄当政时期被放逐者的充公财产很快廉价出售，现钱则归入皇帝的财库，因此剩下的钱已寥寥无几。

④ 伽列里乌斯·特拉卡路斯是公元68年度的执政官，可能同维提里乌斯的妻子伽列里娅是亲戚。克温提里亚努斯称他风采动人，谈吐有力，他说(第12卷，第5章)，特拉卡路斯"在发言时看来是一个超出所有侪辈之上的人物，其所以能如此，因为他身体魁梧，目光炯炯，有着威严的前额，而且他的手势也漂亮极了"。

依靠苏埃托尼乌斯·保里努斯和玛利乌斯·凯尔苏斯那样。有一些人认得出特拉卡路斯的著名文风，因为他常常在法庭上发言，他的辞藻丰赡华丽，声调悦耳动听，使群众听了很过瘾。民众的欢呼很过分，但并非发自内心，这不过是他们讨好皇帝的一种公认的方式罢了。人们争先恐后地表示他们的热情和祝愿，就仿佛他们是向独裁官恺撒或皇帝奥古斯都欢呼喝彩一样。他们这样做，并不是出于对皇帝的畏惧或爱戴，而是他们生来特别喜欢这种奴才习气。奴才常常是这样：每个人的行动都出于个人的动机，国家的荣誉根本不放在眼里。当奥托出发的时候，他委托他的兄弟撒尔维乌斯·提齐亚努斯负责维持全城的秩序和照料帝国的事务。[①]

① 按照苏埃托尼乌斯的说法(《奥托传》，第 8 章)，这是 3 月 24 日的事情。因此奇怪的是，如果他还要在罗马留十天的话，他有什么必要在 14 日便把国事托付给元老院呢？

第　二　卷

(1) 但是在世界的另一端，命运已经建立和安排了一个新的皇朝；这个皇朝由于命运不同，给国家或则带来欢乐，或则带来苦难，给皇帝们本人或则带来成功，或则带来毁灭。[①] 当伽巴尔还在世的时候，提图斯·维斯帕西亚努斯就遵照他父亲的命令离开了犹太。[②] 他这次出行所提出的原因是去向皇帝致敬，以及这样一个事实：提图斯这时已经到了应当到外面去开创自己政治生活的年龄了。[③] 但是经常编造故事的民众却传出来了这样一个说法，说他是奉召到罗马，去给皇帝当继子的。这种传说的根据是皇帝的年迈无子，这也由于人们普遍热望指定许多继承者，以便最后再选定一人。提图斯本人的性格也使得这一传闻易于为别人所接受，人们认为这种性格将使他得到最好的命运。他仪表堂堂，具有一定的威严。而且，维斯帕西亚努斯的好运、预言性质的神谕，甚至还有一些由于人们的轻信而被认成是朕兆的偶然事件，都使人们相信这一传闻。当提图斯听到有关伽尔巴的死亡的一些消息

---

① 塔西佗这里的意思是：维斯帕西亚努斯和提图斯是好皇帝，多米提安则是第二个尼禄。他是在皇后多米提娅的教唆下被暗杀的。

② 参见本书第一卷，第10章。苏埃托尼乌斯说(《伽尔巴传》，第23章)，维斯帕西亚努斯曾怀疑伽尔巴想陷害他。

③ 提图斯生于公元41年12月30日，因此这时是二十八岁(一说他这时是二十九岁)。由于维斯帕西亚努斯讨好纳尔奇苏斯，提图斯得以同克劳狄乌斯的儿子不列塔尼库斯一道在宫中受教育。不列塔尼库斯本来被他父亲内定为皇帝的继承人，但被尼禄陷害致死。提图斯于是成了罗马人民喜欢的人物。这时他已担任了财务官。

时，他正在科林斯，这是阿凯亚的一个城市。他遇到的人都肯定地说维提里乌斯已经拿起武器，挑起了战争。他感到十分焦虑不安，于是他把自己的一些知心朋友召集到一处，仔细研究了他可能采取的两种行动方式：如果他还是到罗马去，人们并不会对他的这一行动表示感激，因为他是为了向另一位皇帝致敬才去罗马的。这样，他就会成为维提里乌斯或是奥托手中的人质。另一方面，如果他回到自己父亲那里去，胜利者肯定会忌恨他。而且，如果他父亲在胜利还没有最后确定时站到胜利者的一面去，那么儿子的行动就可以得到宽恕。但如果维斯帕西亚努斯自己想取得帝国的统治大权，那么他的对手所考虑的就是向他作战，而必然不会考虑什么冒犯不冒犯的问题了。

（2）诸如此类的一些考虑使得他在希望和恐惧之间徘徊不定。但最后希望战胜了。有些人相信他所以折回，是因为他热望重新见到贝列妮凯女王[①]。这个青年人的心对贝列妮凯并不是冷淡无情的，但是他对女王的爱情并不曾妨碍他从事更重要的活动。他青年时期的生活十分放荡，但是在他的统治时期，他表现了比在他父亲的统治时期更大的自制力。因而在这时，他就沿着阿凯亚和亚细亚的海岸行进（这时陆地就在他的左手），来到罗得岛和塞浦路斯岛；从塞浦路斯，他又勇敢地向叙利亚进发。[②] 他在塞浦路

① 贝列妮凯是希罗地斯·阿格里帕一世的女儿和希罗地斯·阿格里帕二世的姊妹。她最初嫁给她的叔父、卡尔启斯的国王希罗地斯，后来又嫁给本都的国王波列莫，但是她离开了他。她支持佛拉维乌斯家族的事业，后来随提图斯到了罗马（参见苏埃托尼乌斯：《提图斯传》，第7章）。这时贝列妮凯已四十多岁。

② 因为他是从帕波司直接到叙利亚去的，所以要有越过大海的勇气。

斯时，有意去拜访和参观一下帕波司的维纳斯的神殿①，因为这座神殿在当地人以及在外地人中间都十分有名。我想在这里简略地谈一谈这种祭仪的起源，神殿的仪节以及人们所祭拜的女神的样子，是不会使人厌烦的。要知道，在别的地方，她都不是这个样子的。

(3) 根据古老的传说，这座神殿的建立者是国王埃里亚斯。②但是有人认为埃里亚斯是维纳斯女神自己的名字。稍后的一个说法则认为，神殿是奇尼拉斯③奉献的，而女神本身则是在她从海里跃出之后被漂送到这里来的。但是学问和占卜术却是奇里奇亚人塔米拉斯从海外带来的，因此便约定：只有塔米拉斯和奇尼拉斯两家的后裔才能主持这神圣的仪式。但是又有人说，后来外国人放弃了他们传来的法术，这样王族对外族才可以享有某种特权。只有奇尼拉斯的一名后裔才作为祭司而受到人们的请示。个人许愿时可以提供任何动物作为牺牲，但这些动物必须是雄性的。最受信任的占卜被认为是用小山羊的内脏所进行的占卜。祭坛不能洒上牺牲的血，人们只用祈祷和纯净的火当作供物。祭坛虽然是露天的，但是它却从没有被雨水淋湿过。女神的形象不像人，它是一个圆形的东西，底下宽阔，越向上越细，就和标柱一样，到顶上就是

① 神殿在塞浦路斯最西部帕波司地方，它是献给维纳斯神的。这里的维纳斯神因此称为帕波司的维纳斯。

② 完全是神话人物。参见塔西佗：《编年史》，第 3 卷，第 62 章。

③ 神话传说中的国王，阿多尼斯(Adonis)和米尔拉(Myrrha)的父亲。他的名字第一次出现在《伊利亚特》的第 11 卷。老普利尼说他活到一百六十岁(《自然史》，第 7 卷，第 48 章)。

很小很小的一个圆形平面了。[1] 为什么弄成这个样子就不清楚了。

（4）提图斯在参观了神殿的财库、国王们赠送的礼品以及所有那些被喜好古老传说的希腊人说成是远古时代遗物的东西之后，首先便就他的这一行程向神托请示。当他从神托那里知道，他一路顺畅，而海上的气候也对他有利的时候，他便屠宰许多牺牲，然后又间接地请示有关他本人的事情。当索斯特拉图斯——这是祭司的名字——看到牺牲的内脏对维斯帕西亚努斯极为有利，而且女神又嘉佑伟大的事业的时候，他便按照通常的方式做了一个简短的回答，但是他要求同维斯帕西亚努斯私下会晤，以便向他揭示未来的命运。大大受到鼓舞的提图斯于是乘船回到他父亲那里去，他的到来大大加强了行省居民和军队的信心，因为在这之前他们是处于焦虑不决的状态的。

维斯帕西亚努斯快要结束对犹太人的战争了。不过攻取耶路撒冷的任务还没有完成。这个城市之所以难攻，一因它是山城，二因犹太人有十分冥顽的迷信思想，而不是因为被包围的人有什么足够的资源可以使他们能克服在围攻时必然会遭受的痛苦。前面我们已经说过，[2]维斯帕西亚努斯本人手下有三个久经战阵的军团。在一个没有战事的行省[3]里，木奇亚努斯统率着四个军团；但

① 女神的象征实际上是一块圆锥形的石头，并不完全像作者所说的那样，像是赛马场上的标柱(metae)。雅典地方对赫尔玛伊神柱(Hermae)和麦加对圣石的崇拜与此有相似之处。

② 参见本书第一卷，第10章，第76章。

③ 这里指叙利亚行省。

是由于具有好胜心，加之邻军取得了光荣，因此木奇亚努斯的军队放弃了任何偷懒的念头，正如同危险和劳苦使维斯帕西亚努斯的军队有了抵抗的力量一样。因此木奇亚努斯的军队从连续的休息和由于缺乏经验而产生的对战争的爱好中得到旺盛的精力。两位统帅都拥有海军和结成联盟的国王，①并拥有辅助的步兵和骑兵部队。他们两人都十分有名，但声誉却不相同。

（5）维斯帕西亚努斯在战争中是果敢的。他总是走在他的军队的前面，亲自选择设营的地点，随机应变地日夜同敌人周旋，而在必要时他还亲自参加战斗。他吃的东西很随便，遇到什么吃什么。在衣着和举止方面他同普通士兵也几乎没有任何区别。简言之，如果他不贪婪的话，他是可以同古时的统帅并列而毫无愧色的。相反地，木奇亚努斯出名的地方是他的盛大的排场，是他的巨大财富，是他那远远超过了普通公民身份的生活方式。他善于辞令，富有民政管理和政治方面的经验。如果他们两个人都去掉缺点而把优点结合在一个人身上，那么这对于一个皇帝来说，将是一种稀有的结合。但是木奇亚努斯是叙利亚的长官，维斯帕西亚努斯是犹太的长官。他们因为统治着相邻的行省而相互忌妒，争吵不休。但最后，在听到尼禄的死讯时，他们放弃旧怨，在一起会商事务了。起初，他们是通过朋友的斡旋进行协商的；后来，作为这次和解的主要保证者的提图斯指出了他们两人共同利益之所在，从而结束了他们之间危险的敌对状态。通过他的性格和他的能力

① 埃及、叙利亚和本都的海军都归他们节制，此外他们还能指望取得孔玛盖尼的安提奥库斯、培莱亚的希罗地斯·阿格里帕二世和索佩尼的索海木斯的积极援助。

的结合，他很可能会把甚至木奇亚努斯这样性格的人都争取过来。这一事业又得到了将领、百人团长和普通士兵的拥护，不过在争取对方时，按照各人的不同性格而采用不同的方法或者对之严格，或者对之放任，或者利用其品德，或者利用其享乐。

（6）在提图斯到达之前，两军都已向奥托宣誓效忠，因为消息照例是传来得很快的，可是要搞起一场内战来却是费时而又费事的事情，因为在长期安定无事的东方，这是第一次作内战的准备。原来早先最激烈的内战都是在意大利或高卢开始的，内战中所使用的资源人力也都是西方的。庞培、卡西乌斯、布鲁图斯和安托尼乌斯都曾把内战扩大到海外各地去，但他们都没有得到好结果。在叙利亚和犹太，人们虽然不断听说过恺撒们，却很少有机会看到过他们。军团中没有发生过兵变，只是对帕尔提亚人[①]有过几次威吓的行动，其效果则有大有小。在上一次内战时，[②]别的行省都动摇了，但在东方却保持了平静，后来他们就同意了伽尔巴的继位。不久之后，消息传来，说奥托和维提里乌斯正在发动渎神的战争，以争夺帝国的大权，士兵们便悄悄地议论起来，并开始考虑自己的力量，为的是使帝国的报酬不致落到别人头上，而他们自己只有被奴役的份儿。他们现有七个军团，此外还有叙利亚和犹太可以给他们提供大量的辅助部队；随时可以调来的，一方面有埃及和它的两个军团；另一方面则有卡帕多奇亚和本都以及驻守在亚美尼亚边界的全部卫戍部队。亚细亚和其余各行省的兵源并不缺

---

① 帕尔提亚人原是西徐亚的一个民族。当他们的帝国变得强大的时候，就成了罗马的一个严重的敌人。

② 指温代克斯和尼禄之间的战争。

乏，而且那些地方还很富足。在这之外，还有地中海及地中海的所有一切岛屿；地中海本身在他们准备战争时会给他们提供方便，同时又保证了他们的安全。

(7) 统帅们并不是没有看到士兵的热情，但是他们却决定在别人作战时坐待战争的结果。他们知道，在内战中，胜利者和被征服者是永远不会真心诚意地团结在一起的，命运将使维提里乌斯或是奥托活下来，谁活下来都一样。他们认为，在胜利的时候，甚至最优秀的统帅都会蜕化。有的竞争者会由于兵变，由于他的士兵的懒惰和奢侈以及由于他自己犯的错误而丧命在战场之上；另一个竞争者却要由于自己的成功而毁了自己。因此不久以前同意联合行动的维斯帕西亚努斯和木奇亚努斯便决定等待更加有利的时机到来时再发动战争(但其余的人却是早在他们以前便已取得了协议)：那些正直的人是出于对国家的爱，许多人是受到战利品的引诱，还有一些人则是由于他们本人的生活已经到了山穷水尽的地步。因此，好人坏人全都想打一仗，只是各人的动机不同罢了。

(8) 大约就在这时，关于尼禄已经到达的谣传在阿凯亚和亚细亚引起了一片恐慌。[①] 关于他的死亡的各种消息相互之间颇有出入，因此许多人认为并且相信他还在人世。在后面的叙述中，我

① 历史上有三个假尼禄。这里谈到的是第一个。根据佐纳列斯的说法，第二个假尼禄是在公元 80 年提图斯当政的时期出现的，并且在一个时期里受到帕尔提亚的国王阿尔塔巴努斯的支持。这个人生在亚细亚，名字是提伦提乌斯·玛克西姆斯。最后，根据苏埃托尼乌斯的说法(《尼禄传》，第 57 章)，第三个假尼禄也受到帕尔提亚人的支持，这个人出现在尼禄死后二十年，也就是公元 88 年。

们还要谈到其他冒充尼禄的人的遭遇和企图。① 但是在这个时候，从本都来的一名奴隶，或是根据另一些人的说法，从意大利来的一名被释奴隶——他善于演奏竖琴和歌唱——很快地就使人相信了他的骗局，把他认成是真的尼禄，因为尼禄也是精通竖琴的演奏和歌唱的。他利用重大的许诺纠合了一些贫苦流浪之徒，然后就出海了。一阵猛烈的暴风把他吹到库特诺斯岛②上来，在这里他又招募了从东方请假回去的士兵，或是下令杀死了一些拒绝服从他的士兵。继而他又打劫商人，把他们的奴隶中所有最精壮的人武装起来。一个名叫西森纳的百人团长正在代表叙利亚的军队把紧握着的一对右手③作为友谊的标记带给近卫军。冒充尼禄的这个人于是用各种不同的手法同这个百人团长接近，但是内心惊惶而且又害怕暴力的西森纳却偷偷地逃离了这座岛。于是很大的一片地方都惊惶不安起来。许多人听到这著名的名字都热心地跑了来，他们都是不满现状而希望大局有变的。冒充尼禄者的声名一天天地大了起来，但最后一件偶然的事件使他垮了台。

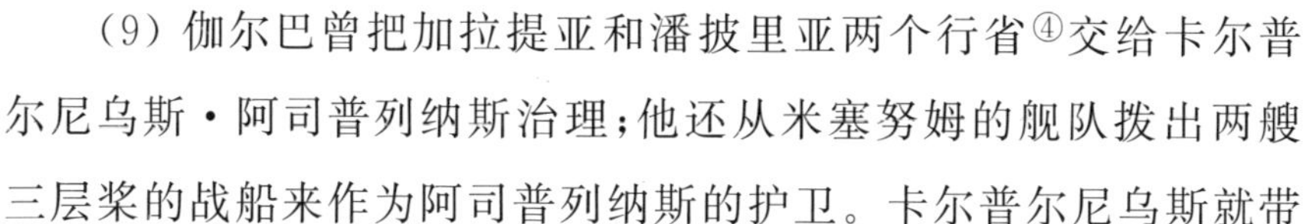

（9）伽尔巴曾把加拉提亚和潘披里亚两个行省④交给卡尔普尔尼乌斯·阿司普列纳斯治理；他还从米塞努姆的舰队拨出两艘三层桨的战船来作为阿司普列纳斯的护卫。卡尔普尔尼乌斯就带

① 本书涉及这些事情的部分已经遗失。

② 基克拉季斯群岛中的一个岛，在塞里波司岛和凯奥斯岛之间，离苏尼昂海角不远，即今天的提尔米亚岛（Thermia）。该岛多山，周边长五公里，有良好港口。

③ 参见本书第一卷，第 54 章。

④ 潘披里亚最初是奇里奇亚的一部分，公元 25 年以后是一个行省，到公元 43 年又把吕奇亚加了上去；伽尔巴则把加拉提亚向南扩充，并入了潘披里亚，形成一个行省。

着这两只船来到了库特诺斯岛，在这里有许多人企图以尼禄的名义争取舰船的船长[①]。冒充尼禄者装出一副悲伤的样子，要求他的旧属来保护他。他恳求他们把他带到叙利亚或是埃及去。船长们或者真是拿不定主意，或者是想玩弄诡计，于是就说他们必须要向士兵说明这件事，而在使所有的人对这件事有了思想准备之后就回到他这边来。但是他们却如实地把一切报告给阿司普列纳斯，结果他们就按照阿司普列纳斯的命令拿捕了冒充尼禄者的船只，并且不管他是谁就把他杀死了。他的尸体上的眼睛、头发和阴森可怕的面孔都是与众不同的，这尸体被带到亚细亚去，从那里又被带到了罗马。

(10) 在一个由于皇帝屡次易人因而发生内战并在自由和放纵之间摇摆不定的国家里，甚至小事情也会引起很大的波动。由于金钱、权力和能力而著名但是声誉不好的维比乌斯·克利司普斯[②]向元老院控告了尼禄当政时期的一名告密者[③]、罗马骑士安尼乌斯·法乌司图斯，因为不久之前在伽尔巴的统治时期，元老院曾决定告密者都应受到审判。元老院的这项决定对不同的人造成不同的命运，在有些人身上不甚生效，在有些人身上就很起作用，这就要看被告是有权有势还是穷人了。不过这个决定总还是使人感

① 这里原文的 trierachus，指三层桨战船的船长。

② 他是维尔切里人，著名的演说家和告密者；他在尼禄当政时期担任过执政官，后来在维斯帕西亚努斯当政时期又治理过阿非利加行省。他死于公元一世纪末左右。优维纳尔说他是多米提安的顾问之一（第 4 卷，第 81 行）：随后又来了上了年纪的、亲切的克利司普斯，他的温和的气质完全同他的演说方式相称。

③ 从奥古斯都当政时期以来，元老院即负责审理重大的刑事案件（参见塔西佗：《编年史》，第 2 卷，第 27 章以次）。

到畏惧的。而且克利司普斯曾利用了自己的最大力量来搞垮这个曾经密告过他的兄弟①的人，并且使得元老院中很大一部分人都要求在不经审判和不许辩护的情况下把安尼乌斯处死。但是另一方面，另一些元老却正是因为看到控告者过分霸道而起来帮助被告。他们认为应当给被告一定的期限，诉讼应当公开进行，而且不管被告多么可恶，罪行多么深重，也必须按照惯例加以审判。他们的意见起初占了上风，这一诉讼因而拖延了几天。但后来法乌司图斯还是被定了罪，不过公民们对这件事的看法却很不一致，尽管法乌司图斯的恶劣品行本来会使公民们有一致的看法。他们的看法不一致，是因为他们没有忘记，克利司普斯本人也是一个为了自己的私利而密告过别人的人。使他们感到不快的，并不是法乌司图斯所受的惩罚，而是这个所谓复仇者。

（11）这时的战争是奥托方面占着优势。军队奉他的命令从达尔马提亚和潘诺尼亚出发。军团共有四个。每个军团都有两千人作为先锋，走在主力部队前面。军队的主力就跟在后面不远的地方。第七军团是伽尔巴征募的，②但是第十一军团、第十三军团和第十四军团则都是老兵；第十四军团因为曾粉碎不列颠的叛乱而享有盛名。③ 尼禄又选拔他们为他的最精锐的军队，从而更增加了他们的声誉，因此他们很久以来就忠于尼禄并且是热心拥护

① 维比乌斯·谢孔都斯，在尼禄当政时期曾由于在玛乌列塔尼亚有勒索行为而遭到放逐（在公元 60 年，参见塔西佗：《编年史》，第 14 卷，第 28 章）。

② 这是伽尔巴从西班牙带来的。参见本书第一卷，第 6 章。

③ 指公元 61 年布狄卡发动的反罗马起义。参见塔西佗：《编年史》，第 14 卷，第 29 章以次和塔西佗：《阿古利可拉传》，第 15 章以次。

奥托的。但是他们的威力和实力使他们产生了一种与之相应的自信心，这种自信心正是他们进军迟缓的一个原因。军团的主力都有联盟的骑兵队伍与步兵队伍为前导。此外还有从罗马本城来的一支未可轻视的军队。这就是五个近卫军中队和它们的几个骑兵队，还有第一军团。除了这些军队之外，还有一种名声不好听的辅助部队——两千名剑奴，但甚至严厉的统帅在内战中都使用过他们的力量。统率这全部军队的是安尼乌斯·伽路斯。他和维司特里奇乌斯·司普林那被派出去攻占帕都斯河沿岸地带，因为奥托最初的计划已经失败；他本来想把敌人封锁在高卢，可是凯奇纳却已经越过了阿尔卑斯山。伴随着奥托本人的是一支精锐的亲卫队和其余的近卫军，还有近卫军的老兵以及大量的海军士兵。他进军的速度并不慢，在进军时也没有贪图可耻的豪奢享乐。他穿着铁制的胸甲徒步走在军旗的前面，穿着简朴而又随便，样子同人们对他平时的看法恰恰相反。

(12) 在开头的时候，命运是向着他的事业微笑的。他有控制海上的舰队，这使他成了意大利大部分地区(直到沿海阿尔卑斯山开始的地方)的主人，于是他就把强渡阿尔卑斯山和进攻纳尔波高卢行省的任务交给了苏埃狄乌斯·克利门斯、安托尼乌斯·诺维路斯和埃米里乌斯·帕肯西斯这几位统帅。① 但是帕肯西斯却被他手下的哗变的士兵囚了起来；安托尼乌斯·诺维路斯根本没有威望；苏埃狄乌斯·克利门斯用他的职位争取士兵的好感，他完全不注意维持纪律，却又急于想作战。奥托的军队在所经之处的表

① 参见本书第一卷，第87章。

现就好像他们不是在意大利，好像这里不是他们祖国的腹地似的。他们焚烧、蹂躏和打劫，就好像是在敌人国土的海岸上，是在敌人的城市里似的；他们的行动所以显得特别可怕，是因为任何地方都不曾准备抗击他们这一可怕的进军。田地里到处都有人在耕作，家家户户的门也都开着。田庄的主人们带着妻子儿女赶来欢迎军队，这些人满以为在和平时期他们是安全的，但是却遭到了战争的惨祸。这时统治着沿海阿尔卑斯山的是皇帝的代理官马利乌斯·玛图路斯。他号召人民群众拿起武器来（在他们中间不少血气方刚的青年），建议他们把奥托的军队阻挡在他的行省的外面；但是这些山区居民在刚一受到攻击时就被驱散了。凡是仓促集合起来而又不习惯于军营生活或在正规领导者手下当兵的人当然都是这样的，这些人既然不把胜利看成是光荣，也就不以逃跑为耻了。

(13) 奥托的军队在这次战争激怒之下，把怒气发泄到阿尔宾提米里乌姆城[①]上去，因为农村居民都很穷，他们的武器也不值钱，奥托的军队没有得到什么战利品。他们也抓不到俘虏，因为当地的人民的腿脚快，对当地的地形又熟悉。但是侵略者却利用无辜者的不幸来满足他们的贪欲。一个藏起了自己的儿子的利古里亚妇女的光荣事例更为加强了他们的行动的恐怖性。由于士兵们相信她同时也隐藏了金钱，于是就拷打她，问她把她的儿子藏到什么地方去；她指着自己的腹部回答说："他就藏在这里。"在这之后，任何恐怖手段和死亡本身都不能使她畏缩或是使她改变这一大义凛然的回答。

① 今天的文蒂米利亚(Ventimiglia)。

（14）正在这个时候，惊惶万状的使者带信来给法比乌斯·瓦伦斯说，奥托的海军正在威胁着已经向维提里乌斯宣誓效忠的纳尔波高卢行省。从各移民地前来的使节也要求援助。于是他便派出了通古里人的两个步兵中队、四个骑兵中队和特列维利人的一整队骑兵，而以优利乌斯·克拉西库斯为统帅。这些军队有一部分被留在佛路姆·优里乌姆移民地[①]以阻止奥托的舰队急速地登上没有防御工事的海岸，因为如果他们的全部兵力都走内地道路的话，这样的事情是可能会发生的。十二个骑兵中队和一支精锐的步兵前去迎击敌人。支援他们的力量的有利古里亚人的一个步兵中队，有长期以来就存在的一支地方辅助部队，还有一支尚未正式编成队伍的五百名潘诺尼亚人。战斗很快就开始了。奥托的战线的配置方式是一部分海军和他们中间的农民站在海岸附近较高的小山地带。小山和海岸之间的全部平地则都是由近卫军占据着，而在海面本身则是舰队在离海岸很近的地方活动。舰船向着陆地作好了战斗准备，形成了一条看来甚是可怕的战线。在步兵方面较弱，但在骑兵方面很强的维提里乌斯派把他们的阿尔卑斯山的军队[②]配置在附近的高地上，把他们的步兵编成紧密的队列，配置在骑兵后面。特列维利人的骑兵中队在向敌人进攻时不够慎重，因为他们在前面遇到的首先就是老兵的军队，同时在侧面又受到农民投过来的大批石块的攻击（何况农民对于此道又是颇为精通的）。混在正规军队中间的这些农民在胜利的鼓舞之下，不管是

① 今天的弗雷儒斯(Frejus)。

② 这里指上面所提的利古里亚人。

勇敢的还是怯懦的都表现了同样的坚决。维提里乌斯的部属在作战时，敌方舰队从后面向他们突然发动进攻，这一未曾预料到的行动更增加了他们的惊惶情绪。如果不是天色暗下来从而阻止了胜利者的追击并且掩护了战败者的逃跑的话，四面都被包围了的军队是会全部被歼的。

（15）维提里乌斯一方虽然吃了败仗，但他们并没有停在那里不动。他们又召来辅助部队，向敌人发动了进攻。但敌人这时却认为自己已经安全，因此就由于胜利而疏忽起来了。维提里乌斯的军队杀死了敌人的哨兵，冲进了他们的营地并且使敌人的船只大吃一惊。最后，在奥托的军队的惊惶情绪逐步安定下来之后，他们才以他们所占据的附近的一座小山为据点集合了自己的力量，随即向维提里乌斯的军队发动进攻。接着就是一场可怕的鏖战，通古里人步兵队的军官组成的一条连续不断的战线支持了很长一个时候，但他们终于在大量武器的攻击下被击溃了。甚至奥托派的军队在取得胜利时也付出了生命的代价，原来他们的一些人在追击敌人时不够小心，结果维提里乌斯的骑兵却转回来把他们包围起来。最后，就好像他们缔结了一项停战协定以便使一方面的海军和另一方面的骑兵都不能发动任何突袭似的，维提里乌斯的军队退往纳尔波高卢的一个城市安提波里斯[1]，奥托的军队则退往利古里亚内地的城市阿尔宾高努姆[2]。

（16）科西嘉、撒丁尼亚和附近海上的其他岛屿听到了奥托的

① 今天的昂蒂布（Antibes）。

② 今天的阿尔本加（Albenga）。

海军取得胜利的消息，因此就仍然站在奥托的一面。但是科西嘉却由于代理官德库木斯·帕卡里乌斯的冒失行动而几乎遭到毁灭；这一行动对这样一场大战的最后胜负起不了任何作用，但对于德库木斯本人却招致了致命的后果。原来德库木斯是憎恨奥托的，因此他决定利用科西嘉的兵力帮助维提里乌斯，不过即使他取得胜利，这一帮助依然是没有任何价值的。于是他把该岛的领袖人物召集起来向他们说出了自己的意图。当那里的里布尔尼亚式舰船[①]的司令官克劳狄乌斯·皮尔里库斯和一名罗马骑士克温提乌斯·凯尔图斯敢于反抗他的时候，他便下令处死了这两个人。这次处死使得在场的那些人感到十分害怕。结果不了解情况的人民群众，由于无知而和别人一起都害怕起来，因此就向维提里乌斯宣誓效忠了。但是当帕卡里乌斯开始征募军队，并且把极重的军役负担加到没有受过训练的人们的身上时，对这些一向不习惯的劳役感到厌恶的人们就想到了他们自己的弱点；他们看到，他们的土地不过是一个岛；日耳曼和它的军团的兵力离得很远，甚至那些受到辅助的步兵和骑兵部队保护的人们都受到了海军的劫掠和抢夺。突然间他们对自己的行动后悔起来，不过他们却还没有公开诉诸暴力。他们选择了一个适当的时期发动叛变。当帕卡里乌斯的侍从不在他身旁的时候，他们就趁他入浴的机会把他杀死，因为那时他是裸体的，而且是丝毫无能为力的。他们还杀死了帕卡里乌斯的侍从。谋杀者自己把被杀者的首级带到奥托那里去，就仿

① 这是根据里布尔尼人（伊里利亚的一个民族）的舰船所造的轻型舰船。奥古斯都把这种船只列为自己的海军的一个重要组成部分。参见荷提拉提乌斯:《书信集》,第1卷,第1章。

佛它们都是敌人的首级似的。可是奥托并不赏赐他们，维提里乌斯也不惩罚他们，在丑恶的行动和更大罪行的漩涡当中，他们的行动是根本引不起人们注意的。

(17) 我们在前面已经说过，[①]进入意大利的道路已经打开了，西里乌斯的骑兵已把战争转移到那里去了。虽然在那里没有一个人拥护奥托，但这次胜利却也不是因为人民拥护维提里乌斯；不过长时期的和平已经消磨掉了他们的勇气，因此他们甘愿接受任何形式的奴役，可以说，只要是首先到来，不管这些人是否有较正派的一面，他们都准备对之俯首听命。意大利的最富庶的地区，即在帕都斯河和阿尔卑斯山之间的全部平原和城市，现在都在维提里乌斯派的军队的手里；因为凯奇纳预先派出来的辅助步兵部队已经到达了。潘诺尼亚的一个步兵队在克雷莫纳（亦译克列蒙那——中译者注）被俘；一百名骑兵和一千名海军在普拉肯提亚和提奇努姆之间[②]受到截击。受到这次胜利的鼓舞的维提里乌斯派的军队已经不再是河岸所能拦阻的了。相反地，帕都斯河本身却激怒了巴塔维亚人和从莱茵河对岸前来的人们。他们出其不意地在普拉肯提亚渡过了河，俘虏了几名侦察兵，这样就吓倒了其余的士兵，而这些士兵于是就惊惶地散布这样的一个虚构的消息，说凯奇纳的全部军队已近在眼前。

(18) 司普林那（他是普拉肯提亚驻军的统帅）确实知道凯奇纳还没有来到，于是他决定在对方迫近的时候，把自己的士兵控制

① 参见本书第一卷，第 70 章。

② 这两个地方即今天的皮亚琴察（Piacenza）和帕维亚（Pavia）。

在工事以内，不让三个近卫军中队、一千名后备部队和一些骑兵去同一支久经沙场的老兵对阵。但是士兵却不受约束，他们这些没有作战经验的人抓起军旗和队旗来就冲到外面去了。

当他们的统帅想约束他们时，他们就用武器向他进行威吓，并且咒骂百人团长和军团将领们。更有甚者，他们还不断地叫嚷说，奥托正在被出卖，并且已有人被派出去召请凯奇纳前来了。司普林那也参加了由别人发动起来的这一鲁莽行动，起初还是出于不得已，但后来他索性装成好像他自己也愿意这样的姿态了，因为他希望一旦在兵变平息下去时，他的意见可以有更大的分量。

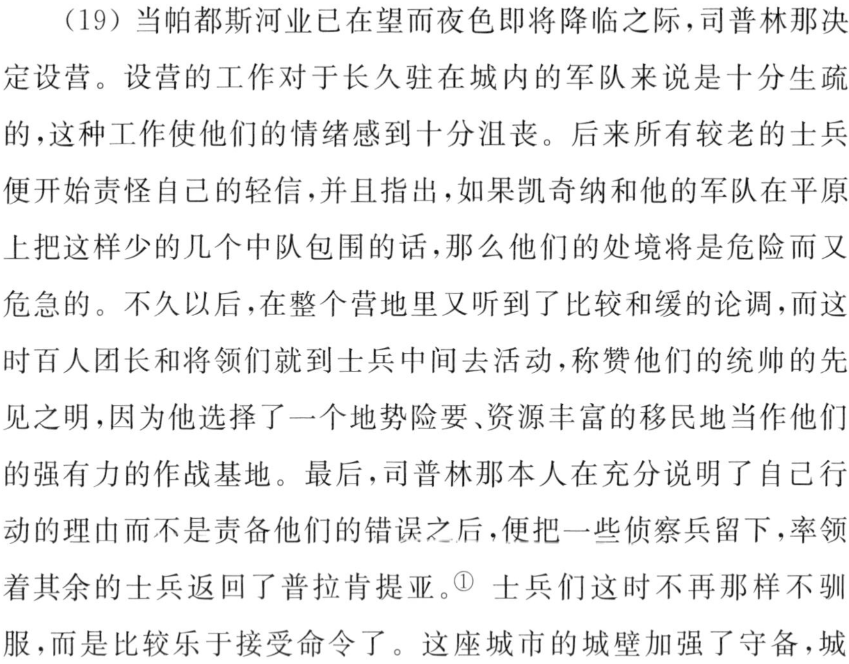

（19）当帕都斯河业已在望而夜色即将降临之际，司普林那决定设营。设营的工作对于长久驻在城内的军队来说是十分生疏的，这种工作使他们的情绪感到十分沮丧。后来所有较老的士兵便开始责怪自己的轻信，并且指出，如果凯奇纳和他的军队在平原上把这样少的几个中队包围的话，那么他们的处境将是危险而又危急的。不久以后，在整个营地里又听到了比较和缓的论调，而这时百人团长和将领们就到士兵中间去活动，称赞他们的统帅的先见之明，因为他选择了一个地势险要、资源丰富的移民地当作他们的强有力的作战基地。最后，司普林那本人在充分说明了自己行动的理由而不是责备他们的错误之后，便把一些侦察兵留下，率领着其余的士兵返回了普拉肯提亚。① 士兵们这时不再那样不驯服，而是比较乐于接受命令了。这座城市的城壁加强了守备，城

① 普鲁塔克没有提到从普拉肯提亚的这次出击，他只是提到了司普林那的士兵的急不可待的作战情绪。

垛增加了，望楼也加高了，供应并准备了武器，采取了严明纪律和使士兵更乐于服从的措施。这两点是他们这一方面唯一缺乏的东西，因为对于士兵的勇气这一点，人们是没有理由感到不满的。

（20）但是凯奇纳仿佛把他的残酷和放纵[①]留在了阿尔卑斯山的后面，现在他在意大利进军时纪律严明。各城市和移民地把他的衣着的样式认成是横傲的标志，因为他向公民演说时穿着杂色的外袍和裤子。[②] 还有一件事也使他们感到气愤和不快，那就是他的妻子撒罗尼娜也骑着一匹有紫色装饰的骏马，尽管她并无意借此给任何人造成伤害。然而他们所以有这样的情绪，是由于人类本性中的一种根深蒂固的特性，这种特性使得人们对于别的人们新近取得的好运抱着忌妒的眼光，并且要求正是不久以前还同自己一样的那些人能表现出谦逊的作风。

凯奇纳渡过帕都斯河之后，企图以协商和许诺的办法来破坏奥托派的忠诚，但他本人同时也受到同样计谋的威胁。他们先是往来交换“和平与和谐”[③]之类的空泛辞令，但这对问题的解决根本起不了任何作用，最后凯奇纳才打算全力准备对普拉肯提亚进行极为猛烈的围攻，因为他深知在战争开始时取得的胜利对他今后的声誉是有决定作用的。[④]

---

① 参见本书第一卷，第 67 章以次。

② 这是高卢人的衣服，罗马人穿这种衣服被认为是不适宜的。

③ 拉丁文 pax et concordia。

④ 亨德逊（Henderson）认为他如果不攻占普拉肯提亚，那么这一城市对他同尚未到来的瓦伦斯之间的联系将是一个很大的威胁。

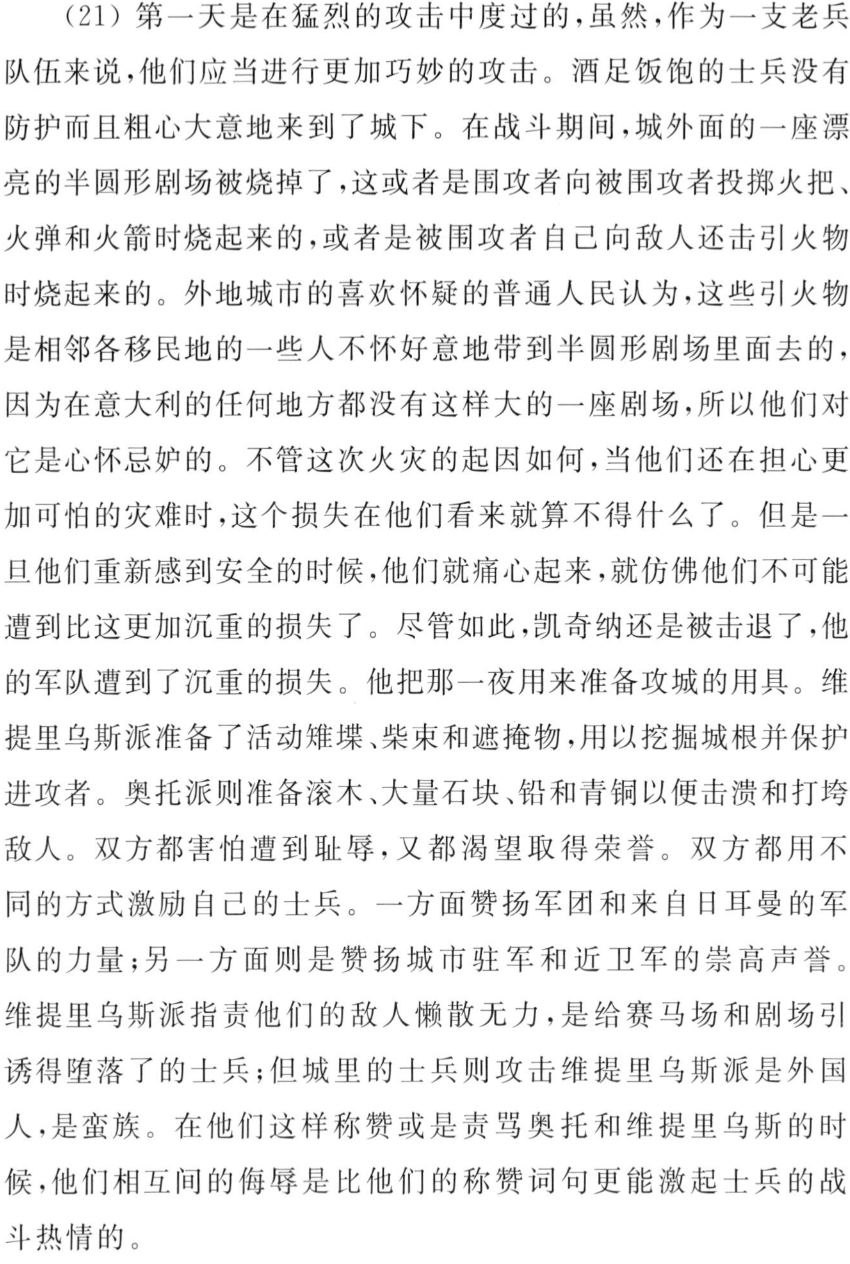

(21) 第一天是在猛烈的攻击中度过的,虽然,作为一支老兵队伍来说,他们应当进行更加巧妙的攻击。酒足饭饱的士兵没有防护而且粗心大意地来到了城下。在战斗期间,城外面的一座漂亮的半圆形剧场被烧掉了,这或者是围攻者向被围攻者投掷火把、火弹和火箭时烧起来的,或者是被围攻者自己向敌人还击引火物时烧起来的。外地城市的喜欢怀疑的普通人民认为,这些引火物是相邻各移民地的一些人不怀好意地带到半圆形剧场里面去的,因为在意大利的任何地方都没有这样大的一座剧场,所以他们对它是心怀忌妒的。不管这次火灾的起因如何,当他们还在担心更加可怕的灾难时,这个损失在他们看来就算不得什么了。但是一旦他们重新感到安全的时候,他们就痛心起来,就仿佛他们不可能遭到比这更加沉重的损失了。尽管如此,凯奇纳还是被击退了,他的军队遭到了沉重的损失。他把那一夜用来准备攻城的用具。维提里乌斯派准备了活动雉堞、柴束和遮掩物,用以挖掘城根并保护进攻者。奥托派则准备滚木、大量石块、铅和青铜以便击溃和打垮敌人。双方都害怕遭到耻辱,又都渴望取得荣誉。双方都用不同的方式激励自己的士兵。一方面赞扬军团和来自日耳曼的军队的力量;另一方面则是赞扬城市驻军和近卫军的崇高声誉。维提里乌斯派指责他们的敌人懒散无力,是给赛马场和剧场引诱得堕落了的士兵;但城里的士兵则攻击维提里乌斯派是外国人,是蛮族。在他们这样称赞或是责骂奥托和维提里乌斯的时候,他们相互间的侮辱是比他们的称赞词句更能激起士兵的战斗热情的。

(22) 天还未亮,城上已经站满了守卫的士兵,城外的平原上到处闪烁着武装士兵的武器。军团[①]士兵排成密集的队列，辅助部队则是分散开来的。他们用箭或石块攻击城墙较高的部分，却用密集的队伍进攻守卫力量较弱或年久失修的那些部分。奥托的士兵则可以从城上比较仔细而准确地把大量的投枪投向日耳曼步兵[②]：这些步兵在迫近城墙时是不大注意保护自己的，他们在进攻时唱着他们的蛮族歌曲[③]并且挥舞着他们肩上的盾牌，而他们的身体却依照他们的习俗没有任何东西保护着。在活动雉堞和柴束保护下的军团士兵从下面挖城墙的墙基，修筑攻城用的土山工事，攻打各个城门，而近卫军则在另一方面把为了对付敌人而特别准备的那些沉重的磨石推下来，磨石落下去的时候发出了巨大的轰鸣声。城下的许多进攻者都被砸死了，许多人被刺穿，流了许多血或是变成残废；他们的惊惶情绪加深了他们的沮丧，而从城上投射到他们身上的武器也越来越猛烈，于是他们就开始撤退，从而损害了他们自己一方面的威信。但是凯奇纳因为对他这种想通过猛攻而占领这座城市的冒失行动感到可耻，并且想避免因为待在这同一座营地里而显得可笑和无用，于是他就再一次渡过了帕都斯河并赶忙去进攻克雷莫纳。当他离开的时候，图路里乌斯·凯里亚里斯带着许多海军士兵，优利乌斯·不列刚提库斯[④]带着一些骑兵来向他投降了。巴塔维亚人不列刚提库斯是个骑兵中队的队

① 凯奇纳麾下只有一个完整的军团，但还有其他军团调来的一些队伍（参见本书第一卷，第 70 章）。

② 这里指辅助部队。

③ 塔西佗关于他们的战歌的描写，参见《日耳曼尼亚志》，第 3 章。

④ 奇维里斯的侄子和他的敌人（参见本书第四卷，第 70 章）。

长；凯里亚里斯则是一个主力百人团长，由于他曾在日耳曼服役，因而对凯奇纳并不是陌生的。

（23）司普林那打听到了敌人所行经的路线，就把一切经过、普拉肯提亚的保卫战以及凯奇纳的意图都告诉给安尼乌斯·伽路斯。[①] 伽路斯那时正在率领着第一军团前来支援普拉肯提亚，因为他担心那里的少数中队支持不了长期的围攻和日耳曼军队的力量。当消息传来，说凯奇纳已被击退并且正在向克雷莫纳进发的时候，他已很难限制他那为了急于作战而几乎哗变的军团，但是他却做到把他们留在了贝德里亚库姆[②]。这是在维罗那和克雷莫纳之间的一个村落：两次罗马的灾难使它有了一个不祥的声名。[③]

就在这些日子里，玛尔提乌斯·玛凯尔在离克雷莫纳不远的地方取得了一次胜利；原来他作了一个紧急的决定，把剑奴调往帕都斯河的对岸并使他们出其不意地向敌人发动进攻。这一进攻使维提里乌斯的辅助部队陷入了混乱，他们的大部分逃往克雷莫纳，那些敢于抵抗的人结果都被杀死了。但是玛凯尔却制止了他的胜利的军队的狂热的进攻，因为他担心敌人方面会有增援部队前来扭转战争的命运。这种做法引起了奥托派军队的怀疑，他们对他们的将领的每一个行动都作了恶意的猜测。他们这些口头强硬而

① 参见本书第一卷，第 87 章。伽路斯从维罗那来支援司普林那，但塔西佗没有说明他原驻在什么地方。克雷莫纳看来应当是在维提里乌斯派的手里。

② 在从荷司提里亚和曼图亚（Mantua）通向克雷莫纳的两条大道的交界处，在今天的卡尔瓦托尼（Calvatone）附近。有人认为它是今天的圣·洛伦佐·瓜佐尼村（St. Lorenzo Guazzone）或贝维腊腊（Beverara）。

③ 因为维提里乌斯在这里击败了奥托（参见本卷第 41 章以次），而维斯帕西亚努斯又在这里击败了维提里乌斯（参见本书第三卷，第 15 章以次）。

内心怯懦的人争相对安尼乌斯·伽路斯、苏埃托尼乌斯·保里努斯和马利乌斯·凯尔苏斯进行各种各样的攻击，因为奥托把后面两个人也任命为统帅了。谋杀伽尔巴的人最热衷于挑起兵变和不和；这些因犯罪和恐惧而丧失了理智的人时而用公开叛乱的词句，时而用暗中写信给奥托的办法企图造成极大的混乱。这个非常愿意相信最下贱的人们的话，而又害怕正直人物的奥托感到十分害怕；他在顺利的时期虽是犹豫不定的，但是在逆境里却反而表现得比较好。因此他就派人去把他的哥哥提齐亚努斯召来，把作战的最高统帅权交给了他。[①]

(24) 这时，[②]保里努斯和凯尔苏斯这两位统帅都取得了辉煌的胜利。凯奇纳尽了自己最大的努力之后依旧归于失败，而且他的军队的声誉也越来越下降，这些情况都使他感到苦恼。他这个在普拉肯提亚被击退的人，不久之前他的辅助部队又被割裂，甚至当他派出去进行侦察的士兵在同敌人发生常见的、不值得记述的遭遇战时，他的一方面也总是失败的。

因此当法比乌斯·瓦伦斯[③]迫近的时候，他担心战役的全部荣誉会落到他的身上，于是他就急于想恢复他的声誉，不过却由于操之过急而显得不够理智了。他把他的辅助部队中最勇敢的士兵隐蔽在离克雷莫纳十二英里的一个叫卡司托路姆[④]的地方的某个

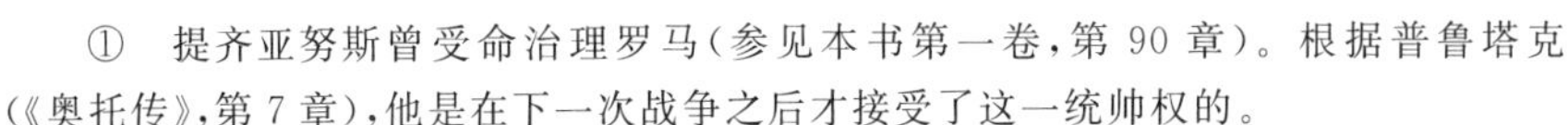

① 提齐亚努斯曾受命治理罗马(参见本书第一卷，第 90 章)。根据普鲁塔克(《奥托传》，第 7 章)，他是在下一次战争之后才接受了这一统帅权的。

② 就是在提齐亚努斯得以把保里努斯和凯尔苏斯换下来之前。

③ 他率领着下日耳曼的军队。

④ 据说过去在这里有双生子卡司托尔(Castor)和波路克斯(Pollux)的神殿，因以为名。

森林里,这个森林俯临着大道。他命令他的骑兵出去挑战,接着又要他们装作害怕的样子,吸引敌军匆忙追击,以便使敌人最后陷入他预设的伏击圈内。这个计划被泄露给奥托的统帅;保里努斯于是率领步兵,凯尔苏斯率领骑兵;他们在左翼配置了第十三军团的一个分队[①],四个辅助步兵中队和五百名辅助骑兵部队。在大道[②]上是三个近卫军步兵中队排列成一个深的队形;在右手的战线上则是第一军团和两个辅助步兵中队以及五百名骑兵在行进着。此外他们还有一千名近卫军和辅助骑兵部队,这部分人在胜利时可以增加自己一方的进攻力量,而在自己一方遇到困难时还可当作后备部队。[③]

(25)在双方还没有接触的时候,维提里乌斯派就逃跑了,但是看出了这次军事诡计的凯尔苏斯止住了自己的士兵,不许他们追击。正当凯尔苏斯缓缓退却的时候,维提里乌斯派却冒失地从他们伏击的地方向外出击。他们跟踪追击得过远,结果他们自己反而陷入了敌人的包围。原来辅助步兵部队从两翼把他们包围起来,军团士兵在正面迎击他们,而他们的后背又被骑兵的一次突然的出击切断了。苏埃托尼乌斯·保里努斯并没有立刻下令他的步兵作战,因为他本来就是个拖拖拉拉的人,他宁愿制订慎重的和周

① 来自潘诺尼亚(参见本卷第13章)。

② 罗马的大道比平地修筑得要高些。这里所说的大道是波司图米亚大道(克雷莫纳和通向荷司提里亚与维罗那的分叉点之间的一段)。

③ 按照本节所记述的队形,辅助部队照例还是在两翼,接着他们配置在大道两旁的是军团士兵,而在大道上面的则是近卫军。这一战线最初是直的,但是在进攻开始前,保里努斯把队伍列成梯形(en échelon),这就是说,队列最外面的辅助部队稍稍走在军团士兵的前面,军团士兵又稍稍走在中心的近卫军士兵的前面。

密的计划,而不想贪图侥幸的胜利。因此他就不断发布命令要人们填平壕沟、清除场地、拉开战线,他认为只要他能有办法不被敌人打败,他便有充分的时间可以着手取得胜利。这一拖延使得维提里乌斯派有时间从容撤退到附近的一些葡萄园去,但葡萄园中纵横交错的葡萄蔓是很不容易通过的。在那里附近的地方还有一小片森林,他们竟敢于从这座小森林再度向外出击,并且杀死了最勇敢的近卫军骑兵。当国王埃披帕尼斯①正在热情地鼓动士兵们为奥托作战的时候,他负伤了。

(26) 后来,奥托的士兵发动了进攻。他们突破了敌人的战线,并且打败了那些前来支援敌人的人。原来凯奇纳并没有把他那些辅助步兵中队一下子投出来,而是一队一队地投入战场,这种做法在战斗中反而增加了混乱,因为这样分散开来的军队在任何地方都不能形成一支强大的力量,反而被惊惶逃散的士兵冲跑了。甚至在军营中士兵都发动了变乱,因为他们并不是全部被率领出去作战的。他们把营帅优利乌斯·格拉图斯捉了起来,而加给他的罪名是:他同他那在奥托方面服役的兄弟进行叛变性的勾结,而另一方面,奥托的军队也把他的兄弟、军团中的一名将领优利乌斯·佛隆托以同样罪名上了镣铐。但是在逃跑的和追击的军队里,在战线上以及在营地前面到处是一片混乱,以致双方的人都认为,如果苏埃托尼乌斯·保里努斯不下令退却的话,凯奇纳和他的全部军队本来是可以完全被歼灭的。但保里努斯提出的一个借口是:他担心这样沉重的附加战斗任务和长途的行军会使他的军队

① 国王安提奥库斯的儿子,孔玛盖尼的国王。

过分劳苦，[①]担心新从营地里出击的维提里乌斯派的士兵会进攻他的疲惫之师，而且当他们士气沮丧的时候，他们就会连撤退的地方都没有了。有一些人同意统帅的这个计划，但是广大士兵群众的看法却是不同意。

（27）维提里乌斯派的失败与其说使他们惊慌失措，不如说反而使他们重新有了服从的精神。这种情况对凯奇纳（凯奇纳曾责怪他的士兵说，他们发动兵变的兴致，实际上要高过他们作战的兴致）的军队以及对现在到达了提奇努姆的法比乌斯·瓦伦斯麾下的军队来说都是确实的。他们不再轻视他们的敌人的力量，而且由于急于想恢复自己过去的声誉，而开始比先前更加尊敬和规矩地服从他们的统帅了。不久前他们那里还发生过一次严重的兵变。关于这次兵变的经过现在我得从早先的一个时候谈起，因为在前面，我若中断我的有关凯奇纳的战役的叙述，那是不适当的。

前面我已经说过，[②]巴塔维亚步兵中队在向不列颠进军途中听到维提里乌斯的叛乱时，便在反尼禄的兵变中退出了第十四军团，[③]在林哥尼斯人的地区参加了法比乌斯·瓦伦斯的队伍。[④]从那时起，这些步兵中队就开始变得横傲起来，他们到每个军团的营地去，吹嘘是他们制服了第十四军团的正规军，是他们从尼禄手里

① 这是说，如果保里努斯在这里对凯奇纳取得胜利，他就要把军队率领到约十二英里之外的地方克雷莫纳，即凯奇纳营地的所在地去。

② 这里作者是接着本书第1卷第66章叙述的。

③ 尼禄把巴塔维亚人调来是准备去对付阿尔巴尼人的，但在他死后，返回罗马的巴塔维亚人又被伽尔巴派到不列颠去。

④ 可能是巴塔维亚的步兵中队在听到温代克斯起义的消息时在达尔马提亚脱离了第十四军团，这样也就公然脱离了尼禄。

夺取了意大利,[①]而战争的全部决定权是掌握在他们手里的。但是这样的行动侮辱了军团士兵,严重冒犯了统帅;他们内部互相吵闹不休,因此纪律松弛;最后他们的横傲开始使瓦伦斯怀疑他们的忠诚了。

(28)因此,当消息传来说,特列维利人的骑兵中队和通古里人的步兵被奥托的海军所击败,[②]而纳尔波高卢行省已被封锁的时候,瓦伦斯因为急于想保卫自己的同盟者,并且像一位明智的统帅那样,想把现在已变得不驯顺,而如果联合起来又会变得过分强大的辅助步兵部队分散开来,因此他便命令一部分巴塔维亚人去支援行省。当大家都知道了这一行动的时候,联盟军队感到不满,军团士兵感到愤怒。他们说,他们失掉了他们的最勇敢的军队的帮助;还说仿佛经历过如此多次胜利战役的巴塔维亚老兵在敌人业已在望的时候却从战线上被撤了下去。如果行省比罗马和帝国的安全更加重要的话,那么所有的人就都应该到那里去支援;但是,如果胜利的主要支持力量有赖于意大利的话,那么最强有力的四肢看来是不能从军队的身体分割出去的。

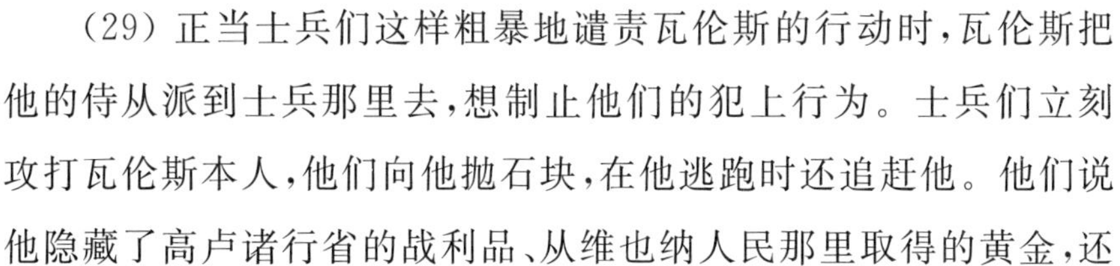

(29)正当士兵们这样粗暴地谴责瓦伦斯的行动时,瓦伦斯把他的侍从派到士兵那里去,想制止他们的犯上行为。士兵们立刻攻打瓦伦斯本人,他们向他抛石块,在他逃跑时还追赶他。他们说他隐藏了高卢诸行省的战利品、从维也纳人民那里取得的黄金,还

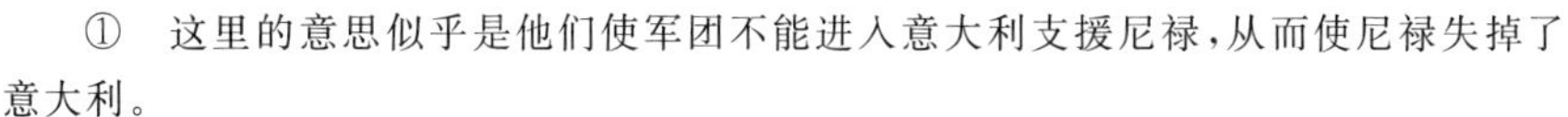

① 这里的意思似乎是他们使军团不能进入意大利支援尼禄,从而使尼禄失掉了意大利。

② 参见本书第二卷,第14章以次。

有他们自己的劳苦的报酬,①因此他们便开始搜索他的行李,检查他的营房的墙壁,甚至用长枪和投枪翻掘了土地。穿着奴隶的衣服的瓦伦斯躲在一位骑兵军官的营房里。当兵变的气势逐步缓和下去的时候,营帅阿尔菲努斯·伐鲁斯用这样的一个办法收拾了局面:他不许百人团长们巡视哨兵,并且取消了每天召集士兵值勤的喇叭。结果所有的士兵都感到很惊讶,他们开始惶惑不安地面面相觑,他们因为没有人发号施令这样一件简单事实而十分害怕。他们沉默了,顺从了,最后竟泣求宽恕了。当他们看到瓦伦斯身着褴褛衣衫、哭哭啼啼,但是出人意料之外地安全无恙时,他们欢迎他,同情他,甚至热诚拥戴他了。他们从忧到喜——群众永远是走两个极端的——称赞他并向他祝贺,用军旗和队旗②把他包围起来,并且把他抬到座坛上去。

瓦伦斯表现了一种明智的节制精神。他不要求惩罚任何人;但他担心装作若无其事又会引起人们的怀疑,因此他就严厉地责备了少数人。他十分清楚,在内战时期,士兵是比领袖有更多自由的。

(30)正当士兵们在提奇努姆为自己的营地修筑工事的时候,传来了凯奇纳战败的信息。军队几乎再度发动了兵变,因为他们怀疑他们之所以未能参加战斗是出于瓦伦斯的出卖和拖延。他们拒绝再这样待下去;他们不愿意再等待他们的统帅。他们走在军旗的前面并且催促旗手加速前进;这样他们就急速行进并同凯奇

① 参见本书第一卷,第63—66章。

② 军旗是第一和第五军团的,队旗是辅助步兵中队的。

纳会师了。瓦伦斯在凯奇纳的军队中间的声誉是不好的；他们抱怨说，尽管他们在人数上比敌人少得多，但是瓦伦斯却把他们暴露在一支实力根本未受损伤的敌军面前；而同时为了给他们自己开脱，他们赞扬和奉承同他们前来会合的军队的实力，因为他们不希望这些士兵瞧不起他们而把他们看成是被战败的和怯懦的士兵。而且，尽管瓦伦斯有一支较大的军队，而这支军队的军团士兵以及辅助部队的人数实际上差不多是凯奇纳的军队的一倍，[①]但军队却还是喜欢凯奇纳。这不仅是因为他禀性善良（人们认为在这一点上他表现得比瓦伦斯要好），而且还因为他年轻力壮，体格魁梧，并且有一种难以捉摸的魅力。这种情况造成了统帅之间的竞争。凯奇纳嘲笑瓦伦斯是个可耻和不光彩的人物；瓦伦斯则又瞧不起凯奇纳，说他自负，有虚荣心。不过目前他们却抛除了他们之间的忌恨而全都热心维护共同的利益了。在多次的函件往来中间，他们根本没有和解的打算，因此对奥托百般加以侮辱，但是奥托方面的统帅对维提里乌斯却不是这样攻击，尽管他们手头这类的材料也是很多的。

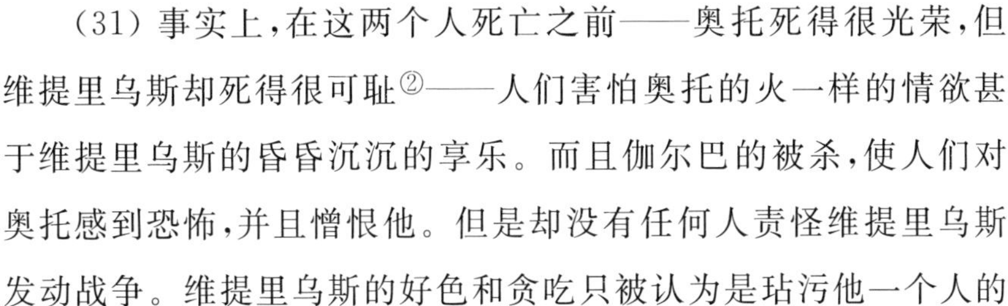

（31）事实上，在这两个人死亡之前——奥托死得很光荣，但维提里乌斯却死得很可耻[②]——人们害怕奥托的火一样的情欲甚于维提里乌斯的昏昏沉沉的享乐。而且伽尔巴的被杀，使人们对奥托感到恐怖，并且憎恨他。但是却没有任何人责怪维提里乌斯发动战争。维提里乌斯的好色和贪吃只被认为是玷污他一个人的

① 凯奇纳的军队三万人，瓦伦斯的军队在四万人以上。

② 他的可耻的死亡，记述在本书第三卷结尾处。

缺点;但奥托的奢侈、残酷和胆大妄为看来对国家却更加危险。

在凯奇纳和瓦伦斯会师之后,维提里乌斯派立刻决定全军出击。但奥托却还在考虑是把战争拖下去,还是现在便立刻一决胜负。

(32) 当时被人看作最有才干的统帅苏埃托尼乌斯·保里努斯[①]认为从自己的声望看,他必须对整个战争的指挥发表自己的意见,因此他就说,敌人之利在于速战速决,而他们自己一方之利却在于拖延。他的话的大意是这样:"维提里乌斯的全军现在已经开到了,在他们后面并没有强有力的后备力量,因为高卢诸行省正在骚动不安,而且当着这样众多的敌对部落正在伺机渡河的时候,离开莱茵河的沿岸地区也是不智的举动。不列颠的军队由于他们的敌人的袭击和海洋的阻隔而鞭长莫及。西班牙诸行省没有多余军队可以腾出来。[②] 纳尔波高卢已因我方海军的进攻和他们的失败而惶惶不可终日。帕都斯河以北的意大利在阿尔卑斯山的环抱之中,根本不能指望从海上取得任何接济,并且实际上被一支仅仅从这里通过的军队蹂躏了。我们的敌人不能从任何地方为他们的军队取得粮草。而没有粮草,他们的军队是无法维持的。再说他们军队中最凶悍的日耳曼人,如果战争拖到夏天的话,他们很快就会削弱下去,并将不能忍受当地情况和天气的改变了。许多战争

① 保里努斯早在公元42年在阿非利加就表明自己是一位干练的统帅(参见狄奥·卡西乌斯,第60卷,第4章;普利尼:《自然史》,第5卷,第14章),公元59—61年他在不列颠也很有声誉(参见塔西佗:《阿古利可拉传》,第14—16章;塔西佗:《编年史》,第14卷,第29—39章;狄奥·卡西乌斯,第62卷,第7—12章)。他显然是公元42年度的执政官,现在在前任执政官中已是老一辈的人物了(参见本卷第37章)。

② 在那里只有第六军团(维克特利克斯)和第十军团(盖米纳)。

刚开始时非常可怕，但由于无所行动，便引起厌倦情绪，最后不了了之。另一方面，我们自己方面的资源却是丰富的、可靠的：潘诺尼亚、美西亚、达尔马提亚和东方都在我们的这一面。他们的军队丝毫没有减少。意大利和帝国的首都罗马也在我们手里，元老院和罗马人民站在我们的一面——即使这些名字有时受到遮蔽，但它们决不是无关紧要的。我们这一面手里还有公私的资源，有大量的金钱，这些钱在内战当中是比刀剑更有力量的东西。在体力方面，我们的士兵习惯于意大利的自然条件，至少是耐得起暑热的。帕都斯河是我们的屏障。[①] 我们的城市被它们的卫戍部队和城壁保卫得很好，而我们从保卫普拉肯提亚这件事懂得，没有人会向敌人投降。因此，你的策略是把战争拖下去。几天之内一支颇著威名的军队第十四军团[②]本身，还有美西亚方面来的军队[③]都将到达这里。那时你还可以再考虑一下这个问题，如果我们决定作战的话，我们是可以以更加雄厚的力量作战的。"

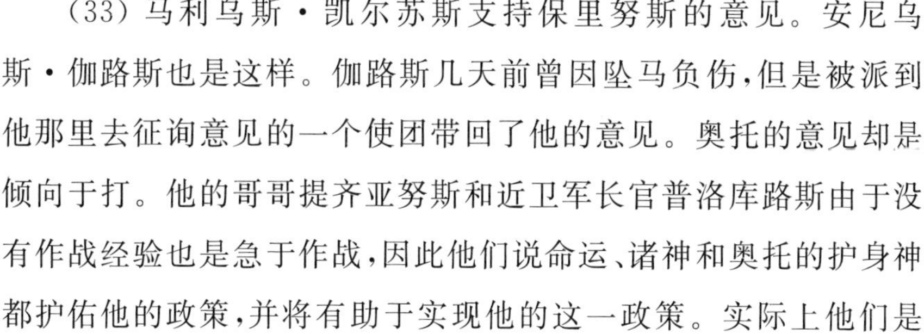

（33）马利乌斯·凯尔苏斯支持保里努斯的意见。安尼乌斯·伽路斯也是这样。伽路斯几天前曾因坠马负伤，但是被派到他那里去征询意见的一个使团带回了他的意见。奥托的意见却是倾向于打。他的哥哥提齐亚努斯和近卫军长官普洛库路斯由于没有作战经验也是急于作战，因此他们说命运、诸神和奥托的护身神都护佑他的政策，并将有助于实现他的这一政策。实际上他们是

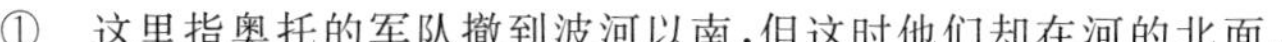

① 这里指奥托的军队撤到波河以南，但这时他们却在河的北面。

② 关于第十四军团的声誉，参见本卷第 11 章。

③ 美西亚的军队第三、七、八军团是在克雷莫纳一役时来到阿克维莱阿（今天威尼斯附近的阿格拉尔）的。参见本卷第 46 章。

借助于讨好的言辞使得任何别人不敢反对他们的意见。

当他们决定作战的时候,他们就讨论皇帝是应当亲自参战,还是离开这里。保里努斯和凯尔苏斯这时没有提出反对的意见,因为他们害怕这样做好像是故意要使皇帝蒙受危险。因此同样是那些顾问要他采取一个比较卑劣的做法,那就是请他退到布利克赛路姆[①]去,而他就在那个不会遭到战争危险的地方为行使统治帝国的最高大权而把自己保留下来。这第一天的做法就给奥托的一方面带来了毁灭的命运,因为包括近卫军、他的亲卫队、骑兵在内的一支强有力的军队和他一同离开了,这样,留在战场上的人们的勇气便受到了巨大的挫折。他们不放心他们的统帅。士兵们只相信奥托,而奥托也只相信他的军队;但是这次奥托却使他留下来领导作战的统帅去面临不可捉摸的命运了。[②]

(34) 这些事情没有一件逃过了维提里乌斯派的耳目,因为有许多人逃到对方那里去,这是内战期间常常发生的事情。急于想打听到另一方面的意图的密探,也隐瞒不住他们自己一方面的意图。凯奇纳和瓦伦斯静静地等着敌人的冒失行动会给他们自己带来毁灭的后果。他们采取了一般可用来代替自己的智慧的一个办法,就是等待敌人自食愚蠢之果,而坐收其利。他们开始修造一座桥,做出想要在一队剑奴的面前渡过帕都斯河的姿态;他们还想防止他们自己方面的人把自己的时间在闲散中消耗掉。他们把一些船只以相等的距离摆开,船头向着上游,并且在船头和船尾的地方

① 今天波河右岸的布列谢罗(Brescello)。

② 参见本卷第39章。奥托的哥哥提齐亚努斯显然只是名义上的统帅,实际统帅大权在普洛库路斯手里。

都用厚木板连接到一处。他们还把铁锚抛下去，以便使桥更加稳固；他们并没有拉紧铁锚的索，而是让它们松着，这样，当河水上涨而船也都随着水面升高的时候，排得整齐的这一排船不会被打乱。在桥头的地方修造了一座塔楼，塔楼耸立在最后一只船上，以便使他们能够用火器和战械击退敌人的进攻。奥托的军队在对岸也修造了一座塔楼，他们不断地向维提里乌斯派的士兵投射石块和火把。①

（35）在河中心有一个岛，②剑奴们想乘船到这个岛上来，但是日耳曼人却泅水先登上这个岛了。当人数众多的日耳曼人渡河时，玛凯尔便叫他那些最勇敢的剑奴乘上一些里布尔尼亚式的船③向他们发动进攻。但是剑奴们在战斗中并不是像正规士兵那样有同样坚定不移的勇气，而且在摇摇晃晃的船上他们射箭也不如在河岸土地上的日耳曼人射得那样准确；当剑奴们吓得开始在混乱中转来转去，而且划手和战士又混到一起而相互妨碍起来的时候，日耳曼人这时就跳入浅水，拉住船只，跳了上去或是用手把这些船只推翻。这一切都是在双方军队的亲眼目睹之下进行的。维提里乌斯派看得心里越是高兴，奥托派对玛凯尔也就越是气愤，因为他们的失败就是他引起的，就是他造成的。

（36）实际上，在剑奴们得以把剩余的船只拖走之后，战斗就

① 普鲁塔克（《奥托传》，第 10 章）说，奥托派烧掉这一浮桥并击退了敌人，使敌人蒙受损失。

② 可能就是克雷莫纳以西、与司宾纳德斯科村（Spinadesco）相对的那个岛。奥托派接战的是驻在波河南岸的一队剑奴（参见本卷第 23 章）。

③ 参见本卷第 16 章。

以逃跑而结束了。继而他们便开始呼叫着要求处死玛凯尔。他虽然已经被从远处投来的一支投枪刺伤，而如果不是军团的将领和百人团长们前来干预的话，他们真的已经拔刀向他冲来了。不久之后，维司特里奇乌斯·司普林那根据奥托的命令把一小支卫戍部队留在普拉肯提亚，并率领着他的辅助步兵中队前来了。于是奥托便把当选的执政官佛拉维乌斯·撒比努斯[1]派去统率玛凯尔的军队。士兵欢迎这次的统帅易人，但是频繁的兵变使得统帅们对这种会招来很多麻烦的统帅权已不感兴趣了。

（37）在某些作品中，我看到有这样一种说法，即由于害怕战争，或是由于对可耻的丑行日益昭著的两个皇帝感到厌恶，军队讨论了他们是否应该放弃战斗的问题，以及他们是否应该自己进行协商或要元老院选择一个皇帝的问题。人们认为，这一点就说明，为什么奥托方面的统帅主张把战争拖延下去，而且据说保里努斯很有希望当选，因为他是资望最老的前任执政官，而他在不列颠战役中的显赫战功又使他获得了声望和荣誉。[2] 我虽然承认，确有少数人内心祈求和平，不愿内战，希望有一个正直而又善良的皇帝，不希望皇帝是世人中最坏的流氓，但我仍然不相信，像苏埃托尼乌斯·保里努斯这样一个老于世故的人，在这样一个堕落的时代里，竟然会指望人们有这样的谦抑节制的美德，以至那些因渴望战争而破坏了和平的人现在却由于喜爱和平而放弃战争。我不能相信，在习惯和语言方面相差得这样远的两支军队竟然会取得这

① 参见本书第一卷，第 77 章，此人不是维斯帕西亚努斯的兄弟。

② 关于苏埃托尼乌斯·保里努斯在不列颠的功勋，参见塔西佗：《编年史》，第 14 卷，第 29—40 章。

样一个协议，我也不相信那些对自己的奢侈、贫困和罪行都知道得十分清楚的大部分副帅和统帅竟然能容忍一个并非作恶多端并且并非受惠于他们的皇帝。

(38) 随着帝国疆域的扩大，人类内心中由来已久的、对权力的渴望也就充分滋长起来并且约束不住了。当国家的资源贫乏的时候，平等是容易维持的。但是一旦全世界被征服，敌对的国家或国王被摧毁，而人们可以毫无顾虑地追求财富的时候，贵族和平民之间便开始发生争端了。有时是保民官惹起麻烦，有时又是执政官僭取了过多的权力。① 内战的最早的一些回合是在罗马城内和广场上进行的。后来从人民的最下层当中崛起的盖乌斯·马利乌斯和贵族中最残酷的路奇乌斯·苏拉用武力战胜了自由，并把它变成了暴政。在他们之后又来了格涅乌斯·庞培，这个人并不比他们好，而只不过是更加巧妙地隐蔽了自己意图而已。从那时起，人们所追求的除了最高统治权之外，就没有任何别的东西了。罗马公民组成的军团并没有在帕尔撒里亚或菲利披放下他们的武器；奥托和维提里乌斯的军队更没有自动放弃战争的意思。同样是诸神的愤怒，同样是人类的疯狂，同样是罪恶的动机驱使他们发动了内部的斗争。如果说，这些战争都是一打便结束的话，说起来这是由于那些皇帝们的懦弱无能。不过我对于古代和近代的特征的这些看法扯得太远，现在得书归正传了。

(39) 当奥托到布利克赛路姆去的时候，名义上的统帅权就落

① 这里的保民官似指提贝里乌斯·格拉古和盖乌斯·格拉古兄弟、撒图尔尼努斯和杜路苏斯；执政官似指阿庇乌斯·克劳狄乌斯和路奇乌斯·欧庇米乌斯。

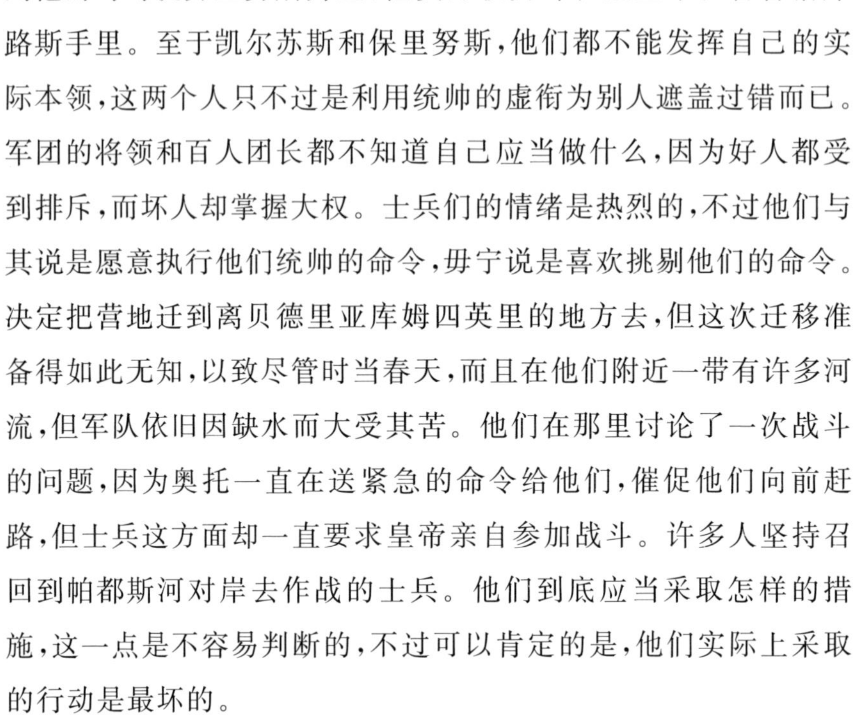

到他的哥哥提齐亚努斯身上，但实际权力却在近卫军长官普洛库路斯手里。至于凯尔苏斯和保里努斯，他们都不能发挥自己的实际本领，这两个人只不过是利用统帅的虚衔为别人遮盖过错而已。军团的将领和百人团长都不知道自己应当做什么，因为好人都受到排斥，而坏人却掌握大权。士兵们的情绪是热烈的，不过他们与其说是愿意执行他们统帅的命令，毋宁说是喜欢挑剔他们的命令。决定把营地迁到离贝德里亚库姆四英里的地方去，但这次迁移准备得如此无知，以致尽管时当春天，而且在他们附近一带有许多河流，但军队依旧因缺水而大受其苦。他们在那里讨论了一次战斗的问题，因为奥托一直在送紧急的命令给他们，催促他们向前赶路，但士兵这方面却一直要求皇帝亲自参加战斗。许多人坚持召回到帕都斯河对岸去作战的士兵。他们到底应当采取怎样的措施，这一点是不容易判断的，不过可以肯定的是，他们实际上采取的行动是最坏的。

（40）他们出发时好像是去进行一次征讨，而不是去作战①，他们的目的地是十六英里以外帕都斯河和阿杜亚河②合流的地点。凯尔苏斯和保里努斯拒绝把他们那因长途行军和带着沉重的行李而疲劳困顿的士兵暴露在敌人的面前，因为没有行李之累的敌人在几乎不到四英里的行军之后，是不肯错过他们正处在行军

---

① 奥托派的统帅在两侧有受到敌人进攻的危险的情况下公然进军，这是难于索解的事情；而且这次进军的行程不是十六英里而是差不多二十三英里。蒙森认为他们真正的目的是占据克雷莫纳和希列斯奇亚之间道路上的一点，以便切断维提里乌斯派的交通线，而塔西佗的说法是错误的。

② 今天的阿达河（Adda）。由于这次进军会使奥托的军队的侧面受到攻击，所以蒙森等人怀疑过这一记述是否可靠。

的混乱中或分散开来修筑营地工事的机会来进攻他们的。于是在讨论中理屈词穷的提齐亚努斯和普洛库路斯就想拿皇帝的威望来作借口了。而且确实有一个努米地亚人急忙赶来,[①]这个人带来了奥托的命令。奥托心里十分焦急,他期待得很不耐烦,因而斥责统帅们的毫无行动并且下令要他们立刻作战以便使事情有个最后结果。

(41) 在这同一天里,当凯奇纳忙着修建他的渡桥的时候,[②]近卫军的两名将领到他这里来,要求同他见面。凯奇纳正准备听取他们的建议并且针对他们的建议提出自己的看法,突然间,哨兵们报告说敌人已经攻了上来。同近卫军将领的谈话中断了,这样人们就弄不清楚这两名将领是在策划什么阴谋诡计,还是抱有什么高尚的动机。凯奇纳把将领们打发回去之后,就骑马返回了营地,[③]在那里他发现法比乌斯·瓦伦斯已经下令发出作战的信号,而且军队也已经把武器拿起来了。当军团正在抽签决定他们在战线上的位置的时候,骑兵已经出击了,但是,说来奇怪,只是由于意大利军团的英勇行动,这些骑兵才不致被奥托军队的一支劣势的兵力打回自己的阵地。意大利军团拔出刀来迫使被击败的骑兵转

---

① 努米地亚的骑兵常常被用来传信。

② 参见本卷第 34 章以次。可能就是帕都斯河和阿杜亚河合流处下手的那一舟桥。

③ 这显然是克雷莫纳城四周的营地(参见本书第三卷,第 26 章)。在塔西佗关于战斗的记述中,没有任何记载表明战斗是在离营地无论多远的地方进行的。我们没有理由同意希略斯(Heräus)的说法:战斗是在离克雷莫纳四英里(在贝德里亚库姆那一面)进行的。塔西佗的记载是在维提里乌斯的营地附近,但根据普鲁塔克的说法(《奥托传》,第 9 章),则是在离贝德里亚库姆一百五十斯塔狄乌姆或十九英里的地方。

回身去重新展开战斗。维提里乌斯的军团所排列的战阵是严整有序的，因为尽管敌人就在近旁，茂密的树丛却使敌人无法看到他们的兵力。

在奥托这一方面，统帅们都心慌意乱，士兵不满意自己的统帅，马车和随营的商贩同军队混杂在一起。而且两旁有深沟的道路，就是对于安安静静地行军的队伍来说都嫌过窄。有一些军队是集合在他们自己的军旗周边，另一些军队却跑来跑去寻找自己的军旗。到处都发出嘈杂的叫声，喊叫的人有的是跑到自己的地方去，有的则是呼叫自己的同伴。士兵们有的胆子大一些，有的则胆小害怕，因此有人就冲到前面去，有人就缩在后面。

(42) 这时有人传播一个错误的消息，说维提里乌斯的军队都叛离维提里乌斯了，结果一场毫无根据的欢喜使得奥托方面的人的突然的惊惶和恐惧变成了漠不关心。人们始终没有弄清楚，这个消息是维提里乌斯的密探故意传播出来的，还是因为叛变或出于偶然而从奥托自己这一方面造出来的。无论如何，奥托方面的人丧失了一切作战热情，实际上是向着他们的敌人欢呼了；但是维提里乌斯派的士兵却用含有敌意的嘟哝声来回答对方的欢呼，这就使得奥托一方的人们害怕自己会被出卖，因为他们中间的大多数人不知道他们的士兵为什么会向敌人欢呼。继而维提里乌斯派就发动了进攻。他们的阵线是严整的；他们在实力方面以及在人数方面都占优势。不过奥托的军队尽管队列混乱、人数少而且又疲劳，但他们仍然进行了英勇的抵抗。由于在战场上的某些地方有一些树木和葡萄树，所以战斗的情况就表现得多种多样。军队时而是进行肉搏，时而又隔着一定的距离互攻；他们有时是分成小队进攻，有时又是以整个的纵队进攻。在高起的道路上，[①]他们是短兵相接，他们拿着他们的盾牌以全身的力量压向敌人。他们并没有投掷投枪，但是却用刀和斧头劈碎了敌人的头盔和胸甲。士兵们相互都能认得出来，他们又能被所有其余的人看到，而且他们正在进行的战斗是要决定整个战争的结局的。

(43) 在帕都斯河和大道之间开阔的平原上，两个军团展开了遭遇战。在维提里乌斯一面作战的是第二十一军团，也叫做"拉帕克斯"军团[②]，这是一个久负盛名的军团。在奥托一面作战的是第一军团，即阿德优特里克斯军团[③]，这个军团先前从来没有打过仗，因而目前渴望取得旗开得胜的荣誉。这第一军团打垮了第二十一军团的前列，并且夺获了他们的军旗；因此为这一损失而感到的耻辱激怒了第二十一军团，结果他们不但打退了第一军团，而且杀死了它的统帅奥尔菲狄乌斯·贝尼格努斯，还俘获了许多队旗和军旗。在另一部分战场上，第五军团[④]进攻并且打垮了第十三军团[⑤]；第十四军团[⑥]受到一支向它进攻的优势兵力的围攻。奥托一面的统帅们早就溜掉了。凯奇纳和瓦伦斯又开始把后备部队投了进去，以加强自己方面的力量；而当伐鲁斯·阿尔菲努斯率领巴

---

① 这里指波河左岸的波司图米亚大道(Via Postumia)的隆起的人行道。参见本书第二卷，第 24 章。

② 来自上日耳曼的军团。"拉帕克斯"原有"强盗"之意，这里的意思是"锐不可当的"、"势如破竹的"。

③ 这个军团由海军组成，"阿德优特里克斯"的意思是"帮助者"(参见本书第一卷，第 6 章)。

④ 来自下日耳曼的军团。参见本书第一卷，第 61 章。

⑤ 来自潘诺尼亚的军团。参见本书第二卷，第 24 章。

⑥ 这里指第十四军团的分遣队(vexillum)。

塔维亚人到来时,这又是一支新的增援力量。他们曾打败乘船渡河的剑奴①:他们用步兵中队迎击这些剑奴,而步兵中队在对方登陆之前就把他们杀死在水里了。因此他们是乘着全胜而向敌人的侧面②展开进攻的。

(44)奥托派的中心阵地被冲破之后,他们就在混乱中逃到贝德里亚库姆去了。到那里去的路是很远的。③ 尸体把道路都堵塞了,由此可见杀人是杀得很多的:在内战里,保留战俘是无利可图的。④ 苏埃托尼乌斯·保里努斯和李奇尼乌斯·普洛库路斯是从不同的道路逃走的,但他们都避开了营地。第十三军团的统帅维狄乌斯·阿克维拉被吓到这样的程度,以至他竟而毫无头脑地把自己暴露在愤怒士兵的面前。他进入营地时正是大白天,他立刻就被号叫着的大群叛变的逃兵⑤包围起来。他们侮辱他,殴打他,骂他是"逃兵"和"卖国贼",这倒不是因为他自己有什么罪过,而是按照群氓的习惯,每个人都把自己的耻辱硬加到他身上。黑夜帮了提齐亚努斯和凯尔苏斯的忙,因为安尼乌斯·伽路斯⑥已经安排了哨兵并且控制了士兵。他通过劝告、请求和命令等等办法,促使人们不要再残杀他们自己的领袖,从而给他们的失败又加上残酷的恶名。他说无论战争是已经结束还是他们愿意重新拿起武器

① 撒比努斯率领的剑奴(参见本卷第36章)。

② 这里当然是指左侧。

③ 这段距离大约在十二到十六罗马里之间。

④ 普鲁塔克在《奥托传》(第14章)里有类似的说法。狄奥·卡西乌斯(第64卷,第10章)说在这次战斗中阵亡的有四万多人。

⑤ 这里指最先临阵脱逃却又不服从命令的那些士兵。

⑥ 伽路斯留在营地里(参见本卷第33章),因而他没有受到士兵们的责难。

作战，在他们战败时唯一可以依靠的办法就是齐心协力。其余的人的士气都彻底垮掉了，但是近卫军却愤怒地宣布说，他们是因为被出卖，不是因为敌人的勇敢才被打败的。[①] 他们说："维提里乌斯的军队为他们的胜利也付出了惨重的代价；我们也打败了他们的骑兵，夺获了军团[②]的军旗。我们这一面还有在帕都斯河对岸的奥托和他手下的军队[③]；美西亚方面的军队[④]正在开到这里来。很大一部分军队仍然在贝德里亚库姆。这些军队肯定并没有被击败，而如果有这种需要的话，他们是甘愿光荣地战死在疆场之上的。"这些想法时而使他们想再拼一下，时而又使他们感到沮丧；然而在他们最失望的时刻，他们更容易感到的是愤怒，而不是恐惧。

(45) 但是维提里乌斯的军队却停在离贝德里亚库姆五英里的地方，[⑤]因为他们的统帅不敢在这一天用猛攻的办法攻占敌人的营地。同时他们还希望奥托的军队能自愿地向他们投降。但是，由于他们在出发作战时没有带着构筑工事的器械，而且目的也仅仅是为了作战，因此他们只有以武器和自己的胜利来作堡垒了。第二天，奥托的军队的意图已经十分明显了。甚至那些最坚决的人都在改变自己的看法。因此他们便把一个使团派了出去，维提里乌斯的统帅们很快就答应了讲和条件。但是使节们被留在那里一个时候，因此这种行动使那些不知道他们的条件是否被接受的

① 根据普鲁塔克的说法(《奥托传》，第 12 章)，他们曾拒绝对敌作战。

② 指第二十一军团。

③ 指在布利克赛路姆那里同奥托在一起的军队(参见本卷第 55 章)。

④ 他们在阿克维莱阿(参见本卷第 32 章)。

⑤ 这样离营地就只有一英里了。

人们感到不安。不久，使节们被送回来，营地的大门打开了。于是战败者和胜利者同样都哭了起来，他们在悲喜交集的情绪中诅咒内战给人们带来的灾难。在同一些营帐里，有的人照顾兄弟的伤，有的人照顾亲属的伤。取得报酬的希望是渺茫的，[①]他们确实领会到的却是他们身受的、失掉亲人的悲哀，而他们之中谁也未能摆脱不为某一亲人的死亡而悲痛的不幸。副帅奥尔菲狄乌斯的尸体被发现后就按照一般的仪式火葬了，另外一些人被他们的亲属埋葬了，但是大多数的战死者却一直被弃置在战场上无人过问。

(46) 奥托正在等候战报，[②]他内心并没有什么不安，他的意志是坚决的。一开头就来了一个令人苦恼的谣传；继而从战场下来的逃兵清楚地表明战争是失败了。但是热情的士兵[③]并不等待皇帝本人讲话；他们要他把勇气鼓起来，因为他们还有尚未投入战场的军队；他们表示他们甘愿在任何事情上效劳，不怕蒙受任何牺牲。这并不是一般的奉承话：他们几乎可以说是渴望进行战斗，并且重新挽救他们这一方的命运。不是在他身边的士兵则向他恳求地伸出了双手，在他近旁的士兵则抱住了他的膝头。表现得最热情的是亲卫队的长官普洛提乌斯·费尔姆斯，他一直不断地请求他不要辜负这一支绝对忠于他的军队，不要辜负那些为着他的事业而经历了光辉考验的士兵。他提醒奥托说，要经得住不幸，而不是在不幸面前屈服，那就需要更大的勇气。坚定勇敢的人藐视厄运，而顽强不屈地争取实现自己的希望。胆小怯懦的人则很快地

① 此处从摩尔的英译。

② 在布利克赛路姆，参见本卷第 33 章，第 39 章。

③ 这里指近卫军和亲卫队。

由于害怕而感到失望。在进行这些请求时，士兵们随着奥托的面孔表示出允诺他们的请求或坚持不允而欢呼或是哀号起来。鼓励他的不仅仅是奥托个人的军队即近卫军。从美西亚来的先头部队也表示，正在途中的军队的态度也是同样地坚决，他们还说，军团已经进入阿克维莱阿，因此没有人能怀疑，有充分的可能可以把这一场对胜利者和战败者双方来说都难以确定最后胜负的、残酷可怕的战争重新挑起来。①

(47) 奥托本人反对把战争继续下去的计划。他说："要是使像你们这样英勇无畏的人们再去经受危险，这对我的生命来说，代价就太大了。如果我的希望是想活下去，你们给予我的希望越大，我也就死得越光荣。命运和我相互间是十分熟悉的。不必考虑我的统治时期的短暂吧；要想适度地利用人们认为不会长久享受的好运，那就是一件更加困难的事情了。维提里乌斯挑起了内战；是

① 帝国早期的修辞学作家一般宁肯牺牲真正的历史事实而喜欢作耸人听闻的对比和描写感伤的场面。蒙森认为，塔西佗在这种影响下改变了奥托的悲惨结局的画面。他虽然没有完全放弃确实可靠的传统，但是却删掉了某些主要事实。这种看法是以普鲁塔克的记述为依据的。这位希腊历史学家(根据蒙森的看法，他的著作的依据大体上同塔西佗作品的依据一样，即克路维乌斯·路福斯的回忆录)说(《奥托传》，第13章)，败军的军官在马利乌斯·凯尔苏斯的主持之下在贝德里亚库姆召开了一次军事会议。凯尔苏斯宣布说，最后的命运肯定对他们不利，继续无益地流血是不能允许的。所有其余的人全都同意了这一点，其中包括奥托的哥哥、统帅提齐亚努斯。于是凯尔苏斯和伽路斯就亲自向凯奇纳投降。提齐亚努斯在最后关头想破坏协定的企图很快地就放弃了，凯奇纳被允许进入了奥托的营地。普鲁塔克的叙述就到这里为止。这一投降在当时来说是具有决定性的。因为斗争即使再继续一个时期，奥托也绝不会取得胜利。要知道，他的军队的主力都叛离了他，而他是不能依靠伊里利亚的军团和布利克赛路姆的近卫军和亲卫队的。他只能自杀或是死在刽子手的手里。但塔西佗却愿意把他描写成一个为了大公无私地拯救人民而自杀的人。

他发动了我们之间的争夺帝国统治大权的武装较量。但是我们之间的斗争只能有一次，因为我有能力为此树立一个前例。我愿意要后世的人们这样来评论奥托。我将要把维提里乌斯的兄弟、妻子和儿女送还给他；我既不要求报复，也不要求安慰。别的人可以比我更长久地享有统治大权。但任何人也不能比我更勇敢地放弃统治大权。你们愿意要我忍心把这样多的罗马青年、这样崇高的军队再送去战死，从而造成国家的损失吗？让我在心里记着你们甘愿为我牺牲吧；但是你们必须活下来。现在决不应再有任何耽搁；不要叫我影响你们的安全，或是叫你们影响我的决心吧。絮絮叨叨地谈论死亡是一种怯懦的行为。我不抱怨任何人，把这一事实看成是我个人的决心的最主要的证据吧。只有贪生怕死的人才会怨天尤人。”

（48）在奥托讲了这番话之后，他就按照每个人的年龄或身份向所有的人都进行了亲切的谈话，并劝他们快快离开，免得由于留下来而招致胜利者的愤怒。他用自己的权威劝说年轻人，用自己的请求劝说年纪较长的人。他的面色是平静的，他的言语没有丝毫畏惧的表示。他制止了他的朋友们的不合时宜的哭泣。他下令把舟车提供给那些离开的人们。每一份对他表示忠诚或对维提里乌斯不敬的文件或书信都被他销毁了。他把钱分送给人们，不过手很紧，不像是个行将死亡的人的样子。随后他就努力安慰他的侄子撒尔维乌斯·科凯阿努斯①，一个非常年轻的、既害怕又悲伤

① 科凯阿努斯是提齐亚努斯的儿子。后来他因为纪念奥托的生日而被多米提安处死。

的人，他称赞他的孝心，但是责备他的恐惧。他问科凯阿努斯，是不是认为维提里乌斯竟会残酷到不对他救了维提里乌斯全家的行动[①]给他以相应的回报。他说：“由于我很快地就要死去，我是可以取得胜利者的宽大的。因为当我拯救国家免于这一最后不幸的时候，我并没有陷入完全绝望的状态，而我的军队还在要求作战。我已经为我自己赢得了足够的声誉，已经为我的后人赢得了相当高的地位。在优利乌斯家族，克劳狄乌斯家族和谢尔维乌斯家族之后，我是第一位把皇帝的地位授予一个新家族的人。因此拿出勇气来面向生活吧，永远不要忘记或每时每刻都记住奥托是你的叔父吧。”

（49）在这之后，他就把所有的人送走，并且休息了一些时候。他在考虑如何安排死去的问题，突然听到一阵吵闹声，并且听说惊惶不安的士兵已经发动了叛乱，无法控制了。实际上他们正在用死亡威胁所有那些想离开的人。他们对维尔吉尼乌斯[②]的态度特别激烈，他们把他关在他自己的家里，现在还不许他出来。奥托斥责了肇事的人，然后就返回了自己的本营，在那里接待了所有那些离开的人，直到他们全部离开为止。天色快黑的时候，他喝了一大口冷水来解渴。然后就要人们把两把匕首送到他跟前来。他试了试两把匕首的刃，随后就把一把匕首放到他的头下面。他在知道友人都走开以后，度过了一个安静的夜晚，而且据说他的确总算还睡了一会儿。天亮时候他就自戕了。[③] 他的被释奴隶和奴隶听到

① 奥托没有伤害维提里乌斯的母亲和子女（参见本书第一卷，第 75 章）。

② 这时他正是补缺执政官（参见本卷第 77 章）；后来他战胜了温代克斯。

③ 日期是 4 月 16 日。

他的垂死呻吟声，就进来了，亲卫队长官普洛提乌斯·费尔姆斯也跟他们一道来了。他们在奥托身上只发现了一个伤口。他的葬仪是草率举行的。他曾恳切地要求他们这样做，这样他的头才不致被割下来成为侮辱的对象。近卫军士兵把他的尸体抬到火葬堆上去，含泪称颂他，并且吻他的伤口和双手。有一些士兵在他的火葬堆附近自杀了，他们这样做并不是因为他们犯了什么过错或是害怕什么，而是因为他们想模仿他的光荣范例，也是因为对他们的皇帝的爱戴。后来每一等级里都有许多人在贝德里亚库姆、在普拉肯提亚以及其他营地以同样的方式结束了自己的生命。给奥托修筑的坟墓是简陋的，因此看来却有可能长久维持下去。他在一生的第三十七年，就这样地结束了自己的性命。

(50) 奥托是在自治市费伦提努姆[①]诞生的。他的父亲担任过执政官，他的祖父担任过行政长官。他的母亲的家族不像他的父亲的家族那样显贵，但却也并不卑微。[②] 他的少年和青年时代的情况我们已经介绍过了。通过两件勇敢的行为——一件是极其残暴的，另一件却是光荣的[③]——他在后世人们的心目中既取得了美名，又同样背上了丑名。我必须指出，搜集荒诞无稽的传说以及用并非事实的故事取悦于我的读者，这种做法是同我的这部著作的崇高任务根本不相容的；但是另一方面，我却也不敢否认一般传统的可信。在贝德里亚库姆作战的那一天，根据当地人民群众

① 在埃特路里亚南部，位于罗马以北四十英里左右；今天的费伦托(Ferento)。

② 他的母亲阿尔比娅·费伦提亚(Albia Ferentia)出身于骑士家族。

③ 这里指他杀死伽尔巴和他的自杀。

的记述，一个形状奇怪的鸟定居在列吉乌姆·列庇都姆[①]附近人们常去的森林里，不拘是集合在那里的人还是在它四周飞翔的其他鸟，都不曾使它受惊或者把它赶跑，直到奥托自杀之后，这个鸟才飞走。而且，他们还说，人们在计算时间时，发现这件怪事的开始和结束与奥托之死亡完全吻合。

（51）在为奥托举行葬仪的时候，士兵们的悲伤和痛苦使得他们再一次发动了兵变，而现在却没有任何一个人能制止兵变了。士兵们到维尔吉尼乌斯那里去，威胁地请求他接受帝国的统治大权，过一会儿又要他作为他们的使节到凯奇纳和瓦伦斯那里去。维尔吉尼乌斯偷偷地从他家的后门溜走，这样，在士兵们破门而入的时候，他们并没有找到他。卢布里乌斯·伽路斯[②]带来了驻守在布利克赛路姆的步兵中队的请求。他们立刻受到了赦免，而佛拉维乌斯·撒比努斯[③]所统率的军队也通过他表明归附了胜利者。

（52）现在各处都已经停止了战斗，但是同奥托一道离开罗马而当时被留在木提那[④]的许多元老[⑤]却遇到了极大的危险。战败的消息被带到了木提那；但是士兵们却认为这个消息是假的，根本

① 今天的勒佐（Reggio），位于摩德纳（Modena）和帕尔马（Parma）之间的埃米里亚大道上。

② 根据狄奥·卡西乌斯的说法（第 63 卷，第 27 章），他过去曾奉尼禄之命去进攻伽尔巴，但是却率领着他的军队投到敌人方面去。后来我们知道他曾参加凯奇纳和维斯帕西亚努斯的兄弟撒比努斯之间的谈判（参见本卷第 99 章）。

③ 撒比努斯曾代替玛凯尔统率波河右岸剑奴的队伍（参见本卷第 36 章）。但作者没有提到普拉肯提亚的勇敢的保卫者司普林那。

④ 今天的摩德纳，在埃米里亚大道上。

⑤ 奥托出征时有很多元老从罗马随行（参见本书第一卷，第 88 章）。

不把它放在心上。而且，由于他们认为元老院是敌视奥托的，因此他们就开始监视元老的谈话，并且对他们的神色和举止作了对元老们颇为不利的解释。最后他们竟然想通过咒骂和侮辱以寻求挑起一场屠杀的借口。此外，元老们还有一件非常担心害怕的事情：既然维提里乌斯派取得了当权的地位，他们可能被认为并不曾及时地承认他的胜利。于是他们就举行会议，因为他们为这双重的顾虑而感到恐惧和苦恼。没有人自己能提出任何现成的计划，但每个人却因为有这样多的人共担罪过而感到安全。木提那当地的元老院又加深了这些惊惶不安的人们的痛苦，因为它把武器和金钱提供给他们，同时还不适时地向他们致意，称他们为"元老们"①。

（53）当李奇尼乌斯·凯奇纳指责玛尔凯路斯·埃普里乌斯所提出的建议含混不清的时候，发生了一场激烈的争吵。虽然如此，其他的元老依旧不发表自己的意见；不过玛尔凯路斯的名字却是人们所忌恨、厌恶的，因为人们还没有忘记他过去是个告密者；②这种情况因而使得作为一个新人③而在不久之前才参加了元老院的凯奇纳有了这样一种愿望：想通过反对大人物来取得声誉。不过，这两个人还是被那些比较老练的、稳健的元老劝解开了。他

① patres conscripti，这种称呼只在元老院开全体会议时才能使用，但在这里的实际上却只是一部分元老。而且，作为元老院，它必须正式承认维提里乌斯或奥托为皇帝，但这时它却无法最后确定何去何从。

② 埃普里乌斯两次担任过执政官，是有名的演说家，曾密告过特拉塞亚并因而得到了五百万谢司特尔提乌斯的赏金。参见塔西佗：《编年史》，第16卷，第22、28、33章；本书第四卷，第6章。

③ 这里指并非显赫的家庭中出身的、第一个担任了执政官的人，共和国时期的马利乌斯和西塞罗都是所谓新人（homo novus）。

们全体回到波诺尼亚[1]去，在那里再一次开会讨论；同时他们还希望取得更加确切的消息。在波诺尼亚，他们把人安置在各条道路上向每个新来的人打听。当奥托的一名被释奴隶被询以离开的缘故时，他回答说，他带有奥托的最后命令；他还说，他离开时奥托还活着，但是他唯一不放心的是后代，他自己则已弃绝了生活的一切引诱。这一回答使元老院深为赞许并且使他们没有脸面再继续问下去。在这之后，所有的人就全部归心于维提里乌斯了。

（54）他的兄弟路奇乌斯·维提里乌斯现在参加了他们的会议，并且已经成了元老们阿谀奉承的对象。然而就在这个时候，尼禄的一个被释奴隶名叫科埃努斯的却用一句大胆的谎言把他们都吓住了。他宣布说，由于第十四军团的到达以及由于他们同布利克赛路姆方面的军队会合到一处，因此胜利者已被摧毁，双方的命运又颠倒过来了。他捏造这个故事，目的在于想通过这种好消息为现在不为人所重视的、奥托的通行证[2]重新取得效力。科埃努斯于是赶到罗马去，但几天之后，他就在那里根据维提里乌斯的命令得到了应有的惩处。但是元老们却依然有较大的危险，因为奥托的士兵相信这一说法是真的。还有一件事情也增加了他们的惊惶情绪，这就是：他们离开木提那以及他们背弃奥托一派的行动看起来都有正式的政治行动的性质。他们不再开会，但每个人都只是在考虑着自己的安全问题，直到法比乌斯·瓦伦斯那边有信来，这才消除了他们的恐惧。而且，奥托临终时的可歌可泣的性质使

① 今天的波洛尼亚（Bologna）。

② 有了这种通行证（Diplomata），沿路就可以得到驿马、住宿等等方便。

得这个消息传播得越发迅速了。

(55) 但是在罗马却没有发生任何骚动。奉祀凯列司的节日[①]仍然按照习惯的方式举行。当人们根据可靠的消息在剧场里宣布奥托已经去世而罗马市长官佛拉维乌斯·撒比努斯[②]使城内的全部驻军向维提里乌斯宣誓效忠的时候,听众便一致对维提里乌斯的名字报以欢呼。戴着桂冠和花环的人民群众戴着伽尔巴的胸像从一座神殿走到另一座神殿,并且把花环在库尔提乌斯湖[③]旁边堆成了高高的一座花冢,因为伽尔巴就是在这里被杀的。元老院立刻就把其他皇帝多年来所享受的一切荣誉明令授予了维提里乌斯;此外他们还决定向日耳曼的军队表示赞美和感谢,并且把一个使团派出去,表示他们的高兴心情。法比乌斯·瓦伦斯写给执政官的信当众宣读了,信中的口吻是十分温和的。但是凯奇纳却什么信都不写,这种谦逊的作风使人更加满意。[④]

(56) 但是意大利目前所遭受的苦难却比战争的灾祸更加严酷,更加可怕。分布在各自治市和移民地的维提里乌斯派军队劫掠、盗窃、残暴、淫乱,无所不用其极。他们的贪婪和爱财使得他们根本分不清是非;他们不尊重任何事物,无论是神圣的还是世俗的。还发生过这样的事情,有些人扮作士兵的样子谋害了他们的私人的仇敌。而士兵这一方面呢,他们熟悉当地情况,就把那些最

① 在 4 月 12 日到 19 日(一说 12 日到 16 日)。参见塔西佗:《编年史》,第 15 卷,第 53 章。

② 维斯帕西亚努斯的兄弟。

③ 参见本书第一卷,第 41 章。

④ 一般说来,只有最高级的官吏才有资格给执政官或元老院直接写信。

殷实的农庄和最有钱的财主划出来作为掠夺的对象，如果对方稍有抵抗，便杀掉了事。统帅们都受他们军队的摆布，因而不敢制止士兵的掠夺行动。凯奇纳的贪欲不算十分厉害，但是他更热衷于提高自己的声望；瓦伦斯以贪得无厌和多得不义之财而臭名昭著，因此他更愿意放过别人的罪行。很久以来，意大利的财富便已达到山穷水尽的地步，因此所有这些步兵骑兵，所有这些暴行、损失和痛苦现在已成为意大利无法忍受的负担了。

（57）就在这同时，对自己的胜利还毫无所知的维提里乌斯正在率领着从日耳曼来的所有其余的军队，[①]就仿佛他不得不去进行一场结局尚未分晓的战争似的。他只把少数的老兵留在冬营，而现在他正在高卢各行省加紧进行募兵工作，以补充被他留下来的军团的空额。他把保卫莱茵河[②]的任务交给了霍尔狄奥尼乌斯·佛拉库斯。他又从不列颠的军队中选拔了八千名精锐补充他自己的兵力。[③] 经过几天的进军之后，他听到了贝德里亚库姆之役胜利的消息，并且知道奥托已死而战争随之结束了。于是他就把他的军队召集起来，对他的英勇的军队给以极大的赞扬。当他的士兵要求把骑士的地位给予他的被释奴隶亚细亚提库斯的时候，他制止了这种可耻的奉承；但是后来，这个生性犹豫不定的人在一次私人的宴会上却又答应了他在公开场合下拒绝过的请求，并且把一只金指环赏给了这个亚细亚提库斯；这是一个不顾廉耻

① 从本书第一卷第 61 章看来，只有瓦伦斯和凯奇纳麾下的两个军团，即第五和第二十一军团，其余五个军团（第一、四、十五、十六、二十二军团）只有分遣队。

② 这里指莱茵河左岸。

③ 不列颠的军队是第二、九、二十军团（参见本书第三卷，第 22 章）。

的奴才[1],他是由于他会出坏点子[2]才受到人们的欢迎的。

(58) 在这些天里,有消息说在皇帝任命的代理官阿尔比努斯被杀死之后,两个玛乌列塔尼亚[3]都转到维提里乌斯的这一面来了。被尼禄任命为玛乌列塔尼亚·恺撒利安西斯行省长官的路凯乌斯·阿尔比努斯又被伽尔巴任命兼管琴吉塔那行省的事务,他手里有一支不容轻视的军事力量。他统率着十九个步兵中队,五个骑兵中队,还有大批玛乌利人组成的一支队伍,这些人因为经常打劫而练得能够作战。在伽尔巴被杀害之后,阿尔比努斯曾经站在奥托一面,他不满足于仅仅据有阿非利加,他还准备威胁同阿非利加仅仅隔着一道狭窄的海峡的西班牙。这一行动使克路维乌斯·路福斯[4]很害怕,他于是下令第十军团[5]向海岸方面推进,就好像打算要使他们渡过去似的。他先把一些百人团长派到前面去,以便为维提里乌斯争取玛乌利人。这并不是一件难事,因为日耳曼的军队在各行省的声誉是很高的;此外,人们还传说,阿尔比努斯瞧不起皇帝代理官的称号,他正在采用国王的标记而自称优巴[6]。

(59) 玛乌列塔尼亚人的情绪现在改变了。这种情绪的转变使他们刺杀了骑兵长官阿西尼乌斯·波里欧(他是阿尔比努斯最

---

① 原文 mancipium 是对奴隶的一种最蔑视的称呼。

② 参见本书第二卷,第 95 章;第 4 卷,第 11 章。

③ 玛乌列塔尼亚·恺撒利安西斯行省约略等于阿尔及利亚西半部和摩洛哥东半部;玛乌列塔尼亚·琴吉塔那约略等于摩洛哥西部。

④ 塔尔拉科西班牙,即近西班牙的行政长官衔副帅(legatus Augusti pro praetore)。他还负责保卫元老院的行省巴伊提卡的安全,因为那里没有军队。

⑤ 即盖米纳军团,这个军团和第六军团(sexta victrix)是西班牙的卫戍部队。

⑥ 努米地亚国王称为优巴的很多。

忠实的朋友之一）和中队队长费司图斯与斯奇比奥。试图从琴吉塔那经海路到达玛乌列塔尼亚·恺撒利安西斯的阿尔比努斯刚一登陆就被杀死了。他的妻子自愿地把自己交到凶手手里去，结果也就和她的丈夫一道被杀了。维提里乌斯对所有这些行动并没有进行追究；不管事情是多么重要，他总是简单地听一下就算；他是根本没有力量应付重大事件的。

他下令他的军队从陆路前进，但是他本人却顺着阿拉尔河[①]下行，他自己不穿皇帝的装束，还是他先前打扮的那种贫苦模样。[②] 直到最后，尤尼乌斯·布莱苏斯——路格杜努姆高卢的长官[③]，这是一个出身显赫家族的人物，他的财富可以同他的慷慨作风比美——才把皇帝所应有的一切仪仗设备给了他，并且给了他一队盛大的侍从，他这种做法引起了维提里乌斯的厌恶，可是皇帝却把他的憎恨情绪掩盖在卑屈的讨好表现下面。双方的统帅，无论胜利一方的还是战败一方的，都在路格杜努姆等待着他。维提里乌斯在一次公众的集会上赞扬瓦伦斯和凯奇纳，并且要他们坐在自己的象牙坐椅的两旁。随后他就下令要他的全军接受他的年幼的儿子[④]的检阅。他把他的儿子带出来，给他穿上统帅的服装，

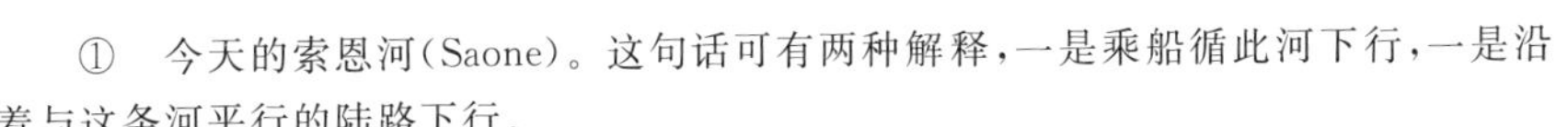

① 今天的索恩河(Saone)。这句话可有两种解释，一是乘船循此河下行，一是沿着与这条河平行的陆路下行。

② 根据苏埃托尼乌斯(《维提里乌斯传》，第7章)的说法，维提里乌斯离开罗马到行省去的时候，竟不得不把母亲的耳环当掉，以充路费。

③ rector这里译为长官，因为他是那里的行政长官衔副帅(legatus Augusti pro praetore)。

④ 这时他六岁。维提里乌斯的儿子是第二年根据木奇亚努斯的命令被处死的(参见本书第四卷，第80章)。

并把他抱在手臂上。他称他的儿子为日耳曼尼库斯，并且把皇帝应有的一切仪仗都送给了他。在顺利时的这些过分的荣誉很快地就成了不幸时的一种慰安。①

(60) 随后，那些最积极支持奥托的百人团长就都被处死了。这样一个行动比任何其他事情都更能促使伊里利库姆的军队起来反抗维提里乌斯；同时这种情绪又感染了其余的军团，因为这些军团忌妒日耳曼的军团，而且他们竟然开始考虑战争的问题了。苏埃托尼乌斯·保里努斯和李奇尼乌斯·普洛库路斯在焦虑和痛苦之中等待了很长一个时候，最后才受到召见，而在被召见时他们为自己进行了辩护，理由是出于不得已，而不是出于荣誉感。现在他们竟然说他们对奥托是不忠的了；他们说正是因为他们对奥托不怀好意，在战斗前才进行了长途的行军；他的军力才被耗光；他的行军才受到辎重的拖累从而造成一片混乱；最后，他们还举出了许多实际上是出自偶然的事情。维提里乌斯相信了他们对奥托的叛变，结果就免掉了他们尽忠于奥托的罪名。奥托的兄弟撒尔维乌斯·提齐亚努斯也没有遇到什么危险，他所以被赦免是因为他是奥托的兄弟而必然会站在奥托的一面，同时也是因为他自己的无能。马利乌斯·凯尔苏斯继续担任他的执政官。② 但是外面人们普遍相信的一种说法却使得元老院后来对凯奇里乌斯·西姆普列克斯提出了控诉，因为他曾希望贿买执政官的职位，甚至不惜使用谋害凯尔苏斯的办法。维提里乌斯反对这种谣传，他后来把执政

① 这是说，今天的荣誉在某种意义上说补偿了第二年的不幸遭遇。

② 参见本书第一卷，第 77 章。

官的职位给予西姆普列克斯，这是既未通过罪恶手段也未通过贿赂而取得的执政官职位。维提里乌斯的妻子伽列里娅保护了特拉卡路斯，使他未受控诉者的伤害。[①]

（61）正当那些出身显赫的人物都在担心自己的命运的时候，说来确是可耻，竟而有一个名叫玛利库斯的普通波伊人[②]敢于干预命运之事；他自称奉上天之命而向罗马军队挑战。高卢诸行省的这个解放者、这位神——这是他给他自己加的尊号——在纠合了八千人之后，就去打劫离他最近的、埃杜伊人的地区，但这时那个最重要的城市[③]却利用它的最精锐的青年部队和维提里乌斯派给他们的那些中队把这一大群狂徒驱散了。玛利库斯在战斗中被俘。后来，他被抛给野兽，但野兽并没有把他撕碎，愚昧的人就认为他是伤害不了的，但最后他还是被处决了，是当着维提里乌斯的面被处决的。

（62）对于叛方[④]没有再采取别的什么严厉措施；也没有再进一步有什么没收财产的措施。在奥托的一方作战阵亡的人们的遗嘱仍然有效，如果士兵在死后没有遗嘱的话，就按照一般法律的规定加以处理。老实说，如果维提里乌斯能节制一下他的豪奢的生活方式的话，人们本来是没有必要害怕他的贪欲的。但是他那讲究美的吃喝的欲望却是可耻的，永不知足的。[⑤] 各种适口的珍馐

① 参见本书第一卷，第 90 章。

② 波伊人住在卢瓦尔河（Loire）和阿利埃河（Allier）之间。

③ 这里指埃杜伊人的首府奥古斯托杜努姆，今天的安敦（Antun）。

④ 维提里乌斯以伽尔巴的合法继承人自居，因此把奥托的一方称为叛方（defectores）。

⑤ 从苏埃托尼乌斯的《维提里乌斯传》（第 13 章）我们知道，维提里乌斯每天要吃好几次，每次的花费至少要四十万谢司特尔提乌斯。

美味的东西经常不断地从罗马和整个意大利运来，而从亚得里亚海和第勒尼安海方面来的那些道路也到处响着赶路的马车。为了给他备办筵席，他所经过的城市的头面人物累垮了；城市本身受到了蹂躏。他的士兵已习惯于享乐并且学得看不起他们的领袖了，他们也就失掉力量和勇气了。维提里乌斯在他到达以前便把一份宣言送到罗马去，推迟接受奥古斯都（Augustus）的称号，并拒绝了恺撒（Caesar）的名称，[①]不过皇帝的权力他却是完全接受了的。占星术士[②]全部被赶出了意大利；采取了严厉措施禁止罗马骑士堕落到去剑奴养成所厮混和到斗兽场去表演。但先前的皇帝却曾利用金钱，而更常见的情况是用武力，驱使骑士去干这样的勾当。大多数的自治市和移民地过去习惯上是争相仿效皇帝的做法，用金钱收买他们的最堕落的青年，要他们干这些可耻的行业的。[③]

（63）维提里乌斯的兄弟到他这里来，而那些教他如何玩弄统

① 但后来他改变了主意，参见本书第三卷，第58章。

② 参见本书第一卷，第22章。苏埃托尼乌斯说（《维提里乌斯传》，第14章），他下令占星术士在10月1日之前离开意大利。

③ 帝国早期的作家提供给我们许多证据，说明出身高贵的人常常在剧场和赛马场上表演。从这一章也可以看出，即使皇帝的强制要负一定的责任，但是在上层阶级中这种倾向仍是独立存在的。过去优利乌斯·恺撒迫使拉贝里乌斯登台表演时，人们就认为这是一种很大的耻辱。但后来到优维纳尔时期，贵族在台上演小丑的角色已成为常见的事情了。

例如优维纳尔：《讽刺诗》（第8卷，第189行以次）：

“那些厚颜无耻的下层贱民坐在那里看我们贵族的三重的插科打诨；他们可以听一个光着脚的法比乌斯的表演，又可以笑着看两个玛美尔库斯相互厮打。”

皇帝们对这种习惯的态度看来有的是允许、有的是禁止的。提贝里乌斯严禁这样的表演，卡里古拉则加以鼓励。克劳狄乌斯实际上又制止了这种行动。尼禄则不仅强迫别人在舞台和斗兽场上表演，他自己也热心参加这些表演。贵族虽然常常在赛马场上比赛马车，但他们不大敢冒险参加剑奴的比赛，尽管这样的事例还是有的。

治大权的人也狡猾地凑到他周围，到了这时，维提里乌斯就变得更加骄傲和残暴了。他下令处死了多拉贝拉，关于这个人被奥托放逐到阿克维努姆移民地去的事情，在前面我们已经叙述过了。[①]多拉贝拉听到奥托的死讯之后就来到了罗马。由于这样一个行动，多拉贝拉被他的一个最亲密的朋友、担任过行政长官的普朗奇乌斯·伐鲁斯[②]告到城市长官[③]佛拉维乌斯·撒比努斯那里去。除去逃避管制和以战败者一派的领袖自居等罪名之外，伐鲁斯还说，多拉贝拉曾经贿买过驻在奥斯蒂亚的中队，[④]但是由于他不能对他所指控的严重罪名提出任何证据，他就对他的行动表示悔恨，并且请求他的朋友的宽恕了。但是这样做为时已晚，污辱别人的行为已经干出来了。事情是严重的，因此佛拉维乌斯·撒比努斯踌躇不定，但这时路奇乌斯·维提里乌斯[⑤]的妻子特里娅里娅，一个比普通妇女要凶悍的女人对撒比努斯进行了恫吓，警告他不要想牺牲皇帝的利益来猎取仁慈的美名。撒比努斯生性温和，当他受到恫吓的时候便打算改变自己的决定；现在既已看到别人的危险，自然就会担心自己的命运了。于是为了回避给多拉贝拉帮忙的嫌疑，他就加紧准备杀害多拉贝拉的勾当了。

（64）维提里乌斯对多拉贝拉又怕又恨，因为多拉贝拉娶了他

① 参见本书第一卷，第 88 章。

② 他在维斯帕西亚努斯当政时期担任过属于元老院的比提尼亚行省的长官。

③ 奥古斯都最初设置了城市长官的职位，以便在他离开罗马时代理他，但这一职务直到公元 26 年才成为固定的官职。这一执政官级的职务最初是维持罗马及其周边一百英里的秩序，后来刑事审判权也渐渐转到城市长官的手里了。

④ 参见本书第一卷，第 80 章。

⑤ 皇帝的兄弟。

的前妻佩特洛尼娅[①]。因此他就写信召多拉贝拉前来，命令他离开行人拥挤的佛拉米尼亚大道而绕道到因提拉姆尼乌姆[②]去，而他就下令在那里处死了多拉贝拉。执行杀害多拉贝拉的命令的人认为到那里去路太远了，就在途中的一个小酒店里把多拉贝拉打倒在地，然后切断了他的喉咙。这次谋杀给新皇帝的统治带来了很大的耻辱，然而这一行动又只不过是这一统治的一个最初的象征而已。特里娅里娅的凶悍性格与她自己家中一位性格谦和的范例相比，显得特别可恶，因为皇帝的妻子伽列里娅[③]从来不参与这样的恐怖行动，而且维提里乌斯兄弟二人的母亲塞克司提拉[④]也同样是一位品格高尚的妇女，是古风的典范。确实，据说当她接到她儿子的第一封信的时候，她说她生的是维提里乌斯，而不是日耳曼尼库斯。[⑤] 就是后来，她也从来不曾因为命运的诱惑或人民群众表示的尊敬而高兴过：她内心感到的只是她一家的不幸。

（65）在维提里乌斯离开了路格杜努姆之后，他就被已离开了西班牙的克路维乌斯·路福斯赶上了。[⑥] 路福斯在表面上装成高兴和庆幸的样子，但是内心却十分焦虑，因为他知道他已经受到了

① 佩特洛尼乌斯·图尔披里亚努斯（他曾在提贝里乌斯当政时期历任显职）的女儿。

② 今天的特尔尼。从佛拉米尼亚大道上的纳尔尼亚有一条行人稀少的道路通往翁布里亚的因提拉姆尼乌姆（或称因提拉姆那〔Interamna〕）。

③ 伽列里娅·丰达尼娅是维提里乌斯的第二个妻子，出身于前行政长官的家庭。

④ 参见苏埃托尼乌斯：《维提里乌斯传》，第3章和本书第三卷，第67章。

⑤ 关于他采用这一名号的问题，参见本书第一卷，第62章。

⑥ 参见本卷第58章。

控告。原来皇帝的一名被释奴隶希拉路斯[①]曾控告了他，说当他听到维提里乌斯和奥托即位的消息时，曾想自己取得权力而把西班牙行省攫为己有，因此之故，他才在他发布的各项文告上没有首先标出任何一个皇帝的名字。[②] 而且希拉路斯还把他所发表的公开演说的某些部分解释为对维提里乌斯的诽谤并且是想争取人们对自己的好感的。但克路维乌斯的势力却大到甚至可以使维提里乌斯下令惩处他自己的被释奴隶。克路维乌斯被列入皇帝的侍从人员之中，同时却保留了自己的西班牙行省。他继续从远方治理这一行省，因为过去路奇乌斯·阿尔伦提乌斯就有过这样的先例。但皇帝提贝里乌斯把阿尔伦提乌斯留在自己身边，是因为他害怕他。[③] 不过维提里乌斯并不怕克路维乌斯。特列贝里乌斯·玛克西姆斯没有取得同样的荣誉。[④] 他是为了逃避他的军队对他的憎恨才从不列颠逃出来的。维提里乌斯的侍从人员之一维提乌斯·波拉努斯[⑤]被派去接替他的职务。

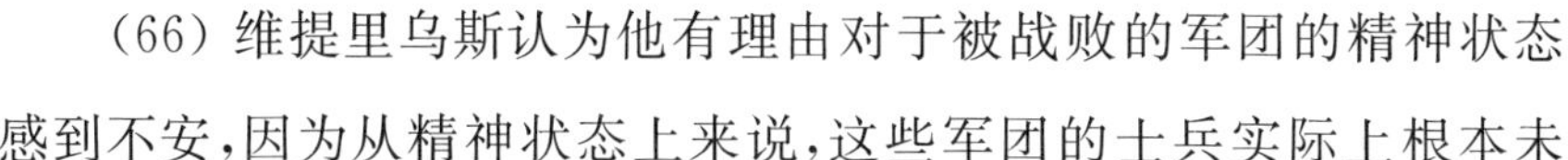

（66）维提里乌斯认为他有理由对于被战败的军团的精神状态感到不安，因为从精神状态上来说，这些军团的士兵实际上根本未

① 希略斯(Heräus)说，他可能是皇帝在塔尔拉科西班牙的代理官(P̄rocurator Caesaris)，因而也就是这一行省的主要财政负责人。铭刻表明被释奴隶往往被任命担任这样的职务。

② 很可能因为他还不知道皇帝到底是谁。可以假定他是在得到贝德里亚库姆的战报之后，才对阿尔比努斯采取行动的(参见本卷第 58 章)。

③ 参见塔西佗:《编年史》,第 6 卷,第 27 章。

④ 参见本书第一卷,第 60 章。

⑤ 他统治不列颠到公元 71 年，后来为佩提里乌斯·凯里亚里斯所接替。塔西佗在《阿古利可拉传》中说他是个受人欢迎的好人，但是没有威望(参见《阿古利可拉传》,第 16 章)。

被征服。分布在意大利各地并且同胜利一方的军团混到一处的这些军队，他们的谈话经常表现出敌对的情绪。第十四军团的士兵表现得特别无所顾忌，他们扬言他们从来没有被打败过，因为在贝德里亚库姆的战斗中，被战败的只是一些老兵罢了；军团的主力根本没有在战场上。维提里乌斯决定把他们送回不列颠（尼禄曾把他们从那里调了出来），同时使巴塔维亚的步兵中队同他们在一起设营，因为巴塔维亚人很久以来就跟第十四军团不和。[①] 在相互极端仇视的武装士兵中间，和平是不能长久维持的。在图林[②]，一个巴塔维亚人曾指控一名手艺人做贼，但一个军团士兵以主人的身份给这个手艺人辩护。于是双方的士兵就都集合起来给自己方面的人帮忙，事情很快就从口角发展到殴斗。老实讲，如果不是两个近卫军中队站到第十四军团的一面给他们增加了勇气同时又吓住了巴塔维亚人的话，一场血腥的战斗看来就是不可避免的了。但维提里乌斯下令他所信任的巴塔维亚人参加他自己的随从军队，却要第十四军团越过格莱斯·阿尔卑斯山[③]，而且还必须绕道避开维也纳，[④]因为维也纳的人民也是他所不放心的。在军团出发的那

① 参见本书第一卷，第64章；第2卷，第27章。

② 原名奥古斯泰·陶里诺路姆（Augustae Taurinorum），在奥古斯都在这里设置军事移民地之前，称陶拉西亚（Taurasia）。

③ 今天的小圣伯尔纳（The Little St. Bernard）。

④ 这条路通过埃波列地亚（今天的伊夫雷亚）到奥古斯塔·普莱托里亚（今天的阿欧斯塔）：它从这里上行到杜里亚河（今天的多亚尔河）的上流流域，穿过小圣伯尔纳山路（汉尼拔很可能就是从这条路攻入意大利的），又沿着列克吕兹河下行进入伊赛尔河上流流域，经过圣·摩里斯堡、塔兰塔西亚（今天的穆斯提耶）和孔夫兰而到达阿尔卑斯山这一通路的西门，即蒙美兰。在这里道路分成两股：一股穿过格雷西沃丹的谷地到达格勒诺布勒和维也纳；另一股折向西北，通过香倍里直到布尔锐湖，从那里又向西，穿过舍渥吕村附近的杜夏山（猫山），最后到达里昂。军团奉命走后一条路，这样就避开了维也纳。

一夜里，士兵们把所有的地方都点着了，陶里尼人的移民地有一部分也被烧光了。但是这一损失，正如同大多数的战争灾害一样，同其他城市所遭受到的更大的灾难相比却显得很不重要了。在第十四军团越过了阿尔卑斯山之后，最难约束的士兵主张向维也纳方面推进，但是比较规矩的士兵联合起来制服了他们，结果他们还是被调到不列颠去了。

(67) 维提里乌斯感到惊惶不安的另一个方面就是近卫军。在起初，他把他们分隔开来；继而又利用光荣的退役①来缓和他们的情绪，于是他们便开始把武器交回给他们的将领，但是当着外面普遍传说维斯帕西亚努斯已经开始了战争的时候，他们就重新参加了军队并且成了佛拉维乌斯派②的骨干。海军的第一军团被调到西班牙去，为的是使他们的野性在安谧的和平环境中缓和一下；第十一军团和第七军团③则被送回冬营，而第十三军团的士兵则奉命修造半圆形剧场，因为凯奇纳正准备在克雷莫纳，而瓦伦斯准备在波诺尼亚举行剑奴比赛。维提里乌斯对正经事情从来不曾专心致志到忘掉享乐的程度。

(68) 维提里乌斯就这样把战败的一方分散开来而又未引起

① 一般说来，退役(missio)的方式有四种：光荣的(honesta)、病弱的(causaria)、好意的(gratiosa)和不名誉的(ignominiosa)。光荣的退役是在光荣地服役十六年期满之后，近卫军士兵取得五千狄纳里乌斯(两万谢司特尔提乌斯)的退役金(参见狄奥·卡西乌斯，第55卷，第23章)；由于负伤、生病以及由于无法继续服役的其他原因而退役的则属病弱的退役；通过善意和庇护而得到的退役是好意的退役；凡由于不光彩的理由而退役的均属不名誉的退役。

② 维斯帕西亚努斯派通称佛拉维乌斯派，因为他姓佛拉维乌斯。

③ 第十一军团到达尔马提亚去，第七军团到潘诺尼亚去。

任何骚乱。但是在胜利的一方却爆发了一次兵变。兵变是由于玩笑而引起的。但是被杀死者人数不少,这就使维提里乌斯更加不得人心了。原来皇帝在提奇努姆设宴,①维尔吉尼乌斯是他的客人。副帅和将领们根据他们的统帅的不同性格,或是模仿他们的严格作风,或是在豪奢的晚宴中寻欢作乐。② 同样地,士兵们也就或是表现了忠诚,或是表现了放纵。维提里乌斯的军队乱成一团,到处都有人酗酒。这类事情只见之于长夜的宴会和狂饮,而与一座武装的军营所应有的纪律是不相容的。正巧这时第五军团的一名士兵和高卢辅助部队的一名士兵两个人开玩笑地要角力比武。当军团士兵被摔倒而高卢人开始嘲笑他的时候,集合起来的旁观人群就分成了两派。军团士兵突然开始残杀辅助部队,结果两个中队实际上是被歼灭了。纠正这次骚乱的办法就是再来一次新的骚动。在远处可以看到一团尘土和武器。人们立刻都喊了起来,说第十四军团已回来准备参加战斗了。但实际上这却是后卫部队。人们认清了他们的时候,惊惶情绪才平静下来。就在这时,士兵们控告维尔吉尼乌斯的正在经过那里的一名奴隶,说这个奴隶想暗杀维提里乌斯。他们立刻就冲到宴会的地方去,要求处死维尔吉尼乌斯。甚至胆怯而且对任何事物都会怀疑的维提里乌斯都不怀疑他是无辜的。好不容易才说服了士兵,使他们不再坚持处死这位曾担任过执政官,担任过他们自己的统帅的人物。老实说,任何人都不像维尔吉尼乌斯那样经受过如此多次而且是多种多样

① 他是从图林到提奇努姆去的。

② 罗马人往往提前举行晚宴,这样晚宴的时间就可以拖得更长,并且这种拖长时间的做法还可以表示自己的阔气。

的兵变的威胁。但人们依旧赞扬他，他的声誉依旧不衰。不过军队却恨他，因为他不理睬他们提出的建议。①

（69）第二天，维提里乌斯首先接见元老院的使团，因为他曾下令要使团在这里等候他。随后他就到营地去，乘着这个机会称赞了士兵们对他的忠诚拥戴。② 这一行动使得辅助部队抱怨说，军团士兵不但有特权不受到惩罚，而且还有特权表现得这样鲁莽无礼。继而为了使巴塔维亚的步兵中队不致采取什么鲁莽的报复行动，他就把他们送回日耳曼，因为命运之神已经准备好了将来会引起内战和对外战争的根源。③ 高卢的辅助部队都被遣散回家。他们的人数是众多的，因为在叛乱刚刚开始的时候，他们就被编入军队，但目的不过是利用他们在战争中虚张声势而已。

为了使那由于赠赐而遭到很大消耗的帝国财源还能够应付国家开支之需，维提里乌斯又下令减少军团士兵和辅助部队士兵的数目，并且不许继续征兵。而且凡请求退役的一律都加以批准。这种政策对国家是有害的，并且是士兵所不欢迎的，因为同样的任务现在要由较少的人来担负了，这样每个人承受危险和苦难的机会就更多了。他们的力量被奢侈之风腐蚀了，这种奢侈之风同古代的纪律和我们祖先的遗训形成了鲜明的对比。在我们祖先的时

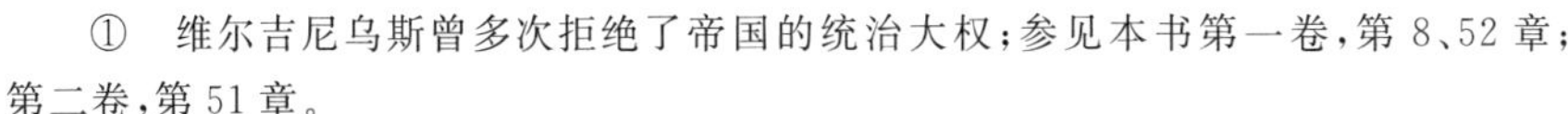

① 维尔吉尼乌斯曾多次拒绝了帝国的统治大权；参见本书第一卷，第 8、52 章；第二卷，第 51 章。

② 奥托也称赞过他那喜欢犯上的士兵的忠诚，参见本书第一卷，第 83 章。

③ 指奇维里斯的反罗马的起义。这一战争可以既称为内战，也可以称为对外战争，因为，首先，巴塔维亚人本身曾在罗马军队中服役，甚至有一些罗马军团加入了他们的队伍；其次，他们的联盟者一部分是高卢人（特列维利人和林哥尼斯人），一部分是居住在莱茵河以东的日耳曼人。

候，勇气而不是金钱构成了罗马国家的更好的基础。

（70）维提里乌斯于是转到克雷莫纳去，[①]他在那里观看了凯奇纳举办的剑奴比赛之后，却想到贝德里亚库姆的平原去亲眼看一看他最近取得的胜利的遗迹。那是一幅令人恶心的、非常可怕的景象：战斗之后还不到四十天，到处都是残缺的尸体，切断的肢体，人和马匹的腐烂的尸体，地面上浸透了污物和血块，树木被砍倒，庄稼被践踏得一塌糊涂。被克雷莫纳人撒满了月桂和玫瑰的那一段道路也呈现出同样野蛮的景象。他们这时正在这里修建祭坛，屠宰牺牲，就仿佛是迎接一个东方的君主似的。但是他们当前的欢乐后来却成了他们毁灭的原因。瓦伦斯和凯奇纳陪伴着维提里乌斯，向他解释战斗的情景；他们指出在这个地方是军团冲出去进攻，那里又是骑兵发动进攻；在什么地方又是辅助部队包围了敌人。将领和中队队长每个人也都各自吹嘘自己的战功，他们的话有真的，但其中也有虚构，至少是夸大了事实。普通士兵也欢呼着离开道路，去辨认那些曾发生过激烈战斗的地方，他们用惊奇的眼光望着一堆堆的武器和一堆堆的尸体。他们中间有一些人看到人世命运的无常而被感动得流了泪并且起了怜悯之情。但是维提里乌斯看到这样多的公民在死后得不到合于仪节的掩埋时，却从来不曾把目光转到别的地方去或是表现出害怕的样子。他确实是十分高兴的，但他并不晓得已经迫临到他身旁的命运，却还向当地的神灵奉献牺牲呢。

① 维提里乌斯从提奇努姆不是沿着埃米里亚大道行进，而是转由波司图米亚大道到克雷莫纳去，所以拉丁文用 flexit 一词。

（71）在这之后，法比乌斯·瓦伦斯又在波诺尼亚举行了他的剑奴比赛，比赛的一切设备都是从罗马运来的。当维提里乌斯临近首都的时候，他的随从人员就表现得更加腐化堕落了。优伶、大群的宦官和尼禄宫廷中所有其余各类的人都同他的士兵混到一处。原来维提里乌斯对尼禄本人是十分钦佩的，他常常并非出于强迫地陪着尼禄到各处去歌唱[①]——但伴随尼禄的许多体面人物却是出于强迫的——因为他是奢华生活和口腹之欲的奴隶和玩物。为了腾出几个月来使瓦伦斯和凯奇纳取得执政官的荣誉，他缩短了其他执政官的任期，[②]并且默默地饶恕了曾经是奥托派的一个领袖的玛尔库斯·玛凯尔。他推迟了由伽尔巴所选定的瓦列里乌斯·玛利努斯担任执政官的时期，不过不是因为这个人犯了什么罪，而是因为玛利努斯禀性温和并且包容得下人们对他的侮辱。佩达尼乌斯·科斯塔也被从执政官名单上免去了职位；他是皇帝所不喜欢的人物，因为他曾敢于反对尼禄，甚至曾鼓动维尔吉尼乌斯行动起来。当然，皇帝所提出的是别的一些理由。维提里乌斯照例接受元老院对他表示的感谢，因为奴才的习性已经根深蒂固地培养起来了。

---

① 关于尼禄公开表演歌唱的问题，参见塔西佗：《编年史》，第 14 卷，第 14、15 章；第 16 卷，第 4 章。

再参见优维纳尔：《讽刺诗》，第 8 卷，第 224 行以次：

“这就是我们的高贵皇帝的所作所为，这就是他的特殊作风，
他喜欢的是在外国舞台上不适当地歌唱以糟蹋自己，
喜欢取得一顶希腊芹花的花冠。”

② 参见本书第一卷，第 77 章。从上下文来推断，奥托或伽尔巴必定已任命玛凯尔、玛利努斯和科斯塔为下一年即公元 70 年度的执政官。

(72) 一场骗局,开始时虽然取得显著成功,但只能骗几天。有一个自称叫司克里波尼亚努斯·卡美里努斯的人出现了,他说自己在尼禄当政的时期,一直躲在伊斯特里亚,[①]因为古老的克拉苏斯族在那里仍然拥有食客、土地和人望。[②] 因此,为了表演这幕喜剧,他就和一批人类的渣滓勾结起来;轻信的普通人民和某些士兵,他们或是为这一谎言所欺骗,或是想发动骚乱,很快地就在他的周边集合起来了。这时他便被拖到维提里乌斯面前并被询以到底是何许人。他的回答没有一句是真话。但在他被他的主人认出是一个名字叫盖塔的逃跑的奴隶之后,他就受到了通常用来对付奴隶的惩罚。

(73) 从叙利亚和犹太来的信使来报告说,东方已经向维提里乌斯宣誓效忠了,他听了以后,那种骄傲自得的劲头简直令人难以相信。尽管人们谈论的根据还是模糊的和不确定的,但在传闻里已经常常提到维斯帕西亚努斯,而且他的名字往往引起维提里乌斯的不安。但是现在,皇帝和军队都认为他们已经没有同他们争权夺利的人,因此残酷、淫荡和掠夺的行为便泛滥起来了,这和野蛮人的一切残暴过火的行径完全一样。

(74) 维斯帕西亚努斯方面现在已开始考虑发动战争和武装斗争的可能性,并且估计远近各方面的实力了。他自己的军队是

① 伊里利亚的一个海角,位于亚得里亚海的上部。在它的底部有提尔盖斯特(今天的的里雅斯特),顶部则有波拉(Pola)。

② 司克里波尼亚努斯和他的父亲曾被尼禄的奴隶(一说被释奴隶)赫里奥斯谋杀(参见狄奥·卡西乌斯,第63卷,第18章;小普利尼:《书信集》,第1卷,第5章)。司克里波尼亚努斯一家属克拉苏斯家族。

随时可以为他尽力的，以至当他要士兵们宣誓为维提里乌斯的胜利效劳时，他们只是一声不响地听着。① 木奇亚努斯的情绪对他并不是敌视的，并且确实对提图斯有好感。② 埃及的长官③提贝里乌斯·亚历山大早已约定站在他这一面；从叙利亚调往美西亚的第三军团，④是他可以信赖的；他还能指望伊里利库姆的军团也能追随第三军团的榜样。他这样指望是有理由的，因为所有东方的军队对于到他们这里来的、维提里乌斯的士兵的那种专横作风都十分气愤；要知道，这些士兵虽然自己外貌粗野，说话粗鲁，却还要经常不断地嘲弄所有别的人，就仿佛别人都是天生低他们一等似的。但是这样规模的战争在发动时是决不会不经过一段犹豫时期的。而在一段时期里充满了希望的维斯帕西亚努斯，有时却又不能不考虑到各种困难：把他一生的六十年和两个年轻的儿子的命运寄托到战争的胜负之上的那一天会是怎样的一天啊！他想到，私人的计划可以使人有进退的余地，可以使个人能够在命运的赏赐中择取他愿意取得的那样多的东西；但如果一个人的目的是在于夺取帝国的统治大权的话，那就只能是孤注一掷，在峭壁和深渊之间是不存在中间地带的。

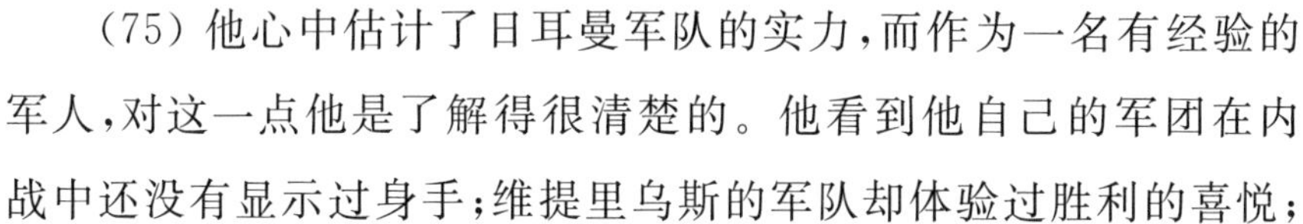

(75) 他心中估计了日耳曼军队的实力，而作为一名有经验的军人，对这一点他是了解得很清楚的。他看到他自己的军团在内战中还没有显示过身手；维提里乌斯的军队却体验过胜利的喜悦；

① 这意味着一种无言的抗议。因为在一般情况下，士兵应报之以欢呼。

② 参见本卷第 5 章。

③ 参见本书第一卷，第 11 章。

④ 即高卢军团。

而在战败的军队当中，不满的情绪容易产生，却谈不上有什么力量。在相互倾轧的时期，一支军队的忠诚是不可靠的，个别的士兵却能够造成危险。他自己忖量："如果有一两名凶手在谋杀了我之后到我的敌人那里去请领他们一直愿意支付的赏金的话，那么步兵中队和骑兵中队对于我又有什么用处呢？在克劳狄乌斯的统治时期，司克里波尼亚努斯就是这样被杀的。[①] 杀死他的凶手沃拉吉尼乌斯就是这样地从最低微的地位一跃而取得了最高的官职。[②] 调动大批的军队较之躲避个人的暗算反而是更加容易的事情。"

(76) 正当他心里有这样一些顾虑而犹豫不定的时候，他手下的军官和他的朋友，特别是木奇亚努斯，却使他的信念坚定起来。木奇亚努斯最初同他进行了一些次长时间的密谈，但是后来却公开地当着其余人们的面说："所有那些商讨重大事件的人应当考虑的是：他们的意图对国家是否有利，对他们自己是否光荣，是否易于完成或至少不难于完成。同时他们还必须考虑为他们策划的人的品格。他是否能在献计以外还愿意分担可能会遇到的风险？如果命运帮助这一事业的话，最高的荣誉应当加到谁的身上呢？维斯帕西亚努斯，我是要敦促你坐上皇帝的宝座的。这种做法对国家何等有利，对你本人何等光荣，这样的问题除了要由诸神决定之外，那就要取决于你自己的行动了。不要担心好像我在吹捧你。继维提里乌斯之后被选为皇帝，这是耻辱，而不是光荣。我们现在

① 参见本书第一卷，第 89 章。达尔马提亚的长官福利乌斯·卡米路斯·司克里波尼亚努斯在公元 42 年曾发动反抗克劳狄乌斯的叛乱。

② 没有资料记载他升到怎样高的职位。

起来反对的并不是神圣的奥古斯都的睿智，不是年老的提贝里乌斯的谨慎，也不是甚至由一个盖乌斯、一个克劳狄乌斯或者一个尼禄（如果你愿意把他也算上的话）构成的古老皇族。你甚至对伽尔巴的祖先也是尊敬的。但是再这样无所事事地观望下去，看着国家在贪污腐化里毁灭，这种情况只能说明你的怠慢和怯懦；虽然卑躬屈节会给你带来安全，但它也肯定会给你带来耻辱。人们早就想到你有夺取最高大权的雄心了。皇位是你唯一的安身立命之所啊。你已忘掉了科尔布罗被害的事情么？[①] 我敢说，他的出身比我好，但是就门第的高贵这一点而论，尼禄也超过了维提里乌斯。被人畏惧者在畏惧他的人的眼里总是很高贵的。而且，维提里乌斯本人的情况也是个证明，一支军队可以立一位皇帝；要知道维提里乌斯所以成为皇帝并不是因为有什么战功或威名，只是因为人们憎恨伽尔巴罢了。奥托之所以失败，不是由于他的对手是干练的统帅或是由于对方军队的力量，而是因为他失望得过早，而维提里乌斯却使奥托变成了好像是一位受到人们的惋惜的伟大皇帝了。但与此同时，维提里乌斯却分散了他的军团，解除了他的中队的武装并且每天都在散播战争的新种子。他的士兵身上的热情和勇气目前正在消耗在酒店里，在放荡的生活中，在对他们的皇帝的模仿上。你在叙利亚、犹太和埃及拥有精力充沛的九个军团，[②]他

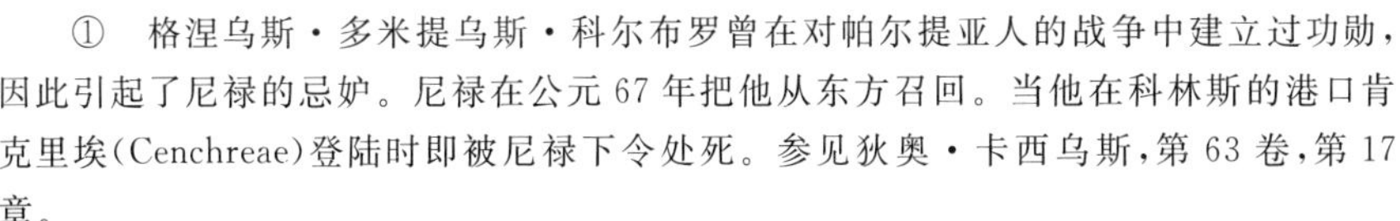

① 格涅乌斯·多米提乌斯·科尔布罗曾在对帕尔提亚人的战争中建立过功勋，因此引起了尼禄的忌妒。尼禄在公元 67 年把他从东方召回。当他在科林斯的港口肯克里埃（Cenchreae）登陆时即被尼禄下令处死。参见狄奥·卡西乌斯，第 63 卷，第 17 章。

② 叙利亚四个，犹太三个，埃及两个。

们没有受到战争的消耗，没有受到兵变的感染，这些军团有丰富的作战经验，因而是强大的，并且曾制服过国外的敌人[①]。你拥有强大的海军、骑兵和步兵中队，拥有完全忠于你的国王，[②]还有比所有其他的人更加丰富的经验。

(77)“至于我本人，我的要求只是自己不要被认为在凯奇纳和瓦伦斯之下。但是我请求你不要因为木奇亚努斯不和你相争就小看了他，不把他看成是可以参加你的事业的人。我认为我自己胜过维提里乌斯，你则比我更强。你的一家曾取得过凯旋的荣誉。[③] 你家有两个青年人，其中之一已经有力量担起帝国的统治大权了；他在日耳曼的军队中也享有崇高的声誉，因为他最初几年就是在那里服军役的。[④] 如果我不拥戴这样的人做皇帝，那是荒谬的事情，因为如果我自己做了皇帝，我也会把这个人的儿子过继过来的。而且，无论事情是成是败，你我的所处的地位是不相同的，原因是，如果我们胜了，我的地位就完全由你来随意决定了，但要是有什么危险的话，那我们是要同样分担的。我看较好的办法是，你在这里指挥全军，由我去实地作战，去经历战争的风险。现在，在战败的士兵中间较之在胜利的士兵中间，纪律是更加严格的。愤怒、憎恨和复仇的渴望激发战败的士兵去勇敢作战，但胜利者却由于鄙视、藐视敌人，反而丧失了他们的力量。战争不可避免

① 指犹太人。

② 参见本卷第 4 章，第 81 章。

③ 维斯帕西亚努斯因公元 43 年在不列颠统率第二军团时所立的战功而取得这一荣誉。参见本书第三卷，第 44 章。苏埃托尼乌斯：《维斯帕西亚努斯传》，第 4 章。

④ 提图斯曾在日耳曼和不列颠服役并取得了声誉。参见苏埃托尼乌斯：《提图斯传》，第 4 章。

地会把胜利一方目前被遮盖起来的发炎的伤口揭开并摆到外面来。我深信你的警惕、节俭①和智慧,同样,我也深信维提里乌斯是怠惰、愚昧和残暴的。再说,我们在战争中的处境会比在和平中的处境更好,因为那些打算发动叛乱的人们已经发动叛乱了。”

(78)木奇亚努斯发言之后,其余的人胆子就更壮了。他们集合在维斯帕西亚努斯周边,鼓励他,向他提示预言者的预言和各种星象。对于这类的迷信,他的确也不是完全不信的,这一点在他后来做了皇帝之后就可以很明显地看出来,因为他公开把一个名叫塞琉古的占星术士留在他的宫廷里,把这个人当成自己的指导者和预言者。过去的朕兆又浮现在他的脑海里了。有一次在他的乡间别墅里,一株相当高的绿柏树突然倒掉了,但是在第二天它在原地却重新高高地、生气勃勃地立了起来,而且枝叶比以前更加繁茂了。占卜师一致认为这是一件意义重大的吉兆,它注定会使当时还年轻的维斯帕西亚努斯取得最高的荣誉。在起初,凯旋的标记、他的执政官职位②以及他对犹太取得的胜利好像应了朕兆所预示的事情;可是在他取得了这些荣誉之后,他又开始认为朕兆所预示的是皇帝的宝座了。在犹太和叙利亚之间是卡美尔,③这是一座山的名字,也是神的名字。这个神没有神像或是神殿,父祖相传的规定就是这个样子。有的只是一座祭坛和对这个神的崇拜。当维斯帕西亚努斯在那里奉献牺牲并且考虑他那深藏在内心里的希望的时候,祭司巴西里德斯在反复检视了牺牲的脏腑之后就对他说:

① 后来他却变得贪婪了。

② 他是公元51年最后两个月的执政官。

③ 腓尼基边界安提黎巴嫩山的西南余脉。

“维斯帕西亚努斯，不管你计划做什么，修建一所住宅也好，扩大你的土地也好，增加你的奴隶的数目也好，神都会赏赐你一所巨大的宅邸、无垠的土地和众多的奴隶。”当时外面就已经传说了这个难解的神谕，现在人们试图解释这个神谕了；确实，无论哪一件事都不像这件事这样经常挂在人们的口边了。当着维斯帕西亚努斯的面，人们谈这件事就谈得更多了。因为人们对那些满怀着希望的人是有更多的话要说的。这两位领导人于是抱着明确的目的分手了，木奇亚努斯到安提奥克去，维斯帕西亚努斯到恺撒列亚去。安提奥克是叙利亚的首府，恺撒列亚是犹太的首府。①

(79) 把帝国统治大权授予维斯帕西亚努斯是在亚历山大(地名)开始的：提贝里乌斯·亚历山大在那里迅速地行动起来，他在7月1日就要他的军队向维斯帕西亚努斯宣誓效忠。② 后来这一天便被定为维斯帕西亚努斯担任皇帝的第一天而受到庆祝；不过犹太的军队向维斯帕西亚努斯本人宣誓效忠却是7月3日的事情，而且他们在宣誓时表现了这样的热情，以至他们甚至没有等待正在从叙利亚返回的、他的儿子提图斯——提图斯是木奇亚努斯和他的父亲之间的信使。这全部行动都是热心的士兵自动做出来的，既没有向他们发表过任何正式的演说，也没有进行过各军团的正式检阅。

(80) 当人们还在讨论如何确定时间、地点和第一个发出信号的人(在这种情况下这是最困难的事情)的时候，当每个人心里还

---

① 罗马的代理官驻在恺撒列亚；但是在犹太人的眼里，只有耶路撒冷才是他们的首府。

② 但约瑟普斯说，维斯帕西亚努斯曾写信给亚历山大，通告自己即位的事。

在希望和恐惧、计划和可能性之间徘徊观望的时候，一些按惯例应列队把维斯帕西亚努斯作为他们的副帅而向他致敬的士兵在看到维斯帕西亚努斯从他的本营出来时却把他作为皇帝而致敬了。接着，其余的人也都跑来，开始称他为恺撒和奥古斯都；他们把一个皇帝的所有头衔都加到他的头上了。他们的内心突然从恐惧变为相信命运之神的好意了。维斯帕西亚努斯虽然取得了新的身份，但是并未表现出骄傲或虚荣，看不到他的行动有什么不同寻常的地方。他被拥戴为皇帝这一突然事件一时使他感到迷惑，但他在心情镇静下来以后，就按照一个军人应有的做法讲了话。在这之后，他从四面八方都收到了对他有利的情报。原来一直在等候这一行动的木奇亚努斯，在听到了消息之后立刻便使他的热情的军队向维斯帕西亚努斯宣誓效忠。然后他就到安提奥克的剧场——人民定期在那里召开人民大会——向赶到那里聚会的群众发表讲话，而群众这方面也竭尽阿谀奉承之能事。

木奇亚努斯用希腊语讲话，但是讲得十分优美动听，因为他懂得如何把他说过的话和做过的事情说得冠冕堂皇些。最使行省和军队感到愤怒的是木奇亚努斯的这番话：维提里乌斯曾决定把日耳曼的军团调到叙利亚，以便使他们能够在这里过轻松的和有利可图的日子，但他却要叙利亚的军队到日耳曼去经受冬天的严寒和繁重的劳役。原来，行省的居民已习惯于同士兵生活在一起，并且乐于同他们来往，而事实上也有许多平民已经同士兵成了朋友并且结了婚，同时长期服役的士兵也爱他们所熟悉的旧营地，把它看成是他们自己的家乡了。

(81) 在 7 月 15 日以前，整个叙利亚同样都向维斯帕西亚努

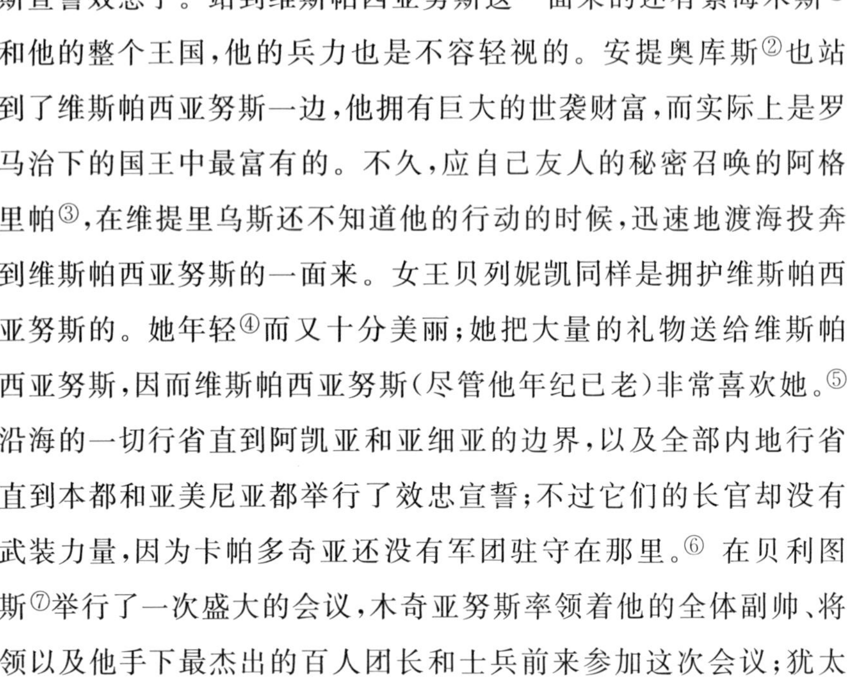

斯宣誓效忠了。站到维斯帕西亚努斯这一面来的还有索海木斯[①]和他的整个王国,他的兵力也是不容轻视的。安提奥库斯[②]也站到了维斯帕西亚努斯一边,他拥有巨大的世袭财富,而实际上是罗马治下的国王中最富有的。不久,应自己友人的秘密召唤的阿格里帕[③],在维提里乌斯还不知道他的行动的时候,迅速地渡海投奔到维斯帕西亚努斯的一面来。女王贝列妮凯同样是拥护维斯帕西亚努斯的。她年轻[④]而又十分美丽;她把大量的礼物送给维斯帕西亚努斯,因而维斯帕西亚努斯(尽管他年纪已老)非常喜欢她。[⑤]沿海的一切行省直到阿凯亚和亚细亚的边界,以及全部内地行省直到本都和亚美尼亚都举行了效忠宣誓;不过它们的长官却没有武装力量,因为卡帕多奇亚还没有军团驻守在那里。[⑥] 在贝利图斯[⑦]举行了一次盛大的会议,木奇亚努斯率领着他的全体副帅、将领以及他手下最杰出的百人团长和士兵前来参加这次会议;犹太

① 索海木斯是埃美撒家族出身的国王。他在公元 54 年被尼禄任命为索佩尼(幼发拉底河上游以东地区)的国王。参见本书第二卷,第 4 章;塔西佗:《编年史》,第 13 卷,第 7 章。

② 安提奥库斯出身塞琉古家族,这时他是孔玛盖尼和部分奇里奇亚的国王;三年之后维斯帕西亚努斯废掉了他,把他的王国变为罗马的一个行省。参见本书第二卷,第 4 章;塔西佗:《编年史》,第 12 卷,第 55 章。

③ 他是希罗·阿格里帕(死于公元 44 年)的儿子,贝列妮凯的兄弟;这时他是约旦河以东地区的长官。参见本书第二卷,第 4 章。

④ 实际这时她至少有四十岁。

⑤ 参见本书第二卷,第 2 章。

⑥ 卡帕多奇亚现在是由骑士出身的代理官统治着;后来由于行省经常遭到入侵,维斯帕西亚努斯不得不把它交给一个握有兵权的执政官级的长官来治理。参见苏埃托尼乌斯:《维斯帕西亚努斯传》,第 8 章。

⑦ 今天的贝鲁特。

的军队也派遣了他们的最优秀的人物为代表。步兵和骑兵的这次大会师，再加上都是扈从众多的国王们，使得这次会议有了一种可以和皇帝的尊严相称的气氛。

（82）战争中首先要做的一件事情就是征募士兵，并且把老兵召回军队。防守坚强的城市被选定制造武器；在安提奥克铸造了金币和银币。能干的特使被派到各专门地点去督促迅速进行这一切准备工作。维斯帕西亚努斯也亲自到每一个地方去鼓励工匠；他用赞扬的词句激发勤勉的人，对于那懒惰的工匠则用身体力行的办法加以感化；他隐瞒他的朋友们的过错，宣扬他们的优点。他把长官和代理官的职位赏赐给许多人；许多后来取得最高地位的优秀人物被他提升为元老。有些人所以得到升迁与其说是有什么功业，毋宁说是由于运气好。在木奇亚努斯的第一篇演说里，他要士兵们不可指望过多的赠赐；甚至维斯帕西亚努斯在内战时许给士兵的东西也并不比别人在承平时期的赏赐为多。他坚决反对把过多的赠赐给予士兵，因此他的军队的素质是比较好的。使节被派遣到帕尔提亚人和亚美尼亚人那里去同他们作出了约定，以避免在军团出发进行内战时后方空虚无防。[①] 决定把提图斯留下来最后结束犹太的战争，维斯帕西亚努斯控制进入埃及的要害地点。[②] 大家一致认为，一部分军队在木奇亚努斯的率领下便足以应付维提里乌斯，因为他们相信他们这边不但有维斯帕西亚努斯

① 他们的外交活动进行得十分顺利，以至帕尔提亚的国王沃洛吉西斯竟然建议为维斯帕西亚努斯提供四千名骑兵，不过这部分军队却为维斯帕西亚努斯慎重地谢绝了。参见本书第四卷，第 51 章。

② 指亚历山大和佩路西乌姆两地。

的声望可以为他们助威，而且命运也会帮助他们克服一切困难的。对所有的军队和全体将领都发出了信件，指令他们设法争取憎恨维提里乌斯的近卫军，办法则是答应近卫军能重新服兵役。

(83) 木奇亚努斯的举止与其说像个下属，毋宁说像个分享皇权的人。他率领着一支轻武装的队伍前进，前进的速度确实不慢，因为他担心慢了会给人以不够果断的印象，但另一方面他也不是匆匆赶路，因为他想借着前面的距离提高自己的声望：原来他知道他手下的军队不多，人们对于远方的事物往往会过甚其词。不过第六军团和一万三千名沙场老兵[①]却阵势堂堂地跟在他后面。他已下令黑海的舰队在拜占廷集合，因为他还没有决定到底要不要把美西亚放到一边，而以步兵和骑兵去攻占狄尔拉奇乌姆，同时在海上用他的舰队包围意大利。如果他采取上述战术的话，他就要保卫后方的阿凯亚和亚细亚，因为这些地方没有保卫自己的兵力，容易受到维提里乌斯的攻击，除非他把兵力留在那里守卫它们。他还相信，如果他准备利用海军进攻布伦地西乌姆、塔伦特以及卡拉布里亚与洛卡尼亚沿岸地带的话，维提里乌斯本人就不知道他要保卫意大利的哪一部分是好了。

(84) 因此在各个行省，到处都是准备他们所需要的舰船、军队和武器的一片备战声，但是使他们最伤脑筋的却是筹措款项的问题。木奇亚努斯一直这样说："金钱是内战的动力，"而且当他以

① 欧列里(Orelli)认为这些老兵包括前一章中召回的老兵。希略斯(Heräus)则认为很可能他们是留在叙利亚和犹太的五个军团的精锐的分遣队。在本卷第57章中，不列颠的三个军团送到维提里乌斯这里来的是八千人，即每军团约两千六百人。依此类推，五个军团正好是一万三千人。

法官的身份审判案件的时候，他所着眼的不是正义或真理，只是被告的财产的多寡。告发的事件十分流行，所有有钱的人都成了控告之下的牺牲者。这些诉讼成了人们的一个无法忍受的负担。当然，这些事情发生在战时还可以说是迫于战争的必要，但后来在承平时期它们却依然如此。老实讲，在维斯帕西亚努斯当政初期，他本人并不十分坚持干这类很不公道的事情。但是到后来，由于命运对他的放任以及坏人的从旁教唆，他也学会并敢于干这类的勾当了。木奇亚努斯自己也拿出大量的钱来资助战争；人们指出，他在私人财产方面的挥霍可以同他在贪污国家财产方面的过分的贪欲相比。其他领导人也学他的样子拿出了钱。但是能同样随便地把这些钱收回去的人却是极少的了。

（85）就在这个时候，维斯帕西亚努斯的事业又得到了一个新的有利的推动，因为伊里利库姆的军队也热情地投到他的一面来了。第三军团给美西亚的其他军团提供了一个先例：这就是忠于奥托的第八军团和克劳狄乌斯第七军团[①]，虽然这两个军团都没有参加过贝德里亚库姆的战斗。战斗之前，他们曾一直推进到阿克维莱阿，但是当使者把奥托战败的消息[②]带到那里时，他们就用武力赶跑了这些使者，把带有维提里乌斯的名字的队旗扯得粉碎，[③]最后竟占夺了军营的财库，把金钱在他们自己中间瓜分了。

---

① 纪念这一军团在达尔马提亚长官卡米路斯·司克里波尼亚努斯叛乱时对克劳狄乌斯的忠诚。

② 也可以说是奥托死亡的消息。

③ 因为他们都是军团的分遣部队，苏埃托尼乌斯说（《维斯帕西亚努斯传》，第6章），这些军队一得到奥托死亡的消息，便根据自己的意思，在未同叙利亚军队联系的情况下推选维斯帕西亚努斯为皇帝了。

他们的这种做法完全和敌人一样。他们的行动使他们心怀畏惧，继而这种畏惧心情又使他们想到，他们的行动可能会取得维斯帕西亚努斯的信任，但是对维提里乌斯，他们却只有谢罪的份儿。因此美西亚的三个军团便想写信去争取潘诺尼亚的军队；同时他们还准备在潘诺尼亚的军队拒绝时使用武力。在这件事情上，美西亚的长官阿波尼乌斯·撒图尔尼努斯计划了一件胆大而可耻的行动。他企图借口政治上的动机来发泄私愤，于是派遣一名百人团长去谋杀第七军团的副帅特提乌斯·优利亚努斯。[①] 但是优利亚努斯知道了自己的危险之后，就带着熟悉当地情况的几个人，穿过美西亚的没有道路的地区，逃到海木斯山[②]后面的地方去了。在那之后他并没有参加内战。原来虽然在出发时他说是去参加维斯帕西亚努斯的一方面，却一直在按照他得到的消息而延缓或加速他的行程。他找到各种各样的借口迟迟不肯前进。

(86) 但是在潘诺尼亚，对贝德里亚库姆一役的失败仍然深感愤懑不平的第十三军团[③]和伽尔巴第七军团立刻由于普利姆斯·安托尼乌斯[④]的强有力的鼓动而站到维斯帕西亚努斯的一面来了。他过去在尼禄当政时期曾犯过罪，并且曾被判以诈骗罪。[⑤] 但是作为战争的恶劣后果之一，他又恢复了他的元老职位。伽尔

① 参见本书第一卷，第79章。

② 今天的巴尔干山。

③ 他们在克雷莫纳和波罗尼阿修建了半圆形剧场之后便被派到波埃托维奥(Poetovio，今天的佩塔乌〔Petau〕)去。参见本书第三卷，第1章。

④ 名字的颠倒在塔西佗的作品中是常见的。

⑤ 公元61年他由于科尔涅里乌斯背信法(lex Cornelia de falsis)而被判了罪，因为他曾为伪造的遗嘱作证。参见塔西佗：《编年史》，第14卷，第40章。

巴虽然曾任命他为第七军团的统帅，但是人们相信，他曾写信给奥托，自愿以奥托派领袖的身份为他效劳。但奥托并没有理睬他，结果他就未能参加内战。现在维提里乌斯的命运看来也开始不妙了，普利姆斯于是又追随了维斯帕西亚努斯，并大大地推动了他的事业。要知道，他这个人在行动方面是果敢有力的，他很能讲话，善于在他的敌人中间制造不和，很能激起龃龉和争端，他能搜括金钱，又能挥霍金钱。总而言之，在和平时期，他是人类当中最大的坏蛋，但在战争时期，他却是一个不容轻视的人物。

美西亚和潘诺尼亚的兵力的结合使得达尔马提亚的军队也学了他们的样子，虽然统治行省的那些前任执政官并没有带头发动叛乱。塔姆皮乌斯·佛拉维亚努斯①是潘诺尼亚的长官，彭佩乌斯·西尔瓦努斯是达尔马提亚的长官，这两个人都是年老而富有的。但是同他们在一起的还有皇帝的代理官科尔涅里乌斯·富斯库斯，这是一个出身高贵的壮年人。在年轻的时候，他那想过宁静的生活的愿望使得他放弃了元老的地位。但是他曾使他自己的移民地②转到伽尔巴的一面去，而通过这一服务取得了代理官的职位。现在他又站到了维斯帕西亚努斯的一面，并且把他的全部热情放到战争上了。是危险本身，而不是危险的报酬使他感到满足，他喜欢任何新的、不肯定的和可疑的东西，而不喜欢肯定的东西和长久保证的利益。于是领袖们便着手挑拨整个帝国内那些心怀不

① 希略斯(Heräus)认为可能就是普利尼在《自然史》第9卷中所提到的亚细亚的长官。参见本书第三卷，第4章。

② 名称不详。

满的人们。他们派人去联络不列颠的第十四军团①和西班牙的第一军团②，因为这两个军团都曾站在奥托的一面反对过维提里乌斯。高卢各个行省到处都有他们的书信，一场大战眼看就煽动起来了。伊里利库姆的军队首先公开发难，所有其余的军队也都准备按命运的安排行事。

（87）当维斯帕西亚努斯和他的一派的领袖在各行省这样行动的时候，维提里乌斯却越来越懒散，从而日益受到人们的轻视。他在途中的每一座诱人的城市和别墅都要停留下来，他就这样同他的一支臃肿庞大的军队走向罗马。他有六千名扈从兵，这些人都由于没有纪律而腐化不堪。随营人员的数目就更多了；甚至在奴隶中间，那些服侍士兵的人也是最蛮横的。此外还有一大群官吏和廷臣，这些人甚至在给他们定下最严格的纪律时也是不可能就范的。除了臃肿不灵的这一大群人之外，还要加上从罗马前来迎接他的元老和骑士。这些人中有一些是由于害怕而来的；但是不少人却是想来讨好；而大多数的人，渐渐地是每一个人，则是因为看到别人去了而自己也不想落在后面。还有大群的下层公民也来了，他们的可耻的和阿谀的行为是维提里乌斯十分熟悉的。维提里乌斯特别高兴同这些小丑、戏子、骗子手结成可耻的友谊。不仅是移民地和自治市以及它们所储藏的粮食，就是农民和他们那即将收割的田地也都被掠夺一空，就仿佛这土地是敌人的土地一样。

① 参见本卷第66章。

② 参见本卷第67章。

(88) 士兵们常常在自己的队伍中间相互进行格斗，并引起可悲的致命后果，原来自从提奇努姆的事件发生以来，军团士兵和辅助部队之间的纠纷一直不断发生。[①] 不过，每当他们必须对付农村居民的时候，他们的行动就完全一致了。但是最可怕的屠杀却发生在离罗马七英里的地方。在那里，维提里乌斯把熟食的口粮分给每个士兵，就好像他犒劳剑奴一样。从罗马拥来的大群人民挤满了整个军营。当士兵不注意的时候，有一些公民因为想开个卖乖的玩笑，就把他们的皮带悄悄地割断了，随后他们就问士兵是否带着刀。士兵们不习惯于开玩笑，他们的脾气是受不住别人对他们的侮辱的。他们于是拿起了武器向手无寸铁的平民发动进攻。有一个士兵的父亲同这个士兵在一起时被杀死了。后来人们认出了他。他的死讯传出去之后，才停止了对无辜者的这种屠杀。

在罗马本城，那些比大军先来到的、散布在各处的士兵也造成了同样的惊恐情绪；这些士兵首先就寻找广场，因为他们想看一看伽尔巴殉难的地方。他们自己穿着破烂的兽皮，手里拿着巨大的枪，这样他们自己就给罗马人造成了同样野蛮的印象。他们的粗野无知使他们不懂得躲开人群，或者，当他们在很滑的街道上跌倒或是撞上一个平民的时候，他们就咒骂起来，咒骂之后便继之以拳头和刀剑。甚至那些带着武装队伍在街道上到处匆促地巡逻的将领和百人团长也散布了恐怖情绪。

(89) 维提里乌斯骑着一匹骏马，穿着统帅的外袍，带着武器，

① 参见本卷第 68 章。

已经从穆尔维乌斯桥①出发了，元老和人民走在他的前面。但是他的廷臣却劝他在进入罗马时不要使这座城市看来仿佛是一座被攻占的城市似的，于是他便换了一身元老的外袍，把他的队伍整理好，然后徒步进入罗马。四个军团②的军旗引导在队伍的前面，其他四个军团③的旗帜则分列在两旁，在这之后是十二支骑兵队伍的旗帜。在他们后面才是步兵和骑兵。再后面是三十四个步兵中队，它们是用他们的地区或是用他们的武器来命名的。走在鹰旗前面的是营帅、将领、主力百人团长，他们的衣服都是白的。带着闪闪发光的擦亮的武器和标记的其他百人团长则同各自的百人团一道行进。普通士兵的勋章和项圈同样是闪闪发光的。这是一幅雄壮的图画和一支配得上比维提里乌斯更好的皇帝的军队。他就率领着这一批侍从来到了卡披托里乌姆神殿，在这里他拥抱了他的母亲，并且赠给她奥古斯塔的尊号。

（90）第二天，维提里乌斯就仿佛是向别的城市的元老院和人民讲话似的，把自己大大地吹嘘了一番；他赞扬自己的刻苦和节制，尽管听他讲话的人以及其实是整个意大利的人，对他的罪行都是十分清楚的，因为他经过意大利时一路上所表现的就是可耻的懒惰和奢侈。但是对万事从不经心并且分不清真理和谬误的下层

① 横跨台伯河的这座桥离罗马城约二英里，在佛拉米尼亚大道上。西塞罗截获卡提里那一派的阴谋的证据就在这里，参见撒路斯提乌斯：《卡提里那的阴谋》；参见塔西佗：《编年史》，第13卷，第47章。

② 指意大利第一军团、阿劳达第五军团、拉帕克斯第二十一军团、普利米格尼亚第二十二军团。

③ 指日耳曼第一军团、马其顿第四军团、普利米格尼亚第十五军团，高卢第十六军团。参见本书第三卷，第22章。

群众依旧像通常那样地向他高呼谄媚的言辞，就好像有人授意他们这样做一样。尽管维提里乌斯表示拒绝，他们还是迫使他接受了奥古斯都（Augustus）的尊号。不过接受也好，拒绝也好，这实际上都已没有用处了。①

（91）对任何事情都要作出解释的一座城市，很自然地会把这样一件事实看成是一种不吉之兆，那就是：维提里乌斯在成了最高祭司之后，在7月18日这一天公布了有关国家宗教仪式的一项布告，而7月18日这一天千百年来一直被认为是个不吉利的日子，因为克列美拉②和阿里亚的灾难③都发生在这一天。他对于上天的法律和人间的法律一无所知，而自己手下的被释奴隶和廷臣又跟他一样地愚昧无知，这样他就好像是在一群醉鬼中间过日子。然而在选举执政官的时候，④他就像一个普通公民那样同他所推荐的候选人到处奔走游说。他和普通观众一样地到剧场去看戏，在那里如饥似渴地听取最下层人民喃喃私语的每一句话；但是在赛马场里他却是公开站在他所拥护的一派里的。这一切做法如果

① 这是说他很快便垮台了，接受不接受尊号对他没有什么意义了。

② 公元前477年，法比乌斯家族在克列美拉遭到全灭。

③ 公元前390年，在布伦努斯（Brennus）率领下的高卢人在阿里亚（今天的托尔伦提·第·卡提诺〔Torrenti di Catino〕）战败了罗马人。罗马人的伤亡是如此惨重以至后来这一天（Dies Alliensis）被认为是凶日，停止任何公私事务。参见李维：《罗马史》，第6卷，第1章以次；苏埃托尼乌斯：《维提里乌斯传》，第11章。

④ 这里指重新安排当年其余月份的执政官（参见本卷第71章）。这同11月的选举不同，在那次选举中维提里乌斯所安排的是以后各年的执政官。既然皇帝在行政长官的选举中只有推荐（commendatio）的权利，因而在理论上他也就只能指定执政官的候补人。候补人的这种指定（nominatio）实际上等于正式选定，不过名义上还算是由元老院选出的罢了。

是出于高尚的动机，毫无疑问是会使人高兴，是会使他取得人望的。但是，实际上，人们想到他先前的生活，自然就把这些行动看成是不像样子的，是卑鄙可耻的了。甚至元老们在讨论琐碎事情的时候，他也常常到元老院来。有一次，当时是当选的行政长官的赫尔维狄乌斯·普利斯库斯发表了一个同维提里乌斯的意图相反的意见。维提里乌斯起初很生气，但是他在最后也不过是止于号召保民官支持他那遭到轻视的权威而已。后来，当他的朋友担心他会怀恨在心，因而试图安慰他的时候，他就回答说，共和国的两位元老有不同的意见，那根本不是什么奇怪的事情。而且过去他确实是常常反对甚至是特拉塞亚的意见的。[①] 许多人认为这一轻率的比拟是荒谬的。但另一些人感到高兴的却是这样一个事实：被他选定为真正的光荣的典范的并不是最有势力的一个人物，而是特拉塞亚。

(92) 维提里乌斯任命普布里里乌斯[②]·撒比努斯和优利乌斯·普利斯库斯为近卫军长官。撒比努斯是一个中队的队长，普利斯库斯这时只是一个百人团长。普利斯库斯取得这一地位是由于瓦伦斯的推荐，撒比努斯则是由于凯奇纳的提拔。如果事情不经这两个人的同意，维提里乌斯就什么都办不成。皇帝的大权实际上是由凯奇纳和瓦伦斯行使的。这两个人长久以来就是老对头，他们在战争时期和在营地上，相互间这种憎恨就几乎已无法掩

① 特拉塞亚是赫尔维狄乌斯的岳父。在尼禄当政时期，他是斯多噶派反对派的领袖，公元 66 年元老院根据尼禄的命令处死了他。赫尔维狄乌斯同时也被赶出了意大利。参见塔西佗：《编年史》，第 16 卷，第 21—35 章。

② 有的本子是普布里乌斯(Publius)，这里从哈姆(Halm)本。

盖，现在在卑鄙的友人的教唆下，以及在总是会造成浓厚敌视情绪的公民生活中，这种敌意便更形加深了。他们都争先力图使自己有大量的侍从、许多门客和大量前来谒见的食客，并激起了对方的想比试比试的心理，而维提里乌斯则一时喜欢这个人，一时又喜欢另一个人。当一个人有了过大的权力时，他永远不能完全相信别人；同时维提里乌斯本人又是个性子不稳定的人，他时而容易突然发火，时而又很不适当地给人以过多的宠信，因此他就受到了他们的蔑视和畏惧。但这一点并不曾使他们夺取房屋、花园和帝国财富的速度放慢，但是另一方面，被伽尔巴召回罗马的大量悲惨的、贫困的贵族和他们的孩子却根本得不到皇帝的怜悯或是帮助。但是有一项法令却不仅使那些权贵高兴，甚至受到平民的欢迎，这就是，这一法令使那些从亡命地被召回的人们重新取得了对自己的被释奴隶的保护人的权利。[①] 但是被释奴隶却通过他们那奴才的狡猾手段千方百计地逃避这一措施的影响，他们把自己的钱隐藏起来（通过把它们寄存到卑贱的朋友或是显要人物那里去）。他们中间的一些人转到恺撒的家里去，结果就变得反而比他们的主人更有势力了。

（93）但是拥挤的军营绝对容纳不下的大量士兵，在柱廊、神殿，实际上也就是在整个城市里到处游荡。他们根本不站岗，也不

① 根据十二铜表法，保护人也和父系亲属（agnatus）一样，在他们的被释奴隶没有子嗣而死后又无遗嘱时，得以继承这些被释奴隶的财产。如果被释奴隶有遗嘱，他也只能处理自己财产的一半，另外的一半则保护人有全权处理。此外，被释奴隶还有种种义务；如果保护人贫穷而不能养活自己的话，被释奴隶就有义务养活他，就像儿子养活父亲一样。

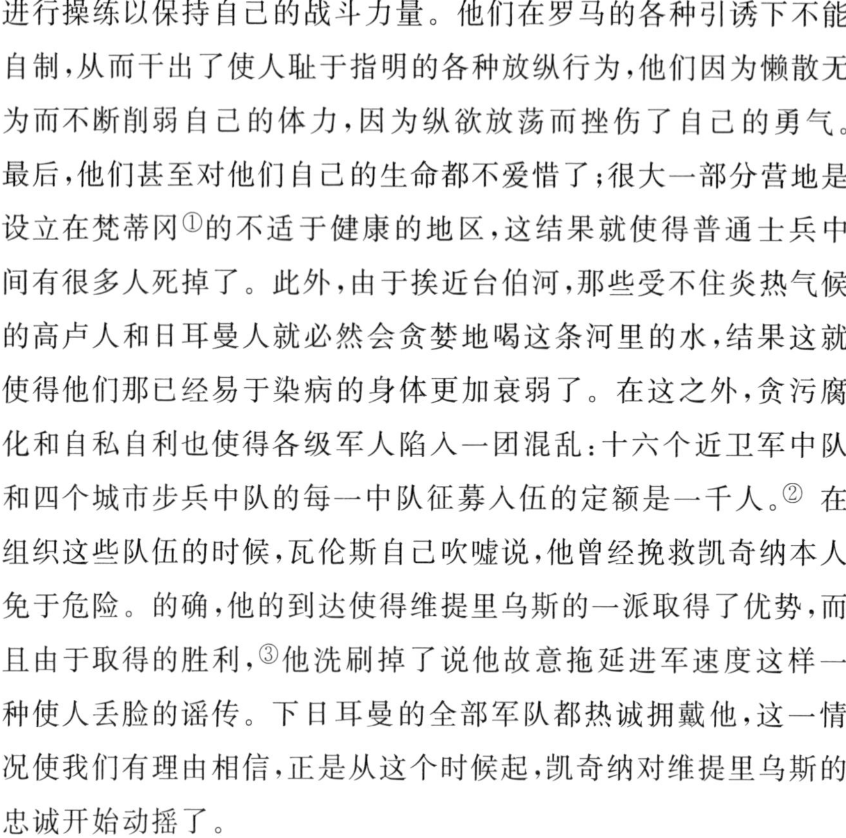

进行操练以保持自己的战斗力量。他们在罗马的各种引诱下不能自制，从而干出了使人耻于指明的各种放纵行为，他们因为懒散无为而不断削弱自己的体力，因为纵欲放荡而挫伤了自己的勇气。最后，他们甚至对他们自己的生命都不爱惜了；很大一部分营地是设立在梵蒂冈[①]的不适于健康的地区，这结果就使得普通士兵中间有很多人死掉了。此外，由于挨近台伯河，那些受不住炎热气候的高卢人和日耳曼人就必然会贪婪地喝这条河里的水，结果这就使得他们那已经易于染病的身体更加衰弱了。在这之外，贪污腐化和自私自利也使得各级军人陷入一团混乱：十六个近卫军中队和四个城市步兵中队的每一中队征募入伍的定额是一千人。[②] 在组织这些队伍的时候，瓦伦斯自己吹嘘说，他曾经挽救凯奇纳本人免于危险。的确，他的到达使得维提里乌斯的一派取得了优势，而且由于取得的胜利，[③]他洗刷掉了说他故意拖延进军速度这样一种使人丢脸的谣传。下日耳曼的全部军队都热诚拥戴他，这一情况使我们有理由相信，正是从这个时候起，凯奇纳对维提里乌斯的忠诚开始动摇了。

(94) 但是维提里乌斯对他手下统帅的放任还比不上他对士兵的纵容。每个人在军队里愿意干什么工作就干什么工作。不管

---

① 梵蒂冈周边到处是腐水和臭气，因而是不利于健康的。目前在那里的是圣彼得教堂。

② 维提里乌斯解散了构成奥托军队的基干的九个近卫军中队（参见本书第二卷，第 67 章）；他现在征募了十六个近卫军中队来代替他们，并显然把通常的三个城市步兵中队增加到四个。这种增多可能是因为自愿参加这种有利可图的兵役的人多了（参见本卷第 94 章）。

③ 参见本书第一卷，第 66 章；第二卷，第 27、31—44 章。

一个士兵多么不够格，他只要愿意的话就能登记在罗马服役。① 另一方面，如果好的士兵愿意的话，他们仍可以同军团或骑兵留在一起；而且有一些人的确是愿意这样做的，因为他们已被疾病折磨得精疲力尽，并且十分厌恶罗马的气候。结果军团和骑兵便失去了自己的力量，而近卫军军营的崇高威信也动摇了，要知道，这两万人并不是精锐的士兵，而只是从全军凑起来的乌合之众而已。

当维提里乌斯向他的军队讲话的时候，士兵们要求他惩处亚细亚提库斯、佛拉维乌斯和路菲努斯，他们都是站到温代克斯的一面作战的高卢领袖。② 维提里乌斯并不想制止这类要求，因为他不仅是生来就没有毅力，而是他清楚地了解，不久他必须把赏赐送给他的士兵，可是他又没有必需的钱。因此他便在所有其余的事情上纵容他的军队。皇帝家族的被释奴隶都被命令必须按照他们的奴隶的数目纳税。但是只知道花钱的皇帝却一直给赛马师修造马厩，在比赛场上接连不断地举行剑奴比赛和斗兽比赛，并且一直在浪费金钱，就好像他的财库里的钱已经多得放不下似的。

（95）此外，凯奇纳和瓦伦斯还在罗马各区举办规模空前的剑奴比赛，以庆祝他的生日。③ 维提里乌斯在玛尔斯广场修建祭坛，并向尼禄的亡灵奉献牺牲。他的行径使那些最坏的人感到高兴，却使最好的公民深感愤慨。他以国家的名义屠宰并烧烤了牺牲。牺牲的点火仪式由奥古斯都祭司团的成员执行，这一祭司团是提

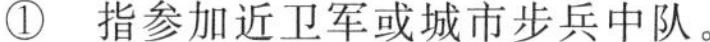

① 指参加近卫军或城市步兵中队。

② 参见本书第一卷，第 6 章。关于这些领袖我们没有更多的材料。

③ 他的生日是公元 15 年 9 月 7 日或 29 日（参见苏埃托尼乌斯：《维提里乌斯传》，第 3 章）。

贝里乌斯·恺撒为优利乌斯族建立的，犹如罗木路斯过去给国王塔提乌斯建立一个祭司团一样。维提里乌斯取得胜利还不到四个月，他的一名被释奴隶亚细亚提库斯就比得上波里克利图斯、帕特洛比乌斯以及过去其他令人厌恶的名字了。[①] 在他的宫廷里，没有一个人想通过正直或刻苦自励以取得声誉：取得权力的道路只有一条，那就是用极其豪华的宴会和挥金如土的寻欢作乐来满足皇帝的永无止境的贪欲。他本人也完全是今朝有酒今朝醉的想法，以后的事情根本不去多想：人们估计，就在短短几个月中间，他挥霍掉的钱总有九亿谢司特尔提乌斯。[②] 这个伟大而又多灾多难的国家在仅仅一年当中竟不得不忍受一个奥托和一个维提里乌斯的统治，竟不得不在一个维尼乌斯、一个法比乌斯、一个伊凯路斯和一个亚细亚提库斯的手里经受了一切苦难，一切耻辱，最后再由一个木奇亚努斯和一个玛尔凯路斯[③]换掉他们，人是换成新的了，但人品却没有什么改变。

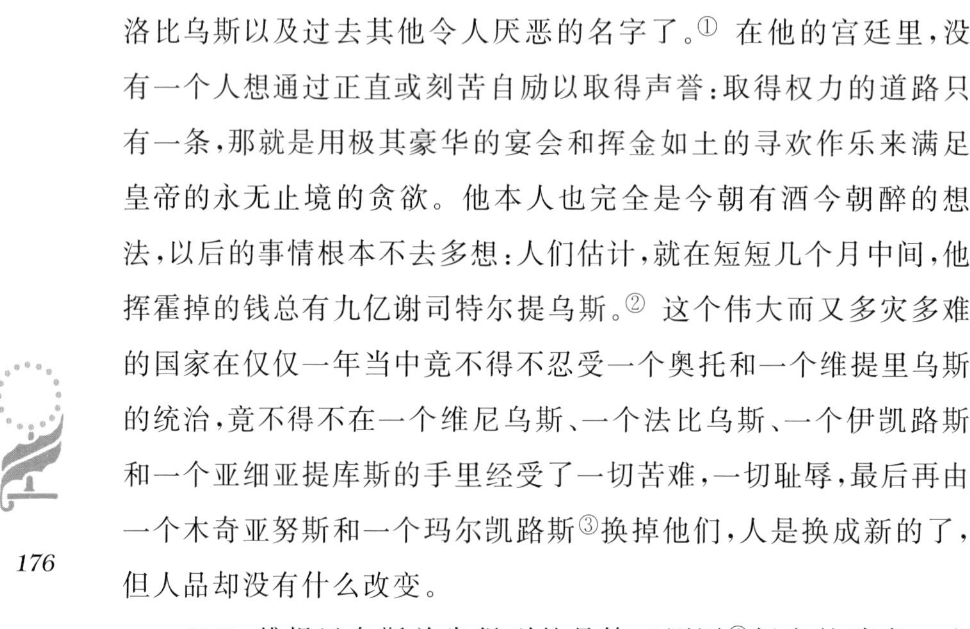

(96) 维提里乌斯首先得到的是第三军团[④]叛变的消息。这个消息是阿波尼乌斯·撒图尔尼努斯[⑤]在他自己也投到维斯帕西亚努斯的一面去之前，在一封信里报告给他的。但是面临着突然

---

① 参见本书第一卷，第 37、49 章和第二卷，第 57 章。波里克利图斯和帕特洛比乌斯原是尼禄的两名被释奴隶，后来被伽尔巴处死。

② 折合 20 世纪 20 年代的四千多万美元。本书英译者莫尔（Moore）认为这个数目可能被夸大了。

③ 埃普里乌斯·玛尔凯路斯是一个专门靠干坏事爬上来的人，他也是维斯帕西亚努斯的得力助手（参见本书第 53 章；塔西佗：《编年史》，第 16 卷，第 28 章）。

④ 木奇亚努斯的军团，在美西亚。

⑤ 这时他是美西亚的长官。

变化而心慌意乱的阿波尼乌斯并没有把全部真相报告给他，那些阿谀成性的廷臣于是就对这个消息作了并非十分严重的解释。他们说叛变的只有一个军团；但其余的军队都是对他忠诚的。维提里乌斯本人对士兵的讲话也申述了这个意思。他斥责不久以前被解散的近卫军士兵，指责他们散布毫无根据的谣言，并且说内战并没有任何可怕之处；他并没有提到维斯帕西亚努斯的名字，但是把士兵派到城内各处去钳制人民群众的谈论。这是给谣言火上加油的最好做法。

(97) 虽然如此，他还是把辅助部队从日耳曼、不列颠和西班牙诸行省召了来；不过他这时的行动十分迟缓并且试图作出并非十分急迫的姿态。长官和行省的行动也和他同样迟缓。霍尔狄奥尼乌斯·佛拉库斯这时已经不放心巴塔维亚人[①]，他正在为他自己可能会遇到的一场战争而苦恼着。[②] 维提乌斯·波拉努斯在不列颠从来就没有得到过全面的平静，[③]因此他们两个人都拿不定主意投到哪一面去。两个西班牙的军队也并不忙着离开那里，因为当时那里并没有委派长官。[④] 三个军团[⑤]的统帅的权力是相等的，而如果维提里乌斯的事业顺利，他们必定会争先恐后地对他俯首听命，但在当时的情况下，三个人同样都不肯出来分担他的厄运。在阿非利加，过去克洛狄乌斯·玛凯尔征募的军

① 他们很快地就在奇维里斯的领导下发动了反罗马的起义。

② 参见本卷第 57 章。

③ 参见本卷第 65 章。

④ 克路维乌斯·路福斯同维提里乌斯在一起而未到任。

⑤ 指维克特利克斯第六军团，盖米纳第十军团和阿德优特里克斯第一军团。

团和中队后来曾被伽尔巴解散，[①]但他们却根据维提里乌斯的命令重新取得了军籍。在这同时，年轻的公民也都热心地参加了军队。原来维提里乌斯在这里以总督身份进行统治时，他的行为曾是正直和受到爱戴的；但维斯帕西亚努斯在这里担任长官时，他给人的印象却是恶劣的，并且受到了当地人民的憎恨。联盟者从过去所得的印象出发，推测他们两个人在担任皇帝之后统治的情况将会怎样。但经验证明，实际情况和他们的料想恰恰相反。

（98）军团的统帅瓦列里乌斯·费司图斯开初是衷心支持行省居民的意愿的。[②] 但他很快就开始动摇起来；在公开发表的书信和文件当中，他站在维提里乌斯的一面，但是他通过暗中的来往维护维斯帕西亚努斯的利益，这就是说，他准备两面讨好，哪一面取得胜利他就站到哪一面去。派到莱提亚和高卢各行省来的一些士兵和百人团长被逮捕了，在他们身上搜出了维斯帕西亚努斯的书信和文告，这些人被送到维提里乌斯那里去处死了。不过大多数的使者没有被逮捕，因为他们或是被掩护在知心友人的家里，或是以自己的机智而逃脱了逮捕。这样一来，人们就得悉维提里乌斯的准备情况，但维斯帕西亚努斯方面的计划却大部分还是个秘密。这首先是由于维提里乌斯的愚蠢，其次是由于驻守在潘诺尼

① 参见本书第一卷，第7、11章。

② 瓦列里乌斯·费司图斯是驻守在阿非利加的第三军团的统帅，维提里乌斯的亲戚，他被派到那里去显然是为了监视总督路奇乌斯·披索的。参见本书第四卷，第48、49章。

亚的阿尔卑斯山[1]的卫戍部队封锁了使者的通路。此外，这时又正是埃提西亚风[2]的季节，因此东行的船舶都是顺风，但是从东向西的船舶却是逆风。

(99) 敌人的迫近和从各个方面传到他这里来的可怕的消息终于使维提里乌斯惊惶起来了。他于是下令凯奇纳和瓦伦斯作应战的准备。凯奇纳先被派了出去；当时在一场重病之后刚刚痊愈的瓦伦斯则由于体力尚弱而耽搁下来。当日耳曼的军队离开罗马的时候，和他们开入罗马的时候相比，看起来大不相同了。士兵们没精打采，毫无热情；他们队伍一点不整齐，行进的速度也很慢，他们拖着自己的武器，乘骑也是垂头丧气的样子。但是忍受不了日光、尘土或暴风雨的军队，根本不想去受苦的军队，是特别容易发生争吵的。造成这种局面的另一个因素是来自凯奇纳过去的迁就放任和他最近的懒散无为，因为过多的好运气已使他沉溺在奢华的生活之中；也许他这时已经打算叛变，因此故意挫伤自己的军队的士气，作为他的计划的一部分。人们普遍相信，佛拉维乌斯·撒比努斯的一番游说已使凯奇纳的忠诚发生了动摇，而从中联络的

① 即今天的所谓优利安·阿尔卑斯山(Julian Alps)。它从撒夫河(Save)的河源处开始，东南行穿过伊松佐河(Isonzo)、撒夫河和库尔帕河(Kulpa)之间到阜姆(Fiume)和达尔马提亚沿岸的山脉。穿过这一山脉、从阿克维莱阿通向潘诺尼亚的道路，通过阿德尔斯贝尔格山路(Adelsberger Pass)(这是多瑙河和亚得里亚海之间的分水界)，从那里东北行穿过埃蒙纳(Aemona)即莱巴赫(Leibach)，再穿过圣奥斯瓦尔德(St. Oswald)附近的特罗伽那山路(Trogana Pass)，从那里再到佩塔乌(Petau)，即第十三军团的大本营的所在地。

② 埃提西亚风(etesiae)是在每年最热的时期7月下半月到8月在爱琴海上刮的一种季节风(西北风)。

则是卢布里乌斯·伽路斯[①]。伽路斯曾向凯奇纳保证,维斯帕西亚努斯愿意答应凯奇纳转到他这一面来所提出的条件。同时人们又向他提醒他对法比乌斯·瓦伦斯的憎恨和忌妒,而且由于他对维提里乌斯的影响比不上他的对手瓦伦斯,因此人们就劝他向一个新皇帝那里去寻求恩宠和支持。

(100) 凯奇纳在同维提里乌斯拥抱之后带着极大的荣誉出发时,他先派出他的一部分骑兵去占领克雷莫纳。不久,第一、第四、第十五、第十六军团的队伍也跟着出发了。跟在他们后面的是第五、第二十二军团。在最后面的是拉帕克斯第二十一军团和意大利第一军团以及由不列颠的三个军团派出的分遣队伍和精锐的辅助部队。

在凯奇纳出发之后,法比乌斯·瓦伦斯便写信给他先前[②]统率过的军队,命令他们在途中等候他,他说这是他和凯奇纳已经约定好了的。但是手里掌握了军队,因而对瓦伦斯占了优势的凯奇纳,却扬言计划业已改变,这样他们可以以他们的全部力量来迎接战争的第一场大仗了。于是军团就奉命加速推进,一部分开向克雷莫纳,一部分开向荷司提里亚[③];他本人则借口要对海军讲话而转赴拉温那。但是很快地他就偷偷地溜到帕都亚,安排背叛的条件去了。原来先前只是一名骑兵中队队长的路奇里乌斯·巴苏斯

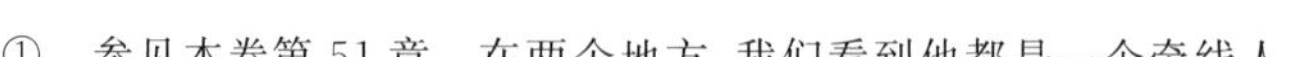

① 参见本卷第51章。在两个地方,我们看到他都是一个牵线人。

② 在下日耳曼的时候。

③ 今天波河左岸的欧司提里亚(Ostiglia),它位于维罗那以南,曼图亚(Mantua)东南。从维罗那到波罗尼的道路和从克雷莫纳到曼图亚的波司图米亚大道(Via Postumia)就在这里会合。

曾被维提里乌斯任命为拉温那的舰队[①]以及米塞努姆的舰队[②]的统帅，但由于他未能很快地取得近卫军长官的地位，从而对维提里乌斯产生了不应有的憎恨情绪，而现在他却要用一次可耻的和背叛的复仇行动来发泄这种情绪了。我们无法确定是巴苏斯拉上了凯奇纳的当，还是像常有的情况那样，坏人和坏人的气味相投，因而同一件坏事自然就促使他们狼狈为奸起来了。

（101）在佛拉维乌斯家族当政时期[③]记述了这次战争的历史的当代历史学家[④]硬说他们的叛变是由于爱好和平和关心国家的利益，这些历史学家为了谄媚的目的而捏造了他们的动机。但是在我看来，他们这两个人，且不说他们生来就是见异思迁的脾气以及在背叛了伽尔巴之后，他们把他们自己的荣誉看得一钱不值，他们所以这样做一方面是他们在相互间争风吃醋；另一方面他们又都心怀忌妒地害怕别人在皇帝面前比他们得到更多的宠信，结果他们就索性连维提里乌斯本人都推翻了。

凯奇纳同自己的军团会合到一起之后，就开始用各种办法暗中破坏百人团长和士兵对维提里乌斯的不够坚定的忠诚；巴苏斯

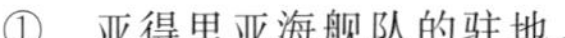

① 亚得里亚海舰队的驻地。

② 地中海舰队的驻地。维提里乌斯对巴苏斯的任命已经是破格的了。

③ 指维斯帕西亚努斯、提图斯和多米提安的统治时期。

④ 他所引用的佛拉维乌斯时期的作家，据我们所知，是克路维乌斯·路福斯、老普利尼（他写了一部日耳曼战争的历史，并且续写了奥菲狄乌斯·巴苏斯的历史）和维普斯塔努斯·美撒拉（他本人参加过这一战争，当时他统率过美西亚的一个军团，即克劳狄乌斯第七军团）。除去官方文件和其他史料之外，还有许多作家没有被他指出名字来。但我们不一定认为这三个作家就是被他认为“为了谄媚的目的而捏造了他们的动机”（见本章正文）的人物。因为美撒拉就是他所钦佩的并且被他列为他的《对话录》的登场人物之一。老普利尼也是他所敬佩的前辈。

在对海军进行同样的挑拨时遇到的困难较少,因为海军士兵还没有忘掉他们不久之前效忠于奥托的事情,[①]所以他们是不惜改变他们的效忠对象的。

① 参见本卷第12章以次。

第 三 卷

(1)[①]佛拉维乌斯方面的统帅们这时正在以较顺利的命运和较大的忠诚计划着他们的战役。他们都已集合在波埃托维奥[②]这个地方，这里是第十三军团[③]的冬营的所在地。在这里，他们讨论他们是否应当守住潘诺尼亚的阿尔卑斯山的各个山口，直到他们的全部兵力都得以在他们的后方征集起来的时候；还是采取比较大胆的办法，即立刻向敌人发动攻击，同他们争夺意大利的统治权。一部分人主张等待辅助部队和拖延战争，他们着重指出了日耳曼军团[④]的实力和声誉，并且提出这样一个论据来，这就是：不列颠军队的精华最近也到了维提里乌斯那里。[⑤] 他们还指出说，他们这方面的军团数目比较少，而充其量也不过是不久之前被打败的军团；[⑥]尽管这些士兵讲起话来口气都很勇敢，但是被打败的人的勇气总是要差一些。他们说，如果在这个时候他们守住了阿尔卑斯山，木奇亚努斯是会带着军队从东方赶来的；维斯帕西亚努斯在这之外还全面控制着海洋和他的舰队，他可以指望各行省的

---

① 这时是公元 69 年年底(大概是 10 月)。

② 司提利亚(Styria)地方德拉维(Drave)河畔的佩塔乌(Pettau)。

③ 这个军团原属奥托，贝德里亚库姆之役之后被用来从事修建工作(参见本书第二卷，第 67 章)，随后即被调至潘诺尼亚的冬营。

④ 维提里乌斯的在贝德里亚库姆的军队的主力，参见本书第 1 卷，第 67 章；第 2 卷，第 57 章。

⑤ 参见本书第二卷，第 57 章。从不列颠前来的有八千人。

⑥ 指贝德里亚库姆一役。参见本书第 2 卷，第 41—45 章。

热情支持，通过它们的帮助，他可以掀起几乎是另一场战争的风暴。因此他们说，拖延对他们有好处，新的军队会加入他们的一面，而且他们这样做也不会失去他们现在的任何有利之处。

（2）在回答这种说法时，最热心主张作战的安托尼乌斯·普利姆斯①说，快速行动对他们有好处，对维提里乌斯却是极其有害的。他说："胜利的一方容易产生怠惰而不是什么信心，因为他们的士兵并没有被限制在军营里，而一直是在意大利的所有各个自治市游荡；害怕他们的只是接待他们的主人而已。他们过去表现得何等野蛮残暴，他们现在也就何等贪婪地沉溺在他们新近尝到的享乐里。赛马场、剧场和罗马的各种享乐削弱了他们的力量，同时疾病也已把他们折磨得毫无生气了。但是，如果给他们时间的话，他们就会通过战争的准备而恢复他们的力量；作为他们的力量的源泉的日耳曼并不远；不列颠和它相隔只有一道海峡；高卢和西班牙行省也近在眼前：从这两个地方他们可以取得人员、马匹和税收；意大利本土和罗马的财富也在他们手里；如果他们想发动进攻的话，他们拥有两支舰队②，而且伊里利亚海对他们是开放的。在那样的情况下，山脉的屏障对我们有什么用处呢？把战争拖到第二年的夏天，那对我们有什么好处呢？在这个时候，我们又到什么地方去寻找金钱和给养呢？让我们还是利用这样一件事实吧，这就是：与其说被战败毋宁说受了欺骗的潘诺尼亚军团③迫不及待地想进行报复；而且美西亚的军队也贡献出了他们的完整无损的

① 伽尔巴第七军团的统帅。参见本书第二卷，第 86 章。

② 指驻守在米塞努姆和拉温那的两支舰队。

③ 参见本书第二卷，第 42 章。

力量。如果我们计算一下士兵的数目而不是军团的数目的话，我们就可以看到，我们这一面的实力更大一些，而且没有放荡的行径。贝德里亚库姆的失败虽然可耻，但这却有助于加强我们的纪律。再者，甚至当时我们的骑兵也没有被战败，尽管战争失败了，但他们依旧冲破了维提里乌斯的阵线。[①] 在那一天里，潘诺尼亚和美西亚的两个骑兵中队冲入了敌人的阵地；现在则是十六个骑兵中队结合在一起进攻。单是他们的骚闹的声音和他们进攻时所扬起的一团烟尘，就足以压倒和埋葬掉敌人的骑兵和马匹，因为他们已经忘掉什么是一场战斗了。除非有人限制我这样做，否则我既然提出了这样的建议，我就会也这样做。你们这些还没有确定自己最后命运的人，如果愿意的话，就把你们的军团按住不放吧。但对我来说，给我一些轻武装的步兵中队就够了。不久之后，你们就会听到，意大利的大门已经打开了，维提里乌斯的统治被推翻了。那时你们所能做的也只能是高高兴兴地跟随着胜利者，踏着他的脚步前进罢了。”

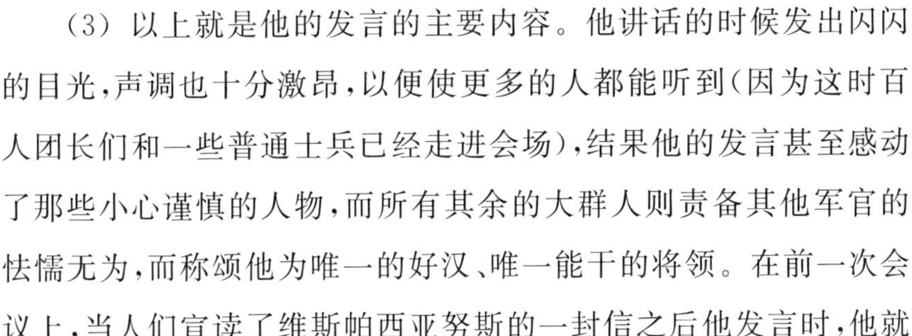

（3）以上就是他的发言的主要内容。他讲话的时候发出闪闪的目光，声调也十分激昂，以便使更多的人都能听到（因为这时百人团长们和一些普通士兵已经走进会场），结果他的发言甚至感动了那些小心谨慎的人物，而所有其余的大群人则责备其他军官的怯懦无为，而称颂他为唯一的好汉、唯一能干的将领。在前一次会议上，当人们宣读了维斯帕西亚努斯的一封信之后他发言时，他就

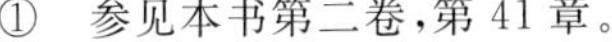

① 参见本书第二卷，第41章。

已经取得这样的声誉了。[①] 因为他发言时不像别人那样专讲模棱两可的话(这种话可以为着讲话者自己的利益对维斯帕西亚努斯的话作出这样或那样的解释)。他的话表明他公开站在维斯帕西亚努斯的一面,因此他的话在士兵中间就比较有分量,因为现在他不是他们犯罪的同谋者,就是同他们分享光荣的人。

(4) 在普利姆斯之外,影响最大的人物就是代理官科尔涅里乌斯·富斯库斯[②]了。他也经常激烈攻击维提里乌斯,因此一旦事情失败,他是绝对难以幸免的。由于性格和年龄的影响而采取比较观望的态度的塔姆皮乌斯·佛拉维亚努斯[③]引起了士兵的怀疑;他们以为他还没有忘掉他和维提里乌斯的亲属关系。此外,由于在军团刚一活动时他就逃掉而后来又自己回来,因此军队就认为他有背叛的意图。[④] 这种怀疑是有一定道理的,因为佛拉维亚努斯曾离开了潘诺尼亚而退到意大利去,但在那里没有被卷入事变;而后来他那希望变革的愿望又迫使他重新担起了长官的职位并插手到内战中来。科尔涅里乌斯·富斯库斯劝他采取当前的这样一个步骤,并不是因为他需要佛拉维亚努斯的帮助,而是因为他想借他的执政官的名望给他那当时正在出现的一派增加声誉和威望。

(5) 为了能够安全而又有利地进入意大利,人们写信给阿波

① 参见本书第二卷,第 82 章。
② 参见本书第二卷,第 86 章。
③ 他是潘诺尼亚的长官。
④ 这里的背叛自然指对维斯帕西亚努斯的背叛。

尼乌斯·撒图尔尼努斯[1]，要他率领当时在美西亚的军队赶快地行动起来。为了不使各行省在防务空虚时受到蛮族的侵袭，撒尔玛提亚的雅泽吉斯人[2]的酋长们奉召率部前来参加军队。[3] 这些酋长还想提供他们的人民和他们的骑兵，而骑兵乃是他们唯一的精锐力量。但是这一建议被回绝了，因为人们担心在内战当中他们会采取某种敌对的行动，而如果对方提出更丰厚的报酬时，他们是会把任何公道和正义抛到一边的。继而维斯帕西亚努斯派的军官又把苏埃比人的国王西多[4]和意大利库斯[5]拉到他们的一面来，苏埃比人的这两个领袖很久以来就忠于罗马人，他们率领的人民更想继续效忠于罗马而不愿接受别人的命令。[6] 他们用辅助部队保卫他们的侧面，因为莱提亚是敌视维斯帕西亚努斯派的，而它的代理官波尔奇乌斯·谢普提米乌斯又是坚定不移地效忠于维提里乌斯的。[7] 正因为如此，塞克司提里乌斯·费里克斯[8]奉命率领奥

① 他是美西亚的长官。

② 居住在多瑙河和泰斯河（Theiss）之间的一个民族。参见本书第一卷，第 79 章。

③ 他们是为了保证他们民族对罗马的友好而以人质的身份留在罗马人一方面的。

④ 万尼乌斯的侄子，公元 19 年提贝里乌斯使万尼乌斯担任多瑙河左岸玛路斯河和库苏河之间地区的国王，但西多和他的兄弟赶跑了万尼乌斯，分割了他的王国。参见塔西佗：《编年史》，第 12 卷，第 29、30 章。

⑤ 他可能是西多的侄子，但他同塔西佗《编年史》第 11 卷第 16 章中所说的那一同名的凯路斯奇人不是一人。

⑥ 这些苏埃比人公元 19 年被提贝里乌斯的儿子、小杜路苏斯·恺撒移居到多瑙河以北、马尔赫河（March）和瓦格河之间的地方。

⑦ 莱提亚位于诺里库姆以西和意大利以北，这样维斯帕西亚努斯一派必须保卫他们的右侧，以免受到谢普提米乌斯可能发动的攻击。

⑧ 参见本书第四卷，第 70 章。

里乌斯骑兵中队[①]和八个步兵中队去占领伊恩河的沿岸地带(伊恩河就流在莱提亚和诺里库姆之间)。双方都无意于展开战斗,双方的命运是在别的地方决定的。

(6) 当安托尼乌斯·普利姆斯[②]带着中队的一些队伍和一部分骑兵匆匆行进、去进攻意大利的时候,伴随着他的有阿里乌斯·伐鲁斯[③],这是一个勇猛的战士,他由于曾在科尔布罗麾下服役和在亚美尼亚的胜利而提高了声名。根据一般的说法,正是这个伐鲁斯在同尼禄密谈的时候,曾对科尔布罗的高尚的品格进行了严重的攻讦。他便通过这一手法,作为可耻行为的报酬而取得了主力百人团长的地位;这一不义之行的报酬当时虽然使他高兴,后来却断送了他的性命。但安托尼乌斯和伐鲁斯占领了阿克维莱阿,继而在相邻的各地区行军时,又受到了欧皮特尔吉乌姆[④]和阿尔提努姆[⑤]两地人民的欢迎。有一支军队被留在阿尔提努姆,用以防止拉温那的海军方面有什么不逞的企图,因为在这之前他们还不知道海军已经叛变的消息。后来他们又把帕都亚和阿提斯特[⑥]拉到他们的一面来。在阿提斯特,他们听说维提里乌斯的军队的

① 即西班牙第一骑兵队,可能在莱提亚。

② 他在这时是驻守在潘诺尼亚的伽尔巴第七军团的统帅。参见本书第二卷,第86章;塔西佗:《编年史》,第14卷,第40章;苏埃托尼乌斯:《维提里乌斯传》,第18章。

③ 参见塔西佗:《编年史》,第13卷,第9章。他曾在科尔布罗麾下对帕尔提亚人作战。

④ 今天的奥德尔佐(Oderzo)。

⑤ 今天的阿尔提诺(Altino),从阿克维莱阿到帕都亚的道路就通过这里。

⑥ 今天的埃斯特(Este)。

三个中队和他的赛波苏斯骑兵中队已经占领了佛路姆·阿里耶尼①,并且在那里的河上架了一座桥。普利姆斯和伐鲁斯判定这是向维提里乌斯派发动进攻的一个好机会,因为这时他们是毫无防备的;原来关于这一情况也已有了情报。

在天刚亮的时候,他们斩杀了对方许多手无寸铁的人。人们向他们建议,只要他们斩杀少数人,他们就可以迫使其余的人由于害怕而改变他们的效忠对象;有一些人立刻投降了。但是大部分的人却毁坏了桥,这样就由于切断道路而阻挡了他们的敌人的向前推进。战役开始时对维斯帕西亚努斯是有利的。

(7) 当外面传开这次胜利的消息时,两个军团,伽尔巴第七军团和盖米纳第十军团便在它们的统帅维狄乌斯·阿克维拉的率领下全速向帕都亚推进。他们在那里休整了几天。在这期间,第七军团的营帅米尼奇乌斯·优斯图斯由于士兵们的愤怒而被调回到维斯帕西亚努斯那里去,因为他的纪律对内战来说是有些过分严厉了。当安托尼乌斯下令,在所有的城市里,在混乱时期被摧毁的伽尔巴像应重新受到尊崇的时候,这一渴望已久的行动现在受到了欢迎,并且被加上了过分带有讨好味道的解释。但他的真正动机却是:他相信,如果这一行动被认为是同意伽尔巴的统治和他的一派的复兴的话,那么这是会提高维斯帕西亚努斯一派的身价的。

(8) 于是维斯帕西亚努斯一派的统帅们便考虑他们应当选择哪个地方作为作战的地点。他们选定的地方是维罗纳,因为在那

① 即今天的莱尼亚哥(Legnago),桥下的河流大概是阿迪杰河(Adige)(参见亨德逊:《罗马帝国的内战和叛乱》〔Henderson:Civil War and Rebellion in the Roman Empire〕,第170、171、185、187页)。

里的附近有适于他们的主力，即骑兵部队作战的开阔的平原地带，同时把这样一个防守坚强的移民地从维提里乌斯手中夺过来，看来可能是有利于他们自己的事业和声誉的。当他们进军的时候，他们占领了维凯提亚[①]。维凯提亚并不是个富有的城市，因此占领这座城市这件事本身并不是什么了不起事件，但是这座城市的占领在一部分人眼里看起来却具有重大的意义，因为这些人认为这里是凯奇纳的故乡，而且敌人的统帅亲眼看到自己的故乡被对方占领了。不过维罗纳的攻占却是真正胜利：这里的居民的范例和他们的财富是很有用处的，而且军队在莱提亚和优利乌斯·阿尔卑斯山之间的阵地在那里封锁了从日耳曼开来的军队的进入。[②] 维斯帕西亚努斯并不知道这一切活动，甚或他曾禁止过这一切活动。他下令他的军队不要把战争行动扩大到阿克维莱阿以外的地方去，而应当在那里等候木奇亚努斯；他还对他的命令作了相应的说明。他指出，由于埃及在他们手里，从而控制了意大利的粮食供应，而且他们还掌握了最富有的几个行省[③]的收入，因此维提里乌斯的军队会由于没有金钱和粮食而被迫投降的。木奇亚努斯的来信也常常提醒这一点，他这样做的理由是他希望取得一次不流血的、不致造成悲惨后果的胜利；实际上他是渴望取得个人的荣誉，并且想自己独享战争的全部光荣。不过双方的距离太远了，命令到来时，事情已经做出来了。

(9) 于是，安托尼乌斯突然对敌人的前哨发动了进攻。但是

① 今天的维琴察(Vicenza)。

② 通过布伦纳山路(Brenner Pass)。

③ 这里指埃及、叙利亚和亚细亚三个行省。

在通过小小的接触试探了敌人的勇气之后，他就在双方都未取胜的情况下撤回了自己的军队。不久，凯奇纳就在维罗纳地区的一座小村庄荷司提里亚①和塔尔塔路斯河②的沼地之间建立了营地。他在这里受到了自然地势的保护，因为他的后方有河流为屏障，而他的两侧则有沼地保护着。如果他对维提里乌斯是忠诚的话，他本来是可以利用维提里乌斯派的联合力量摧毁维罗纳的两个军团③的，因为这些军团还没有同美西亚方面的军队联合起来；至少他也可以把他们赶回去，使他们可耻地逃出意大利。但实际上，由于多方拖延，他把战役的最初的一些有利时机给了敌人，却把时间耗费在写信上面，责备那些他本来能够轻易地用他自己的武力打退的人，直到最后他通过自己的使者讲妥了他自己的背叛条件为止。

就在这时，阿波尼乌斯·撒图尔尼努斯带着第七军团或克劳狄乌斯军团来到了。④ 统率这个军团的是一位将领⑤维普斯塔努斯·美撒拉⑥，他是个出身显赫家族而且本人也很著名的人物。实在说，只有他一个人在作战时还有一些争取光荣的意图。凯奇纳现在就写信给这些军队——他们实际上根本不是维提里乌斯的

① 今天的奥司蒂里亚（Ostiglia）。

② 今天的塔尔塔罗河（Tartaro）。

③ 伽尔巴第七军团和盖米纳第十三军团。

④ 来自美西亚。参见本卷第 5 章。

⑤ 因为军团的副帅特提乌斯·优利亚努斯已经逃跑了。参见本书第二卷，第 85 章。

⑥ 维普斯塔努斯·美撒拉曾为这一战争写了一部历史，而塔西佗就曾利用它作为他自己的著作的参考书（参见本书第三卷，第 25、28 章）；他又是塔西佗的《对话录》中的主要人物之一。

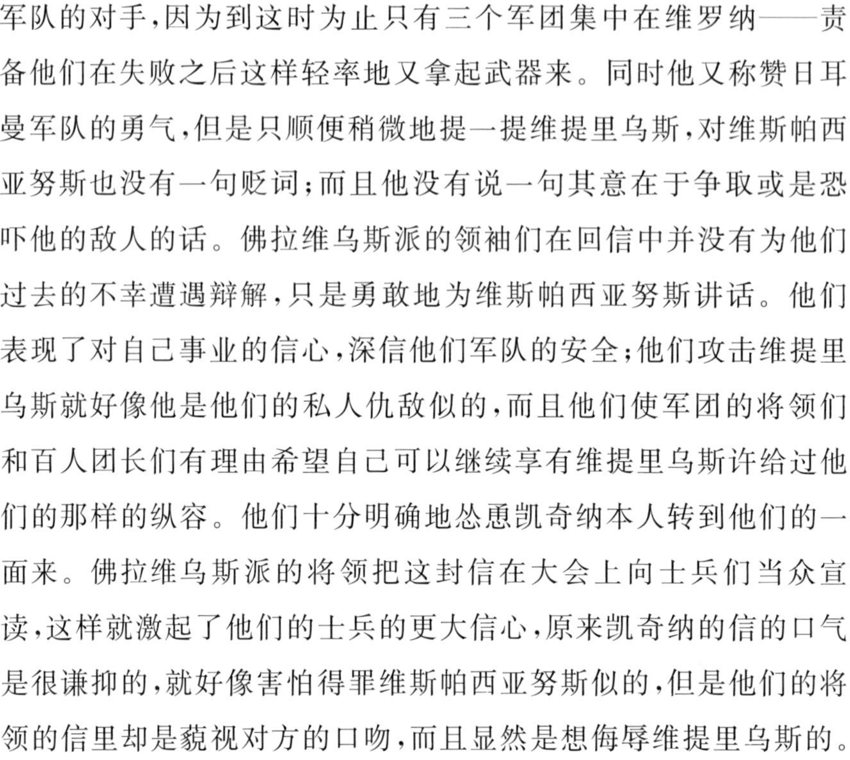

军队的对手，因为到这时为止只有三个军团集中在维罗纳——责备他们在失败之后这样轻率地又拿起武器来。同时他又称赞日耳曼军队的勇气，但是只顺便稍微地提一提维提里乌斯，对维斯帕西亚努斯也没有一句贬词；而且他没有说一句其意在于争取或是恐吓他的敌人的话。佛拉维乌斯派的领袖们在回信中并没有为他们过去的不幸遭遇辩解，只是勇敢地为维斯帕西亚努斯讲话。他们表现了对自己事业的信心，深信他们军队的安全；他们攻击维提里乌斯就好像他是他们的私人仇敌似的，而且他们使军团的将领们和百人团长们有理由希望自己可以继续享有维提里乌斯许给过他们的那样的纵容。他们十分明确地怂恿凯奇纳本人转到他们的一面来。佛拉维乌斯派的将领把这封信在大会上向士兵们当众宣读，这样就激起了他们的士兵的更大信心，原来凯奇纳的信的口气是很谦抑的，就好像害怕得罪维斯帕西亚努斯似的，但是他们的将领的信里却是藐视对方的口吻，而且显然是想侮辱维提里乌斯的。

（10）随后又来了两个军团：一个是狄里乌斯·阿波尼亚努斯统率的第三军团，一个是努米西乌斯·路普斯统率的第八军团。佛拉维乌斯派现在决定显示他们的力量并且用一道壁垒把维罗纳包围起来。分配给伽尔巴军团的任务，恰巧是修筑面对着敌人的那部分防线的工事；他们看到远处的某些联盟的骑兵就惊慌起来，因为他们以为敌人已经向他们这面来了。他们拿起了武器，因为他们以为他们已经被出卖。士兵们的怒气结果发泄到塔姆皮乌斯·佛拉维亚努斯[①]身上，虽然他们并不能发现他的一丝一毫的

① 潘诺尼亚的长官。参见本卷第4章。

罪状。但是军队却早已就憎恨他，并且现在在一阵盛怒中便要求处死他了。他们高呼说，他是维提里乌斯的亲戚，他出卖了奥托并且侵吞了本来打算赐给他们的金钱。佛拉维亚努斯没有给自己辩解的机会，尽管他举起了恳求的双手，不断地匍匐在地上，撕破自己的外袍，一面流着眼泪，哽咽得连气也喘不上来。这些举动反而加强了士兵们的愤怒情绪，因为他们把他的这种过度恐惧看成是一种罪证。当阿波尼乌斯[①]开始讲话的时候，士兵们用叫喊声打断了他。他们用嘲骂声和咆哮声表示他们对其他统帅的蔑视。只有安托尼乌斯的话士兵们还愿意听，因为他有口才，有威信，并且有本领使人群安静下来。当他看到兵变的力量越来越大，而士兵们眼看就要从斥责和侮辱的词句转而动用武力的时候，他便下令把佛拉维亚努斯加上镣铐。但是军队士兵看出了这是一种计谋，于是他们就推开了守卫座坛的人们，准备使用暴力残杀手段。安托尼乌斯于是抽出剑来，对着自己的胸口说，他或者死在士兵手里，或者自杀了事；同时他又称名道姓地叫他看到的每一个他自己认识的士兵或是带有某种战功标记的士兵来帮他的忙。接着他又转向军旗和战神，[②]请他们最好是促使这种疯狂行动和这种内部的纠纷发生在敌人的军队里吧。这次兵变终于慢慢平息下来，而当这天快要结束的时候，士兵们便溜了开去，返回了自己的营地。就在这一夜里，佛拉维亚努斯离开了营地，但是他在途中接到了维

① 阿波尼乌斯·撒图尔尼努斯是美西亚的长官（参见本书第二卷，第 85 章；第三卷，第 5 章），他当然要出头讲话，但是起不了作用。

② 军旗被认为是神圣的，因而在大本营里它们是和神像一道保存在一种圣龛里面的。

斯帕西亚努斯的一封信，这封信使他摆脱了危险。[①]

（11）于是军团就像得了疯病那样地攻击美西亚方面军队的统帅阿波尼乌斯·撒图尔尼努斯。他们所以更加猛烈地攻击他，是因为他们并不像先前那样为苛重的劳役搞得疲惫不堪，而到了中午，当人们把被认为是撒图尔尼努斯写给维提里乌斯的一些信[②]公布出来的时候，他们的愤怒情绪就突然爆发了。在过去，士兵相互比试的是勇敢和高度的纪律，但目前他们却拼命想在骄横和无耻方面争胜了，因为他们在要求惩处阿波尼乌斯时并不比在要求惩处佛拉维亚努斯时表现得更缓和些。美西亚的军团并没有忘记，他们过去曾支持过潘诺尼亚的军队所进行的报复行动，而潘诺尼亚的军队看到别的军队的兵变仿佛已洗刷了他们的罪过，因此也就乐于重复自己的错误了。他们赶到撒图尔尼努斯本营所在的花园来。普利姆斯、阿波尼亚努斯和美撒拉虽然尽了一切力量挽救撒图尔尼努斯，但是效果不大，使他得救的是他藏身于一个很难被发觉的地点。原来他藏到一座恰好被废弃不用的浴池的炉灶里面去。不久之后他就遣散了侍从人员，自己逃到帕都亚去了。既然执政官级的人物[③]都走掉了，对两支军队[④]的全部统帅大权就

---

① 维斯帕西亚努斯的这封信洗刷了佛拉维亚努斯对他不忠的任何罪名。

按佛拉维乌斯派有五个军团：伽尔巴第七军团、盖米纳第十三军团、克劳狄乌斯第七军团、第三军团、第八军团。维提里乌斯派有八个军团：拉帕克斯第二十一军团，意大利第一军团（在克雷莫纳），日耳曼第一军团，第四、五、十五、十六、二十二军团和第二、九、二十军团的分队（vexillarii）（在荷司提里亚）。

② 他曾把第三军团的叛变通知了维提里乌斯（参见本书第二卷，第 95 章）。

③ 这里指佛拉维亚努斯和阿波尼乌斯。

④ 指美西亚和潘诺尼亚的军队。

转到安托尼乌斯一个人的手里了，因为他的同僚都让他，而士兵也只有对他一个人还算是尊重的。有些人认为两次兵变都是他叛变性地鼓动起来的，目的则在于只使他自己能够从战争中获取利益。

（12）在维提里乌斯这一方面，人们的心情也不是安定的。[①] 不过他们的痛苦来自更加致命的不和，这种不和不是由于普通士兵的怀疑，而是由于统帅们的叛变造成的。拉温那的舰队长官路奇里乌斯·巴苏斯利用他手下士兵优柔寡断的情绪把他们争取到自己的一面来，因为他们中间的大多数都来自当时由维斯帕西亚努斯所控制的达尔马提亚行省和潘诺尼亚行省。黑夜被选定来执行叛变计划，为的是同谋者本身能够背着别的人单独在大本营聚会。巴苏斯在自己家里等候事情的结果，他这样做或是因为自己感到可耻，或是心里害怕。三层桨战船的船长们高声呼啸着向着维提里乌斯的像发动了进攻，而在那些反抗的人们中间的一些人被杀死之后，其他的那些渴望变革的人群便开始转到维斯帕西亚努斯的一面来了。直到这时，路奇里乌斯才出现，公开表示自己是事变的发动者。但是舰队推选火速赶到拉温那来的科尔涅里乌斯·富斯库斯[②]为他们的长官。巴苏斯在一些轻型船舶和一支荣誉卫队的卫护下被送到了亚得里亚[③]。他被在亚得里亚负守卫之责的骑兵长官维本尼乌斯·路菲努斯加上了镣铐；但是由于维斯帕西亚努斯的一名被释奴隶霍尔姆斯的干预，他立刻被释放了。霍尔姆斯也被认为是佛拉维乌斯派的领袖人物之一。

① 作者在这里是接着本书第二卷末尾叙述的。

② 参见本书第二卷，第 86 章。

③ 今天的阿特里（Atri）；普利尼说，亚得里亚海就是因这一城市而得名的。

(13) 凯奇纳一得到舰队叛变的消息，立刻就把他的大部分军队派出去执行各项军事任务，然后利用空下来的营地，把主力百人团长和一些普通士兵召到大本营来。他在那里竭力称赞维斯帕西亚努斯的勇气和他的一派的力量。他说："海军已经叛变了，我们的给养情况很紧张，高卢和西班牙行省对我们是敌视的，而且我们也不能对罗马有任何指望。"他提到的有关维提里乌斯的一切，都是对他事业的贬损。当在场的大多数人对这种突如其来的改变还感到茫然的时候，他便要他们对维斯帕西亚努斯宣誓效忠，而事先参与了他的计划的那些人首先就宣誓了。同时他们又捣毁了维提里乌斯的像，并且派遣一个使团把他们所做的事情报告给安托尼乌斯。但是当叛变的消息为整个军营所知悉的时候，士兵们便跑到大本营去，在那里他们发现军旗上已经有了维斯帕西亚努斯的名字，而维提里乌斯的像则被捣碎了。在开头的时候，大家什么话都不讲，但随后全部怒气就爆发出来了。他们喊道："日耳曼的军队的光荣难道堕落到这样的地步，乃至不经过一场战斗，不负一次伤，他们就叫别人把自己的双手铐起来，就把自己的武器交给敌人吗？反对我们的军团是些什么样的军团啊？是被我们打败的军团啊！而且奥托军队的主力，即第一和第十四军团又不在这里。[①]而且这两个军团也是被我们在同一个战场上[②]打败了的。难道这成千上万的武装士兵就被交到那个亡命徒安托尼乌斯的手里，[③]

① 第一军团在西班牙(参见本书第二卷，第43、67章)；第十四军团在不列颠(参见本书第二卷，第43、66章)。

② 指贝德里亚库姆平原。

③ 参见本书第二卷，第86章。

就仿佛我们是一群准备被出售的奴隶似的？毫无疑问，八个军团是投到一支不成样子的舰队那边去了！巴苏斯和凯奇纳在夺走了皇帝的宫殿、花园和财富之后，现在又决定把他的士兵也夺走了。如果我们不负伤、不流血，那么甚至在佛拉维乌斯派的眼里我们也是不值钱的，而且对于那些问起我们的胜负情况的人，我们将怎么回答呢？”

（14）人人都感到义愤填膺，他们时而个别地，时而全体一致地大声地说出这样的话。通过第五军团的带头，他们把维提里乌斯的像重新立了起来，给凯奇纳加上了镣铐。他们推选第五军团的副帅法比乌斯·法布路斯和营帅卡西乌斯·隆古斯为他们的统帅。恰巧这些士兵遇到了从三艘轻型舰船上来的海军士兵，而尽管这些海军不知道或是不曾参与已经发生的事情，但他们还是被愤怒的军团士兵杀死了。他们离开他们的营地①的时候，摧毁了桥梁并且匆忙地赶回到荷司提里亚去，从那里又到克雷莫纳，同被凯奇纳派出去偕同一部分骑兵去攻占该城的两个军团会合。这两个军团就是意大利第一军团和拉帕克斯第二十一军团。②

（15）安托尼乌斯听到这个消息，便决定进攻他的敌人的军队，因为他们这时还没有一致的目标，而且他们的兵力也还是分散的。他决定不给敌方的领导人以时间恢复他们的威信，不给敌方的军队以时间恢复他们的服从精神，不给敌方的军团以时间取得那种只有当他们再一次团结起来时才能感到的信心。因为他推想

① 营地建立在荷司提里亚附近，位于塔尔塔路斯河左岸。

② 参见本书第二卷，第100章。

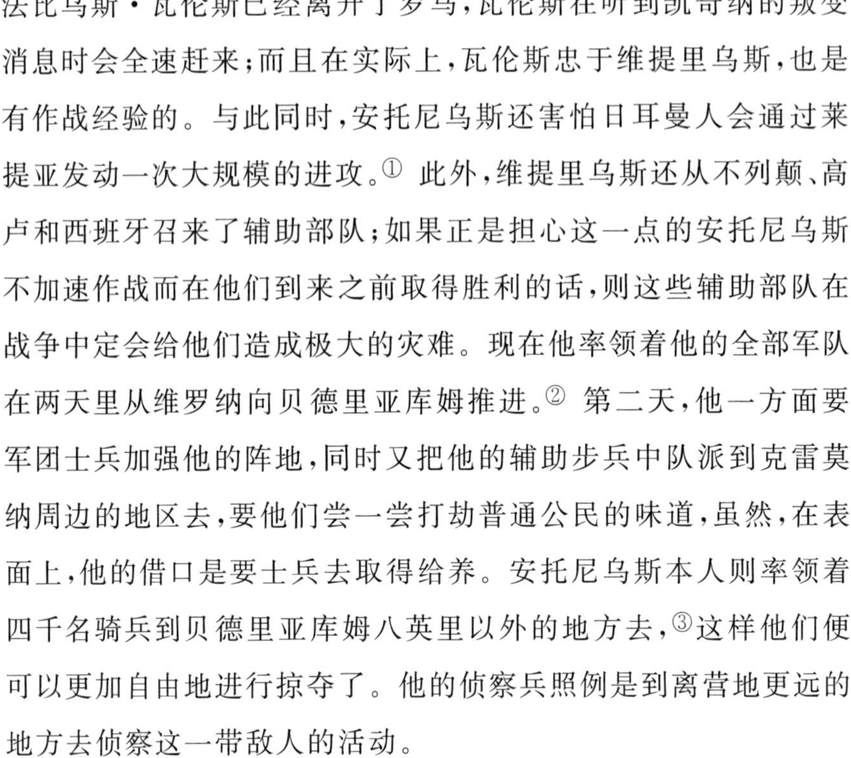

法比乌斯·瓦伦斯已经离开了罗马，瓦伦斯在听到凯奇纳的叛变消息时会全速赶来；而且在实际上，瓦伦斯忠于维提里乌斯，也是有作战经验的。与此同时，安托尼乌斯还害怕日耳曼人会通过莱提亚发动一次大规模的进攻。[1] 此外，维提里乌斯还从不列颠、高卢和西班牙召来了辅助部队；如果正是担心这一点的安托尼乌斯不加速作战而在他们到来之前取得胜利的话，则这些辅助部队在战争中定会给他们造成极大的灾难。现在他率领着他的全部军队在两天里从维罗纳向贝德里亚库姆推进。[2] 第二天，他一方面要军团士兵加强他的阵地，同时又把他的辅助步兵中队派到克雷莫纳周边的地区去，要他们尝一尝打劫普通公民的味道，虽然，在表面上，他的借口是要士兵去取得给养。安托尼乌斯本人则率领着四千名骑兵到贝德里亚库姆八英里以外的地方去，[3]这样他们便可以更加自由地进行掠夺了。他的侦察兵照例是到离营地更远的地方去侦察这一带敌人的活动。

（16） 大概在白天第五个时辰的时候，[4]一名骑兵火速地奔驰而来并报告说，敌人正在迫近。他还说在主力前面有一小批前锋部队，但是在很大的一片地区上都可以听到他们前进的声音和人声。正当安托尼乌斯在考虑应采取什么对策的时候，急于立大功的阿里乌斯·伐鲁斯却率领最勇敢的骑兵冲到前面去，把维提里

① 维提里乌斯可以从忠于他的日耳曼得到大批辅助部队。参见本卷第35章。

② 这段距离约三十英里。

③ 这样离克雷莫纳就有十二英里了。

④ 罗马人习惯把每日从日出到日落的全部时间平均分成十二时辰，这一天的第五个时辰约略相当于早上11点。

乌斯派的士兵赶了回去；但是他却使对方只受到很小的损失，因为当后面更多的敌军开到的时候，战争的局势就发生了逆转，而那些一直在最猛烈地追击维提里乌斯派士兵的人们现在却在最后才退了回来。[①] 安托尼乌斯并不希望发动这次仓促的进攻，而且这次进攻的实际结果也完全是他事先料到了的。现在他鼓动他的士兵全力奋勇作战，并把他的那些骑兵中队撤到两翼去，这样便在中间留出了一条通路以便接纳伐鲁斯和他的骑兵。他下令军团拿起武器来，并在战场上发出信号给自己的士兵，要他们放掉自己的虏获物而迅速组成战斗的队列，每个人都要集合到离自己最近的队伍中去。与此同时，伐鲁斯惊惶地返回他的同伴的主力队伍中来，并且给他们带来了自己的恐怖情绪。被迫逃回的士兵们——不拘是未受伤的还是受伤的——造成了一片混乱，因为他们惊慌万状，而道路又太狭窄了。

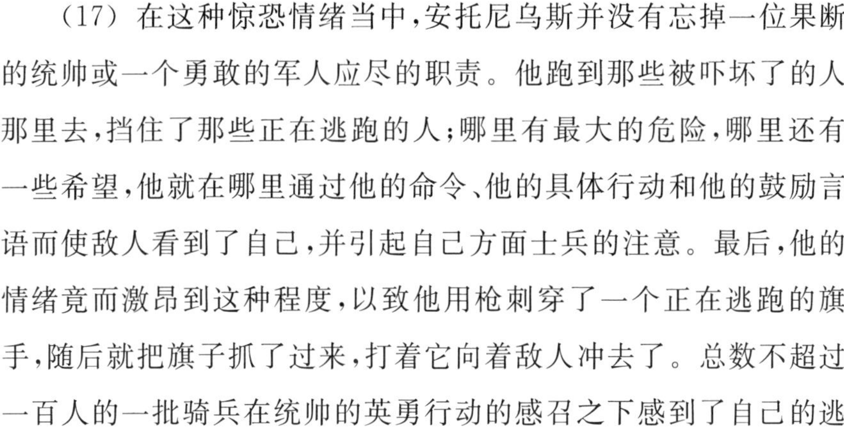

（17）在这种惊恐情绪当中，安托尼乌斯并没有忘掉一位果断的统帅或一个勇敢的军人应尽的职责。他跑到那些被吓坏了的人那里去，挡住了那些正在逃跑的人；哪里有最大的危险，哪里还有一些希望，他就在哪里通过他的命令、他的具体行动和他的鼓励言语而使敌人看到了自己，并引起自己方面士兵的注意。最后，他的情绪竟而激昂到这种程度，以致他用枪刺穿了一个正在逃跑的旗手，随后就把旗子抓了过来，打着它向着敌人冲去了。总数不超过一百人的一批骑兵在统帅的英勇行动的感召之下感到了自己的逃

① 这是说，最热心进攻的人在最前面，所以退却时自然落到后面；有人认为他们因为急于杀敌，所以不肯轻易退却。

跑的可耻，因此他们便继续坚持抗击敌人。战斗地点的形势对他们是有利的，因为这里的道路比较狭窄，而且架在横阻在路上的一条河流——河流还不知道有多么深，而且它的两岸又是陡峭的，这就使得人们难以逃跑——上面的桥梁也被摧毁了。正是这种迫不得已的情况或者说好运气，使得差不多已经失败了的一方的命运得到扭转。军队重新组成了严整的队列，这样来迎击毫无秩序地进攻的维提里乌斯派的士兵，结果就迫使对方在混乱中败退下去了。安托尼乌斯追击那些惊慌失措的人，斩杀那些反抗的人，而他麾下的其他军队则各自按照他们自己的性格，打劫死者身上的物品，捉拿俘虏或是把武器和马匹带走。方才还在开阔的平原上逃跑的士兵，他们也被成功的欢呼声所吸引，并参加到这一胜利的战斗中来了。

（18）在离开克雷莫纳四英里的地方，人们突然看到了拉帕克斯军团和意大利军团的军旗的闪光；原来他们是因为听到他们的骑兵起初取得的胜利才赶到了这个地点来的。但是当形势变得对他们不利的时候，他们并没有拉开他们的战线来接应逃跑的士兵，也没有主动向前进攻他们的敌人，尽管他们的敌人这时由于进攻了很长一段路和由于战斗而精疲力尽了。在顺利的时候，他们从来不感到领袖的重要，但是在逆境里自己不能掌握命运的时候，他们才看到他们需要一位能干的领袖。正当他们的队伍徘徊观望的时候，敌人的胜利的骑兵突然发动了进攻；军团的将领维普斯塔努斯·美撒拉[①]也率领着美西亚方面的一部分辅助部队赶来了，而

① 参见本卷第9、11章。

尽管他们进军的速度很快，还是有许多军团士兵跟上了他们；这样佛拉维乌斯方面的步兵和骑兵的联合兵力便突破了两个军团的战线。他们指望着逃到附近的维罗纳城里去，所以也就没有很大的抵抗的勇气了。不过安托尼乌斯却也没有再追下去，因为他看到他的士兵已经精疲力尽了。在这样一场经过长时期的反复之后才最后取得胜利的战斗当中，他们奋力作战疲乏已极，而且骑兵和马匹都负伤了。

（19）黄昏时分，佛拉维乌斯方面的大批军队都开来了。他们从积尸累累的战场——在这里发生过的一场血腥战斗的标记还历历在目——上面开过去的时候，以为战争已经过去了，因此他们要求继续前进，开到克雷莫纳去接受战败的敌军的投降，如不投降即对城市发动猛烈的进攻。在公开的场合下他们是这样讲的，这当然是很漂亮的话；但是每个人心里的想法却是，位于平原地带的移民地是可以通过猛攻的办法攻克的。在黑夜里攻进去并不会影响他们的勇气，但是他们却能够更加放手地进行劫掠。可是如果他们等到天明，敌人就立刻会发出呼吁并要求和平，这样一来，普通士兵的劳苦和负伤所取得的代价就只不过是仁慈和光荣这类空头奖赏，而克雷莫纳的财富却只会填满长官和统帅们的腰包。他们说：“如果一个城市是被攻克的，它的虏获物就总是会落到士兵手里，如果它是投降的，虏获物就要落到军官手里了。”他们很藐视他们的百人团长和军团的将领，他们把他们的武器弄出一片叮当响声，以便不听任何人的讲话，如果军官们不率领他们去进攻的话，他们就准备抗命。

（20）于是安托尼乌斯就到队伍里面来。当他的出现和他的

威望使得士兵们安静下来的时候，他就向士兵讲了如下的话："我不想从士兵们手里夺走你们完全理应取得的荣誉或报酬，但是在士兵和统帅之间职责是不同的。士兵的责任是奋勇作战，而统帅则必须以远见、计划、通常是延缓而不是草率的行动来协助他们。我在利用我的武器和我个人的努力以取得胜利方面已充分地尽了我的责任，因此现在我就想用明智的意见来帮助你们，因为提供这种明智的意见乃是一位领袖人物应有的品质。要知道，我们的面前无疑存在着各种障碍——黑夜，这座生疏的城市的地势，还有这样一件事实：敌人在城里面，他们有一切方便对我们进行伏击。即使城门是敞开的，我们也不应当进去，除非是我们对它进行过侦察或是在白天的时候。还有一点，你们完全不晓得哪里是平地，城墙有多么高，应当利用发射器械和武器进攻，还是应当利用围城工事和保护性掩蔽装置进攻，在这种情况下，难道你们愿意开始一次围攻么？"接着他就个别地询问他们，他们是不是带来了斧头、锄头①以及其他攻城的器械。他们回答说，没有带，他就问："任何军队能用刀剑和投枪把城墙打穿或是从下面把它摧毁么？如果我们需要堆起一座攻城土丘或是需要用活动雉堞和柴束保护自己的时候，难道我们能像没有先见之明的人群那样无益地站在这里，带着惊奇的心情呆望着敌人的高耸的塔楼和工事么？难道我们不应当利用这一夜的时间去把发射器械和其他各种机械取来，以便使我们有力量取得胜利么？"在这同时，他还把随军商贩、仆从和刚刚到达的骑兵派到贝德里亚库姆去取给养和所有其他他们需要的东西。

① 斧头劈木材，锄头掘地，都是攻城必需之物。

（21）但士兵们却耐不住这样无所作为地呆着不动。他们实在不满意到快要发动兵变的程度了，就在这个时候，有一队开到克雷莫纳城下的骑兵俘虏了从城里出来的几个散兵游勇，从他们口中得知，维提里乌斯的六个军团①和驻守在荷司提里亚②的全部兵力在那一天的三十英里的行军之后，听到了他们的友军所遭受的损失，因此他们就正在备战，而实际上很快就会开过来的。这一严重的危险使得他们的顽固的耳朵听从了他们的统帅的计划。他下令第十三军团据守在波司图米亚大道的高起的人行道上。③ 紧接着第十三军团的左手，是配置在平地上的伽尔巴第七军团，再接下去是克劳狄乌斯第七军团，这个军团从地势来看只能有一条田野壕沟作为它的掩护。在右手是配置在野外的十字路上的第八军团，接着他们的是第三军团，第三军团是分散隐蔽在茂密的丛林里面。军旗和队旗的次序就是这样，但是在黑暗里士兵们的排列却是没有次序的，他们是碰到哪里就站在哪里。接在第三军团后面的就是近卫军④的军旗；辅助部队的中队配置在两翼的地方；而骑兵则掩护着他们的两侧和后方。苏埃比人的国王西多和意大利库

① 除了六个完整的军团之外，还有其他三个军团的分遣队和一支骑兵部队。这些军队不可能是从波司图米亚大道直接开过来的，否则佛拉维乌斯派的士兵就会遇到他们了。人们认为他们是从埃米里亚大道（Via Aemilia）、通过木提那和帕尔玛前来的。如果他们急行军（甚至每日行军三十英里），在路上耽搁四天的话，那么这条路必定是迂回的；而把日期加以比较也可以看出他们必定是这样的。

② 荷司提里亚在克雷莫纳以东约七十罗马里。

③ 从克雷莫纳通向维罗纳的波司图米亚大道，因为这里是一片沼泽，所以它在这里被修成一段高起的人行道。

④ 近卫军是在被维提里乌斯解散之后又为维斯帕西亚努斯重新征募起来的（参见本书第二卷，第 67 章）。

斯率领着他们本族的精兵配置在前面的行列里。

(22) 维提里乌斯军队的上策是在克雷莫纳进食、睡眠,以恢复体力,然后再赶跑和歼灭因寒冷①和饥饿而精疲力尽的敌人。但由于他们没有领导人,②缺乏计划,他们在晚上9点钟左右就冲向在自己的阵地上戒备着的佛拉维乌斯派的军队了。我不敢肯定他们进攻的序列如何,因为他们的队列由于士兵的愤怒和黑暗已经乱了。但有些作者却说,马其顿第四军团在最右手,第五、第十五军团以及第九、第二和不列颠第二十军团的分遣队占中心地位,而第十六、第二十二和第一军团则占居左手的地位。拉帕克斯和意大利这两个军团的士兵则混合在战线的每一部分;骑兵和辅助部队也各自选择了自己的阵地。战斗有胜有负地持续了整整一夜,这是一场难以决定最后命运的残酷的战斗,它时而对一方,时而对另一方是致命的。不管是勇气还是武器,甚至他们那本来可以预先看到危险的眼睛都没有任何用处。双方的武器是相同的,战斗的口令已经为人们知道了,因为大家不断地在问起这些口令;队旗也都乱在一处了,因为有的战斗队伍把他们从敌人手中夺获的那些队旗向着这一或那一方向带走了。不久之前伽尔巴所征募的第七军团受到最大的压力;它损失了第一列的六名百人团长,它的一些队旗也被敌人夺走了。但它的军旗却终于被第一列的一个百人团长名叫阿提里乌斯·维路斯的保住了,③他在战斗中奋力

① 这时大概是10月底。

② 瓦伦斯未到,凯奇纳被囚。

③ 从马利乌斯当时起,军旗是由军团中的主力百人团长(principilus)打着,但实际上打着军旗的另有军旗手(aquilifer)。

杀死了许多敌人，直到最后自己才阵亡在战场上。

（23）安托尼乌斯投入了近卫军部队，以加强自己方面正在动摇的战线。在战斗的时候，他们击退了敌人，但后来他们自己却又被敌人击退，因为维提里乌斯的士兵把他们的发射器械集中在高起的波司图米亚大道上，这样他们就可以有一片开敞而又空阔的地方用来进行发射了；他的最初的发射物都分散开去，击中了树木而没有伤着敌人。属于第十五军团的一座大型的弩炮，用它发射出去的巨石在佛拉维乌斯的队伍中造成了巨大的杀伤。如果不是两名士兵的出色的英勇，它是会引起大量的死亡的，原来这两名士兵从战死者身上取下盾牌，这样借着它们的掩护割断了放射器械的绳子和弹簧。但他们也立刻为敌人刺死，结果他们的名字就没有传下来。但是他们树立的这样的功勋却是无可置疑的事情。双方不分胜负，但夜越来越深了，上升的月亮用它那欺骗性的光辉照着双方的战线。但是这却对佛拉维乌斯方面的士兵更加有利，因为他们背着月亮，从而加大了马匹和士兵的影子；而他们的敌人却对这些影子发生错觉，结果把这些影子看成真人真马而向它们瞄准，因此他们的投枪就不能命中目标；可是另一方面，被月光照在脸上从而清楚地显示在敌人面前的维提里乌斯的军队，却不知不觉地变成了敌人进攻的目标，敌人竟可以说是从隐蔽的地方向他们发动了射击的。

（24）当安托尼乌斯能够认出自己的士兵并能为士兵所认出的时候，他就开始给他们打气；他斥责一些人，要他们知道不努力作战的可耻，但更多的是用称赞和鼓励的办法。不过他是要所有的人都能感到有指望，感到能取得许给他们的东西。他问潘诺尼

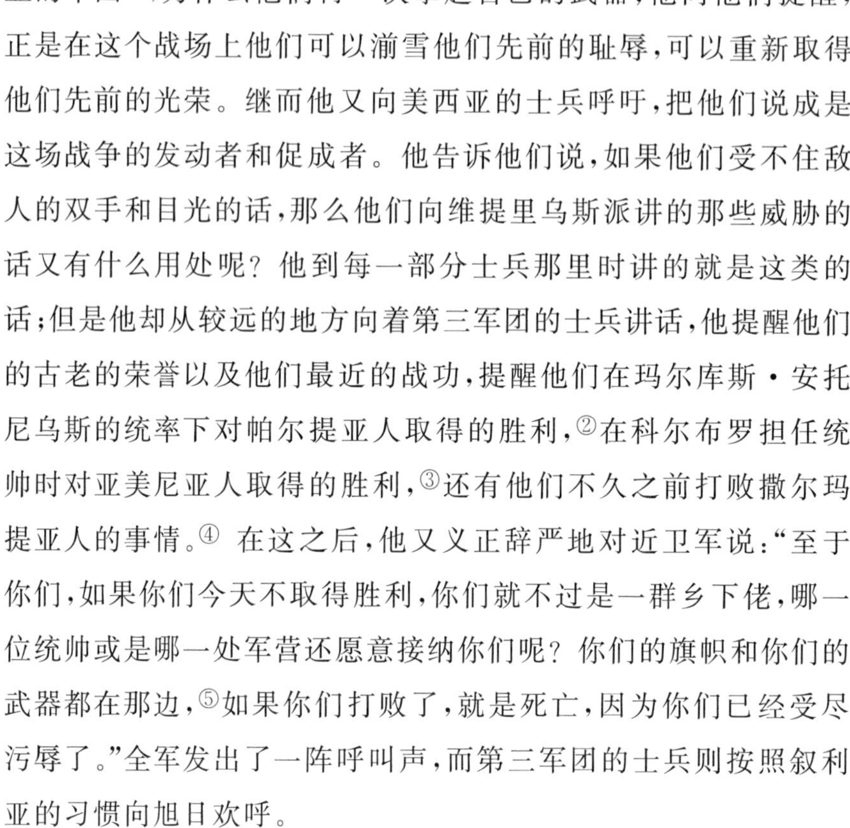

亚的军团[①],为什么他们再一次拿起自己的武器;他向他们提醒,正是在这个战场上他们可以湔雪他们先前的耻辱,可以重新取得他们先前的光荣。继而他又向美西亚的士兵呼吁,把他们说成是这场战争的发动者和促成者。他告诉他们说,如果他们受不住敌人的双手和目光的话,那么他们向维提里乌斯派讲的那些威胁的话又有什么用处呢?他到每一部分士兵那里时讲的就是这类的话;但是他却从较远的地方向着第三军团的士兵讲话,他提醒他们的古老的荣誉以及他们最近的战功,提醒他们在玛尔库斯·安托尼乌斯的统率下对帕尔提亚人取得的胜利,[②]在科尔布罗担任统帅时对亚美尼亚人取得的胜利,[③]还有他们不久之前打败撒尔玛提亚人的事情。[④] 在这之后,他又义正辞严地对近卫军说:“至于你们,如果你们今天不取得胜利,你们就不过是一群乡下佬,哪一位统帅或是哪一处军营还愿意接纳你们呢?你们的旗帜和你们的武器都在那边,[⑤]如果你们打败了,就是死亡,因为你们已经受尽污辱了。”全军发出了一阵呼叫声,而第三军团的士兵则按照叙利亚的习惯向旭日欢呼。

(25) 这种做法[⑥]引起了一个隐隐约约的谣传(这种谣传也许是统帅有意散布的),仿佛木奇亚努斯已经来到了,而且两支军队已经彼此打招呼了。于是佛拉维乌斯派的士兵就向前进攻,好像

---

① 指第十三军团和伽尔巴第七军团。

② 这是公元前 36 年的事情。

③ 这是公元 63 年的事情。

④ 参见本书第一卷,第 79 章。

⑤ 指敌人的一面。意思是说只有胜利你们才能取得武器和旗帜。

⑥ 指上章所说第十三军团向旭日欢呼致敬的做法。

已经得到新的军队的支援似的;维提里乌斯派的战线现在变得更加紊乱了,这种情况对于一支没有统帅的军队来说本是很自然的。他们按照个人表现得勇敢或恐惧等等不同情况而收拢或拉开自己的队列。安托尼乌斯看到敌人的队伍动摇了,便以密集的队形向他们发动了进攻。他们那已被削弱的队列被冲破并且无法再重新组成,因为他们已经同粮车和放射器械搅到一处了。胜利的军队在匆忙追击的时候,沿着大道的两边拉了开来。屠杀的残酷特别可以从下列的事实看出来:在这一期间,一个儿子杀死了自己的父亲。这件事的经过和有关的人名,我是根据维普斯塔努斯·美撒拉的说法来叙述的。当西班牙人优利乌斯·曼苏埃图斯被征入拉帕克斯军团的时候曾把一个年轻的儿子留在家里。后来,这个儿子长大成人,却被伽尔巴征入第七军团。现在他正好遇到了他的父亲,结果他不但使他的父亲负了伤,而且把他的父亲杀死了。可是后来他仔细地看了这垂死的人,父亲和儿子才相互认了出来;儿子于是抱住奄奄一息的父亲,哭着恳求父亲的在天之灵宽恕他,不要把他作为一个弑父的罪犯而忌恨他。他喊道:"这罪行是国家犯的。一个士兵在内战中起得了什么作用呢?"在这同时,他便把父亲的尸体移开,开始挖掘墓穴并且以人子的身份为父亲举行了葬礼。附近的士兵首先看到了这种情况,但很快地便聚拢了更多的人。继而在整个战线上都听到了惊叹、怜悯和诅咒这一最可怕的内战的呼声。可是他们依然丝毫没有减弱他们对亲属、亲族和兄弟的屠戮。他们把这样的事情说成罪行,但他们还在干这样的罪行。

(26) 当他们到达克雷莫纳的时候,他们面临了一项十分艰巨

的新任务。在对奥托作战期间,[①]日耳曼的军队曾在克雷莫纳的城壁四周设营,在这之后又在他们营地的周边修筑了一道壁垒;他们后来加强了这些防御工事。胜利的军队在看到这些工事的时候犹豫起来了,因为他们的将领这时不知道应当发布怎样的命令。经过整整一昼夜战斗的军队已经精疲力尽了;用这样一支军队开始去攻一座城,而近处又没有预备队伍,这是件困难的事情,是件没有取胜把握的事情;可是,如果他们返回贝德里亚库姆,那么他们的胜利就会化为乌有,更不用说这前面还有一段极度艰苦而又遥远的路程。甚至在敌人近前修筑营地工事都有危险,因为敌人这时可以在他们的士兵正在散开来忙于设营的工作时,发动突然的出击从而给他们造成严重的困难。而且,除开这一切考虑之外,佛拉维乌斯的将领们还害怕他们自己方面的士兵,因为这些士兵不怕危险,但对于耽搁却是不耐烦的。[②] 士兵并不喜欢加强安全的措施,却把自己的全部希望寄托在急速的行动上。他们急于取得战利品,因此任何灾难、一切流血负伤早已都不在他们的考虑之内了。

(27) 安托尼乌斯有意迎合他的士兵的愿望,因此下令把敌人的营地包围起来。起初他们在一定距离的地方用箭和石头相互射击;但是在这次较量当中,佛拉维乌斯派却受到了较大的损失,因为敌人是处于居高临下的形势对他们进行射击的。于是安托尼乌斯便分配给每个军团一个营门或一部分城壁,这种分工可以使人看出哪一方面表现得勇敢,哪一方面表现得怯懦,这样他就用相互

① 本年4月,在贝德里亚库姆的第一次战斗期间。

② 本章最后一句话便是这种表现的注脚。

争夺荣誉的办法激励了他的军队的进攻热情。在通向贝德里亚库姆的道路附近的地区，分配给了第三[①]和第七军团，第八军团和克劳狄乌斯第七军团的进攻对象则是更右面的工事。第十三军团负责进攻向着布利克西亚[②]的那个营门。在这之后，是一个短短的耽搁，因为在这期间，一些士兵要到附近的田野去搜集鹤嘴锄、十字锹，而另一些士兵带来了钩子和梯子。随后士兵们便把他们的盾牌举在他们的头上，以密集的“龟形阵”[③]推进到城下。双方都使用了常用的罗马作战方法：维提里乌斯派的士兵从城壁上把一些巨石推下来，而当这些石块把作为掩护的一层密集的盾牌砸开并使它分裂的时候，他们就向着这些裂开的地方投射投枪和长枪，这样就把“龟形阵”的密集的盾牌打散，使得战场上留下了大量被打死或是被打成残废的敌人。如果不是他们的将领把克雷莫纳指给他们的话，他们的进攻力量是会减弱的，因为他们疲倦了，而一般的激励言词对他们已不起什么作用了。

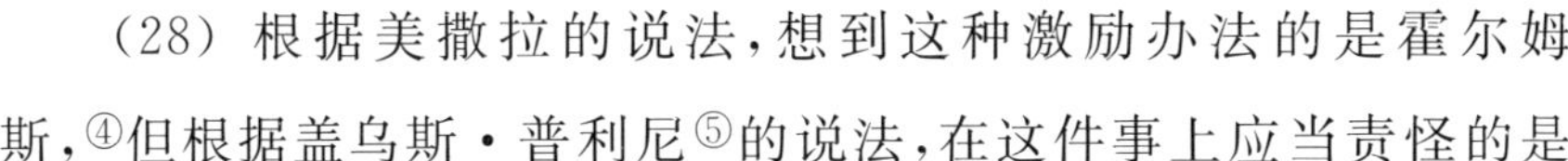

(28) 根据美撒拉的说法，想到这种激励办法的是霍尔姆斯，[④]但根据盖乌斯·普利尼[⑤]的说法，在这件事上应当责怪的是

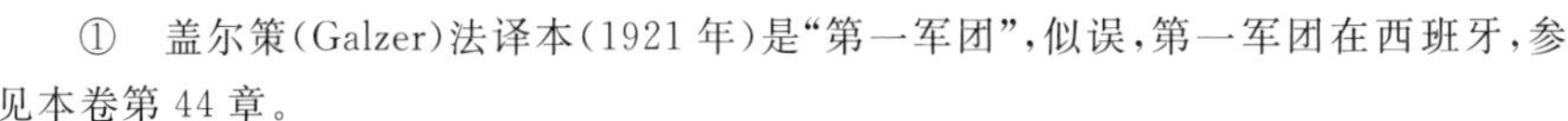

① 盖尔策(Galzer)法译本(1921 年)是“第一军团”，似误，第一军团在西班牙，参见本卷第 44 章。

② 今天的布雷西亚(Brescia)。

③ 在排列龟形阵(testudo)的时候，士兵把盾牌举在自己的头上，盾牌的边缘相互重叠起来。他们在列阵时技巧很高，在一般情况下要想冲破它并不容易。

④ 参见本卷第 12 章。

⑤ 老普利尼是作者同时代人，但年龄比作者大。他除了他的传世巨著《自然史》之外，还写了二十卷的记述日耳曼的历次战争的历史和罗马的历史。他的著作是接续着奥菲狄乌斯·巴苏斯(Aufidius Bassus，奥古斯都和提贝里乌斯同时人)的著作写的。这两部书均已不传。参见塔西佗：《编年史》，第 13 卷，第 20 章；第 15 卷，第 53 章。

安托尼乌斯。这两种说法哪一种更可靠些，我无法轻易作出判断。我能说的只是：不拘出主意的是霍尔姆斯还是安托尼乌斯，这一滔天罪行是配得上他们当中任何一个人的生平和声誉的。流血负伤不再能延缓士兵们的挖掘城墙和冲破城门的企图；他们再一次排成了“龟形阵”，士兵们踩着同伴的肩头站到密集的盾牌上面来，这样就抓住了他们的敌人的武器和手臂。没有受伤和受伤的，半死的和垂死的全都滚成一团：人们通过各种途径丧命，死的方式是多种多样的。①

（29）第三和第七军团进攻得最猛烈；他们的统帅安托尼乌斯也率领着精锐的辅助部队在同一地点发动攻击。当维提里乌斯派的士兵再也支持不住这种联合的、持久的进攻时，他们因为发现他们的发射物都从“龟”背上滑下去而不能给敌人造成伤害，最后干脆把他们的弩炮本身推到下面进攻者的头上去了。这种做法一时里砸散和杀死了首当其冲的那些人，但是随着弩机的落下，女墙和城壁的上部也随着塌了下来。与此同时，附近的一座塔楼也在敌人发射的一阵阵的石块面前屈服了。正当第七军团的士兵以楔形的队形向前进攻的时候，第三军团也用斧头和刀剑劈开了一座营门。所有的历史家一致认为，第一个冲进城内的是第三军团的一名普通士兵盖乌斯·沃路西乌斯。他登上了城壁，把那些抵抗他的人打到下面去并且在众目睽睽之下，举起手提高了嗓子喊道，营地已经被占领了。跟着其余的人也蜂拥而入，这时业已惊慌万状的维提里乌斯派的士兵则从城

---

① 参见味吉尔：《埃涅伊特》，第2卷，第369行：plurima mortis imago。

壁上跳了下去。在克雷莫纳的城壁和营地中间的整个空地上到处都是阵亡士兵的尸体。[①]

(30) 但这时佛拉维乌斯派的士兵遇到了一个新的困难，因为现在他们还有需要克服的东西：高大的城墙、用石头砌成的塔楼、上着铁门闩的城门和正在挥舞着武器的士兵。除此之外，克雷莫纳的非军事的居民是众多的，并且是忠于维提里乌斯一派的，而且从意大利的很大一部分来的人们正集合在那里参加恰好在这时举行的一次集市。这大量的人加强了守卫者的力量，但是可能取得的战利品却鼓舞了进攻者。安托尼乌斯下令他的士兵迅速烧掉城外最美丽的建筑物，指望用这种办法使克雷莫纳的居民在看到他们的财产受到损失时会改变他们的效忠对象。他要他的最勇敢的士兵占据城壁附近房屋的屋顶，特别是比城墙还要高的那些屋顶。这些人就用大木棍、瓦片和火把击退了城上的守卫者。

(31) 正当一部分士兵[②]开始投射投枪和石块的时候，各军团已经组成了一个"龟形阵"，而另一方面，维提里乌斯派士兵的士气这时却渐渐地低落下去了。一个人的地位越高，就越是愿意采取认命的妥协态度，因为他担心如果克雷莫纳也在敌人的猛袭下被攻占的话，要想指望得到宽恕是不可能的，并且胜利者的全部怒气将不会发泄到赤贫的民众身上，而是要发泄到军团的将领和百人团长的身上，因为杀死这些人就意味着得到利益。但是普通士兵

① 约瑟普斯说维提里乌斯派的士兵被杀死的有三万人左右，维斯帕西亚努斯派的军队阵亡的约有四千五百人。

② 这里指辅助部队。

却根本无需考虑未来而且又有地位卑微这样一个比较有利的特点,因此就继续进行抵抗。他们在大街小巷游荡或者躲在住宅里,可是他们甚至在放弃了战斗的时候还是不祈求和平。负责的军官们在大本营那里除掉了维提里乌斯的名字和他的像。[①] 他们把凯奇纳释放出来——因为甚至在这个时候,他依然被关在狱里——并且请求他为他们讲情。当他高傲地拒绝了他们的请求时,他们就流着泪恳求他。所有这些勇敢的人竟然请求一个叛徒的帮助,这实在是他们所做的最可悲的事情!不久之后他们就把带子之类的悬挂物挑挂在城墙上作为求和的标帜。[②] 在安托尼乌斯下令停止焚烧之后,他们便打出了他们的军旗和队旗。跟在后面的是可悲的一列不带武器的人,他们的眼睛都望着地面。胜利的军队站在四周,对他们肆意侮辱,并作出要殴打他们的样子;后来当战败的军队毫无怨言地任凭对方侮辱,没有丝毫的勇气而甘愿忍受一切的时候,胜利者才开始记起,不久之前这些军队在贝德里亚库姆取得胜利之后,他们是表现得很有自制力的。但是,当着凯奇纳穿着紫边的外袍[③]并在走在前面在人群中间为他开路的侍从的卫护下以执政官的身份出现的时候,胜利者的怒气便抑制不住了;他们嘲骂他的盛气凌人、他的残酷(罪行是这样可恶![④]),甚至他的背

① 名字和像一般是在队旗和盾牌上,参见苏埃托尼乌斯:《维斯帕西亚努斯传》,第6章。

② 参见本书第一卷,第66章。人们把缠绕在木棍上的白羊毛的带子称为velamenta;还有一种缠在恳求者的头上的白色的和猩红色的带子,人们称之为infulae。

③ 这是执政官的官服。

④ 这句话显然指背叛的罪行,因为甚至连从这一背叛得到好处的敌人都憎恶这一罪行。这一句也可能是后人的话掺入正文的。

叛行为。安托尼乌斯干预了这件事,他给凯奇纳派了一支卫队,并把凯奇纳送到维斯帕西亚努斯那里去了。

(32) 这时,克雷莫纳的人民受到了军队的包围和毒打,而当统帅们得以用恳请的办法把士兵安抚下来的时候,事情已经快发展成为一场屠杀了。于是安托尼乌斯便把他们召集到一处,对胜利者作了最热烈的颂扬;对于被战败的人们,他讲话的口吻也是温和的。但是对克雷莫纳,他却没有讲任何称许或反对的话。军队很想把全城的居民杀光,这不仅是由于他们那样根深蒂固的打劫愿望,而且是由于他们的旧恨。他们相信,这些居民过去在对奥托的战争中也曾帮助过维提里乌斯派。而后来城市的普通居民(要知道,大群的贱民的本性永远是横傲无礼的)又侮辱和嘲弄了被留下来结束半圆形剧场的工程的第十三军团。[①] 还有别的原因也激发了军队的愤怒情绪:凯奇纳曾在那里举办了一场剑奴的比赛;这座城市曾两次为战争的场所;这里的市民在维提里乌斯派实际上还正在作战的时候,曾为他们提供过粮食;还有几个妇女被杀死了,因为为了热心维护维提里乌斯的事业,她们竟然自己参加了战争;除这之外,集市的季节又使这个一向富有的移民地显得更加富庶。

虽然其他统帅很少为别人所注意;但是声誉和命运使得安托尼乌斯在所有的人眼中显得特别突出。他赶到几个浴场去洗净了他全身的血污。当他抱怨浴场的水不够热的时候,他听见一个声音回答他说,人们很快就会使它热起来的。一个奴隶的这个回答

① 参见本书第二卷,第 67 章。

使得后来人们的憎恨情绪全部加到安托尼乌斯的身上，就仿佛这时确实已着起火来的克雷莫纳，是由于他发出了信号才被点着了的。①

(33) 四万名武装士兵冲入了城市；随营酒保和仆从的人数就更多了，而且这类人物是更易于纵欲，更易于变得残暴的。地位和年龄都不能使任何人得到安全；向他们进攻的人的行为十分放肆，并且毫无区别地进行杀戮。即将结束自己一生的老年男女作为战利品虽然已没有什么价值，却仍然被拖去给士兵们取乐。不管什么时候，只要是有一个年轻的女人或是漂亮的少年落到他们手里，他们就会由于那些想占有他们的人们的激烈争夺而被撕裂，这种情况最后又会促使这些掠夺者相互残杀致死。每个个人都想为自己把献给神殿的金钱或大量的黄金带走，但是他们又受到比他们更强的人们的袭击并且被这些人杀死。有些人瞧不上他们眼前看到的战利品，就鞭打和拷问所有主以便发现被藏起来的财富并掘出埋在地下的宝藏。他们手里拿着火把，而当他们取得了他们的战利品的时候，他们便完全是任性地把这些火把抛到空房子和空着的神殿里面去。在这支军队里，在由公民、联盟者和异邦人组成的这支军队里，语言和风俗习惯多种多样，因此人们的情绪也是多种多样的。没有两个人把同一件事物看成是神圣的，没有任何一件罪行被认为是不合法的。克雷莫纳在四天里都是破坏的对象。当任何神圣的和世俗的事物都被火焰吞没的时候，只有美菲提斯

① 这句话的意思是有人误解了他们的对话，好像安托尼乌斯在问奴隶，克雷莫纳是否已经被火点着了，奴隶回答说，很快就会点着的。

的神殿[①]孤零零地耸立在城墙的外面，它之所以被保全，这或者是由于它所处的地位，或者是由于神的护佑。[②]

（34）克雷莫纳建城第二百八十六年的命运就是这样。在它初建的时候，[③]正是提贝里乌斯·显普洛尼乌斯和普布里乌斯·科尔涅里乌斯担任执政官的一年。[④]那时汉尼拔威胁着意大利，这座城的建立就是为了使它成为对付山北高卢的一座起守卫作用的堡垒，同时可以防止来自阿尔卑斯山对面的任何可能的侵略。被送到那里去的大批移民，它的那些可以通航的河流所带来的各种利益、土地的肥沃，还有通过婚姻和联盟而同其他民族建立的联系：所有这一切结合起来就使得这个移民地不断地扩大和繁荣起来；它虽然没有受过对外战争的影响，可是却由于内战而大遭其殃。[⑤]对自己的残酷罪行感到可耻的安托尼乌斯在公众的愤怒情绪日益加强的时候，便公布了一份文告，禁止任何人保有克雷莫纳的公民作为俘虏。老实讲，整个意大利的共同感情已经使得士兵的战利品变得毫无价值，因为所有的意大利人都不愿购买这样的

① 掌理疟疾的女神；在古时，波河流域的疟疾十分猖獗，因此波河一带的居民认为奉祀这个女神可以缓和疟疾的流行。在克雷莫纳就发现一个铭文把一座祭坛献给这个神。

② 约瑟普斯（《犹太战争史》，第4卷，第11章）对克雷莫纳的战争和攻占情况作了完全不同的叙述。他说维提里乌斯派并没有投降；安托尼乌斯包围和割裂了他们的大部分军队，并且把其余的军队赶到城里去。佛拉维乌斯派阵亡的四千五百人，维提里乌斯派阵亡的三万零二百人。但就意大利的战争的记述来说，当然还是塔西佗记述的更可信些。

③ 参见李维，第21卷，第25章。

④ 公元前218年。

⑤ 克雷莫纳一度站在布鲁图斯和卡西乌斯的一面，因此被三头（triumviri）剥夺了许多领土。

奴隶。于是士兵们便开始杀死俘虏；这种情况被人知道了以后，这些俘虏就秘密地被他们的亲属赎了出来。后来活着的人就回到克雷莫纳来了。当地居民出了很多钱把广场和神殿重建起来。维斯帕西亚努斯是鼓励这样的行动的。

（35）但是遍布于血污的土地上的瘟疫使得军队无法在这座死城的废墟上长期扎营。佛拉维乌斯的军队移动到离城第三个里程碑的地方；流散的和心有余悸的维提里乌斯派的士兵重新被组织起来，每个人都回到了自己原来的队伍。战败的军团则被分散到伊里利库姆去，以防止他们有任何可疑的行动，因为内战还没有结束。于是佛拉维乌斯方面的领导人就派使者把消息带到不列颠和西班牙去；他们把军团的一位将领优利乌斯·卡列努斯派到高卢去，把一个中队队长阿庇尼乌斯·蒙塔努斯[①]派到日耳曼去。蒙塔努斯是特列维利人，卡列努斯是埃杜伊人；两人都是维提里乌斯派，但他们被派出去却是为了宣扬佛拉维乌斯派的胜利的。与此同时，佛拉维乌斯派的军队占领了阿尔卑斯山的各个山口，因为他们担心日耳曼会准备出兵援助维提里乌斯。

（36）在凯奇纳离开罗马后几天，[②]已经促使法比乌斯·瓦伦斯出发作战的维提里乌斯便开始纵情在享乐的生活中，以掩饰他内心的焦虑不安。他根本不曾采取措施准备武器，不曾试图利用向军队训话或是使他们得到训练的办法去激励自己的军队，也不在人民群众的面前出现。他躲在自己的花园里，就像那些懒惰的

① 参见本书第四卷，第 31 章。

② 这里是接着本书第二卷第 101 章叙述的。

动物一样；只要你供给它们丰富的食物，它们就懒洋洋地卧在那里，动也不动了。过去、现在和未来完全都不在他的考虑之内。当他接到路奇里乌斯·巴苏斯投敌和拉温那的海军叛变的消息而大吃一惊的时候，他实际上正懒洋洋地徜徉在阿里奇亚的森林[①]里。不久之后，维提里乌斯接到了一个使他又喜又悲的消息：凯奇纳投到维斯帕西亚努斯方面去，但是被他的军队逮捕了。他这个懒散的家伙所感到的，与其说是焦虑不安，毋宁说是喜悦。他十分高兴地乘车返回了罗马，对着集会的人民群众极口称赞他的士兵对他的忠诚。继而他便下令逮捕了近卫军长官普布里里乌斯[②]·撒比努斯，因为他是凯奇纳的朋友。阿尔菲努斯·伐鲁斯[③]被任命接替他的职务。

（37）随后他就在元老院发表一篇堂而皇之的演说，他本人在元老院也受到了人们字斟句酌的吹捧。路奇乌斯·维提里乌斯[④]带头建议给凯奇纳以严厉的处分；随后其余的人也都装作义愤填膺的样子，因为“作为执政官，他出卖了自己的国家；作为统帅，他出卖了自己的皇帝；作为朋友，他出卖了给了他极大的财富和荣誉的人”。这些人表面上是为维提里乌斯抱不平，实际上却是发泄他们自己的怨气。但是任何一个人的演说都没有攻击佛拉维乌斯派的将领。当元老们指责军队的错误行为和不明智的举动时，他们小心翼翼地故意避免提到维斯帕西亚努斯的名字。而确实还有一

① 在阿披亚大道上，离罗马十六英里。

② 有的本子是普布里乌斯，参见本书第二卷，第92章。

③ 伐鲁斯原任营帅（praefectus castrorum）；参见本书第二卷，第29章。

④ 此人是皇帝的兄弟。

位元老竟然从维提里乌斯那里骗取了凯奇纳最后剩下来的那一天的执政官的任期，[①]这件事使授受的双方都大受嗤笑。在10月31日那天，罗西乌斯·列古路斯接受并交卸了自己的职务。有识之士指出，在先前除非职位先被宣布出缺或通过相应的法律，一位执政官是决不能接替另一位执政官的。以前确乎有一次有人只担任了一天的执政官：那就是盖乌斯·恺撒独裁时期的卡尼尼乌斯·列比路斯，因为当时恺撒急于要酬劳在内战中有功的人。[②]

（38）这时已经传了出来的，尤尼乌斯·布莱苏斯[③]死亡的消息引起了人们很多的议论。我们所知道的经过情况是这样。当维提里乌斯在塞尔维里乌斯的花园[④]里面病重的时候，他看到附近高高的一座邸宅在夜里发出了耀眼的光芒。当他询问是什么原因的时候，人们告诉他，是凯奇纳·图司库斯[⑤]盛宴款待尤尼乌斯·布莱苏斯。向他传话的人接着就夸大了对这次宴会的精心准备，并且谈到了客人们的过度享乐。当然，要想控告图司库斯等人，那是不难找到控告者的。但是他们攻击得最厉害的却是布莱苏斯，

① 凯奇纳曾被任命为9月和10月的执政官，而从正文来推断，他叛变的消息显然是10月29日或30日才传到了罗马的。他没有正式被免掉职务，但他的叛变行动很自然地被认为使他的职务出缺了。

② 卡尼尼乌斯·列比路斯于公元前45年最后一日的下午被任命为执政官。参见西塞罗：《致友人书》，第7卷，第30章。

③ 参见本书第二卷，第59章。欧列里(Orelli)认为他就是塔西佗《编年史》第3卷第74章中所提到的那个布莱苏斯。如果是这样，那么此人年纪已经很老了，因为当时是公元20年。

④ 在台伯河附近，位于罗马和奥斯蒂亚之间。参见塔西佗：《编年史》，第15卷，第55章；苏埃托尼乌斯：《尼禄传》，第47章。

⑤ 公元67年被尼禄放逐，尼禄死后被召回。参见苏埃托尼乌斯：《尼禄传》，第35章。

因为在他的皇帝病卧的日子里，他却纵情于欢乐。当那些对皇帝的愤怒情绪反应十分敏锐的人看到维提里乌斯非常生气而布莱苏斯又可以被搞垮的时候，路奇乌斯·维提里乌斯便被分配了告密者的角色。他所以憎恨布莱苏斯，是出于一种卑鄙的忌妒，因为布莱苏斯的崇高声誉超过了他这个丑名四溢的人物。于是路奇乌斯便跑到皇帝的寝室去，拥抱维提里乌斯的儿子并且跪倒在地上。当维提里乌斯问他为什么这样惊慌的时候，路奇乌斯回答说，他自己没有什么害怕的，也不是为自己感到不安，他是为了他的兄弟和他的兄弟的孩子才提出了请求，才流下眼泪的。他说："对于维斯帕西亚努斯，那是没有任何害怕的必要的，因为所有的日耳曼军团，所有勇敢而又忠诚的行省，总之还有广阔无垠的海洋和陆地都封闭了他的进攻道路。你必须提防的敌人是在城里，在你自己的内部：他夸耀自己是尤尼乌斯家族和安托尼乌斯家族的后裔；[①]这个自称是统帅(imperator)的后人的人[②]用谦恭下士的办法和威严的仪表争取他的士兵对他的好感。每个人的心思都倾向于他，可是你却连朋友和敌人都分不出来，而宠信一个在皇帝遭到不幸时却大张酒宴、寻欢作乐的人。为了惩罚他这种很不合时宜的欢乐，他应当尝一尝悲痛和死亡之夜的味道，好叫他知道并亲身感到维提里乌斯还活着，维提里乌斯是皇帝，而且还应当要他知道，即使维提里乌斯有什么不幸，他还有一个儿子呢。"

---

① 布莱苏斯和共和派玛尔库斯·尤尼乌斯·布鲁图斯属于同族。同时他又是奥古斯都的姊妹屋大维娅(嫁过三头之一的安托尼乌斯)的后人。

② 他的父亲曾由于在阿非利加战胜塔克法里那斯而被军团欢呼为统帅(imperator)。参见塔西佗:《编年史》，第3卷，第74章。

(39) 维提里乌斯焦虑地在罪行和恐惧之间拿不定主意:如果他不赶快动手除掉布莱苏斯,这就等于加速自己的灭亡;如果他公开下令处死布莱苏斯,又会引起人们对他们强烈憎恨。最后他决定使用毒杀的办法。当他去看布莱苏斯的时候,他显然是十分高兴的,这一点使人们有理由相信他的罪行。而且人们还听他说过这样的灭绝人性的话,他夸耀说——我要把他的原话写下来——"看到敌人的停尸床,真是大饱眼福。"布莱苏斯这个人不仅仅是出身显贵的家族,不仅仅是个文雅高尚的人物,而且是极其忠诚的。甚至当维提里乌斯的地位还没有动摇的时候,凯奇纳和已经不把皇帝放到眼里的那些派别领袖就引诱过他,但是他坚持拒绝了这些人的游说。这个人禀性正直,不喜欢变革,也不想取得突如其来的荣誉,更不想做皇帝,但他却不能使别人不认为他有这样的资格。

(40) 就在这个时候,法比乌斯·瓦伦斯带着由大群侍妾和太监组成的娘娘队伍缓慢地行进着,完全不像是一位出发作战的统帅。① 在途中,他从匆匆赶来的使者们那里知道,路奇乌斯·巴苏斯已经率领拉温那的海军投到佛拉维乌斯那边去了。但是,如果他快走的话,他本来是可以阻止尚在犹豫之中的凯奇纳的,至少能够在决战之前来到军团这里。② 有些人劝他带着自己的心腹,避开拉温那从秘密的小路向荷司提里亚或克雷莫纳推进;另一些人

① 懒惰是瓦伦斯的主要性格之一,参见本书第一卷,第66章;第二卷,第30章;普鲁塔克:《奥托传》,第6章。

② 参见本书第二卷,第100章。

则主张把近卫军从罗马召来，然后用一支强大的兵力打开一条进路。[①] 但是，由于无益的耽搁，瓦伦斯把应当用来行动的时间都消耗在空谈上面了；后来他拒绝了上述的两种计划，却采用了一项折中的办法——这是犹疑不决之际的下下之策——他既未表现出足够的勇气，又未表现出先见之明。

（41）他写信给维提里乌斯请求援助。得到的回答是，从不列颠派出了三个步兵中队和一个骑兵中队，[②]这支军队的数量不容易避过敌人的视线，同时又不能有足够的力量强行突破敌人的截击。但是即使在这样一个危急时刻，瓦伦斯都不惜干出许多丑声四溢的勾当：他仍然不放过罪恶的享乐，他用淫乱放纵的行径玷污了款待他的那些人的家庭。[③] 他有权力、金钱，即使在他注定垮台之际，他仍不放过最后一刻的纵欲机会。当步兵和骑兵最后到达的时候，他的计划之荒谬就变得十分明显了，因为他不能利用这样一支小部队——不管这支部队对他何等忠诚——冲过敌人的防线，而且实际上这些军队的忠诚也不是丝毫无可置疑的。然而羞耻之心和对于他们的统帅的畏惧使他们未敢轻举妄动；但是这些情况并没有很大的力量来约束那些既害怕危险却又不怕丢脸的人。因此他就惊慌地把步兵中队派到阿里米努姆[④]去，并命令那个骑兵中队保卫他的后方。他本人则偕同少数在他遭受厄运时依然对他忠诚的伙伴转道到翁布里亚去，从翁布里亚又进入了埃特

① 穿过拉温那的近郊。

② 当时他所需要的是一支正式的军队。

③ 这使人想起了他在高卢的行径（参见本书第一卷，第 66 章以次）。

④ 今天的里米尼（Rimini）。

路里亚。他在埃特路里亚那里听到了克雷莫纳战争的结果之后，就拟订了这样的一个计划；这并不是一个怯懦的计划，而且如果这个计划真的得以实现，它本来应当说是很具有威胁力的。原来他打算俘获一些船只，在纳尔波行省沿岸的一个地方登陆，然后把高卢诸行省以及日耳曼的军队和部族发动起来，而这实际上就等于是挑起一场新战争了。

(42) 瓦伦斯一走，阿里米努姆的军队就变得惊恐不安和胆怯了。科尔涅里乌斯·富斯库斯①带来了他的陆军并且使他的轻型舰船沿着附近的海岸停泊下来，这样就从陆上和海上把卫戍部队包围了。佛拉维乌斯派现在正在掌握着翁布里亚的平原和皮凯努姆②面临亚得里亚海的那一部分。实际上，整个意大利已经以亚平宁山为界在维斯帕西亚努斯和维提里乌斯之间平分了。法比乌斯·瓦伦斯乘船从比萨的港口出发，但是由于无风或是由于逆风而不得不进入赫尔克里士·摩诺伊库斯港③。沿海阿尔卑斯山的代理官马利乌斯·玛图路斯就在离这里不远的地方。尽管他周边的全部地区对他都是敌视的，但是他仍旧忠于维提里乌斯，不曾背叛他对皇帝维提里乌斯的效忠誓言。他亲切地接待了瓦伦斯，并且劝瓦伦斯不要冒险进入纳尔波高卢。但在这同时，其他的人们却由于心里害怕而动摇了自己的忠诚。

(43) 他们的动摇是有道理的，因为皇帝的代理官④瓦列里乌

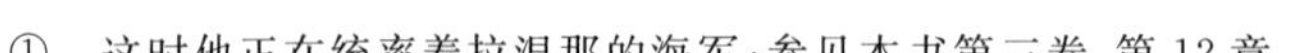

① 这时他正在统率着拉温那的海军；参见本书第三卷，第12章。

② 今天亚得里亚海沿岸安科纳(Ancona)和桑格罗河(Sangro)之间的地带。

③ 今天的摩纳哥(Monaco)。

④ 可能是纳尔波高卢的代理官。

斯·保里努斯——一个精力充沛的军人，甚至在维斯帕西亚努斯做皇帝之前就是他的朋友——已经通过对维斯帕西亚努斯的效忠宣誓把附近的各个城市团结起来了。保里努斯还把被维提里乌斯所遣散，现在却急于想重新拿起武器来的一切老兵召了来；[①]他还在控制着这一带海面的佛路姆·优里伊[②]配置了一支卫戍部队，而下述的事实又足以提高他个人的威信：佛路姆·优里伊是他的故乡，而他还受到近卫军士兵的尊重，因为他曾是近卫军的将领。此外当地的人民由于热心赞助自己的同乡并且希望他在将来取得权力，因此也尽力帮助他的一派。当这些有效的而且又为谣传所夸大的准备工作一再地传到这时已经在动摇犹豫的维提里乌斯派那里去的时候，法比乌斯·瓦伦斯就偕同四名亲卫队士兵、三个朋友和三个百人团长回到了他的船上去；玛图路斯和其余的人愿意留下，并且向维斯帕西亚努斯宣誓效忠。在瓦伦斯看来，虽然海洋比海岸地带或城市要安全些，但他对于未来仍然感到危惧不安，这时他更清楚地看到的是他应当回避什么，而不是信任什么了。一次海上的暴风把他吹到属于玛西里亚人的司托伊卡达伊群岛[③]去，他就在那里被保里努斯派出来搜索他的一些轻型舰船逮捕了。

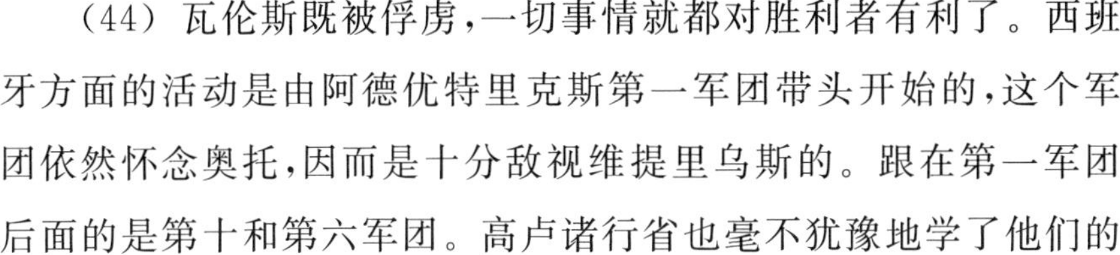

（44）瓦伦斯既被俘虏，一切事情就都对胜利者有利了。西班牙方面的活动是由阿德优特里克斯第一军团带头开始的，这个军团依然怀念奥托，因而是十分敌视维提里乌斯的。跟在第一军团后面的是第十和第六军团。高卢诸行省也毫不犹豫地学了他们的

① 参见本书第二卷，第 67 章。

② 今天的佛雷儒斯（Frejus）。

③ 今天土伦附近的耶尔群岛（Les îles d’Hyères）。

样子。在不列颠方面，人们对维斯帕西亚努斯也有好感，因为克劳狄乌斯曾任命他统率过那里的第二军团，而且他本人也在那里建立过不小的战功。这种情况使得不列颠站到维斯帕西亚努斯这一面来，其他军团在开头时对这事曾进行了某种抵抗，因为在这些军团里，有许多百人团长和士兵是由于维提里乌斯的关系才得到升迁的，因此他们在叛离同他们已经有过一些关系的皇帝时就显得不是那样果断了。

（45）不列颠人看到罗马军队之间发生的这种争端，同时又听到了传到他们这里来的许多关于内战的谣言之后，他们在维努提乌斯的领导之下鼓起了自己的勇气。维努提乌斯不仅生性勇敢好战，并憎恨罗马的名字，他本人还十分憎恨王后卡尔提曼杜娅，而渴望对她进行报复。因出身高贵而享有威信的卡尔提曼杜娅是不列刚提斯人[①]的领袖，后来她的实力又加强了，因为她曾通过叛变的手段俘虏了国王卡拉塔库斯，从而给克劳狄乌斯·恺撒的凯旋式添加了光彩。[②] 这种做法使她取得了财富，使她沉湎在随着成功而来的放荡生活里。她渐渐瞧不起她的丈夫维努提乌斯，而把他的侍从维洛卡图斯召来和自己同居，并且允许维洛卡图斯和她分享统治大权。但是这一丑行立刻动摇了她的家庭。所有公民都

① 这些人居住在今天的约克郡和诺森伯兰。

② 这里同事实略有出入，因为克劳狄乌斯的凯旋式是公元44年的事，而卡拉塔库斯的被俘却是公元51年的事。瓦尔特（Walter）认为塔西佗这里的意思是说，卡尔提曼杜娅俘虏了卡拉塔库斯、他的妻子、女儿和兄弟只是给克劳狄乌斯的凯旋增加了光彩。这种说法是对的，因为我们还记得，克劳狄乌斯曾为这件事下令举行庄严的游行式，这在某种程度上也正是他先前的凯旋式的延长。参见塔西佗：《编年史》，第12卷，第36章。

同情她的丈夫。只有女王对维洛卡图斯的爱情和她那残暴的性格才是这个奸夫的依靠。因此从外面取得了援助同时又得到了不列刚提斯人本身的叛乱的帮助的维努提乌斯,就使卡尔提曼杜娅处于极其危险的地位。于是她要求罗马人的保护,而实际上我们的一些步兵和骑兵的队伍,在多次的战斗中取得了各种各样的胜利之后,终于得以拯救女王,使她摆脱了危险。维努提乌斯取得了他的王国,但我们却被卷入了战争。①

(46) 就在这时,日耳曼又发生了骚动。将领们的疏于职守、军团的喜好作乱的性格、帝国从外部受到的攻击和我们的联盟者对我们的背叛,②这一切确实几乎使罗马的事业遭到极大的灾难。这次战争的经过以及它的原因和结果我们在后面还要谈到,因为这是一场时间拖得很长的纷争。③ 从来就不可靠的达奇人④也不安分起来。他们现在索性不再怕罗马人,因为我们的军队已经从美西亚撤退了。他们在事件刚刚发生的时候采取静观态度,但是当他们听到战火已燃遍了意大利,而整个帝国业已分裂为敌对的两派的时候,他们就猛袭我们的辅助步兵和骑兵部队的冬营,⑤并且攻占了多瑙河两岸的地带。他们已经准备摧毁军团的营地,如

① 战争是公元 71 年由佩提里乌斯·凯里亚里斯结束的。

② 因为巴塔维亚人和特列维利人同莱茵河以东的日耳曼人联合起来。

③ 作者在后面谈到了这些事情。参见本书第四卷,第 12—37 章,第 54—79 章和第 5 卷,第 14—26 章。

④ 他们住在今天罗马尼亚境内。

⑤ 因为这时军团士兵已由多瑙河沿岸地带撤退,只有辅助部队在那里担负着防守任务。

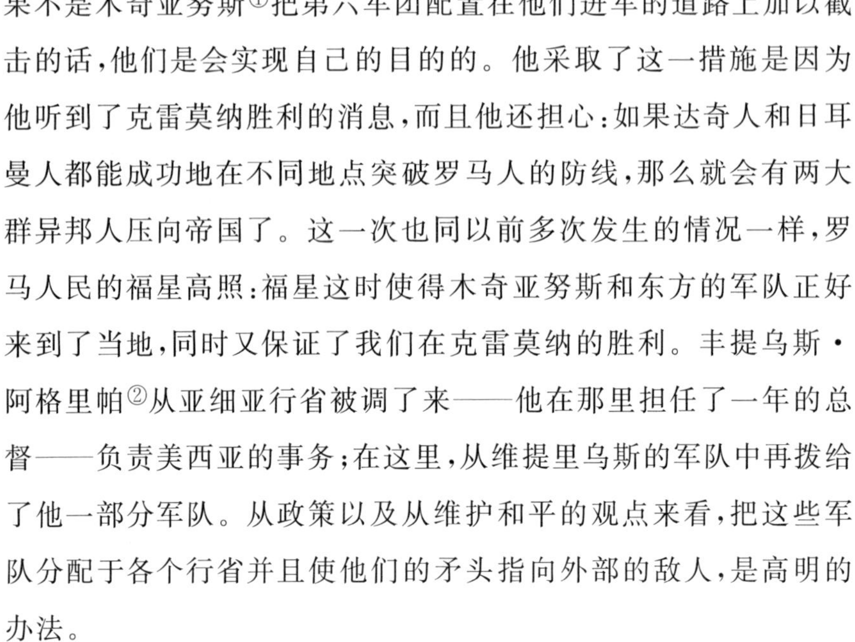

果不是木奇亚努斯[①]把第六军团配置在他们进军的道路上加以截击的话，他们是会实现自己的目的的。他采取了这一措施是因为他听到了克雷莫纳胜利的消息，而且他还担心：如果达奇人和日耳曼人都能成功地在不同地点突破罗马人的防线，那么就会有两大群异邦人压向帝国了。这一次也同以前多次发生的情况一样，罗马人民的福星高照：福星这时使得木奇亚努斯和东方的军队正好来到了当地，同时又保证了我们在克雷莫纳的胜利。丰提乌斯·阿格里帕[②]从亚细亚行省被调了来——他在那里担任了一年的总督——负责美西亚的事务；在这里，从维提里乌斯的军队中再拨给了他一部分军队。从政策以及从维护和平的观点来看，把这些军队分配于各个行省并且使他们的矛头指向外部的敌人，是高明的办法。

（47）在其他民族那里也并不平静。在本都发生了一次突然的武装暴动，暴动的首领是担任过皇家舰队的长官的一名蛮族奴隶。这是波列莫[③]的一名被释奴隶，一个叫做阿尼凯图斯的人。波列莫过去曾实力雄厚，但是在他的王国被改为行省之后就心怀不满了。这个人以维提里乌斯的名义把本都的人民鼓动起来，并且用可以放手打劫的甜头去引诱最贫苦的人民。在这之后，他便率领实力绝对未可轻视的一支队伍向特拉佩佐斯[④]突然发动了进

① 这时他已离开拜占廷向西推进。参见本书第二卷，第 83 章。

② 在对撒尔玛塔伊人作战时阵亡，参见约瑟普斯：《犹太战争史》，第 4 卷，第 7 章。

③ 指波列莫二世，他在公元 63 年死去时把本都王国遗留给了罗马人。

④ 今天的特拉布松（Trabzon）。

攻。特拉佩佐斯是座著名的古城，它是希腊人在本都海岸尽头的地方建立起来的。在那里他屠杀了原来包括由国王所提供的辅助部队的一个步兵中队，它的士兵取得罗马公民权之后，采用了罗马的队旗和武器，但是却保留了希腊人的懒惰和放纵。他还放火焚烧了舰队，并从没有罗马人巡逻的海上逃走，因为这时木奇亚努斯已把他的最精良的轻型舰船和全体海军士兵都集中在拜占廷了。而且，蛮族还赶忙地修造了船舶在海上任意游荡，完全不把罗马人的统治放到眼里。他们把他们的船舶称为卡玛拉伊(camarae)；这种船的干舷低，但是船幅却宽，它们不用青铜的或铁的长钉就能拼合在一起。当海上风浪很大的时候，水手们便用木板构筑防波船壁来对付波浪的高度，直到最后他们竟可以用一个像屋顶那样的外壳把自己包起来。这些船舶就这样地保护着自己在滔天的波浪当中到处翻滚。他们的船两端都可以算是船头，他们的桡手的排列方式可以改变，因此这些船就可以随意向着任何方向安全行驶了。

(48) 这些事情引起了维斯帕西亚努斯的注意，因此他就派在作战能力上久经考验的维尔狄乌斯·盖米努斯率领着他的军团的一些队伍前往。盖米努斯在敌人的军队疏于防守并且由于贪图劫掠物而分散到各处去的时候，向敌人发动了进攻，并且把他们迫回到他们的船舶上去。后来他又很快地修造了一些轻型舰船，在科布斯河[①]河口的地方赶上了阿尼凯图斯。但阿尼凯图斯在那里取得了赛多凯吉人的国王的保护：他是通过行贿送礼的办法才得以

① 今天的科披河(Khopi)。

同这个国王结成了联盟的。起初国王是借助于战争的威胁来保护向他请求庇护的人，但是当人们向他提出了叛变的报酬、否则就要对他作战的时候，他就像一般的蛮族那样开始动摇了自己的忠诚，出卖了阿尼凯图斯的生命，同时交出了所有避难的人，而奴隶发动的这场战争就这样结束了。

正当维斯帕西亚努斯为这一胜利而欢欣鼓舞的时候——因为任何事情都顺利得出乎他的愿望和希求之外——他在埃及又得到了有关克雷莫纳战役的消息。于是他兼程向亚历山大推进，这样他就能够把饥馑的重担加到维提里乌斯的被击溃的军队和永远需要外界支援的罗马城身上。[①] 原来他这时正在准备也从陆海两方面进攻实际上处于同一地区的阿非利加，他的目的则是切断意大利的粮源，从而在他的敌人中间造成匮乏与不和。

(49) 当着帝国的统治大权随着这些世界规模的动乱而转手的时候，[②]普利姆斯·安托尼乌斯在克雷莫纳一役之后的行为却不像先前那样无可非议了。他所以有这样的表现，或者是因为他以为他已经为战争做了足够的工作，而其他的事情就容易做了，或者是因为在有他这样的品质的人身上，成功会把他过去被隐藏起来的贪婪、横傲等劣点暴露出来。他神气十足地在意大利到处为非作歹，就仿佛这是一块被征服的土地似的。他讨好军团士兵就好像他们是他个人的士兵一样。他利用自己的每一句话和每一个行动来铺平自己取得权力的道路。为了使士兵们习惯于放纵的行

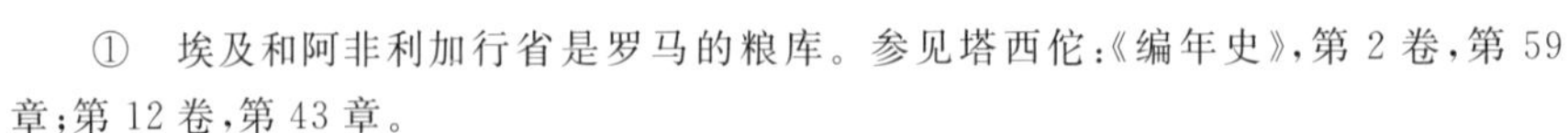

① 埃及和阿非利加行省是罗马的粮库。参见塔西佗:《编年史》,第 2 卷,第 59 章;第 12 卷,第 43 章。

② 这里塔西佗是接着本书第三卷第 35 章叙述的。

为，他要士兵自己挑选那些已经阵亡的百人团长的继任者。士兵们就从他们当中把那些最好闹事的推举出来。士兵们这样就不再听他们的将领的话，而将领们反而要听凭普通士兵的任意摆布了。这些助长兵变和破坏纪律的行为，不久便被安托尼乌斯利用来为自己的私利效劳了。[①] 木奇亚努斯的到达丝毫不曾使他感到害怕，虽然，结果正是这种做法，而不是他对维斯帕西亚努斯不尊重这样一件事实，对他反而是更加致命的。[②]

(50) 这时，由于冬天日益逼近而波河的水又在平原上泛滥起来，[③]佛拉维乌斯方面的军队就抛开他们的累赘的辎重而进行了转移。他们把胜利的军团的军旗和队旗、[④]负伤或年老因而不适于作战的士兵，还有许多健康的士兵都留在了维罗那；现在战争的最严重的关头既然已经过去，所以他认为辅助的步兵和骑兵部队再加上精锐的军团士兵就足够了。第十一军团[⑤]同他们汇合到一处；开头这个军团有些拿不定主意，但是在他们看到佛拉维乌斯派胜利了，他们又忧虑不安起来，因为他们先前并没有同佛拉维乌斯派联合起来。同他们在一起的还有新征募的六千名达尔马提亚人[⑥]，他们的统帅是担任过执政官的彭佩乌斯·西尔瓦努斯[⑦]。但

① 这是说为了自己给予的支持而向士兵勒索或接受士兵的贿赂。

② 安托尼乌斯后来失去了自己的势力，但看来实际上并没有受到任何损害，宫廷诗人玛尔提亚里斯在多米提安的统治时期还称颂过他。参见本书第四卷，第 11 章。

③ 这时正是 11 月。

④ 这里指胜利的军团的主要部分。

⑤ 第十一军团来自达尔马提亚（他们本是奥托的老兵，但是被维提里乌斯送回了达尔马提亚）；参见本书第二卷，第 67 章。

⑥ 在今南斯拉夫境内。

⑦ 他这时是达尔马提亚的长官，参见本书第二卷，第 86 章。

实际上起主导作用的却是军团的副帅安尼乌斯·巴苏斯。西尔瓦努斯在作战时并不积极，他把应当采取行动的日子都在空谈中浪费掉了。对于西尔瓦努斯，巴苏斯表面上是尊重他，实际上是操纵他。巴苏斯带着一种谦抑的热情不断亲临指导一切必要的活动。拉温那的海军士兵现在要求同军团士兵一道作战，他们当中的精锐部队被编入了军团；达尔马提亚人代替他们担任了海军。军队和统帅们在法努姆·佛尔图纳伊[①]停了下来，不知道下一步应当如何行动，因为他们接到报告说，六个近卫军中队已经离开了罗马，而且他们认为亚平宁山的山路已经被敌人守卫起来了。统帅们也由于粮食的缺乏（因为现在他们所处的地区曾受到战争的极大蹂躏）和士兵们的叛变性的要求而感到惊慌不安：原来他们要求他们称之为克拉瓦里乌姆（clavarium）的赠赐[②]。但是统帅们既拿不出钱，也拿不出粮食来。此外，他们把本可以储藏起来以便后来使用的资源仓促而贪婪地据为己有，这也使他们陷入了窘境。

（51）我从最有权威的作品那里知道，胜利者已经把是非界限混淆到这样程度，以致一名普通士兵竟然宣称在上次战争中杀死了自己的兄弟，并为此而向将领们要求赏赐。从一般人道上考虑，是不允许将领们奖励这样杀害行为的，但是惩处这种杀害行为又同军事政策相抵触。将领们借口这个士兵应得的报酬很多而不能立即发给，这样就把这个士兵的事情拖了下去。这件事的下文如

① 法努姆·佛尔图纳伊（Fanum Fortunae）直译是“幸福神殿”，即今天的法诺（Fano），位于里米尼和安科纳之间，美陶罗河（Metauro）河口处。

② 本来这钱是发给士兵们用来换鞋扣（clavus）的，所以直译可以叫“鞋扣钱”。这是士兵的俚语。

何我们也就不得而知了。但是在先前的内战里却发生过类似的一件罪行。西森纳说过，在雅尼库路姆山上对秦纳作战时，[①]彭佩乌斯[②]的一名士兵杀死了自己的兄弟，但后来在他发现了自己的罪行时就自杀了。在我们的祖先身上，对于罪行感到的悔恨情绪以及对于崇高行为感到的光荣都要比我们强烈得多啊！这样的事情以及从罗马的古代历史上引用来的其他事例，我应当在我的著作里适当地方加以叙述，只要我所讲到的事情或当时的情况需要我举出正当行为的例子或是为错误行为减轻其罪恶性质的话。

（52）安托尼乌斯和佛拉维乌斯派的其他统帅决定把他们的骑兵先派出去在整个翁布里亚作一次侦察，以便看一下他们是否能安全地在什么地方迫近亚平宁山。[③] 他们还打算把军旗和队旗以及当时在维罗纳的全体士兵调来，并想从波河和从海路运来粮食。[④] 统帅中有一些人却想出一些理由来拖延实现这些计划；他们感到安托尼乌斯正在变得过分专横，因此他们就希望从木奇亚努斯那里取得一些比较确实的利益。原来取得胜利的这种速度使得木奇亚努斯很为不安，他认为，如果他不能亲自占领罗马，他就不能分享到这次战争的荣誉，故而他就不断地用模棱两可的口气

① 事情发生在公元前 87 年。当时雅尼库路姆被马利乌斯和秦纳包围，参见李维：《罗马史提要》，第 79 卷。格拉尼乌斯·李奇尼亚努斯和瓦列里乌斯·玛克西姆斯也提到了这件事情，但他们说被杀死的不是秦纳的士兵，而是谢尔托里乌斯的士兵。

② 指彭佩乌斯·斯特拉波；他保卫台伯河的左岸，而执政官奥克塔维乌斯则在雅尼库路姆山对路奇乌斯·科尔涅里乌斯·秦纳作战。

③ 可能是寻找山坡不太陡的地方。安托尼乌斯显然认为维提里乌斯已占领了佛拉米尼亚大道。

④ 这里的意思似是要士兵带着军旗和队旗前来，并担任从河路和海路运粮的任务。

写信给普利姆斯和伐鲁斯；在一封信里面他说他们无论如何也要乘胜直追，但是在另一封信里面他又列举缓缓前进的各种好处；他总是采取看风使舵的态度，指望根据不同的结果既能在失败时推卸掉自己的一切责任，又能在胜利时列举自己的功劳。对于普洛提乌斯·格律普斯[1]——这个人最近才被维斯帕西亚努斯提升为元老并被任命为军团的统帅——和所有其他忠诚的军官，他在信中使用了比较坦率地加以告诫的口吻；在所有他们的回信中，他们都不赞同普利姆斯和伐鲁斯的仓促行动，他们的意见看起来是合于木奇亚努斯的口味的。木奇亚努斯把这些书信转送到维斯帕西亚努斯那里去，从而使得安托尼乌斯的计划和行动未能得到像安托尼乌斯本人所希望的那样高的估价。

(53) 安托尼乌斯对这一点感到十分气愤。他责怪木奇亚努斯，说木奇亚努斯的不怀好意的暗讽使得他自己所经历的那些危险看来算不得一回事了；他讲话向来没有节制，而且是不习惯于尊重别人的，所以他就不免把什么话都讲出来了。他写了一封信给维斯帕西亚努斯，信里的口气对皇帝是很放肆的。而且他在暗中还攻击了木奇亚努斯：“把潘诺尼亚军团武装起来的是我！把美西亚的统帅发动起来并不断加以鼓动的是我！正是由于我的勇敢的行动，我们才突破了阿尔卑斯山，占领了意大利，并且封锁了可以从日耳曼和莱提亚给维提里乌斯以任何支援的道路。”安托尼乌斯还列举了应当全部算到他的名下的光荣业绩：他曾利用骑兵的突

① 在本书第四卷的第39章我们看到他是行政长官。他是哪个军团的统帅已不详，希略斯说是第七军团，但是没有什么文献上的根据。

袭重创了维提里乌斯的内部不和的和分散的军团；他还曾使自己的一支人数众多的步兵队伍通过整整一昼夜的追击把那些军队击溃。至于克雷莫纳的灾难，他认为这是内战中难以避免的事情，因而应当由战争本身来负责。他指出说，过去的内战所造成的损失更大，所摧毁的城市也更多。他说，他是用实际行动和武器为他的皇帝作战，而不是靠着报告和书信为他的皇帝作战的。他并不想掩盖这时已经使达奇亚[①]平静下来的那些人的光荣；他们是想使美西亚获得和平，但他的希望却是使意大利得到安全和稳定。而且正是因为他的劝告，世界上最强悍的高卢人和西班牙人才转到维斯帕西亚努斯的一面来。他又说："如果冒了险的人应得的报酬却偏偏被那些没有经历过危险的人无端夺去，那么我的一切努力便全部归于泡影了。"木奇亚努斯完全听到了这些话，结果双方就结下了很深的仇恨，不过安托尼乌斯这方面表现得更加露骨，木奇亚努斯这方面虽狡猾地把这种仇恨隐蔽起来，然而他的仇恨却是更难加以和解的。

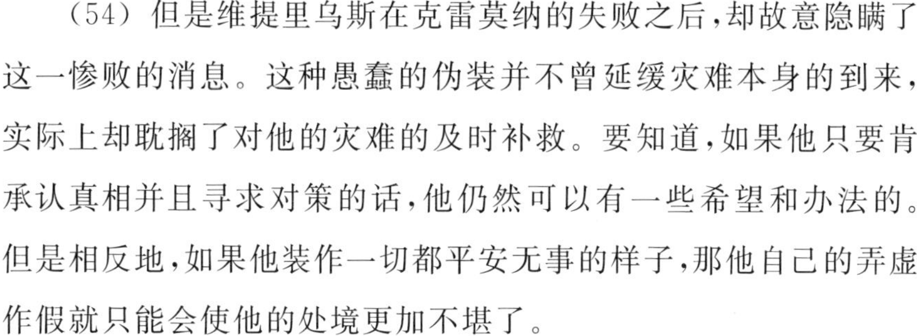

（54）但是维提里乌斯在克雷莫纳的失败之后，却故意隐瞒了这一惨败的消息。这种愚蠢的伪装并不曾延缓灾难本身的到来，实际上却耽搁了对他的灾难的及时补救。要知道，如果他只要肯承认真相并且寻求对策的话，他仍然可以有一些希望和办法的。但是相反地，如果他装作一切都平安无事的样子，那他自己的弄虚作假就只能会使他的处境更加不堪了。

① 原抄本是亚细亚（Asiam），但亚细亚这时本来就是平静无事的，因而从上下文来判断应是达奇亚。今从西斯克尔（Sisker），改为达奇亚。

在他的面前,人们奇怪地闭口不谈战争的事情;在罗马城里是禁止人们谈论的,这结果只能使得更多的人在那里谈论。如果允许他们讲话,那他们是一定会把真相谈出来的。但是既然他们被禁止讲话,他们就反而散播更加可怕的消息。佛拉维乌斯的将领也设法散布大量的各式各样的谣言,他们使用的办法是领着他们俘获的维提里乌斯方面的奸细巡视他们的营地,使这些奸细看到胜利的军队的雄厚实力,然后再把他们放回罗马。维提里乌斯在暗中审问了所有这些人,并很快地把他们处死了。一个名叫优利乌斯·阿格列斯提斯的百人团长表现了非凡的勇气。通过多次的谈话他都未能激使维提里乌斯采取勇敢的行动,在这之后,他就说服皇帝派他亲自去看一看敌人的力量,去看一看在克雷莫纳到底发生了什么事情。他不想瞒过安托尼乌斯去进行任何秘密的调查,而是坦率地要对方知道他的皇帝的命令和他自己此行的目的,并要求对方把一切都给他看一看。

于是人们就领他去看战场,去看克雷莫纳的废墟和被俘的军团。阿格列斯提斯回到维提里乌斯这里来报告了一切;而当皇帝不承认他的话是真话,甚至说他是因为受了贿才这样讲话的时候,他就说,“既然我必须为我所说的话向你提供一个令人信服的证据,而无论我活着还是死亡都不能使你得到其他别的好处,所以我要提出一个使你信服的证据。”讲了这些话之后,他就从皇帝面前离开,用自杀来表明他的话是真的。有些人说他是根据维提里乌斯的命令被处死的,但是所有的人对他的忠诚和勇气却没有异议。

(55) 维提里乌斯这时才像是一个从沉睡中醒过来的人那样

明白了一切。他下令优利乌斯·普利斯库斯和阿尔菲努斯·伐鲁斯[①]率领着十四个近卫军中队和所有的骑兵封锁亚平宁山的各个山口。后来又派去了一个海军的军团。这成千上万的包括精锐的步兵和骑兵的军队如果是另一名统帅率领他们的话,他们是有能力采取攻势的。维提里乌斯把其余的中队交给了他的兄弟路奇乌斯,用来保卫罗马,他本人则一点也不放松追求他的日常享乐生活,同时又由于他对于自己的未来缺乏信心,因此他就提前召开民会[②]并任命此后多年中间的执政官。他允许同联盟城市缔结专门的条约[③]并且慷慨地把拉丁权[④]给予外国人;他削减了某些行省居民的租税,又免去了另一些行省居民的全部义务——一句话,他根本没有考虑到未来,而是把帝国弄得一塌糊涂了。但是群众对于皇帝的慷慨恩赐却十分欢迎。最愚蠢的公民用金钱购买这些恩赐,但是明智的人却认为,在国家的当前的情况下既不能给予也不能接受的这些特权,是毫无价值的。最后维提里乌斯听从了驻留在美瓦尼亚[⑤]的他的军队的请求,在大批元老的伴随下离开了罗

① 近卫军长官,参见本书第二卷,第 92 章;第三卷,第 36 章。

② 从提贝里乌斯当政时起就由元老院表演选举的笑剧(参见塔西佗:《编年史》,第 1 卷,第 15 章),但结果却仍然要向在民会(comitia)集合的人民群众报告。

③ 有些城市对罗马的关系要由特殊的条约加以规定,以与行省的一般法律相区别。

④ 享有拉丁权 (ius Latii 或 Latinitas)的外国人有权同罗马进行贸易,但没有权同罗马人通婚。拉丁城市个别成员在某些情况下可以取得充分的公民权,条件是他们在本城担任高级官吏或移居罗马并有男性子嗣。

从优利乌斯·恺撒时期起,整个意大利便都享有充分的公民权,而同公民权一道扩大的 ius Latii 也往往赐给行省的城市。

⑤ 在翁布里亚的司波列提乌姆西北,今天的贝瓦尼亚(Bevagna)。

马。许多元老跟着他是为了向他讨好,但大多数的元老却是因为害怕而不得不这样做。他就这样没有任何明确意图地来到了营地,因此也就很容易为不忠于他的意见所左右了。

(56)正当维提里乌斯向军队发表演说的时候,一件难以置信的奇迹出现了。一群不吉利的鸟在他的头上飞翔,以致像一片黑云那样把天空都遮暗了。一只公牛表现了另一个不吉的朕兆,它撞翻了牺牲用具,从祭坛那里逃走,后来它才在离祭坛不远的地方被人以非常的办法杀死。但是最突出的一个朕兆却是维提里乌斯本人;他并不精通战术,没有先见之明,不懂得正常的行军次序,不会使用侦察兵,不知道一个统帅要在怎样的限度内加速或延缓一次战役,于是他就不断地向别人打听。每有一名使者到来的时候,他的面色和举止都表现出他内心的焦虑;继而他就大量地饮酒。但是最后他对营地的生活厌倦了,因而在听到米塞努姆的舰队叛变的消息以后就返回了罗马:他听到每一个最新的坏消息时都照例感到手足无措,却又不去考虑事态最后会发展到怎样的不可收拾的地步。原来当他那完整无损的兵力可以穿过亚平宁山,并可以向他那仍被严寒的冬天和缺粮折磨得精疲力尽的敌人进攻的时候,他却把他的军队分散开来,从而使他的最精锐并在任何情况下始终对他忠诚的军队遭到战死和被俘的命运;虽然,这种做法曾是他那些最有经验的百人团长所反对过的,而如果他肯征求他们的意见的话,他们是会把真实情况告诉他的。但是维提里乌斯的最亲密的朋友却不许这些百人团长见到他,这样就使皇帝无法听到虽然逆耳但是有益的忠告,而他所能听到的,也就只能是阿谀奉承的话和会使他陷于

毁灭的话了。

(57) 米塞努姆的舰队的行动可以说明在内战中,一个人的大胆行动可以起多么巨大的作用。嗾使这个舰队叛变的是一个曾不光彩地被伽尔巴解职的百人团长克劳狄乌斯·佛拉温提努斯,原来他捏造了维斯帕西亚努斯的来信,好像在这些信里维斯帕西亚努斯答应把报酬给予叛变的士兵。舰队的长官是克劳狄乌斯·阿波里那里斯[①],这个人虽非十分忠诚,却也不是存心非叛变不可。这时恰巧在明图尔纳伊[②],一个名叫阿庇尼乌斯·提洛的担任过行政长官的人自愿领导叛乱的士兵。这些人又把各自治市和移民地也发动起来。普提欧里[③]的人民成了维斯帕西亚努斯的热心支持者;但另一方面,卡普亚对维提里乌斯却是忠诚的。这样一来,城市与城市之间的敌对关系就构成了内战的一部分。维提里乌斯选派克劳狄乌斯·优利亚努斯去安抚军队,因为当不久之前优利亚努斯担任米塞努姆的舰队长官的时候,他是以温和的方式行使自己的权力的。皇帝派了一个城市步兵中队和优利亚努斯当时率领的剑奴陪他同去以便支持他的安抚工作。当两支军队面对面地设营之后,优利亚努斯动摇了,没有多久就投到维斯帕西亚努斯的那一面去了。双方联合起来的兵力于是占领了塔尔拉乞那[④],这个城市之所以防守得比较好,与其说是士兵们有任何能力,毋宁说

① 巴苏斯的继任者,参见本书第三卷,第12章。

② 利里斯河河口的城市,位于拉提乌姆和康帕尼亚的边界上,今已废。

③ 今天的波佐利(Pozzuoli),面临那不勒斯湾。

④ 在阿披亚大道上,今天的特拉契纳(Terracina),位于彭提乌斯沼地以南的海岸。它的古名叫安克苏尔(Anxur)。

是它的城壁坚固，地势险要。

（58）听到这个消息之后，维提里乌斯[1]就把他的一部分军队[2]和近卫军长官留在纳尔尼亚[3]；又派他的兄弟路奇乌斯·维提里乌斯率领六个步兵中队和五百名骑兵，去对付康帕尼亚的一触即发的战争局势。他本人虽然心情沉重，士兵的热情和人民要求武器的呼叫声却又使他重新振作起来：但在他面前的其实是一群怯懦的人，他们的勇气至多是在口头上，他却把这样一些人不真实地和浮夸地想象为正规的军队和军团呢！根据他的被释奴隶的意见（因为他的朋友越是显要，他也就越是不信任他们），他下令人民按特里布斯[4]举行集会，并在特里布斯的成员进行登记时宣誓效忠。由于成员的人数过多，他就把选拔新兵的任务分派给各个执政官。他要元老捐献奴隶和现金。骑士也提供了援助和金钱；甚至被释奴隶都要求能够取得同样的特权。这种实际上是出于畏惧的、伪装的忠诚结果就形成了拥护皇帝的热情；然而大多数人感到遗憾与其说是为了维提里乌斯本人，毋宁说是为了皇帝一人当权的制度所陷入的那种不妙的处境。他自己也用各种办法，通过面部的表情、声调和眼泪来唤起他们的同情；他就像是一个心虚胆怯的人那样，他作了许多，甚至可以说是极多的许诺。而且他甚至希望人们把他叫做恺撒。这是他先前曾拒绝过的头衔，现在他所以

① 这时他已返回罗马。

② 七个步兵中队，参见本卷第78章。

③ 今天的纳尔尼(Narni)。

④ 这样的特里布斯有三十五个。

接受这一头衔，是出于对这一名称的迷信感，[①]还因为在害怕的时候，他对于有见解的人的意见和群众的话是同样听得进去的。但是，既然所有那些由于鲁莽的冲动而引起的运动在开头都很有力，但后来就慢慢削弱下去，元老和骑士也就逐渐开始改变态度：起初还是犹豫观望的，后来在维提里乌斯不在的时候，他们就公然表现出轻视和无所谓的态度，最后维提里乌斯看到自己的企图失败而感到羞愧，就索性豁免了他们不肯干的事情。

(59) 美瓦尼亚的占领使整个意大利陷入一片恐怖，看来又要开始一场新的战争了。但另一方面，事实却是维提里乌斯的怯懦的撤退[②]使人们更加倾向于佛拉维乌斯的一派了。撒姆尼特人、佩利格尼人和玛尔喜人看到康帕尼亚人走到他们的前面是心怀忌妒的，因此他们就热心地为战争提供一切方便，就像每一次新的归附必然会发生的情况那样。虽然如此，军队在穿越亚平宁山时因冬天[③]的猛烈的暴风雪而受到极大的折磨，而当着这些没有受到任何敌人的骚扰的军队感到难于在雪中跋涉前进的时候，将领们才看到他们将会遭到怎样的危险，如果命运不使维提里乌斯转回去的话（命运同智慧一样，也常常帮佛拉维乌斯派统帅的忙）。在山区里，他们遇到了佩提里乌斯·凯里亚里斯[④]，他是把自己打扮

① 直到这时为止，维提里乌斯一直拒绝被称为恺撒或奥古斯都（参见本书第一卷，第 62 章；第二卷，第 55—62 章），这可能是想表示自己的谦逊；但是现在他又认为皇帝的头衔好像可能会对他的不幸起支持作用。

② 指维提里乌斯返回罗马的事情，参见本卷第 56 章。

③ 这时是 12 月。

④ 他曾两度担任执政官（公元 70 和 74 年）。公元 61 年他在不列颠统率着一个军团，公元 71 和 72 年任不列颠的长官；他镇平了巴塔维亚人的起义。

成农民的样子并且利用自己对当地地形的熟悉才逃过了维提里乌斯的哨兵的。凯里亚里斯和维斯帕西亚努斯的关系很密切，而且由于他本人在战事方面也颇有声誉，所以他就被任命为一位统帅。[①] 许多人报道说，连佛拉维乌斯·撒比努斯[②]以及多米提安也有逃跑的机会。安托尼乌斯的密使使用各种巧妙的办法同他们联系，告诉他们可以逃到什么地方去和他们可以取得的保护。撒比努斯借口他的健康无力经受疲劳或去做一件冒险的事情。多米提安有勇气，而且尽管维提里乌斯派来监视他的人答应和他一同逃跑，但他却害怕他们是故意试探他。虽然如此，维提里乌斯本人由于尊重自己的亲属而不想对多米提安下毒手。

(60) 到达卡尔苏拉伊[③]之后，佛拉维乌斯方面的将领休息了几天，等待军团的军旗和队旗的到来。[④] 他们也认为他们的营地的实际形势是十分有利的，因为这一营地俯临一个十分开阔的地带，并且由于后面有一些繁盛的城市[⑤]而能在各种必需品的供应方面得到保证。正当维提里乌斯的军队离他们只有十英里的时候，[⑥]他们希望同对方谈判，并且把他们拉过来。士兵们反对这种做法，他们宁愿取得胜利也不想得到和平；他们甚至反对等待他们

---

① 后来他镇平了巴塔维亚人奇维里斯所领导的一次起义(参见本书第四卷和第五卷)。

② 维斯帕西亚努斯的兄弟，这时担任市长(praefectus urbi)，参见本卷第64—75章。

③ 翁布里亚的城市，今天的卡西里雅诺(Casigliano)，位于特尔尼(Terni)以北十罗马里，在佛拉米尼亚大道上。

④ 从维罗纳来的。参见本卷第52章。

⑤ 这里指美瓦尼亚、司波列提乌姆(Spoletium)、乌尔比努姆(Urbinum)等城市。

⑥ 在纳尔尼亚(特尔尼)。

自己方面的军团到来，因为在他们的心目中，这些军团与其说是前来同他们一道冒险，毋宁说是前来分享战利品的。安托尼乌斯于是把他的军队召集起来，指出维提里乌斯还有这样一支军队：如果给他的士兵以考虑的机会，那他们对他的忠诚就是大可怀疑的，但如果使他们陷入绝望的地步，那他们就是一支可怕的力量了。他说："在内战开始的时候，人们必须依靠命运；但是最后的胜利永远是靠战略和贤明的智谋得到保证的。米塞努姆的舰队和康帕尼亚的美丽漂亮的地区已经背弃了维提里乌斯，现在在整个世界上，除了塔尔拉乞那和纳尔尼亚之间的土地之外，再没有任何地方是属于他的了。在克雷莫纳的战斗中我们取得了充分的荣誉，但是我们摧毁了克雷莫纳，这种做法使我们蒙受了出乎我们想象的激烈指责。因此我们的责任应当是拯救罗马，而不是占领罗马。如果你们打算用不流血的手段使元老院和罗马人民得到安全的话，那么你们就会得到更多的报酬，得到你们可能取得的最大声誉了。"这些以及诸如此类的其他说法终于使士兵们的不耐烦的情绪镇静下来了。

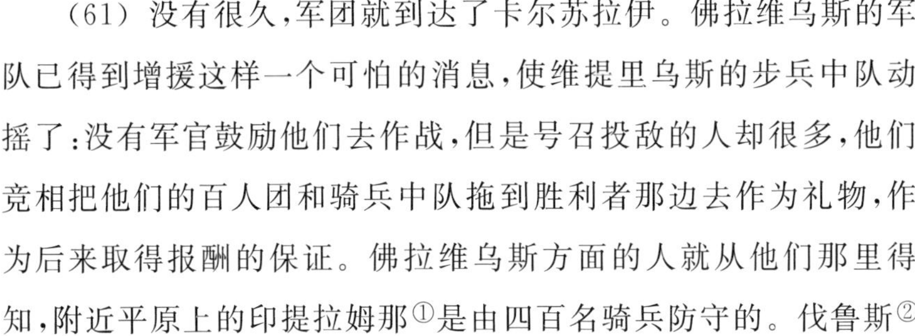

（61）没有很久，军团就到达了卡尔苏拉伊。佛拉维乌斯的军队已得到增援这样一个可怕的消息，使维提里乌斯的步兵中队动摇了：没有军官鼓励他们去作战，但是号召投敌的人却很多，他们竞相把他们的百人团和骑兵中队拖到胜利者那边去作为礼物，作为后来取得报酬的保证。佛拉维乌斯方面的人就从他们那里得知，附近平原上的印提拉姆那[①]是由四百名骑兵防守的。伐鲁斯[②]

① 今天的特尔尼，在佛拉米尼亚大道附近，参见本书第二卷，第 64 章。

② 阿里乌斯·伐鲁斯，佛拉维乌斯方面的将领。

立刻奉命率领一支轻武装的队伍前去。卫戍部队中有几个人进行了抵抗,被他们杀死,但大多数的人放下了武器,并请求宽恕了。从主营逃出的一些人在那里造成了极大的惊恐情绪,因为他们过分夸大了敌人的勇气和数量,其实他们的这种做法不外是想冲淡他们自己不能守住阵地的耻辱而已。维提里乌斯派不会因为胆怯而受到惩罚,但是投到佛拉维乌斯派那一面去的人却由于他们的叛变而得到报酬。现在人们争先恐后做的唯一的一件事,就是看谁更加不守信义了。将领和百人团长的投敌已经成了司空见惯的事情,不过普通士兵却始终是坚定地忠于维提里乌斯的。直到最后,普利斯库斯和阿尔菲努斯①也离开营地回到维提里乌斯那里去了,这就使得所有的人再也不觉得叛变是可耻的了。

(62) 在这些日子里,在乌尔比努姆②被监视起来的法比乌斯·瓦伦斯③被杀死了。他的首级被展示给维提里乌斯的步兵中队,以便使他们不再抱任何幻想,因为直到当时为止,他们一直认为瓦伦斯已经到日耳曼各行省去发动旧军队,并在征募新军。他们看到他的首级时很为失望。但是瓦伦斯的被杀却极大地鼓舞了佛拉维乌斯军队的勇气,因为他们认为这等于是战争的结束。

瓦伦斯生于阿那格尼亚④地方的一个骑士的家庭。他生性放

① 皇帝的亲卫队长官,参见本卷第 58 章。

② 在翁布里亚,今天的乌尔比诺(Urbino),位于法诺(Fano)西南。

③ 参见本卷第 43 章。

④ 今天的阿纳尼(Anagni);以前拉提乌姆地方赫尔尼奇人(Hernici)的古都。

荡，却颇有才干，不过他总想通过插科打诨来博得风雅机智的声名。在尼禄当政时期的青年节[①]时，他表演过滑稽戏，开始时他显然是被迫这样做的，后来却完全是出于自愿了。他的表演虽然精彩，却是很有损于自己的身份的。在维尔吉尼乌斯手下担任军团副帅时，他巴结自己的上司，但后来又中伤他。[②] 他在把丰提乌斯·卡皮托[③]勾引堕落之后就把他处死，也许是因为未能使他堕落而把他处死的。他背叛了伽尔巴，却忠于维提里乌斯，而别的人的背信弃义却使他得到了荣誉。

（63）既然现在各方面的任何可能的希望都已经幻灭，维提里乌斯的军队于是就准备投到维斯帕西亚努斯的那一面去了。但是他们却还想把这件事做得很体面，于是他们就打着各种标记和队旗[④]下到纳尔尼亚下面的平原地带来。[⑤] 全部装备起来作好战斗准备的佛拉维乌斯方面的士兵沿着道路的两旁[⑥]排成密集的队列。维提里乌斯方面的士兵被允许在佛拉维乌斯方面士兵的队列中间行进；继而安托尼乌斯便要他的军队围在他们的四周，用温和的语气向他们发表讲话。他们的一半人受命留在纳尔尼亚，另一半则留在印提拉姆那。同时却把一些胜利的军团留在后面。如果维提里乌斯派的士兵安安静静地不动的话，这些军团就不虐待他

---

① 参见塔西佗：《编年史》，第 14 卷，第 15 章。尼禄创设的，由骑士等级的青年参加的节日。

② 参见本书第一卷，第 7 章以次。

③ 下日耳曼长官，参见本书第一卷，第 8 章。

④ 这是说他们仿佛是去接受检阅的样子。

⑤ 这里说“下到……来”（descendere），是因为他们的营地是设立在高地上。

⑥ 指佛拉米尼亚大道。

们，但是却要准备足够的力量以便应付任何叛变的行动。在这期间，安托尼乌斯和伐鲁斯不断送信给维提里乌斯，建议他放下武器并带着他的孩子投降维斯帕西亚努斯，这样他就可以得到安全、金钱和退居康帕尼亚的待遇。木奇亚努斯也写信给他，向他提出类似的意见；维提里乌斯也常常有相信这些建议的意思，并且谈到他应当带着的奴隶的数目和他应当选择的退隐地点。他这个人竟然昏昏沉沉到这种程度，以致如果不是别人记得他曾是个皇帝的话，他自己都会把这件事忘掉的。

（64）另一方面，显要的公民们却开始在暗中怂恿罗马市长官佛拉维乌斯·撒比努斯也来分享胜利和光荣了。他们说："你有你自己的武力即城市步兵中队[①]，警备队[②]和我们的奴隶也不会不支持你；佛拉维乌斯派的好运和胜利一方的百事顺遂等等情况，对你都是有利的。不要使安托尼乌斯和伐鲁斯独享光荣吧！维提里乌斯只有几个中队，[③]而且他的士兵因为从各方面传来的不吉利的消息而处于一种惊慌不安的状态。人民群众是容易改变的；只要你自己把领导他们的任务担当起来，他们就会像阿谀维提里乌斯那样阿谀维斯帕西亚努斯，而维提里乌斯本人既然甚至经受不住胜利，那么他在遇到灾难的时候，自然便更加无能为力了。占领了这个城市的人将要受到人们的感谢，因为他结束了战争。只有你

① 维提里乌斯征募了四个城市步兵中队，每队一千人；一个中队已奉派在优利亚努斯的率领下离开（参见本卷第57章）。

② 警备队兼警察和消防的任务，罗马共有七个这样的中队。参见本书第一卷，第20章。

③ 这里指三个近卫军中队。参见本卷第78章。

可以为你的兄弟维护统治大权，因为维斯帕西亚努斯是把你看得比谁都重的。”

(65)但是这些要求却激不起撒比努斯的热情，因为他已经年老力衰了。确实有一些人在攻击他，他们在暗中表示，他是出于恶意和忌妒才故意拖延他的兄弟的胜利的。原来撒比努斯比较年长，而当他们两人都是普通公民的时候，他的影响和财富都超过了维斯帕西亚努斯。而且还有一个说法，即有一次，当维斯帕西亚努斯的信誉受到损害的时候，撒比努斯只给了他相当吝啬的帮助，[①]而且还把他城里的房屋和田产拿来作为抵押。因此，尽管他们在表面上相互间很和睦，可是人们怀疑他们之间在暗中是有误会的。对于他的犹疑不定的性格的一种比较善意的解释是：他是一个性格温顺、害怕流血和屠杀的人，而正因为这一点，他才多次同维提里乌斯高谈和平问题，谈在约定的条件下放下武器的问题。他们在私下里常常见面；传说他们最后在阿波罗神殿[②]达成了协议。实际上只有克路维乌斯·路福斯[③]和西里乌斯·意大利库斯[④]两个人为他们讲的话作证。但是那些离得较远的人却看到了他们的面部表情，并且注意到，维提里乌斯看来是垂头丧气

① 苏埃托尼乌斯(《维斯帕西亚努斯传》,第4章)也说，维斯帕西亚努斯在统治阿非利加时根本没有搜括很多财富，因此他竟不得不把自己的财产抵押给自己的哥哥，并且还想买卖奴隶，以便弄到一些钱。

② 奥古斯都在帕拉提努斯山上修建的神殿。

③ 西班牙的长官。参见本书第一卷，第8章；第二卷，第58、65章。

④ 他是以维提里乌斯的友人的资格在场的。在尼禄统治时期的最后一年，他担任行政长官，后来又是亚细亚的长官。在这之后的三十年中间他似乎一直住在意大利，最后在七十五岁的时候，自愿绝食而死。他有一首记述布匿战争的史诗(Punica)保存下来。

和受到屈辱的神气，但撒比努斯的表情却不是得意，而毋宁说是怜悯。

（66）如果维提里乌斯能够说服他的追随者也像他自己那样容易退让的话，维斯帕西亚努斯的军队就可以兵不血刃地进入罗马了。但实际上那些对他最忠诚的人却不接受和平，不接受同敌人缔结的条件，他们指出，这是一项蕴藏着危险和耻辱的政策，而他们得到的保证只不过是要看胜利者的高兴与否罢了。他们说："维斯帕西亚努斯没有足够的自信心可以使他容忍维提里乌斯以一个普通公民的身份生存下去，甚至被战败的一方也不会容忍这种情况：他们的怜悯将会招致危险。确实，你自己已经是一个经历过酸甜苦辣的老人了，但是你的儿子日耳曼尼库斯[①]将要取得怎样的名义和地位呢？在这个时候他们答应给你金钱、奴隶和康帕尼亚那里的欢乐的退隐生活。但是当维斯帕西亚努斯一旦攫得了统治大权，无论是他本人、他的朋友，还是他的军队，都不会认为他们将得到任何安全，除非他的对手被铲除掉。法比乌斯·瓦伦斯虽然被囚禁起来并且留作在可能发生的危机时的人质，但是这个人对于俘获他的人们来说却依旧是一个过于沉重的负担。普利姆斯和富斯库斯，或是他的一派的主要代表人物木奇亚努斯除了把你杀掉的自由之外，难道还能有其他任何同你打交道的自由么？恺撒并没有放过庞培，奥古斯都也没有放过安托尼乌斯。[②]除非维斯帕西亚努斯或许有一副比较高贵的心肠，现在你能有什么指

① 参见本书第二卷，第 59 章；第四卷，第 80 章。

② 这种说法并不符合历史上的实际情况。

望呢？但维斯帕西亚努斯又是个什么样子的人呢？他在维提里乌斯[①]担任克劳狄乌斯的同僚的时候，是维提里乌斯的一名食客。不！你必须证明你自己无愧于你那担任过监察官的父亲，无愧于三任执政官[②]和属于你的名门的全部荣誉。至少在生死关头，你必须鼓起勇气来。士兵们对你是忠诚的，而且人民又热心支持他们。最后，任何情况都不会比我们自愿投入的那种处境更坏。如果我们被打败，我们固然难逃一死。但如果我们投降，我们同样活不成。唯一的问题就在于，我们是在嘲笑和侮辱中死去，还是在英勇的行动中死去。”

(67) 对于一切比较严正的意见，维提里乌斯一概充耳不闻。对于妻子儿女的怜悯和牵挂已使他的心绪烦乱已极，因为他担心，如果他顽强反抗的话，他会使得胜利者对他们更加不留情面。他自己还有一位年迈的母亲。[③] 但是她很及时地在她全家遇难之前几天去世了，这样一来，从她的儿子成为皇帝这件事上，她所得到的只不过是痛苦和令誉而已。

① 维斯帕西亚努斯可能借重过路奇乌斯·维提里乌斯的某些影响。路奇乌斯·维提里乌斯是皇帝维提里乌斯的父亲，他在公元 43 年和 47 年两次担任执政官（同僚是克劳狄乌斯），公元 47—51 年担任监察官（参见苏埃托尼乌斯:《维提里乌斯传》，第 2 章；塔西佗:《编年史》，第 11 卷，第 3 章；本书第一卷，第 52 章）。

② 根据苏埃托尼乌斯的《维提里乌斯传》（第 2 章），他担任执政官的年代是公元 43 年和 47 年，第三次担任执政官的时期不详（参见本书第一卷，第 52 章；塔西佗:《编年史》，第 11 卷，第 3 章）。

③ 塞克司提里娅·奥古斯塔（Sextilia Augusta），参见本书第二卷，第 64、89 章。根据苏埃托尼乌斯的记载（参见《维提里乌斯传》，第 14 章），据说她是被她的儿子逼死的。

正月朔日前第十五日[①]，当维提里乌斯听到了纳尔尼亚那里的军团叛变和一些中队叛变投降消息之后，他便穿上丧服，从帕拉提乌姆宫走了出来，在他四周则是他的哭哭啼啼的家人[②]。他的小儿子被放到肩舆上抬着，就仿佛走在出殡的行列中的样子。人民群众喊着不合时宜的谄媚话；士兵们也保持着不祥的沉默。

（68）没有一个人对于别人的命运会这样漠不关心，以致他对于当前的这种情景竟无动于衷。这里的罗马皇帝就在昨天还是全人类的主人，现在他却放弃了他那备极尊荣的地位，从人民中间和市中心走过，放弃了自己的统治大权。人们在先前从来没有看到过或听到过类似的事情。突然发生的一次暴行杀死了独裁官恺撒，一次密谋又夺去了皇帝盖乌斯的性命。在黑夜和荒野的掩蔽下尼禄逃跑了；披索和伽尔巴还可以说是死在战场上的。但现在是维提里乌斯在他自己召集的一次会议上，[③]在他自己的士兵的拱卫下，甚至在有妇女旁观的情况下，按照他当前的悲惨处境简单地讲了话。他说他的退让是为了和平和他的国家。他请求人民群众只须记住他并怜悯他的兄弟、他的妻子和他的无辜的年幼子女。他讲话时，把他的年幼的儿子抱起来，给这个人那个人以及到会的所有的人看。最后他泣不成声，从身边把匕首抽出来，交给了站在他身旁的执政官，就好像把他的生死大权交到公民们的手里似的。这个执政官的名字是凯奇里乌斯·西姆普列克斯[④]。当这个人表

① 公元69年12月18日。

② 这里原文的familia还应当包括他的奴隶和被释奴隶。

③ 他是从广场的讲坛（Rostra）向人们讲话的。

④ 他是11月和12月的补缺执政官，参见本书第二卷，第60章。

示拒绝，而与会的人民也高呼表示不同意的时候，维提里乌斯便离开了他们，打算把皇帝的标记存放入协和神殿[①]，而在这之后，再到他的兄弟家里[②]去。于是人民便更加用力地高呼，反对他到一个私人的住宅去，而是要他回到宫殿去。所有其他的道路都在他面前被封闭了。只有一条圣路[③]留给他。他只得万分惶恐地返回宫殿。

（69）外面已经传说他退位了，佛拉维乌斯·撒比努斯也写信给中队[④]的将领们，要他们对军队加以约束。因而就仿佛全国都已转入维斯帕西亚努斯的手里似的，首要的元老、大多数的骑士和全部城市守卫部队和警卫人员都挤到佛拉维乌斯·撒比努斯的家里来。人们在那里听到了关于人民的情绪和日耳曼中队所发出的威胁的谈论。[⑤] 但是在这时，撒比努斯要想后退已经困难，因为他走得太远了。每个人自己都担心一旦他们分散开来而变得孤单软弱的时候，维提里乌斯的士兵会向佛拉维乌斯的士兵发动进攻，于是就催促还在徘徊观望之中的市长采取武装行动。但是，正如在这种情况下往往会发生的那样，虽然所有的人都出主意，但敢于冒

① 协和神殿（aede Concordiae）在卡庇托里努斯山下，就在讲坛的后面。神殿首建于公元前 367 年，此后不断改建和增修。此外，它也被利用为一种艺术博物院。元老院经常在这里召开会议。

② 就在广场附近（参见本卷第 70 章）。

③ 圣路穿过帕拉提努斯山通到佛拉维乌斯圆形比赛场（Colosseum）。大概就在后来提图斯拱门的地方，这条圣路向上通到帕拉提乌姆宫。

④ 这里指罗马的一切军队：近卫军、城市步兵中队和警备队。

⑤ 这里指支持维提里乌斯的三个近卫军中队。从本书第 1 卷第 93 和 94 章我们知道，日耳曼的军队中有许多人被编入了近卫军。但近卫军被称为日耳曼中队却是不常见的。

险的人却很少。当撒比努斯和他的武装侍从来到丰达努斯湖[①]的时候,他们遇到了一批最坚决支持维提里乌斯的人。这次冲突是无关重要的,因为这一遭遇是事先没有预料到的,然而它对于维提里乌斯的军队却很有利。在这种混乱的情况下,撒比努斯采取了就当时而论最容易做到的办法。他率领一支混合的军队和一些不容易指出名字来的元老和骑士占领了卡庇托里努斯山上的卫城[②]。我所以说不出他们的名字,因为在维斯帕西亚努斯取得胜利之后,许多人都声称曾为他的一派做过这样的事情。遭到围攻的人们中间甚至有几名妇女。在这些妇女中间,最有名的是维路拉娜·格拉蒂拉[③],子女和亲属都不能引起她的牵挂,但战争的魅力却使她十分神往。当维提里乌斯的军队围攻撒比努斯和他的同伴的时候,他们对警戒是很不注意的;因而在深夜里,撒比努斯竟然得以把他自己的儿子和侄子多米提安召到卡披托里乌姆神殿来。他还做到派一名使者穿过敌人的松弛的哨兵线而到佛拉维乌斯的将领们那里去报告他们被包围的消息,而除非援军到来,否则他们就会难以摆脱困境。但实际上这一夜是如此地安静,以致撒比努斯本来是可以安全地逃出去的。因为维提里

① 在克维里那里斯山附近。欧列里(Orelli)说苏拉时期的一个铭文就提到丰达努斯湖街(vicus laci Fundani)。

② 卡庇托里努斯山的顶部是两个差不多高的山峰。古时的作家把北面的山峰称为阿尔克斯(Arx),西南面的山峰称为卡披托里乌姆。撒比努斯所占领是卡披托里乌姆。塔西佗则把它称为 arx Capitolii,Capitolina arx 或 Capitolium。但是这里他只把 arx 用来指一般山峰。朱庇特神的神殿就在卡庇托里努斯山的西南部。

③ 她被多米提安放逐出罗马(参见普利尼:《书信集》,第 3 卷,第 11 章;第 5 卷,第 1 章)。

乌斯的士兵虽然不怕危险，却不是认真执行自己的任务和用心戒备的；此外突然下起来的一阵冬雨也使得人们看既看不清楚，听也听不清楚。

（70）天色刚亮，在双方能够展开战斗行动之前，撒比努斯便把一个主力百人团长科尔涅里乌斯·玛尔提亚里斯派到维提里乌斯那里去，要玛尔提亚里斯向维提里乌斯抗议破坏协定的行动。他的话是这样："你实际上只是为了欺骗所有这些显贵人物才在那里装模作样地表示要退位的。你为什么从讲坛到你的兄弟的那俯临广场而且引人瞩目的家里去，而不到你妻子在阿文提努斯山上的家里去呢？只有这种做法才适合于一个完全不想表示自己是个皇帝的普通公民的身份。但你的做法却恰恰相反，你回到皇宫去，到掌握统治大权的要塞去。从那里又派出了一支武装队伍，结果城里人口最稠密的地方就布满了无辜者的尸体，甚至连卡披托里乌姆神殿也未能幸免。我撒比努斯当然只是一个普通公民[①]和一名元老。只要是维斯帕西亚努斯和维提里乌斯之间的问题正在依靠双方军团之间的战争、城池的占夺和中队的投降来决定，尽管西班牙、日耳曼[②]和不列颠都叛离了，但我，维斯帕西亚努斯的亲哥哥，在我应邀同你谈判之前，我仍然是忠实于你的。和平与协调对战败者是有利的事；对胜利者来说，它们只是光荣的而已。如果你后悔你的协定的话，你也不应当进攻曾被你的叛变行为所欺骗的撒比努斯或维斯帕西亚努斯的还是幼童的儿子。杀死一老一少对

① 原来的意思是穿着长袍的人。

② 指上下日耳曼。长官霍尔狄奥尼乌斯·佛拉库斯和军团副帅沃库拉都是站在维斯帕西亚努斯的一面的。参见本书第四卷，第31、37章。

你有什么好处呢？你倒是应当率领军队对军团展开堂堂正正的战争，以便在战场上争夺最高的统治大权。所有其他一切都是要取决于战斗的结果的。”维提里乌斯听到这些话之后感到十分不安，但他只是作了一个简短的答复为自己辩护，而把责任推到他的士兵身上。他说士兵们的过分热情是他这样一个性格温和的人所无法控制的。① 同时他劝玛尔提亚里斯从宫殿的一个秘密的出口离开，为的是使士兵不会因为他斡旋他们所不喜欢的和平而把他杀死。至于他本人，他已没有力量发布命令或是禁止别人做什么了。他已不再是皇帝，他只不过是战争的由头罢了。

（71）玛尔提亚里斯刚刚回到卡披托里乌姆神殿，士兵就愤怒地赶上来了。他们并没有领头的，各人都是按照自己的意思行动。他们列为纵队冲过广场和耸立在广场周边的那些神殿②到山上来，一直到卡庇托里努斯山的卫城最前面的门。如果你从山坡上去，那么在右手就可以看到一些旧的柱廊；守卫者就跑到这些柱廊的顶子上来，用大量的石头和瓦片向进攻他们的人攻击。进攻者除了刀剑之外，没有别的武器，而且他们认为若是再把投射器械和投射物取来又太费时间；于是他们就向柱廊的一个向外突出的部分投掷火把，然后就沿着延烧的道路前进。他们实际上已经点着了卡披托里乌姆神殿的正门，而如果撒比努斯不是把所有的雕像和纪念祖先的光荣的纪念物捣毁并把它们堆在入口的地方当做屏障的话，他们本来是可以攻进去的。进攻者试图通过不同的方面

① 这里的意思是说他的谦逊、耐心的劝告对士兵发生不了什么作用。

② 例如卡司托尔神殿、撒图尔努斯神殿等等。

攻入卡披托里乌姆神殿，进攻的道路一处在阿吉路姆森林[①]的地方，一处在通向塔尔培亚岩[②]的百步梯的地方。在这两处发动的进攻都是事先不曾料到的，不过从阿吉路姆森林方面进攻的道路比较近，威胁也更大。而且守卫者也没有办法挡住那些从邻近的房屋爬上来的人，这些房屋在和平时期修造得很高，它们达到同卡披托里乌姆神殿相等的高度。不过我们在这里不清楚是攻击者还是被攻击者把屋顶点起了火。比较流行的说法是被攻击者点着了的，因为他们想借以击退正在向上爬或是已爬到顶子上来的进攻者。火从房屋延烧到同神殿相连接的柱廊那里去；继而那支持着屋顶的“鹰”[③]因为是旧木料制造的，便也引上了火。这样，门没有被打开的卡披托里乌姆神殿就烧起来了。没有人保卫它，也没有人劫掠它。

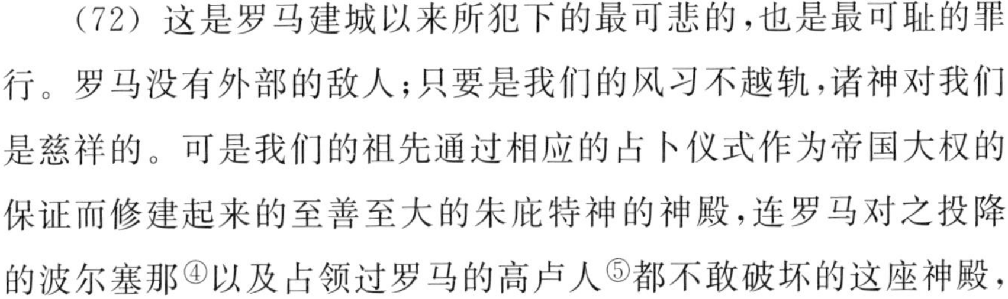

（72）这是罗马建城以来所犯下的最可悲的，也是最可耻的罪行。罗马没有外部的敌人；只要是我们的风习不越轨，诸神对我们是慈祥的。可是我们的祖先通过相应的占卜仪式作为帝国大权的保证而修建起来的至善至大的朱庇特神的神殿，连罗马对之投降的波尔塞那[④]以及占领过罗马的高卢人[⑤]都不敢破坏的这座神殿，

① 传说在卡庇托里努斯山的两个山峰的山凹部，罗木路斯建造了一座避难所，今天是罗马的康姆庇多里欧广场(Piazza del Campidoglio)。

② 卡庇托里努斯山的西南角。

③ 这显然是指鹰形的柱头。

④ 根据传说，这是公元前507年的事。但这里在细节上和传统有出入；波尔塞那并没有进城，而是取得人质后便撤除了包围的军队，关于这里的说法，可参见普利尼：《自然史》，第34卷，第14—39章。现在我们还弄不清楚塔西佗的根据是什么。

⑤ 根据传说，这是公元前387年的事。

却毁在发疯的皇帝们的手里！在先前的内战里，[①]卡披托里乌姆神殿确实被焚烧过，但那不过是私人的罪行。但现在它却公然被包围起来，人们明目张胆地焚烧它，而且发动战争的原因是什么呢？为这一巨大灾难所付出的代价是什么呢？在我们为祖国而战斗的时候，这座神殿一直完整无恙地屹立在那里。国王塔尔克维尼乌斯·普利斯库斯在对萨比尼人作战时曾发愿修建这座神殿，他为神殿奠立的基址与其说是为了适应当时还不富裕的罗马人民所能负担的财力，毋宁说是为了配得上他对罗马的伟大未来的期待。后来开始修建它的是得到了罗马的联盟者的热心帮助的谢尔维乌斯·图里乌斯。塔尔克维尼乌斯·苏培尔布斯在图里乌斯之后继承了这一事业，因为在攻占了苏埃撒·波美提亚[②]之后，他从敌人手里取得了战利品。但是完成了这一建筑物的光荣却落到了自由的身上：在驱逐了国王之后，荷拉提乌斯·普尔维路斯在他担任第二任执政官时正式奉献了它。[③] 而这座神殿是如此雄伟，以致罗马人民此后取得的巨大财富只能对它进行装饰，却不能增加它的壮丽。[④] 经过四百十五年[⑤]以后，它在路奇乌斯·斯奇比奥和盖乌斯·诺尔巴努斯担任执政官的一年里被焚毁，但它在原地被重建起来。胜利的苏拉担起了这一任务，但他也未能看到它的完

---

① 公元前83年马利乌斯与苏拉之间的战争。

② 古时拉提乌姆的一座城市，离罗马约五十英里，在阿披亚大道旁。

③ 公元前507年；波利比乌斯、李维、普鲁塔克认为奉献是两年前他第一次担任执政官时的事情。

④ 关于这座神殿的历史，参见李维：《罗马史》，第1卷，第38、53、55章。

⑤ 实际上是四百二十五年。可能原来的罗马数字 ccccxxv 被看错了。

成以便亲自奉献它，这是他的顺利的一生中唯一未能如愿的事情。[①] 在恺撒们所修造的一切伟大的建筑物当中，路塔提乌斯·卡图路斯[②]的名字直到维提里乌斯时期始终保有自己的地位。这就是当时所烧掉的神殿。

(73) 但是大火对被围攻者，较之对围攻者造成了更大的恐怖，因为维提里乌斯的士兵在危险当中既不缺少技能，又不缺少勇气。但是在对方，士兵们却十分害怕，指挥官好像被吓呆了似的，既不能讲话，也听不进别人的讲话；他不愿听从别人的意见，但自己却又不想办法；他随着敌人的呼叫声时而这边时而那边地乱转。他刚刚下令要大家做的事情却又禁止执行了，他刚刚下令禁止的事情却又要大家做了。不久之后，就像是在不顾一切的时候经常发生的情况那样，所有的人都发起命令来，但没有任何人服从这些命令。最后他们就抛掉自己的武器，开始向四面寻求逃跑的机会或是躲避他们的敌人的场所了。维提里乌斯的士兵冲了进来，进行了一场极为残酷的烧杀。少数有经验的军人——其中最著名的是科尔涅里乌斯·玛尔提亚里斯、埃米里乌斯·帕肯西斯[③]、卡司佩里乌斯·尼格尔和狄第乌斯·司凯瓦——敢于作战，结果就被杀死了。手无寸铁而且不打算逃跑的佛拉维乌斯·撒比努斯被维提里乌斯派的士兵包围了。他们同样还俘获了执政官克温图斯·

① 这是苏拉自己的话。参见普利尼：《自然史》，第 7 卷，第 138 章。

② 他的父亲是金布利人的征服者。他在公元前 69 年奉献了这座神殿。后来奥古斯都虽然花了大量金钱修饰卡披托里乌姆神殿，但是他没有换掉上面有卡图路斯的名字的铭文。

③ 帕肯西斯曾被伽尔巴撤去城市守卫中队将领的职务。奥托使他复职之后，就要他率领一支队伍到纳尔波高卢去。参见本书第一卷，第 20、87 章；第二卷，第 12 章。

阿提库斯[1]。他所以引起敌人的特别注意,一来是他那空头的官职,[2]二来是他自己的愚蠢,因为他曾向人民发表过一些称颂维斯帕西亚努斯、侮辱维提里乌斯的文告。其余的守卫者也用各种各样的办法逃走了。他们有的打扮成奴隶的样子,有的得到了忠诚的食客的保护而被藏在行李中间。还有一些人听到了维提里乌斯的士兵相互遇到时用来辨识自己人的口令,因而便使用主动问人或在被问到时使用口令的这样一个大胆的办法而得以逃了活命。

(74) 在进攻者冲进卫城的时候,多米提安被藏在神殿的一个住持的家里;后来一个被释奴隶给他想出了一个巧妙的办法。他穿上一身亚麻布的衣服,[3]瞒过敌人的耳目而得以混到大群的信徒[4]里,这样就逃到维拉布鲁姆附近他父亲的一名食客科尔涅里乌斯·普利姆斯的家里去藏了起来。[5] 后来当他父亲取得了统治大权的时候,多米提安就拆掉了神殿住持的住所,在那里为保护之神朱庇特修造了一座小圣堂,此外还修造了一座祭坛,祭坛上有一幅描述他的逃跑情景的大理石浮雕。后来当他本人取得了皇帝的宝座时,他又把一座巨大的神殿奉献给守护之神朱庇特,[6]并且把自己的像放到神像的怀里。撒比努斯和阿提库斯被戴上镣铐送到

---

① 他是公元 69 年度最后两个月的补缺执政官,他的同僚是格涅乌斯·凯奇里乌斯·西姆普列克斯。

② 在帝国时期,执政官只是一种空衔,根本没有任何实权。

③ 埃及的伊西司女神的崇奉者(sacricolae)都应穿亚麻布的衣服,因为这种宗教认为罗马人平常穿的羊毛衣服是不净的。

④ 这里当然指信奉伊西司的信徒。在卡庇托里努斯山上有一座伊西司的神殿。但在彭佩地方,可能早在公元前 105 年便有了伊西司的神殿。

⑤ 狄奥·卡西乌斯(第 65 卷,第 17 章)说他逃到普通的民家去。

⑥ 这座神殿就在塔尔培亚岩的百步梯附近。

维提里乌斯那里去，维提里乌斯对他们既没有讲气愤的言语也没有气愤的脸色，虽然，群众却都在愤怒地喊叫，要求他授权把他们杀死，并要求完成这项任务的报酬。站得最近的人们最先大声提出了这样的要求，继而最下层的平民就既谄媚又恫吓地开始要求惩办撒比努斯。维提里乌斯站在宫殿的台阶上正准备向他们提出请求，但这时他们却迫使他后退。随后他们就刺死了撒比努斯，肢解了他，割下了他的脑袋，然后就把他那无头的尸体拖到盖莫尼埃台阶那里去了。①

（75）一个决不应加以轻视的人物便这样地结束了自己的性命。他担任公职长达三十五年之久，在文治武功方面都卓著勋功。他的正直的品格和公道的作风是无可非议的。但是他讲话太随便了。在他担任美西亚长官的七年或担任市长②的十二年当中，讲话太随便是外界舆论可以对他提出的唯一指责。他晚年时，有人认为他缺乏毅力，许多人则认为他性格温顺，不想使他的国人流血。无论怎样，所有的人一致同意，直到维斯帕西亚努斯成了皇帝的时候为止，他们一家的声誉主要是在撒比努斯一人身上。据说他的死讯曾使木奇亚努斯感到欢喜。大多数的人感到他的死亡对和平的事业也是有利的，因为他结束了这样两个人之间的竞争：其中的一个人认为自己是皇帝的哥哥，而另一个人却把自己认成是参与统治大权的人。但是当人民要求惩处执政官的时候，维提里

① 从广场通向卡披托里乌姆神殿的台阶，通常被处死的犯人的尸体都陈列在这里。

② 在奥古斯都和提贝里乌斯当政时期，市长（praefectus urbi）只是皇帝离开罗马时的临时代表，后来这一职位就成为常设的了。

乌斯拒绝了，因为他很感激阿提库斯并且好像是想要报答他似的。原来当人民群众问是谁把卡披托里乌姆神殿点着了火的时候，阿提库斯自己担起了这项罪名，而由于他的承认——也许这是随机应变说的谎——他好像就把人们对这一罪行的憎恨引到自己身上，而使维提里乌斯派的人们摆脱了对这一罪行的责任。

（76）就在这些日子里，在费罗尼亚[1]设营的路奇乌斯·维提里乌斯威胁说要摧毁塔尔拉乞那，他已经把那些不敢出城或是不敢冒险到城外的平原上去的剑奴和水手都封锁在城里了。前面我说过，[2]带领剑奴的是优利亚努斯，带领水手的是阿波里那里斯，但是这两个人的放荡的生活习惯和懒惰的性格使得他们与其说像是将领，倒不如说更像剑奴。没有配置任何哨兵，没有作任何努力加强城墙的防守薄弱的部分。他们日夜在各处游逛，使得岸上的游憩之地到处响着他们寻欢作乐的喧声。他们的士兵分散到各处去寻找他们可以取乐的东西，而将领们却只在晚饭的桌子上才谈论战争。几天之前阿庇尼乌斯·提洛就已经离开了塔尔拉乞那，现在他在附近各个城镇搜括礼物和金钱的粗暴方式使得他并未能加强自己的力量，反而引起了人们更多的憎恶。

（77）这时，维尔吉尼乌斯·卡皮托的一个奴隶跑到路奇乌斯·维提里乌斯那里去，并保证说，如果他能有一支队伍的话，他就可以把这座空城[3]拿过来。因此，在深夜里，他就率领着一些轻

---

① 离塔尔拉乞那三英里。这显然是意大利的一位女神的名字，在普列涅斯特和索拉克提各有它的神殿一座，这里是第三座。

② 参见本卷第57章。

③ 这实际上是说等于无人防守的城堡，参见前章。

武装的步兵中队，同他们一道爬到俯临他们的敌人的山顶上去。他们就从这里一拥而下屠杀敌人，而不是同敌人作战。他们屠杀了敌人，敌人当中有些人没有武器，有些人是刚刚拿起武器，有些人只是刚刚醒来，这时黑暗、恐怖、喇叭声、他们的敌人的号叫声使所有的人乱成一团。

一些剑奴进行了抵抗，他们虽然阵亡了，却使他们的敌人也受到了相应的损失。其余的人则冲到船上去；但是在那里，同样的惊恐情绪引起了极大的混乱，因为维提里乌斯的士兵不分青红皂白地屠杀同士兵一道逃跑的市民。六只里布尔尼亚式的船在一得到警报的时候就逃跑了，在这批船上的就有舰队的长官阿波里那里斯。其余的船只则在未离岸时就被俘获了，有的却是由于跑到船上来的人员过多而陷在浅滩上无法转动了。优利亚努斯被带到路奇乌斯·维提里乌斯面前来，当着他的面遭到笞打和屠杀。有些人控告路奇乌斯·维提里乌斯的妻子特里娅里娅，[①]说她佩戴着士兵的刀，在塔尔拉乞那被攻克后的可怕的屠杀里，有横傲和残暴的行动。维提里乌斯本人把带着桂叶的信送给他的兄弟，报告他的胜利，[②]同时又问他，他是把他调回罗马，还是要他留在那里把康帕尼亚全部平定。后来的耽搁不仅帮助了维斯帕西亚努斯派，而且也帮助了国家，要知道，如果这些因为自己的胜利的自豪感而更为加强了自己那天生的倔强脾气的军队乘胜赶到罗马的话，那么后来发生的斗争就必定会是激烈的，并且必定会把罗马摧毁了。

① 参见本卷第63、64章。

② 根据当时的习惯，报告好消息的信一般附上一片桂叶，报告坏消息的信一般附上一支羽毛。

尽管路奇乌斯·维提里乌斯品质恶劣，但是他是刻苦的，他的力量不是像好人那样来自自己的德行，而是像最坏的人那样来自自己的罪恶。

（78）正当维提里乌斯派的这一面发生这些事情的时候，[①]维斯帕西亚努斯的军队却离开了纳尔尼亚，并且安安静静地在欧克里库路姆[②]庆祝撒图尔那里亚节[③]。对于这样一种很不光彩的耽搁所作的辩解是，他们在等待着木奇亚努斯。有些人怀疑安托尼乌斯，说他的耽搁有背叛的意图，因为维提里乌斯曾暗中写信给他，答应他担任执政官，把女儿嫁给他，并且给她一大笔妆奁作为叛变的酬劳。但另一些人认为，这些说法纯乎是为了木奇亚努斯的利益而捏造出来的。还有一些人认为，所有的将领都建议只用战争来威胁罗马，而不是在实际上对罗马作战，因为最强的中队都已经叛离了维提里乌斯，如果把他的全部后备力量加以切断的话，他会自动放弃统治大权的。

他们说："但是起初是撒比努斯的仓促，继而是他的软弱，把所有的计划破坏了。因为他轻率地拿起了武器，后来在保卫卡披托里乌姆神殿时甚至三个中队[④]的敌人都抵挡不住，虽然，工事坚固

① 参见本卷第63章。

② 翁布里亚的城市，位于纳尔尼亚以南，纳尔河（Nar）与台伯河合流处附近。今天的奥特里科利（Otricoli）。

③ 每年12月17日至23日举行。

④ 这里指三个近卫军中队。近卫军中队本来有十六个（参见本书第二卷，第93章），有十四个参加了战斗（参见本书第三卷，第55章），但我们应假定维提里乌斯在返回罗马时使这十四个中队里的一个中队作为他的卫队与他同行。这样在六个中队被路奇乌斯·维提里乌斯带走之后，便只有六个留在纳尔尼亚了。

的卡披托里乌姆神殿这样的堡垒本来是应当能够抵抗住甚至大军的进攻的。”但是要把所有的人都会犯的错误加到任何个人的头上去并不是轻而易举的事情。木奇亚努斯用他那些模棱两可的信拖住了胜利者；安托尼乌斯却由于不合时宜的迁就或是为了尽力想把人们的指责转嫁到木奇亚努斯身上，这才使自己受到了指责；其余的统帅由于认为战争已经过去，反而使战争得到一个声名狼藉的收场。[1] 甚至佩提里乌斯·凯里亚里斯虽然事先奉命率领一千名骑兵通过萨比尼人地区的道路并从撒拉利亚大道进入罗马，[2]但是他进军的速度也不够迅速，直到最后他们得到了卡披托里乌姆神殿被包围的消息时，这才使他们一致地加紧行动起来。

(79) 沿着佛拉米尼亚大道前进的安托尼乌斯在深夜到达了路布拉·撒克撒[3]；但是他带来的援助是不及时的。他在路布拉·撒克撒只得到了可悲的消息：撒比努斯被杀死了，卡披托里乌姆神殿被烧毁了，全城居民人心惶惶。但后来他又接到情报，说普通人民，甚至奴隶都武装起来支持维提里乌斯了。此外，佩提里乌斯·凯里亚里斯的骑兵在一次战斗中也被打败了，原来当他像是追击被打败的敌人那样漫不经心地、仓促地向前推进时，他们遇到

① 塔西佗这里似指佛拉维乌斯派的将领们的拖延所引起的悲惨后果：卡披托里乌姆神殿被烧、撒比努斯惨死等等。

② 凯里亚里斯是要穿过萨比尼人地区的小路。（路东面是撒拉利亚大道，西面是佛拉米尼亚大道）转到撒拉利亚大道上来，再从科里努斯门进入罗马。普利尼在《自然史》中说（第 31 卷，第 7 章），“撒拉利亚”这个名称的由来是因为萨比尼人从城里买了盐之后就是从这条路回来的（按 salarium 一词，在拉丁语中是“盐”的意思，撒拉利亚的原文 salaria 一词即从这一词演变而来）。

③ 在佛拉米尼亚大道上，位于台伯河右岸，在罗马以北六英里（一说九英里），直译是“红岩”。今天的格罗塔·罗撒（Grotta Rossa）。

了维提里乌斯的一支步兵和骑兵的混合部队。战斗是在离城不远的地方,在建筑物、花园和曲曲折折的街道中间进行的:这些地方是维提里乌斯的士兵所熟悉的,但敌人却不熟悉这些地形而惊慌起来。而且凯里亚里斯的骑兵也并非全部都是同心同德地作战的,因为被分配到他的军队里来的有不久之前在纳尔尼亚投降的军队,这一类人对于作战双方采取了旁观态度。一个名叫优利乌斯·佛拉维亚努斯的骑兵中队队长被俘了;所有其余的人都可耻地逃跑了,但是胜利的一方却只把他们追击到费迪纳伊①。

(80) 这次胜利激发了人民群众的热情。罗马的民众拿起了武器。他们当中的一些人有盾牌。但大多数的人只是匆忙地拿起他们手头可以摸到的不管什么武器,并要求发布战斗的信号。维提里乌斯对他们表示感谢,并且命令他们出击,以保卫罗马城。稍后又召集了元老院的会议,元老院选派代表到军队那里去,劝说他们为着国家的利益同意缔结和约。这些使节的命运各不相同。到佩提里乌斯·凯里亚里斯那里去的人们冒了极大的危险,因为他的士兵根本不考虑任何和平条件。他们实际上竟然使阿路列努斯·路斯提库斯②这位行政长官负了伤。他个人的崇高品格加强了人们对于加到一名使者身上的这一暴行和对于一位行政长官的这种侮辱很自然地会感到的义愤情绪。他的随从人员都被赶跑;

① 在撒拉利亚大道上,在罗马东北约五英里,今天的卡司提尔·吉犹比列奥村(Castel Giubileo)。

② 公元66年度保民官,著名的斯多噶派信徒,他在公元94年由于曾称颂过特拉塞亚和赫尔维狄乌斯·普利斯库斯而被多米提安处死。参见小普利尼:《书信集》,第1卷,第5章。

离他最近的那个侍从[1]仗着胆子想在人群中间分出一条道路来，就被杀死了；老实说，如果凯里亚里斯不把一支卫队派去保卫使节的话，使节们本人——他们的神圣不可侵犯甚至在外国人那里都是受到尊重的——在疯狂的内争中就会受到蹂躏，而使者也就会在他们故乡城市的城门前被杀死了。但是到安托尼乌斯那里去的使节却受到了比较温和的接待，这倒不是因为他的士兵性格不那样暴烈，而是因为他们的统帅有较高的威信。

（81）穆索尼乌斯·路福斯[2]也参加到这些使节里面来。他是骑士等级出身的人，是一个专心研究哲学特别是斯多噶派学说的人。当他走在队伍中间的时候，他就开始告诫那些武装士兵，谈论和平的幸福和战争的危险。许多人听到他的话笑了起来，但更多的人是感到厌烦；还有一些人甚至准备把他推来推去，并且把他踏倒在地上，如果这时他不是听从了那些性情比较温和的士兵的警告和另一些人的威胁而放弃了他那不合时宜的说教的话。维司塔贞女们也到军队这里来，她们带来了维提里乌斯写给安托尼乌斯的信件。维提里乌斯要求把决定性的战斗只拖延一日，并表示只要他们拖下来，他们就能够比较容易地达成完全的协议。维司塔贞女被礼貌地送了回来。对维提里乌斯的回答是，由于杀死了撒比努斯和烧掉了卡披托里乌姆神殿，他已经使双方不可能再进

① 行政长官的侍从（lictor）在他面前列成一排，而离行政长官最近的那个侍从地位最高（参见李维：《罗马史》，第 24 卷，第 44 章）。

② 埃皮克提图斯的教师，特拉塞亚的朋友。参见塔西佗：《编年史》，第 14 卷，第 59 章；第 15 卷，第 71 章。他的全集已佚，但是有不少部分以引文的形式保存在其他作家的作品里（如斯托拜厄斯的作品）。

行任何接触了。

(82) 虽然如此,安托尼乌斯还是召集了他的军团的士兵,想安抚他们,说服他们在穆尔维乌斯桥[①]附近设营,而在第二天再进城。他希望有这样的耽搁,因为他担心那些被战斗所激怒的士兵会根本不把人民、元老院,甚至诸神的神殿和庙宇放到眼里。但是他的士兵却感到他的每一次的耽搁都是有损于他们的胜利的。同时在小山间闪现的队旗,尽管在它们后面是大群的没有武装的人们,却给对方造成了一支敌军的印象。佛拉维乌斯的军队是分成三个纵队行进的:一部分继续沿着佛拉米尼亚大道行进;一部分沿着台伯河行进;第三个纵队则沿着撒拉利亚大道,迫近科里努斯门。骑兵的一次进攻把大群的公民驱散了;但是维提里乌斯派的士兵也是分三个纵队行进以保卫罗马城的。在城前发生了各有胜负的多次战斗,不过领导方面较高明的佛拉维乌斯方面的军队却有更多的胜利机会。唯一遇到严重困难的那部分军队,是沿着又窄又滑的街道向左面的市区和撒路斯提乌斯花园[②]方面进攻的军队。维提里乌斯派的士兵爬到花园四周的围墙上来,投出大量的石块和投枪从而使敌人无法接近,直到傍晚的时候,他们才终于被从科里努斯门冲进来的骑兵所包围。敌对的双方在玛尔斯广场[③]也遇上了。佛拉维乌斯派的士兵运气好,他们取得了多次胜利。

① 离罗马二英里的桥,在佛拉米尼亚大道上,横跨台伯河。现在这里是莫列桥(Ponte Molle)。

② 历史家撒路斯提乌斯和他的继子修建的花园,后来成为皇帝的财产。在城市北部的路多维喜区。

③ 在佛拉维乌斯方面,应是右翼和中央的两部分军队。

维提里乌斯派的士兵只是迫于绝望的心情才冲到前面来，他们虽然被敌人击退，但是在城里又不断地组织起来了。

（83）民众站在一旁观看双方的战斗人员，就仿佛他们在赛马场观看比赛似的。他们时而向一方、时而向另一方呼号喝彩，以示鼓励。如果一方后退了，而士兵们藏到店铺[①]里去或是到某个私人住宅里去逃避，旁观的人便要求把这些人拖出来杀死；这样他们可以取得较大部分的战利品，因为军队完全醉心于对敌人的屠杀，而战利品便落到乱民手里去了。城市到处都可以看到可怕而又可憎恶的景象。这里在进行战斗和负伤流血，那里的浴场和酒馆却还在开门营业；这边是鲜血和大堆的尸首，那边却是妓女与她们同样堕落的人。这里有在放荡的承平时代人们可以遇到的一切放纵和淫行，还有在最野蛮的征服中人们可以犯下的各种罪行，因此人们就很可能会相信，这座城市既愤怒到疯狂的程度，同时又沉醉在欢乐之中。士兵在这座城里确实打过仗，路奇乌斯·苏拉取得胜利时打过两次，秦纳战胜时打过一次。[②] 当时的残酷程度并不比今天差。但是现在人们却表现了不人道[③]的漠不关心的态度，他们一刻也不曾放松寻欢作乐的机会。就仿佛这是他们祭日的一项新的开心项目似的，他们完全沉浸在狂欢和喜悦里，对双方完全不关心，却只是为国家的灾难感到高兴。

（84）军营[④]是最难攻打的地方，因为最勇敢的士兵把它作

① 罗马店铺多半在住宅最下面的一层，特别在住宅区里的情况是这样。

② 苏拉的两次是在公元前88和公元前82年；秦纳的一次是在公元前87年。

③ 这里拉丁文是inhumana，又有“不合情理”的意思。

④ 这里指近卫军的军营。

为最后的希望，拼死地进行保卫。抵抗行动只会使胜利的一方更加奋力地进攻，而其中过去的近卫军各中队①尤其坚决。他们同时使用了每一种过去被发明出来以摧毁最坚固的城市的办法：“龟形阵”②、放射器械、土方工事和火把。他们叫着说，在他们所有的战斗中所经受的一切劳苦和危险，只有通过这次胜利才能顺利结束。

他们叫道：“我们把城市还给了元老院和罗马人民，我们把神殿还给了诸神。只有军营才是士兵的光荣：那是他的故乡，那里有他的家神。如果军营不立刻收复的话，我们就只能带着武器度夜了。”但是在维提里乌斯的士兵这方面，尽管在人数上处于劣势而且运气也不佳，但他们依然不放弃最后一线希望，尽了自己的最大努力来破坏对方的胜利，拖延和平的到来并用鲜血来玷污城市的住宅和祭坛。许多负了致命伤的人是在塔楼和城垛上战死的；当营门被攻破的时候，还活着的士兵紧紧地结合在一处抗击胜利者，他们在肉搏的战斗中全部阵亡了，他们是面对着敌人死去的。③甚至在临死的一刻，他们都渴望取得一个光荣的结局！

罗马被敌人攻克之后，维提里乌斯就乘着肩舆从皇宫的后门到阿文提努斯山上他妻子的家里去了。他这样做的目的是：如果在白天里他能够不被发觉的话，那他就可以逃到塔尔拉乞那地方他的兄弟和他的中队那里去。但是他那犹豫不定的性格，以及恐

① 指过去被维提里乌斯遣散的近卫军士兵（参见本书第二卷，第67章）。

② 参见本卷第27、28章。

③ 狄奥·卡西乌斯说在这几天的战斗里阵亡的有五万人，这个数目看来有些夸大。

怖情绪本身，使得他这样一个对任何事情都感到害怕的人把当前的情况总是估计得最坏，结果他又返回了皇宫。但他发现皇宫里面的人都跑空了，因为甚至是他的最低贱的奴隶也都已经溜掉或者避开不来见他了。孤独和房屋内的寂静使他感到十分害怕。他去看看那些关着门的房间，吃惊地发现它们也是空着的。他孤零零地在各处看了一遍之后感到困乏之极，就找了一个很不像样子的地方藏起来了。但是步兵中队的一名将领优利乌斯·普拉奇都斯却把他拖到外面来。他的双手被绑在背后，他的外袍也被撕破，这样在他被带走的时候就现出一副凄惨的样子。许多人咒骂他，却没有任何人流一滴眼泪；他最后的一幕丑恶的表演使人无法对他产生怜悯之情。一名日耳曼士兵遇到他时愤怒地刺他，也许他的目的是为了尽快地使维提里乌斯摆脱人们对他的侮辱，也许他的目标本来是那个将领——他到底是什么意思，那就无法判断了。他割掉了将领的一只耳朵，他自己也立刻被刺死了。[1]

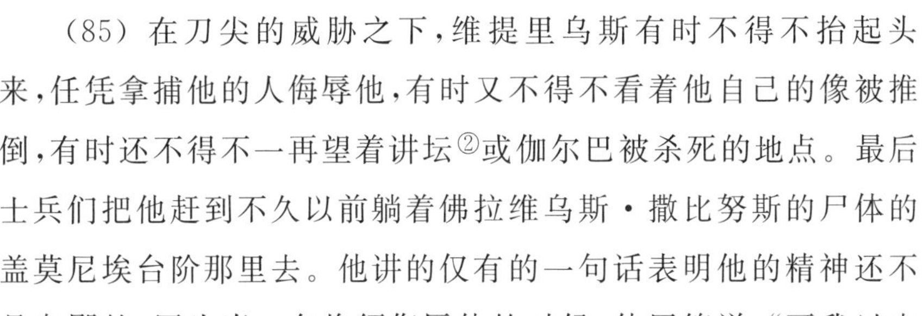

(85) 在刀尖的威胁之下，维提里乌斯有时不得不抬起头来，任凭拿捕他的人侮辱他，有时又不得不看着他自己的像被推倒，有时还不得不一再望着讲坛[2]或伽尔巴被杀死的地点。最后士兵们把他赶到不久以前躺着佛拉维乌斯·撒比努斯的尸体的盖莫尼埃台阶那里去。他讲的仅有的一句话表明他的精神还不是卑鄙的，因为当一名将领侮辱他的时候，他回答说："可我过去

① 狄奥·卡西乌斯(第 65 卷，第 21 章)说，一名高卢士兵想杀死皇帝，以便使皇帝免受侮辱。他杀伤了皇帝，但他自己也立刻被杀死了。

② 维提里乌斯曾在这里对人民讲话。

还是你的皇帝啊。”随后他就倒毙在一顿痛打之下；民众在他死后对他的尸体加以卑鄙的蹂躏，就同他活着时对他的谄媚一样的卑鄙。[①]

(86) 他的故乡是路凯里亚[②]。他差不多活满了五十七岁。[③]他所以能担任执政官、祭司，所以能在当代的首要人物中间享名和占有一席地位，绝不是因为他自己有什么功业，而完全是由于他那位杰出的父亲的余荫。那些把皇位授给他的人并不理解他。任何人通过正当的途径都很少能像他由于庸懦无能而从军队取得那样程度的支持。不过他的本性却具有单纯和豪爽的特色——这两种品质如果任其发展下去，它们是会把它们的所有者毁掉的。他一直认为友谊是靠着丰厚的礼物而不是崇高的品格来加强的，因此他与其说有朋友，毋宁说只是用金钱来购买朋友。毫无疑问，维提里乌斯的死对国家是有利的，但是把他出卖给维斯帕西亚努斯的人们却不能用他们自己的背叛作为一种美德向维斯帕西亚努斯邀功，因为他们过去已经背叛过伽尔巴了。[④]

天就要黑了。召开元老院的会议已经不可能了，因为元老们已经偷偷地溜出了罗马或是躲到他们的食客家里去了。既然已没有可以害怕的敌人，多米提安于是到他父亲一派的将领那里去，他

① 他死在公元69年12月20或21日。

② 阿普里亚的城市，在阿尔皮(Arpi)以西；今天的卢切拉(Lucera)。

③ 狄奥·卡西乌斯(第65卷，第22章)说他活到五十四岁。

④ 这就是说，某些人(例如凯奇纳和巴苏斯)的背叛维提里乌斯的行动不能说是出于爱国的动机，而只是个人的投机行为，因为作者认为他们所曾背叛的伽尔巴的统治对罗马是有利的。

们把他作为恺撒[①]向他致敬；随后，仍然身带武器的大群士兵就伴随着他到他父亲旧日的住所去了。[②]

① 在哈德里亚努斯时期以前皇帝的儿子一般称为恺撒。

② 在共和国时期，当选官吏的人一般都是在朋友的陪伴下回家的。这个习惯被保存下来，只是普通公民被换成了士兵。

第 四 卷

(1)[1]维提里乌斯的死亡只能说是结束了战争，但是并没有带来和平。胜利者全副武装在城内走来走去，以毫无和解之意的憎恨情绪追索着他们那些被战败的敌人：各处街道上都发生屠杀事件，广场和神殿散发着血腥味。他们身边遇到的任何人都逃不过他们那不分青红皂白的屠杀。不久，他们变得更加放纵了，他们开始搜索那些已经隐藏起来的人，并且把那些人拖出来。只要他们发现身材高大的年轻人，[2]便把这个人杀死，不问这个人是士兵还是普通公民。当他们的憎恨还很强烈的时候，他们的残暴只能在杀戮中得到满足，但是这种残暴后来就变成了贪欲。他们借口搜索维提里乌斯派而把所有的地方都搜寻到或是打开了。这使得他们强行闯入私人的住宅，如果遇到抵抗的话，这就成了屠杀的借口。普通民众中的那些饥民或是品质最恶劣的奴隶当中也不乏愿意出卖他们的富有的主人的人。还有一些人是被他们的朋友出卖的。到处是悲泣声、痛苦的呼号声，到处都是一个被攻克的城市所遭受的不幸事件。这样，公民们先前虽然不喜欢奥托和维提里乌斯的士兵们的放纵，但是同目前的情况相比，那种放纵实际上却又是他们求之不得的了。佛拉维乌斯方面的将领们，先前虽然很快地把内战的火点起来，但是他们却没有力量控制自己的胜利，因为

① 从本章起到第 37 章，是公元 69 年年底的事。

② 一般说来，在维提里乌斯的军队中服役的日耳曼人都是身材高大的年轻人。关于日耳曼人的身材，参见本书第五卷，第 14 章。

在混战和内乱的年代里，坏人总是最有势力的，但是要取得和平与安宁的局面，那就需要正直的人来想办法了。

（2）多米提安接受了恺撒的名号和皇帝的宫殿[①]，但是他却还没有考虑他应当怎样履行自己的职务，只是以皇帝的儿子的身份过着放荡而又淫乱的生活。担任近卫军[②]长官的是阿里乌斯·伐鲁斯，不过最高大权却是由安托尼乌斯·普利姆斯来行使的。他随便从皇帝的宫殿攫取金钱和奴隶，就好像这些都是克雷莫纳的战利品似的。所有其他那些由于谦逊或由于出身卑微而在战争中并不突出的将领，因此就分不到应得的赏赐。公民们都惊惶万状，甘愿逆来顺受。他们要求逮捕正在率领着自己的中队从塔尔拉乞那开回来的路奇乌斯·维提里乌斯，要求消除战争最后的余烬：骑兵先被派到阿里奇亚[③]去；但步兵却还留在波维莱[④]的这一面。维提里乌斯毫不犹豫地率领着自己的军团投降胜利者，听任对方处置。他的军队既愤怒而又恐惧地抛掉了他们的不利的武器。[⑤] 在武装士兵隔离下的一长列俘虏开过了城市。没有一个人现出哀求的神色，然而所有的人的样子却都是阴郁和严厉的。他们无动于衷地面对着人群的欢呼、吵闹和嘲弄。少数敢于冲出警卫线的人立刻被警卫的士兵杀死了；所有其余的人则都被监禁起来。没有一个人讲过一句有失自己身份的话，甚至在这样的不幸

① 即帕拉提乌姆宫，参见本书第三卷，第 86 章。

② 维斯帕西亚努斯把近卫军中队恢复为九个。

③ 参见本书第三卷，第 36 章。这个城市离罗马十六英里。

④ 阿披亚大道上的一个小市镇，离罗马十英里。

⑤ 意思是他们并没有用这些武器取得胜利。

当中，所有的人都保持了他们的勇敢的声誉。随后路奇乌斯·维提里乌斯就被处死了。他虽然同他的兄弟一样邪恶，但是在他的兄弟担任皇帝的时候，他却是比较警惕的。不过他并没有因他的兄弟的胜利而沾很大的光，却由于他的兄弟的垮台而丧了命。

（3）就在这些日子里，路奇里乌斯·巴苏斯[①]奉派率领着一支轻武装的骑兵部队去恢复康帕尼亚的秩序，因为这里的各个城市[②]的人民相互间正在闹着纠纷，但他们倒未必是对皇帝采取不服从的态度。士兵们一到来，秩序立刻恢复了，较小的城市都被赦免了。不过第三军团却驻在卡普亚[③]过冬，因而那里较好的房屋都被毁掉了。另一方面，塔尔拉乞那[④]的居民却没有得到任何援助：报复侮辱较之酬答善行是容易得多的事情，因为感恩被认为是一种负担，但报复却被认为是一种收益。不过使塔尔拉乞那的居民感到欣慰的事实却是：曾经出卖过他们的、维尔吉尼乌斯·卡皮托的奴隶带着维提里乌斯送给他的戒指被磔死了。[⑤]

但是在罗马，元老们却集会同意把他们通常授予皇帝们的全部荣誉和特权授予了维斯帕西亚努斯。[⑥] 他们充满了喜悦和有把握的希望，因为他们认为，首先在高卢和西班牙诸行省爆发，后来

① 参见本书第三卷，第12章。

② 这里实际上包括自治市和移民地。参见本书第三卷，第34章。

③ 卡普亚原来是忠于维提里乌斯的。参见本书第三卷，第57章。

④ 塔尔拉乞那站在维斯帕西亚努斯一面。

⑤ 戒指是骑士等级的标记。参见本书第一卷，第13章。

⑥ 这项命令（senatus consultum de imperio Vespasiani）的一部分现在还保存着，参见拉丁铭刻集（Corpus Inscriptionum Latinarum），第6卷，第930页。

又引起日耳曼、伊里利库姆的骚乱，继而又波及埃及、犹太、叙利亚[1]和一切行省和军队的内战已告结束，就好像整个世界的赎罪已经完成了：[2]维斯帕西亚努斯的一封信[3]更为加强了他们的热情，不过这封信的口吻却好像战争还正在进行似的。至少这封信在起初给人的印象是这样。但是实际上，维斯帕西亚努斯已经用皇帝的口吻讲话了：在谈到自己时，他的口吻是谦虚的，但是在谈到国家时，他的口吻却是威严的。元老院也表示了相应的敬意：它选举维斯帕西亚努斯和他的儿子提图斯为执政官，并且使多米提安担任拥有执政官权力的行政长官。[4]

（4）木奇亚努斯也写了一封信给元老院，但是这封信却引起了人们的议论。[5] 他们说："如果他是一个普通公民，那么他为什么还要打这样的官腔？这样一些话他在几天后本来是可以拿到元老院来讲的。"甚至他对维提里乌斯的攻击也来得太晚了，因此根本看不出他有任何独立的胆识。但是他吹嘘说帝国统治大权本来在他自己手里，是他把它送给了维斯帕西亚努斯的，这种说法在他

① 在最近十八个月里，帝国的几乎每一个行省都被卷入了内战：伽尔巴和温代克斯率军在高卢和西班牙作战；维提里乌斯以莱茵河为作战的据点；安托尼乌斯以伊里利库姆为作战的据点；最后，维斯帕西亚努斯则是以东方诸行省为作战的据点。

② 塔西佗在这里认为内战中的流血是上天对罪恶的世界的一种惩罚。

③ 维斯帕西亚努斯的这封信看来是在克雷莫纳被攻克之后、维提里乌斯死前写的，因为当时他还认为在自己面前有一个必须对付的敌人。

④ 授予多米提安以执政官的权力是因为维斯帕西亚努斯和提图斯这时还在东方。

⑤ 习惯上除了皇帝之外，别的人是不能向执政官或元老院写公函的。各行省的长官只向元老院写有关本行省情况的报告，但木奇亚努斯的这封信恐怕不是报告的性质，而是论述一般的政治形势的。参见本书第二卷，第55章。

们看来，对国家是一种傲慢的态度，对皇帝则是无礼的行动。不过他们却没有表现出自己的不满情绪；他们在表面上对他还是阿谀的态度：元老们实际上是由于木奇亚努斯参加内战的行动才堂而皇之地把凯旋的标记授给了他，不过表面的理由是他征讨撒尔玛提亚人的功绩罢了。① 他们还把执政官的标记②授予安托尼乌斯·普利姆斯，把行政长官的标记授予科尔涅里乌斯·富斯库斯和阿里乌斯·伐鲁斯。

在这之后，他们想到了诸神：他们决定重新修建卡披托里乌姆神殿。所有这一切措施都是由当选的执政官③瓦列里乌斯·亚细亚提库斯④所建议的。其余的元老则通过他们的表情或手势表示他们的同意；少数显要的人物或是在阿谀奉承上向来有丰富经验的人物则发表了郑重其事的演说。当轮到当选的行政长官⑤赫尔维狄乌斯·普利斯库斯发言的时候，他的话表现了对一位好皇帝的尊重……⑥他的发言没有任何虚伪的谄媚，因此受到了元老院

① 罗马统帅不能因为战胜本国人而取得凯旋的荣誉，所以元老院不得不另找一个借口，那就是他过去击退达奇人的进攻的事(参见本书第三卷，第 46 章)。

② 由于执政官、行政长官等等在帝国时期已是一种虚衔，所以这种标记可以任意授予。属于皇帝的行省的长官一般均授以执政官级的头衔。

③ 根据苏埃托尼乌斯的说法(《维提里乌斯传》，第 11 章)，维提里乌斯本人是永久的当选执政官 (consul perpetuus designatus)，因此当选执政官在皇帝之外就只能有一个人。看来亚细亚提库斯是当选在公元 70 年年初就任的。

这里元老院是按照会议的正规程序办事，首先是由当选执政官发言。

④ 维提里乌斯的女婿，参见本书第一卷，第 59 章。

⑤ 当选的行政长官在前任的执政官之后发言，在他们之后才轮到现任的行政长官发言。

⑥ 原文在 principem 后有残缺，残缺了多少字我们已无法断定，但从下文来看我们可以知道他的话必然是比较耿直的(参见本卷第 8 章)。

的热烈欢迎。他在一生的事业中，这一天特别突出地标志了他的巨大的失宠和巨大的荣誉的开始。

（5）由于我又有一个机会[①]来谈谈我还要谈到许多次的一个人物，[②]因此我认为我应当简略地谈一谈他的生平和兴趣，以及他一生经历的各种事情。赫尔维狄乌斯·普利斯库斯诞生在克路维埃城[③]〔在卡拉奇那地区[④]〕。他的父亲曾是一个主力的百人团长。赫尔维狄乌斯在少年时代，把他的非凡的才能都用到比较高尚的学问[⑤]上去，不过他这样做并不是像大多数的青年人那样，只是为了用一种动听的名义去掩盖他们那无益的闲暇，而是为了使他在开始参加政治生活时有较充分的准备，而不致受命运中各种机缘的摆布。他向之请益的哲学教师都是那些只把合乎道德标准的事物认成是“善事”，并且只把卑鄙的事物认成是“恶事”的人，他们把权力、高贵的出身和所有其他非意志所能控制的事物都认为既非善又非恶的。[⑥] 他在担任了财务官[⑦]不久之后，就被帕伊图斯·特

① 参见本书第二卷，第 91 章。

② 从这句话来看，塔西佗可能在他的《历史》现已遗失的一卷中谈到赫尔维狄乌斯的放逐和死亡。

③ 克路维埃（或称克路维亚）是卡拉奇那地区波维亚努姆（今天的波扎诺〔Bozano〕）附近的一个设防的市镇。

④ 在撒姆尼乌姆北部。

⑤ 指哲学。在古代的学习过程中，哲学是最高级的学问。

⑥ 斯多噶派认为人最关心的应当是道德，而对并非人的意志所能控制的事物如美貌、健康、力量等“外部的善”则是无所谓的，故而这里说既非善又非恶的。

⑦ 在尼禄统治时期，他曾在阿凯亚担任财务官，财务官是罗马公民从政的开始，一般多由青年人担任。在塔西佗的《编年史》第 12 卷，第 49 章和第 13 卷，第 29 章里提到的那个同名的人大概是他的哥哥。

拉塞亚[①]选中为女婿。[②] 从他的岳父的性格当中，他首先就取得了自由的精神。无论是作为公民、元老、丈夫、女婿和朋友，他总是表现出自己能够胜任生活中的一切义务；他蔑视财富，坚持正义，并且不畏强暴。

(6) 有些人认为他好名太甚，因为对光荣的渴望甚至对哲学家来说都是最难以摆脱掉的东西。他的岳父死亡后他就被放逐了，直到伽尔巴的统治时期才回到罗马来，并且对密告过特拉塞亚的玛尔凯路斯·埃普里乌斯[③]而提出了控诉。为他的岳父的这一既著名而又公正的复仇行动使得元老们分成了两派：要知道，如果玛尔凯路斯垮掉的话，大批的罪犯也会跟着一齐垮台的。在开头的时候，斗争的形势非常紧张，这从双方的雄辩的演说中可以得到证明。但后来由于伽尔巴的态度犹豫不定，普利斯库斯就在同僚元老的多次恳求之下让了步，并且放弃了这一控诉。这一行动引起了人们的各种各样的议论，这些人由于性格不同，有人称赞他的谦和，有人却对他的不够坚定表示遗憾。

但是在把帝国统治大权授予维斯帕西亚努斯的一次元老院会议上，元老们决定把一个使团派到皇帝那里去。这一点使赫尔维狄乌斯和埃普里乌斯二人的意见发生了尖锐的分歧，因为赫尔维狄乌斯要求使者由高级官吏在发誓[④]之后加以任命，但玛尔凯路斯却像当选的执政官所建议过的那样，要求用抽签的办法选任。

---

① 参见塔西佗:《编年史》第 14 卷，第 28、33、35 章。

② 参见本书第二卷，第 91 章。

③ 参见本书第二卷，第 53 章。

④ 这是说发誓从国家利益的观点来任命，决不徇私。

（7）玛尔凯路斯所以极力提出这样的主张，一是出于他个人的虚荣，一是因为他担心别的人会被任命为使者，这样他就有被忽略的危险了。在这场争论当中，双方的态度渐渐激烈起来，最后相互间竟然长篇大论地激烈责难起来了。赫尔维狄乌斯问玛尔凯路斯，为什么这样害怕高级长官作出的决定。他说："如果你不是因为人们还记得你的罪行而感到内疚的话，那么你不是拥有超过了许多人的财富和口才么。从罐子里抽签的办法并不能判断人们的品格。过去制定由元老院投票和审议的办法，就是为了使人们能够借以深入了解每个人的生平和声誉。元老院应当派遣他们认为声誉最好的人组成的使团去见维斯帕西亚努斯，以便使他们能把最公正的意见提供给皇帝，这种做法不但符合国家的利益，而且对维斯帕西亚努斯的荣誉也有关系。维斯帕西亚努斯过去曾是特拉塞亚、索拉努斯①和森提乌斯②的朋友。即使说我们不便于惩办控告他们的人，但我们无论如何也不能把这种人摆到前面去。通过在这件事上所做的决定，元老院在某种方式上也就等于向皇帝说明，他们所赞许的是什么人，所害怕的又是什么人了。对于一个公正的统治者来说，最得力的手段莫过于身旁有一批忠诚正直的朋友。玛尔凯路斯，你曾唆使尼禄杀死这样多无辜的人，这件事实也应当使你满足了吧。受用你的奖金③而又免遭惩处，这也该使你

① 参见塔西佗《编年史》，第 12 卷，第 53 章；第 16 卷，第 21、23、30、32 章等。再参见本卷第 10、40 章。

② 此人仅在此处一见。

③ 埃普里乌斯由于密告特拉塞亚而取得五百万谢司特尔提乌斯的奖金，参见塔西佗：《编年史》，第 16 卷，第 33 章。

十分满意了吧。让好人留在维斯帕西亚努斯的身旁吧。”

（8）玛尔凯路斯回答说，受到攻击的不是他的建议，而是当选的执政官的建议。他说他的建议是符合于古老的先例的，①因为这些先例规定，使节是应当通过抽签的办法来选任的。抽签的办法可以杜绝徇私或是仇恨的作用。没有发生任何情况足以使我们有理由放弃由来已久的惯例，或是把应对一位皇帝表示的尊敬变成对任何人的侮辱：所有的人都可以表示各人自己的敬意。新近取得统治大权的皇帝对于每一种表情每一句话都是很敏感的，然而他却没有什么先入之见，因此他们必须设法避免使某些个人的任性行为激怒皇帝的情绪。至于他个人，他还记得他诞生的那个时代，还记得他们的父亲和祖父所建立的统治方式。② 他仰慕古老的时代，但是却也能适应当前的时代。他固然希望有好的皇帝，但是任何坏的皇帝却也都能忍受。置特拉塞亚于死地的并不是他的演说，③却毋宁说是元老院所作的决定。尼禄的残酷本性喜欢在世人面前作出公正的姿态，而同尼禄的这种友谊在他身上所引起的忧虑，并不亚于放逐一事在别人身上所引起的忧虑。总之，他们可以认为赫尔维狄乌斯的坚定与勇敢足以同加图与布鲁图斯比美：至于他本人，他只是在同意一起奉公办事的元老院中当一名元老而已。他还想劝告普利斯库斯，不要把自己看得比皇帝还要高，

① 西塞罗在《致阿提库斯书》（第1卷，第19章）中就提到通过抽签的办法选派去高卢的使节的事情。

② 这里指奥古斯都所建立的帝国制度。

③ 埃普里乌斯·玛尔凯路斯控告特拉塞亚的演说，参见塔西佗：《编年史》，第14卷，第25章。

不要想用他的教训去限制像维斯帕西亚努斯那样一个在年龄上已经如此成熟的人。[①] 要知道，他曾取得过凯旋的标记，[②]而且他的儿子们也都长大成人了。最坏的皇帝固然希望取得绝对的专制权力，但是甚至最好的皇帝也不希望他们的臣民自由得太过分。双方十分激烈地辩来辩去的这些论据在元老院引起了不同的反响。赞同用抽签办法选派使节的一派占了上风，因为甚至普通元老都热衷于保存先例，而所有那些最显要的元老也倾向于采取这样的做法，因为他们害怕一旦在自己被选中时会招引别人的忌妒。

(9) 接着又发生了另一场争辩。负责国库的行政长官[③]——因为当时是由行政长官负责管理国库的——抱怨国家的贫困，并且要求限制国家的开支。当选的执政官想把这个问题留交皇帝解决，因为事情过分重大，而且也难于谋求对策，但是赫尔维狄乌斯却认为这事应当由元老院来决定。当执政官开始向元老们征询意见的时候，保民官乌尔卡奇乌斯·特尔图里努斯却不许在皇帝未到来的时候，对这样一件重大的事情作出任何决定。赫尔维狄乌斯建议由国家出资，由维斯帕西亚努斯协助重修卡披托里乌姆神

① 这时他已五十九岁。

② 在克劳狄乌斯当政时期，维斯帕西亚努斯是一个军团的统帅，他的凯旋标记就是在这时取得的。

③ 国库的管理制度变化很大。公元前 28 年国库由财务官之手转归两名国库官(praefecti aerarii) 负责，他们由元老院在前任的行政长官中任命。公元前 23 年奥古斯都规定用抽签的办法选任两位行政长官负责国库，称为 praetorii aerarii。到克劳狄乌斯时期(公元 44 年)才又把国库交还给财务官。财务官负责国库三年之后直接升任行政长官，而无须经过营造官和保民官的职位。在尼禄时期，国库又由皇帝本人从前任行政长官中任命的 praefecti 负责。尼禄死后，现在又由行政长官(praetores)负责了。最后涅尔瓦或图拉真又恢复了尼禄的制度。

殿。比较谨慎的元老院对这一建议默不作声，随后就让它被忘掉了。但是也有几个人是把这件事记在心上的。[①]

（10）后来穆索尼乌斯·路福斯[②]向普布里乌斯·凯列尔发动了攻击，指控凯列尔利用伪证的办法陷害了巴列亚·索拉努斯。这一案件燃起了过去告密者所曾引起的憎恨情绪。但是像凯列尔这样一个卑鄙的、罪恶的被告是不能得到保护的；人们是怀着尊敬的心情来追忆索拉努斯的。凯列尔曾是索拉努斯的哲学教师，但他却作证陷害索拉努斯，这样他就出卖和玷污了他自称教导别人去理解其本质的友谊。为这一案件确定了一个尽可能提早的日期，而人们渴望听取的发言对象与其说是穆索尼乌斯或凯列尔，毋宁说是普利斯库斯·玛尔凯路斯和所有其余的人，因为他们现在都是打算报仇的。[③]

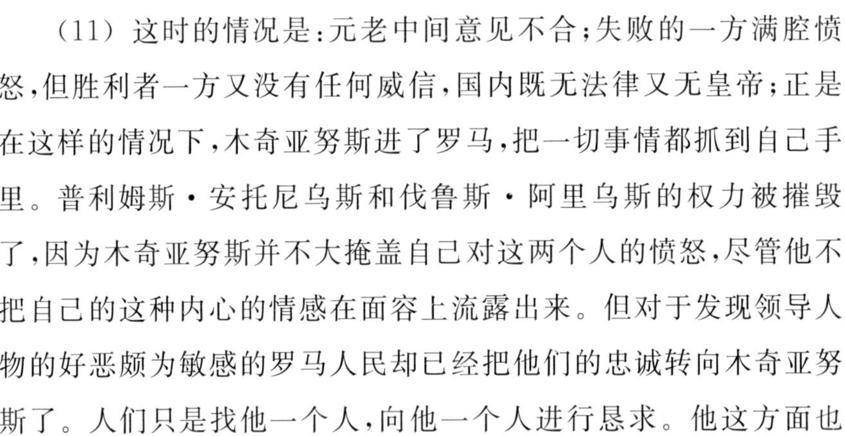

（11）这时的情况是：元老中间意见不合；失败的一方满腔愤怒，但胜利者一方又没有任何威信，国内既无法律又无皇帝；正是在这样的情况下，木奇亚努斯进了罗马，把一切事情都抓到自己手里。普利姆斯·安托尼乌斯和伐鲁斯·阿里乌斯的权力被摧毁了，因为木奇亚努斯并不大掩盖自己对这两个人的愤怒，尽管他不把自己的这种内心的情感在面容上流露出来。但对于发现领导人物的好恶颇为敏感的罗马人民却已经把他们的忠诚转向木奇亚努斯了。人们只是找他一个人，向他一个人进行恳求。他这方面也

① 赫尔维狄乌斯被认为有瞧不起维斯帕西亚努斯的意思，因为他只建议维斯帕西亚努斯协助重修神殿。

② 参见本书第三卷，第 81 章。

③ 凯列尔后来被判了罪，参见本卷第 40 章。

不是毫无表示;他在身边配置了武装的卫士,掉换了他的住宅和花园,通过他的阅兵,他的走路时的神气,他的卫队,他攫取了一个皇帝的权力,只是没有提起这个头衔而已。处死卡尔普尔尼乌斯·伽列里亚努斯的事件引起了极大的恐怖。他虽是盖乌斯·披索[①]的儿子,但是他没有任何叛变的企图:不过他那卓越的声名和漂亮的仪表依然使他成为人们谈论的对象,而且在那些还不安分和喜欢谈论变革的公民们当中,有不少人愿意把皇帝的虚荣加到他头上去。木奇亚努斯下令一小队士兵逮捕了他。他担心在城里处死伽列里亚努斯会引起人们的过多的注意,因而就下令沿着阿披亚大道把他带到离开罗马四十英里的地方,然后在那里用割断脉管的办法把他处死了。维提里乌斯统治时期的近卫军长官优利乌斯·普利斯库斯[②]自杀了,他这样做与其说是迫不得已,毋宁说是因为感到羞愧。阿尔菲努斯·伐鲁斯[③]自己却怯懦而可耻地活了下来。[④] 有着被释奴隶的身份的亚细亚提库斯[⑤]为了他那邪恶的权力结果像一名奴隶那样地付出了生命。[⑥]

(12) 就在这些日子里,越来越多的有关日耳曼的灾祸[⑦]的消

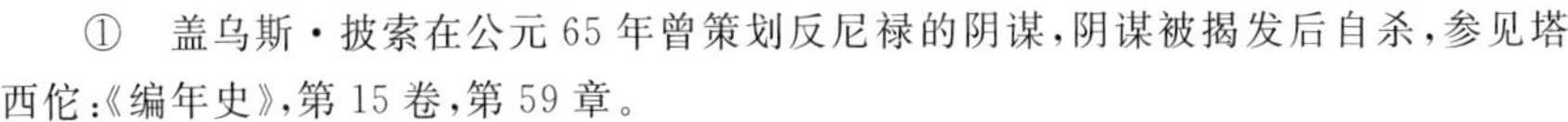

① 盖乌斯·披索在公元 65 年曾策划反尼禄的阴谋,阴谋被揭发后自杀,参见塔西佗:《编年史》,第 15 卷,第 59 章。

② 参见本书第二卷,第 92 章。

③ 参见本书第三卷,第 36 章。

④ 参见本书第三卷,第 61 章。他和普利斯库斯在纳尔尼亚逃离了他们统率的军队。

⑤ 他被提升到骑士等级的事情,参见本书第二卷,第 57 章。

⑥ 他是被钉死在十字架上的,这是处死奴隶的一种刑罚。参见本书第二卷,第 72 章。

⑦ 参见本书第三卷,第 46 章。

息传到公民的耳朵里来，但是没有引起他们的任何悲痛表示。[①]人们在谈起被屠杀的军队、军团的冬营被攻占以及高卢行省的一次叛乱的时候，就好像这些事件根本不是什么灾难似的。关于那次战争，我打算比较深入地阐明它的原因，说一说有多少异邦的和联盟的民族被卷入了这场战火。

巴塔维亚人住在莱茵河对岸的时候，他们一直是卡提伊人[②]的一部分。后来因为一次内战，他们被赶了过来，从而占据了高卢沿岸无人居住的边缘地带[③]和那里沿岸附近的一个岛[④]。这座岛正面向着大洋，但它的两侧和背后却为莱茵河的河水包围着。在本身的财富未被残酷榨取净尽的情况下[⑤]——这种情况在同较强大的民族缔结联盟时是少见的——他们只向罗马帝国提供人员和武器。在我们对日耳曼人作战时，他们曾受过长期的训练。后来通过在不列颠的兵役，他们又提高了自己的声誉，因为他们曾把几个步兵中队派到不列颠去，并且按照他们的古老的习惯由他们中间的最显贵的人物率领着这些中队。[⑥] 在国内他们还有一支擅长

① 日耳曼军队的溃败使维提里乌斯派失去了最后的希望。

② 卡提伊人是日耳曼人中最善战而又好战的一个民族，他们居住在今天的黑森—拿骚和瓦尔戴克(Waldeck)地区。关于这一民族，可参见塔西佗：《日耳曼尼亚志》，第29—31章。

③ 瓦尔河(Waal)和马斯河的左岸，直到大海。

④ 这个长达六十英里的insula Batavorum是由莱茵河与瓦尔河形成的。它今天的名字是贝杜尔夫(Beturve)。关于巴塔维亚人和他们的早期居住地的描述，参见摩特里(Motley)的《荷兰共和国》(《Dutch Republic》)的开头部分。

⑤ 这是说罗马不向他们征税。

⑥ 公元61年在不列颠有八个巴塔维亚人的步兵中队在苏埃托尼乌斯·保里努斯的麾下服役(参见塔西佗：《编年史》，第14卷，第38章)。

游泳的精锐的骑兵。他们就带着自己的步兵和骑兵，保持着完整的队列渡过了莱茵河。……[①]

（13）优利乌斯·保路斯和尤尼乌斯·奇维里斯在巴塔维亚人中间是比别人要杰出得多的人物，他们全是王族出身。保路斯由于被诬告叛变，[②]结果被丰提乌斯·卡皮托[③]处死了；奇维里斯则被加上镣铐送到尼禄那里去；他虽然为伽尔巴赦免，但是在维提里乌斯当政时期，由于军队要求惩办他，他再一次遭到了危险。[④]这就是他的愤怒的原因，而我们的灾难则激起了他的希望。不过，比一般蛮族更要狡猾的奇维里斯，他的举止行动也和谢尔托里乌斯或汉尼拔一样，因为他的面容和他们一样被破坏了。[⑤] 为了避免使自己像敌人那样受到攻击（如果他公开叛变罗马人，他是会受到这样的对待的），他把自己装扮成维斯帕西亚努斯的朋友，并且作出热心支持他的一派的姿态。普利姆斯·安托尼乌斯也确实曾写信给他，要他牵制奉维提里乌斯之召而去支援的辅助部队，并且利用日耳曼人的叛乱这个借口来拖住罗马的军团。霍尔狄奥尼乌斯·佛拉库斯[⑥]也曾当面向他作了同样的建议。他所以这样，一方面固然是因为他的立场是在维斯帕西亚努斯的一面；另一方面也因为他确是为着国家的命运担心；他知道，如果战争重新发动

① 后面遗失的部分已无法确定其范围和内容了。

② 大概同温代克斯的起义有关。参见本书第一卷，第 6 章。

③ 卡皮托在公元 68 年是下日耳曼的长官。参见本书第一卷，第 7、58 章。

④ 参见本书第一卷，第 59 章。

⑤ 他也失掉了一只眼睛。

⑥ 上日耳曼的长官（参见本书第一卷，第 9 章）。维提里乌斯曾任命他负责莱茵河沿岸的防务（参见本书第二卷，第 57 章）。

起来，而那些成千上万的武装士兵都涌入意大利的话，国家是必然要毁灭的。

(14) 这样，奇维里斯虽已决定发动叛乱，却暂时把他内心深处的意图隐藏起来。他准备按照事态的发展再来决定他的其他计划，于是他就开始以下列的方式骚动起来。由于维提里乌斯的命令，这时他正在征募一支年轻的巴塔维亚人的队伍。这当然是十分沉重的负担，由于负责征募的人们的贪欲和任性，结果就变得更加难以忍受了；他们拘捕老弱，为的是在取得一笔贿赂之后再把他们释放；他们还把孩子们拖走；选择其中最漂亮的来满足他们的淫欲，因为巴塔维亚的儿童一般比与他们同年龄的儿童要高。这些行为激起了人们的憎恨，而决心发动阴谋的那些领袖于是劝说人民群众拒绝征兵。奇维里斯在一次宴会的借口之下把他本族的领袖和普通人民中间最勇敢的人们召到一座神圣的森林里来，而当他看到黑夜和饮宴的欢乐把他们的精神激发起来的时候，他就开始谈论他们本族的荣誉和光荣，继而又列举他们所遭受的虐待，他们所受到的勒索以及奴役所带来的其他一切不幸。他说："要知道，我们过去虽然是罗马人的联盟者，但罗马人现在已不再把我们看成联盟者，而看成是奴隶了。一位长官[①]到这里来时即使他的随从人员是难以供应的，是横傲的，然而就算是这样吧，什么时候又有这样的一位全权的长官到我们这里来过呢？我们只是被交到区长官[②]和百人团长的手里，这些人屠杀和抢劫够了以后，军队就

① 皇帝行省的长官是行政长官级的副帅(legati Caesaris pro praetore)。

② 皇帝行省所属各区由区长官负责(praefecti)治理。

被调了开去，新来的人于是就想办法再把自己的钱袋装满，并且捏造出各种打劫的借口。我们现在又受到了征兵的威胁：征兵使父子分离，兄弟失散，就和人间的死别一样。在任何时候，罗马的局面都不曾这样糟糕，在他们的冬营里除了掠夺物和老头子[①]之外什么都没有。只要抬起你们的眼睛来看一看，你们是无须害怕军团的空名的。[②] 但是在我们这一面有我们的强大的步兵和骑兵，还有我们的亲属日耳曼人以及高卢诸行省，他们也同我们抱着同样的期望。甚至罗马人也不反对这一战争。如果战争的结果不能最后确定，我们可以说我们是为了维斯帕西亚努斯作战的，如果我们得到胜利，那么我们就更无须对任何人说明理由了。”

（15）他的发言得到了人们的巨大赞扬，于是他通过他们本族的誓言和蛮族的仪节使这些人同他团结起来。有人被派到坎宁尼法提斯人[③]那里去使他们也参加了这一计划。坎宁尼法提斯人占据岛上的一部分；[④]他们就起源、语言和勇气而论是和巴塔维亚人相同的，但是人数却不如巴塔维亚人多。不久，他们又通过秘密的使节把不列颠的辅助部队[⑤]和我上面所提到的[⑥]被派往日耳曼而

① 这里似指士兵的精神状态而言，因为军营里是不可能有老年人当兵的。

② 维提里乌斯来到意大利时从下莱茵的军队中带来了四万人（参见本书第一卷，第 61 章），所余空额都是用很不熟练的士兵补充的。

③ 坎宁尼法提斯人居住在巴塔维亚人以西，位于岛的较低部分以及莱茵河北岸。关于他们在罗马军队中服役的事情参见塔西佗：《编年史》，第 4 卷，第 73 章。有的铭刻也把他们称为坎努涅法提斯人（Cannunefates）。

④ 在岛的北部，即前注中所说地势较低的部分。

⑤ 有八个巴塔维亚的步兵中队从提奇努姆被派往不列颠服役（参见本书第二卷，第 69 章）。

⑥ 参见本书第二卷，第 29 章。

当时驻守在摩功提亚库姆[①]的那些巴塔维亚步兵中队争取过来。在坎宁尼法提斯人中间有一个出身显贵名叫布林诺的蛮勇之士；他的父亲敢于做出许多敌视罗马人的行动，并曾嘲笑过盖乌斯的荒谬可笑的征讨，[②]但是却并没有为此而受到惩处。这反抗过罗马人的家庭的名字本身就使得布林诺成了一个受欢迎的人物。巴塔维亚人便根据他们本族的习惯，[③]要他站到一个盾牌上，用肩头抬着他，选他为自己的领袖。他立刻又召来了住在莱茵河对岸的部族弗里喜人，[④]并且从海路向最近的因而便于攻击的两个步兵中队[⑤]的冬营发动了进攻。罗马军队没有预料到这次进攻，而且，甚至如果他们预料到的话，他们也没有足够的力量挡住敌人的进攻。因此军营被占领和劫掠了。继而他们又向着仿佛在承平时期那样散在当地各处的罗马方面征发粮草的人和商人进行袭击。同时他们还威胁说要摧毁罗马的各个要塞；但是罗马的步兵中队队长们因为无力防守这些要塞，结果就自己把它们都烧掉了。罗马的标记和队旗[⑥]以及全部士兵都集中在岛的上手，由一位名叫阿克维里乌斯的主力百人团长率领着。但他们只不过有一支军队的名义罢了，论实力够不上说是一支军队。原来当维提里乌斯把精

---

① 今天的美因兹。

② 参见苏埃托尼乌斯：《卡里古拉传》，第43—47章。据说在他征讨结束时，卡里古拉使他的军队在北部日耳曼的海岸上列队，要他们捡拾贝壳作为战利品。

③ 古日耳曼的习惯，盛行于法兰克人，哥特人以及帝国晚期的罗马人中间。

④ 住在今天的弗里斯兰(Friesland)。

⑤ 可能是高卢辅助部队(参见本卷第17章)。

⑥ 罗马步兵小队有标记(signum)，步兵中队有队旗(vexillum)。

锐的步兵中队都撤走的时候，他就从附近涅尔维伊人[①]和日耳曼人[②]的那些市镇拼凑了一群废物，硬要他们拿起了武器。

（16）奇维里斯认为最好是使用计谋行事，于是他立刻就谴责那些队长放弃自己的要塞，并扬言他要用他自己所统率的中队来敉平坎宁尼法提斯人的叛乱，因此罗马人应该各自返回自己的冬营。很清楚，在他的意见后面隐藏着奸计，因为各个中队一分散开来就更容易被击破了。同样明显的是：这次战争的真正的领袖并不是布林诺，而是奇维里斯；这种情况的证据是逐渐显示出来的，因为喜欢战争的日耳曼人并没有长期隐瞒这样的事实。当他的这种阴谋未能得逞的时候，奇维里斯便诉诸武力，而把坎宁尼法提斯人、弗里喜人和巴塔维亚人组织起来，每一个民族各自组织成一支军队。罗马士兵在离莱茵河不远的地方拉开了一条战线来对抗他，而在把要塞烧毁后被带到这里来的船只则被利用来从正面对付敌人。[③] 战斗了不久以后，琴格利人的一个中队便带着队旗投到奇维里斯的那一面去；由于这一突然的倒戈而士气沮丧的罗马士兵结果就受到联盟者和敌人的两方面的进攻。在海军方面也同样发生了背叛行动：有些巴塔维亚人出身的桡手故意装做技术不行的样子而同水手与战士们纠缠在一起，

① 涅尔维伊人主要居住在今天比利时桑伯河两岸的埃诺（Hainaut）和那慕尔（Namur）地区。

② 可能是住在今天的那慕尔和卢森堡的日耳曼人。恺撒在《高卢战记》（第6卷，第2章）里称他们为 Germani cisrhenani，即莱茵河南岸的日耳曼人。

③ 战争应当是在岛的东部进行的。罗马船只是在莱茵河或在瓦尔河上（这一点塔西佗没有说清楚），船头向着敌人。战斗开始时，巴塔维亚的水手就制服了同船的罗马人，把船只划向奇维里斯士兵所占据的河岸。

不一会儿，他们就向着相反的方向划去而使船尾靠向敌人那一方面的河岸了。最后，他们把那些不肯归附他们的舵手和百人团长都杀死了，直到全队二十四只船都转到敌人的一面去或是被俘获。

（17）这次胜利当时对敌人来说是光荣的，而对于未来则又是有益处的。他们取得了他们所需要的武器和船只，而且在所有的日耳曼和高卢行省里，他们则作为解放者而受到很大的赞扬。日耳曼人立刻派来了使团表示愿意协助。奇维里斯又想用计谋和礼物把高卢诸行省争取过来：他把被俘的队长送回他们本国，对于中队的士兵，去留则听凭自愿。自愿留下的人都在军队中取得了荣誉的职位，而离开的人又得到了从罗马人手中取得的战利品。同时通过私下的谈话，他又提醒他们在多年间所受的苦难，但在这期间，他们却错误地把他们的悲惨的被奴役地位说成是和平。他说："巴塔维亚人虽然免于纳贡，但仍然拿起武器来反抗我们共同的主人。而就在这第一次战斗里，罗马人就被击溃了，被打败了。如果高卢诸行省砸碎自己身上的枷锁的话，情况又会如何呢？在意大利还有什么兵力留下来呢？行省是用行省居民的血征服的。别去考虑温代克斯的战争吧。[①] 摧毁了埃杜伊人[②]和阿维尔尼人[③]的是巴塔维亚的骑兵。在维尔吉尼乌斯的辅助部队里的有比尔伽伊人[④]，而如果

① 这是说，温代克斯的失败并不足畏。

② 住在卢瓦尔河上游和索恩河之间。

③ 在奥弗涅（Auvergne）。当时帮助温代克斯的还有谢夸尼人。

④ 特列维利人和林哥尼斯人。塔西佗（本书第1卷，第8章）说伽尔巴曾拒绝把给予别的城市的某些特权给予东高卢的城市，甚至还削去了他们的某些领地，这样就播下了他们同罗马人不和的种子。再参见塔西佗：《编年史》，第1卷，第34、43章；第3卷，第40章。

你正确地考虑这件事的话，你就会看到，高卢人正是毁在自己军队的手里的。现在这一切力量都站到同一方面来，而且在这之外，我们还取得了罗马军营的军事训练所能给予我们的全部力量。我手下有一些久经锻炼的中队，他们不久之前①曾制服过奥托的军团。让习惯于国王统治的叙利亚、亚细亚和东方去做奴隶吧。在高卢，仍有许多人是生在不知道贡赋为何物的时期。确实就在不久之前，由于克温提里乌斯·伐鲁斯的被杀而使奴役制度被驱出了日耳曼，②而当时日耳曼人敢于抗衡的皇帝并不是一个维提里乌斯，而是一个恺撒·奥古斯都。大自然把自由赠给了甚至是不能讲话的动物，但是勇气却是人类得天独厚的东西。诸神护佑更勇敢的人：因此，让我们起来向敌人进攻吧，我们无忧无虑，他们是心情苦恼的；我们精力饱满，他们是精疲力尽的。在他们那方面，既然有人站在维斯帕西亚努斯的一面，又有人站在维提里乌斯的一面，这样我们就可以对任何一方作战了。”

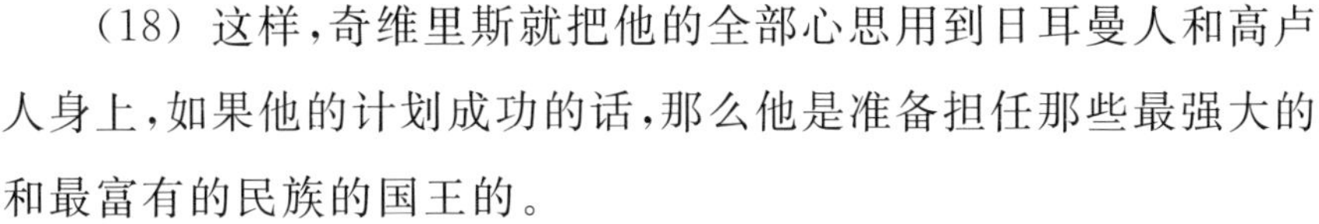

（18）这样，奇维里斯就把他的全部心思用到日耳曼人和高卢人身上，如果他的计划成功的话，那么他是准备担任那些最强大的和最富有的民族的国王的。

但是霍尔狄奥尼乌斯·佛拉库斯最初却装作不知道这些事情，结果就助长了他的企图。但是当着惊惶万状的使者带来了军营被攻占、中队被歼灭和罗马人被逐出巴塔维亚人的岛屿的消息

---

① 公元 69 年 4 月在贝德里亚库姆的第一次战斗中（参见本书第二卷，第 43 章）。

② 这是公元 9 年的事。作者前面也用了 nuper 这个词，但所指的事相去差不多六十年。

时，他就命令率领着驻在冬营的两个军团[①]的穆尼乌斯·卢佩尔库斯[②]去对敌人作战。卢佩尔库斯迅速地把他手下的全部军团士兵调到岛上去，此外他还调去了附近驻防的辅助部队中间的乌比伊人[③]和离那里不远的一队特列维利人[④]的骑兵。在这些军队之外，他还加上了一个巴塔维亚人的骑兵中队，这个中队虽然实际上已经被敌人拉了过去，但表面上他们却仍旧装作忠于罗马人的样子。他们这种做法的目的是，如果他们在战场上背叛罗马人，他们就会为此取得更大的报酬。奇维里斯要被俘的中队的队旗排列在自己的身边，这样他自己的军队看到这些队旗时就不会忘掉他们不久之前取得的光荣，而看到它们之后想起自己的失败的敌人就会感到心惊胆战了；他下令给自己的母亲、他的姊妹，还有所有他手下的人们的妻子和小儿女们站在他的军队的后面鼓励他们争取胜利或是在他们打败时羞辱他们。[⑤] 当敌人的阵线里回荡着男子的歌唱声和妇女的呼叫声的时候，罗马军团和中队的回答的呼声却远远地比不上对方。我们的左方由于巴塔维亚骑兵的突然倒戈向我们发动进攻而暴露在敌人的面前了。但尽管出现了这种没有预料到的局面，我们的军团士兵却还是拿着他们的武器，保住了他

① 指第五和第十五军团。第五军团的副帅大概是法比乌斯·瓦伦斯，它的大部分都同维提里乌斯到意大利去了（参见本书第一卷，第 61 章）。

② 大概是第十五军团的统帅。

③ 他们的首府是科洛尼亚·阿格里披嫩西斯（Colonia Agrippinensis 或称 Colonia Agrippina），即今天的科伦。

④ 他们的首府是贝尔吉卡·高卢的摩塞尔河上的奥古斯塔·特列维洛路姆（Augusta Treverorum），即今天的特利尔。

⑤ 要妇女站在军队附近呐喊助威是日耳曼人、不列颠人和色雷斯人的习惯。

们的队列。由乌比伊人和特列维利人组成的辅助部队可耻地逃跑了，他们杂乱无章地在原野上游荡着。日耳曼人向他们展开了追击，这时军团才得以逃到称为维提拉[①]的营地去。率领着巴塔维亚骑兵部队的克劳狄乌斯·拉贝欧和奇维里斯在某一地方的事务中相互争夺过领导权。因而现在奇维里斯把拉贝欧调到弗里喜人那里去，因为他知道，如果杀死拉贝欧，这会激起他本国人的愤怒，而如果把他留下来和军队在一起，这又会播下不和的种子。

（19）在这个时候，奇维里斯派出的一名使节追上了奉维提里乌斯之命开向罗马的巴塔维亚人和坎宁尼法提斯人的步兵中队。[②] 这个消息使他们立刻神气和骄傲起来。他们要求为他们的这次行军付给报酬，坚持要求双份的军饷[③]并增加骑兵的数量；[④]这些事情确实是维提里乌斯曾经答应过的，但是中队的真正目的并不是取得他们要求的东西，而是寻找一个发动叛变的借口。事实上佛拉库斯尽管答应了他们的许多要求，但这只会使他们要求越来越多的、他们知道他不会答应的东西。他们完全不把佛拉库斯放在眼里，而动身去下日耳曼地方同奇维里斯联合起来。霍尔狄奥尼乌斯于是把各将领和百人团长召集起来，同他们商量要不

① 在今天的克桑顿（Xanten）的附近，据说就在费尔斯顿山（Fürstenberg）的山坡上。

② 维提里乌斯曾把巴塔维亚人的步兵中队从提奇努姆调回摩功提亚库姆，但后来又发出一个命令把他们召到意大利以便对付维斯帕西亚努斯（参见本书第一卷，第59章；第二卷，第97章和本卷第15章）。

③ 公元1世纪普通士兵的饷银每天是十阿斯，辅助部队士兵的军饷更要少些，近卫军士兵的饷银每天是二狄纳里乌斯，约合普通士兵的三倍。

④ 骑兵的军饷比步兵要高些。

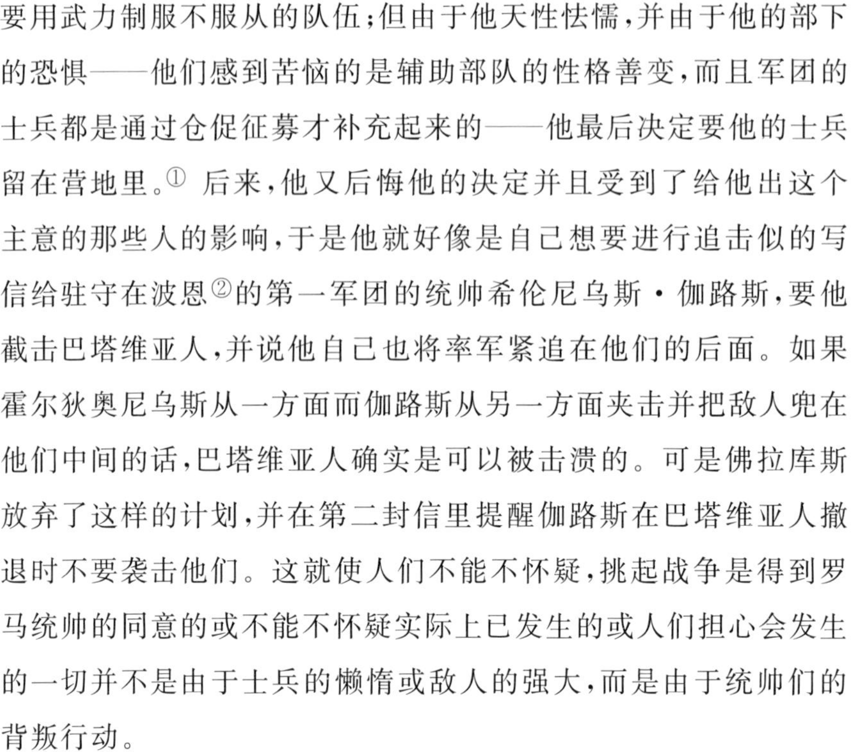

要用武力制服不服从的队伍；但由于他天性怯懦，并由于他的部下的恐惧——他们感到苦恼的是辅助部队的性格善变，而且军团的士兵都是通过仓促征募才补充起来的——他最后决定要他的士兵留在营地里。[①] 后来，他又后悔他的决定并且受到了给他出这个主意的那些人的影响，于是他就好像是自己想要进行追击似的写信给驻守在波恩[②]的第一军团的统帅希伦尼乌斯·伽路斯，要他截击巴塔维亚人，并说他自己也将率军紧追在他们的后面。如果霍尔狄奥尼乌斯从一方面而伽路斯从另一方面夹击并把敌人兜在他们中间的话，巴塔维亚人确实是可以被击溃的。可是佛拉库斯放弃了这样的计划，并在第二封信里提醒伽路斯在巴塔维亚人撤退时不要袭击他们。这就使人们不能不怀疑，挑起战争是得到罗马统帅的同意的或不能不怀疑实际上已发生的或人们担心会发生的一切并不是由于士兵的懒惰或敌人的强大，而是由于统帅们的背叛行动。

（20） 当巴塔维亚人走近波恩的营地的时候，他们先派出了一名使者到希伦尼乌斯·伽路斯那里去提出中队的要求。这个使者说，他们并不是对他们常常为之作战的罗马人作战，而是对他们那长期而又得不到好处的军役感到厌倦，并希望回家去过和平的生活。如果没有人阻挡他们的话，他们在通过时不会给别人造成任何损害。但如果对他们加以武装抵抗的话，他们就要用武器杀出一条道路来了。当伽路斯拿不定主意的时候，士兵们劝他同对方

① 第四和第二十二军团在摩功提亚库姆，第一军团在波恩，十六军团在诺瓦伊西乌姆（Novaesium）（今天的诺伊斯〔Neuss〕），第十五军团和第五军团在维提拉。

② 罗马军营在该城以北，维舍斯霍夫（Wichelshof）附近。

武力相见。三千名军团士兵和仓促征募起来的、比尔伽伊人[1]的几个步兵中队，还有农民和粮秣征发人的一个队伍（这些人并不善战，但在遇到真正的危险之前却是勇敢的）立刻从所有的城门冲了出去，把人数较少的巴塔维亚人包围起来。但是这些久经战阵的巴塔维亚人却排成密集的纵队，把自己队伍从四面都封得严严的，从而使他们的前面、侧面和后面都防守得很牢靠。他们就这样地突破了我们的薄弱的战线。当比尔伽伊人后退的时候，军团也被打退，结果他们就惊惶地逃回了营地的工事和营门。他们在这些地方所受的损失最大：壕沟里堆起了很高的尸体，我们的士兵不仅在对敌作战时死于刀剑和负伤，而且死于冲撞，许多人死于他们自己的武器。[2] 胜利者避开了科洛尼亚・阿格里披嫩西斯（原义是阿格里披娜移民地，即今天的科隆——中译者）。而且在他们其余的行程中，也没有其他敌对的行动。他们为波恩的战斗提出了辩解的理由：他们本来是请求和平的，只有当这一要求被拒绝之后，他们才起来保卫自己的利益。

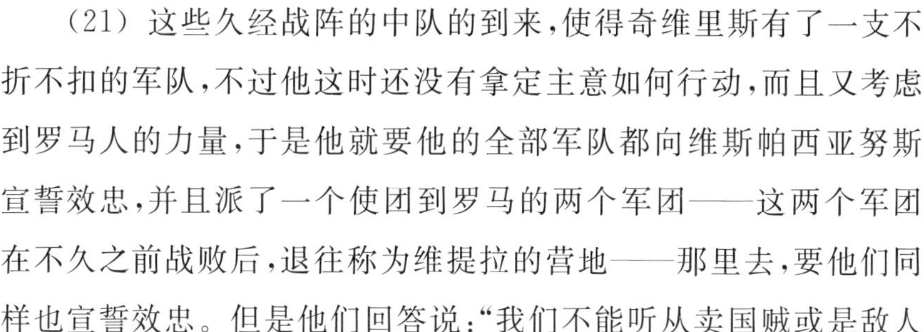

（21）这些久经战阵的中队的到来，使得奇维里斯有了一支不折不扣的军队，不过他这时还没有拿定主意如何行动，而且又考虑到罗马人的力量，于是他就要他的全部军队都向维斯帕西亚努斯宣誓效忠，并且派了一个使团到罗马的两个军团——这两个军团在不久之前战败后，退往称为维提拉的营地——那里去，要他们同样也宣誓效忠。但是他们回答说："我们不能听从卖国贼或是敌人

① 指涅尔维伊人和通古里人。

② 大概是说落到壕沟里的士兵为自己方面人的武器戳死，当然人们也还可以为自己手里的武器戳死。

的意见。我们的皇帝是维提里乌斯，我们将效忠于他，并为他战斗到最后一口气。因此任何叛离的巴塔维亚人都不能仲裁罗马人的命运，还是让他等着接受罪有应得的惩罚吧！”接到这个回答而大为震怒的奇维里斯立刻把巴塔维亚的全体人民都武装起来。布路克提里人[①]和腾克提里人[②]参加了他们的队伍，由使者们召请来的日耳曼人，也赶来分享战利品和光荣。

(22) 为了应付来自许多方面的一触即发战争形势，军团的统帅穆尼乌斯·卢佩尔库斯和努米西乌斯·路福斯[③]开始加强他们营地的栅栏和壁垒。他们摧毁了在长时期的和平中修造起来的建筑物(这些建筑物在离军营不远的地方实际上已经发展成一个市镇)[④]，因为他们不愿使这些建筑物为敌人所利用。不过他们却没有充分注意到储备粮食的事情：他们任凭军队到各处去进行劫掠。结果士兵们的轻率行动使他们在几天里就耗光了本来可以够他们长时期食用的粮食。奇维里斯和巴塔维亚人的精锐部队占据军队的中心，而为了使敌人看了更加害怕，他要日耳曼人的队伍浩浩荡荡地沿着莱茵河的两岸推进，[⑤]而他的骑兵则在平原地带上行进。同时他的战船也向着上游行进。在一面是老兵中队的队旗，在另

① 布路克提里人居住在利珀河 (Lippe) 和埃姆斯河 (Ems) 上游之间以北的地区。

② 腾克提里人居住在莱茵河、鲁尔河和利珀之间的地区。

③ 路福斯大概是第十六军团的副帅。

④ 许多市镇实际上是以固定的军营为核心而形成的。

⑤ 奇维里斯本人顺着左岸上的军路行进，而日耳曼人的队伍则是紧沿着河两岸同他平行地推进。

一面则是从森林和圣林中取得的野兽的图像[①](每一个部落习惯上就是带着它们去作战的)。这些既表明是内战,又表明是对外战争的标记使被包围的军队颇为震怒。而且罗马的壁垒的规模也使围攻者颇为兴奋,因为就它的大小而论,需要有两个军团来守卫它,[②]但现在实际上防守它至多也不过是五千武装的罗马人罢了。此外还有一大群随军的商贩[③],他们是刚一发生紧急情况时就集合到那里去的,现在则在这次对敌斗争中发挥了自己的力量。

(23) 军营的一部分是在缓斜的山坡上,但另一部分却同平原相连接。奥古斯都曾认为用这样的一些冬营就可以约束并在实际上制服日耳曼,[④]却根本没有想到竟然真的发生了日耳曼人向军团发动进攻的灾难。因此,他没有采取任何措施加强阵地或工事的防守力量。武装的队伍好像就足够应付局势了。巴塔维亚人和从莱茵河对岸过来的各个民族[⑤],为了更明显地表现他们个人的勇敢,他们每个部落本身都组成了各自的队伍,并且从较远的地方就展开了进攻。但是当他们的大部分武器毫无结果地投到塔楼和女墙上面而罗马方面投向他们的石块却使他们受到很大伤亡的时候,他们便呼啸着向堡垒发动进攻,许多人架起了云梯,另一部分人爬到由他们的同伴组成的"龟形阵"上去。一些人已经爬城墙,

① 这大概就是每一部落的图腾。

② 两个军团的定额是一万二千人。

③ 即 lixae,他们多半不是罗马人,但是可以有武装;这种人和罗马商人(negotiatores)不同,罗马商人一般是没有武装的。

④ 这里是说军营只是向日耳曼人发动进攻的基地,根本没有想到防御敌人进攻的事情。

⑤ 指布路克提里人、腾克提里人和弗里喜人(参见本卷第15,21章)。

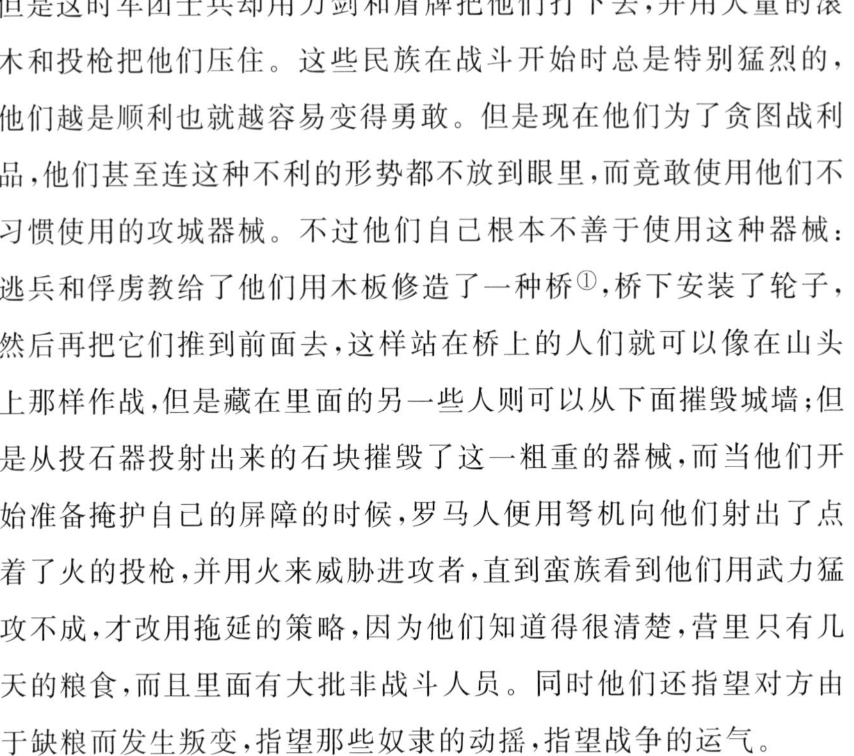

但是这时军团士兵却用刀剑和盾牌把他们打下去，并用大量的滚木和投枪把他们压住。这些民族在战斗开始时总是特别猛烈的，他们越是顺利也就越容易变得勇敢。但是现在他们为了贪图战利品，他们甚至连这种不利的形势都不放到眼里，而竟敢使用他们不习惯使用的攻城器械。不过他们自己根本不善于使用这种器械：逃兵和俘虏教给了他们用木板修造了一种桥①，桥下安装了轮子，然后再把它们推到前面去，这样站在桥上的人们就可以像在山头上那样作战，但是藏在里面的另一些人则可以从下面摧毁城墙；但是从投石器投射出来的石块摧毁了这一粗重的器械，而当他们开始准备掩护自己的屏障的时候，罗马人便用弩机向他们射出了点着了火的投枪，并用火来威胁进攻者，直到蛮族看到他们用武力猛攻不成，才改用拖延的策略，因为他们知道得很清楚，营里只有几天的粮食，而且里面有大批非战斗人员。同时他们还指望对方由于缺粮而发生叛变，指望那些奴隶的动摇，指望战争的运气。

（24）在这个时候，佛拉库斯②听说军营被围的事情，就派遣使者到高卢各个行省去请求辅助部队的支援，并且把他的两个军团③中的精锐部队交付第二十一军团的统帅狄里乌斯·沃库拉，命令他沿着莱茵河河岸尽快地向前推进。佛拉库斯本人则乘船前进，因为他身体不好，④而且受到士兵们的憎恶。原来士兵们确实

① 原文虽然是 pons（桥），实际上是一种塔楼，大概从塔楼上有某些突出的东西像是桥或跳板的样子，站在“桥”上进攻的可以得到塔楼上的人们的掩护。

② 在美因兹的营地。

③ 指第四和第二十二军团。

④ 本书第一卷，第 9 章谈到他的痛风病的事情。

毫不含糊地抱怨说，他曾把巴塔维亚的中队从摩功提亚库姆放走，曾隐瞒了他知道奇维里斯的行动这件事情，并且同日耳曼人结成了联盟。他们说："普利姆斯·安托尼乌斯和木奇亚努斯都不像佛拉库斯那样助长了维斯帕西亚努斯的力量。不加掩饰的憎恶和武装行动会公开地受到反击：但背叛和欺骗却是隐蔽的，因此无法防备。奇维里斯现在出现在我们的面前，摆出了他的战阵：霍尔狄奥尼乌斯从他屋里的床榻上发布有利于敌人的命令。最勇敢的人组成的这些武装队伍竟然都要受一个年老病弱的人的任意摆布！让我们把这个卖国贼杀死，并且让我们的命运和我们的勇气摆脱这一不吉利的兆头吧！"当他们相互间已经用这样的话把对方激励起来的时候，维斯帕西亚努斯的一封信更加激起了他们的情绪。佛拉库斯不能隐瞒这封信，所以就把它在一次大会上宣读了，继而就给带信来的使者们加上镣铐，把他们送到维提里乌斯那里去了。

（25）士兵们的怒气这才平息下去。他们开到了波恩，这里是第一军团的冬营的所在地。但在这里，士兵的情绪却更为激烈，他们认为他们的失败[①]是霍尔狄奥尼乌斯的责任。他们说，他们是根据他的命令才对巴塔维亚人作战的，因为他曾保证说，军团就要从摩功提亚库姆开出来。他们还说，正是由于他的叛变行为，他们的同伴才被敌人杀死，因为他们没有得到任何援助；其余的军队都不知道这些事情，而且这些事情也没有被报告给他们的皇帝；虽然，通过所有行省的及时的努力，这一新的叛变行动本来是可以制止的。霍尔狄奥尼乌斯向军队宣读了他送往高卢、不列颠和西班

① 在维提拉，参见本卷第20章。

牙求援的所有信件的抄件。此外，他还树立了一种最不好的先例，那就是把所有的信[①]都交给各军团的军旗手，由军旗手在将领们过目之前当着士兵们的面加以宣读。随后他又下令逮捕一名叛变者，这与其说是因为这个人的过错，毋宁说是为了证明他的威信。军队继而就由波恩开往科洛尼亚·阿格里披嫩西斯，而他们在这里就同大量开到的高卢辅助部队汇合起来，因为高卢人在开头还是极力拥护罗马人的事业的。但后来日耳曼的力量加强了，许多国家因为指望能取得自由和一旦摆脱奴役之后得以树立自己的统治大权，因而便拿起武装来反对我们。军团士兵的情绪更加愤怒了，逮捕一名士兵根本不能使他们有所畏惧。而且这名士兵确实曾指控过将领，说他参与了叛变，并且宣称他曾在奇维里斯和佛拉库斯二人之间传话，而正是因为他能够为这件事的真相作证，所以现在才受到陷害。沃库拉极其勇敢地登上了座坛，下令捉起这名士兵，尽管这名士兵拼命叫喊，他还是下令把这名士兵带走加以惩处。坏人一旦被镇服住，规矩的人也就听从命令了。由于军队一致要求沃库拉担任他们的将领，佛拉库斯就把统率权移交给他了。

(26) 但是也发生了许多激起了他们的反叛情绪的事情。军饷和粮食都没有，同时高卢各行省又藐视地拒绝罗马方面的征兵和征税；莱茵河由于气候发生了一次空前的干旱，[②]结果几乎连船只都浮不起来；粮食的补充受到了阻碍；沿着莱茵河沿岸的所有地方都配置了队伍以阻止日耳曼人渡过来，而由于同样的理由，粮食

① 这里当然是指写给统帅的信。

② 在塔西佗时期，日耳曼有大量的森林，但耕地比较少，因此它的气候远比今天为潮湿。

少了，但是吃饭的人却更多了。那些无知的人们甚至把河中水面的低落看是上天的一个朕兆，好像古人一向用来保卫我们的这些河流[①]现在也叛离了我们似的：在和平时期他们称这些事情为偶发事件或自然发生的事件。但是在这个时候，他们却把它们说成是命运和诸神的愤怒了。

当我们的军队进入诺瓦伊西乌姆[②]的时候，第十六军[③]就同他们汇合了。沃库拉现在有希伦尼乌斯·伽路斯跟他联合在一起，共同负责军务。不过他们并不敢向敌人发动进攻，只是在一个叫做盖尔杜巴[④]的地方设营。他们在这里用操演战阵、修筑工事和栅栏以及所有其他各种各样的军事训练的办法提高了他们士兵的士气。而且为了通过给士兵们一个掠夺的机会以激发他们的勇气：沃库拉率领着一支军队去进攻附近的库格尔尼人[⑤]——奇维里斯的联盟者——的市镇；一部分军队则和希伦尼乌斯·伽路斯留在盖尔杜巴。

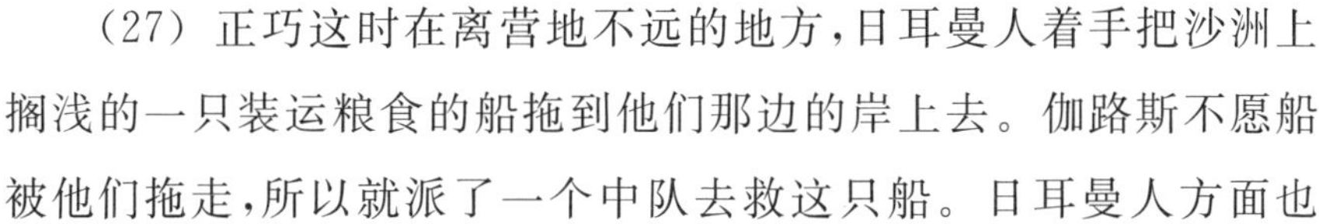

(27) 正巧这时在离营地不远的地方，日耳曼人着手把沙洲上搁浅的一只装运粮食的船拖到他们那边的岸上去。伽路斯不愿船被他们拖走，所以就派了一个中队去救这只船。日耳曼人方面也

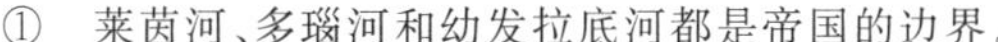

① 莱茵河、多瑙河和幼发拉底河都是帝国的边界。

② 今天的诺伊斯，当时这个城市就在莱茵河畔，但现在它是在离河二英里的地方，在迪塞尔多夫(Düsseldorf)附近。

③ 第十六军一个分队已经同维提里乌斯到意大利去了。

④ 今天是盖尔勃(Gelb)，位于恺撒维尔特(Kaiserwerth)和玉尔丁根(Ürdingen)之间。据说这里地势较高，适于用作营地，离诺伊斯约十英里。

⑤ 库格尔尼人据说是提贝里乌斯在公元前8年迁到莱茵河左岸的苏甘布利人的后裔(参见苏埃托尼乌斯：《提贝里乌斯传》，第9章)。他们的北面是巴塔维亚人，南面是乌比伊人。他们的名字据说保留在今天的市镇戈赫(Goch)的名字上面。

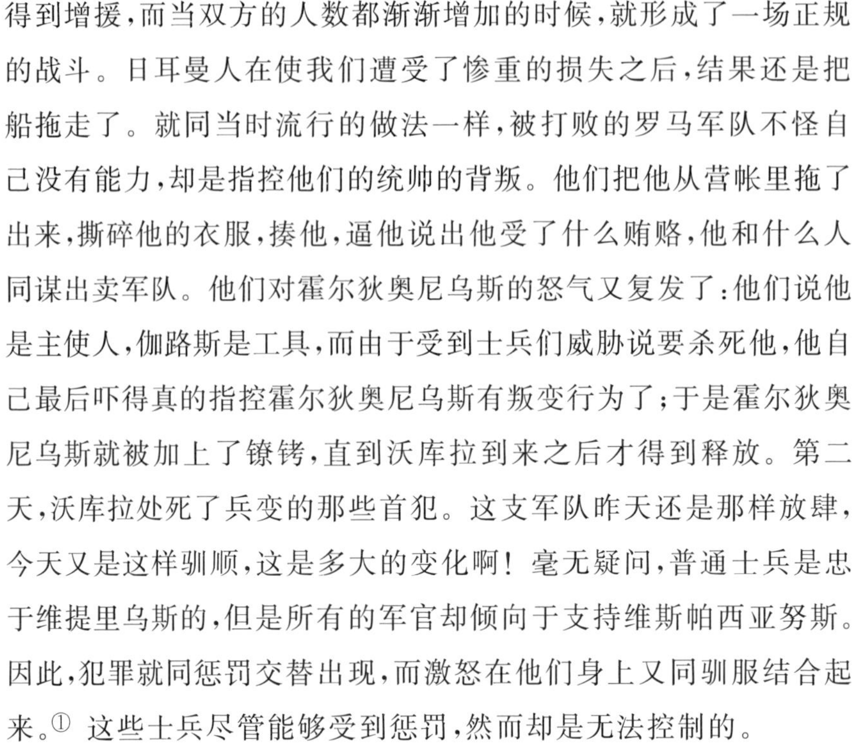

得到增援，而当双方的人数都渐渐增加的时候，就形成了一场正规的战斗。日耳曼人在使我们遭受了惨重的损失之后，结果还是把船拖走了。就同当时流行的做法一样，被打败的罗马军队不怪自己没有能力，却是指控他们的统帅的背叛。他们把他从营帐里拖了出来，撕碎他的衣服，揍他，逼他说出他受了什么贿赂，他和什么人同谋出卖军队。他们对霍尔狄奥尼乌斯的怒气又复发了：他们说他是主使人，伽路斯是工具，而由于受到士兵们威胁说要杀死他，他自己最后吓得真的指控霍尔狄奥尼乌斯有叛变行为了；于是霍尔狄奥尼乌斯就被加上了镣铐，直到沃库拉到来之后才得到释放。第二天，沃库拉处死了兵变的那些首犯。这支军队昨天还是那样放肆，今天又是这样驯顺，这是多大的变化啊！毫无疑问，普通士兵是忠于维提里乌斯的，但是所有的军官却倾向于支持维斯帕西亚努斯。因此，犯罪就同惩罚交替出现，而激怒在他们身上又同驯服结合起来。[①] 这些士兵尽管能够受到惩罚，然而却是无法控制的。

（28）但是，这时奇维里斯的力量却由于从整个日耳曼取得巨大的增援力量而大为加强了。联盟者都把地位最高的人质送到他这里来保证自己的忠诚。他命令离乌比伊人和特列维利人最近的那些民族蹂躏这两个民族，又命令另一支兵力渡过马斯河去威胁美纳皮伊人[②]与莫里尼人[③]和高卢行省的边界。他们在这两个地

① 这里似是说士兵和军官各有一定力量，从而形成两派实力各有消长的错综复杂的局面。

② 美纳皮伊人住在贝尔吉卡・高卢，马斯河和设尔特河（Scheldt）之间，巴塔维亚人的南面。

③ 莫里尼人住在美纳皮伊人的西南部沿岸地带。味吉尔在《埃涅伊特》（第8卷，第727行）说他们是人类中最坏的。

区都得到了战利品，但是他们对乌比伊人却更要严厉，因为尽管乌比伊人也是日耳曼人，他们却背弃了他们的故土，而接受了阿格里披嫩西斯这个罗马的名字。① 他们的一些中队在玛尔科杜路姆地区②被割裂，因为他们在远离莱茵河河岸的地方毫无戒备地活动。虽然如此，乌比伊人并没有安静地待在那里不对日耳曼展开劫掠性的进攻。他们最初未受报复，但是后来他们被击溃了。而实际上在这全部战争当中，他们表现的对罗马人的忠诚要超过他们的好运。在粉碎了乌比伊人之后，奇维里斯造成的压力就更加严重了。他在胜利的鼓舞之下，加紧对军团③的围攻，并严密监视不许任何密使把援军到来的消息报告给被围攻的人。他分配给巴塔维亚人的任务是修造战争器械和围攻的工事。从莱茵河对岸开过来的军队在要求作战时，他就命令他们去摧毁罗马人的壁垒。当这些人被击退的时候，他就要他们重新发动进攻，因为他们的士兵多得很，损失一点是算不了什么的。

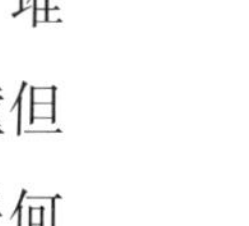

(29) 战斗到夜里还没有结束。进攻者在市镇的四周点起了堆堆篝火，他们大吃大喝，由于人们一个一个地酒性发作，他们就莽撞但无益地冲出去作战，因为在黑夜里，他们投出去的武器是起不了任何作用的。但是罗马人这方面的目标却十分明确，因为他们可以清楚地看到蛮族的战线，④特别是那些最勇敢的或是标志特别鲜明的人。奇维里斯及时地看到了当时的情况，于是下令他的士兵把他们的篝

① 参见本书第一卷，第56章。

② 今天的杜伦(Duren)，在犹利希(Jülich)以南。

③ 被包围在维提拉的军队。

④ 因为篝火照亮了他们，这样就把目标暴露在敌人面前。

火熄灭，这样就使黑夜给战斗带来了更大的混乱。[1] 当时确实到处是混乱的呼号声，人人都要碰运气，任何人也不知道应当在什么地方攻击或回避敌人。他们听到什么地方有呼号声，他们就朝着什么地方冲去。勇气起不了任何作用，偶然的机会造成了极大的混乱，最勇敢的士兵往往死在怯懦者的刀剑之下。日耳曼人只是一味盲目地厮杀；但是久经战阵的罗马士兵却不随便把他们的铁头的投枪或是沉重的石块投出去。当他们从声音辨别出有人在攀登城墙或是从云梯爬上来的敌人已经来到他们跟前时，就用盾牌的盾心把敌人打下去，随后就是一阵投枪。许多爬到城上来的敌人被他们用匕首刺死了。黑夜这样度过去之后，一场新的战斗又在白天展开了。

（30）巴塔维亚人修造了一个双层的塔楼，他们就把这座塔楼推向军营的正门，[2]因为那里的地势最平坦。但是罗马人却把粗大的竿子捅出去对付它，他们用梁木对它反复加以冲击，结果就把它撞倒，从而使塔楼上面的人受到了沉重的损失。后来当敌人陷入一片混乱的时候，他们就向敌人发动了一次突然的、然而是成功的出击。同时比敌人既有经验和又有技能的军团士兵还有别的手段对付敌人。蛮族最害怕的是平稳地悬在他们头上的一种器械[3]，这种

---

① 修昔底德《历史》第3卷，第23章有类似的描述。

② 接连着将领和他的僚属的本营（praetorium）的那个营门，也就是面向着敌人的那个营门。这个门可能是在营地的西面，因为这里的地带是一片不高的高地，这片高地缓缓地向着马斯河的一个支流尼尔斯河（Niers）方面倾斜。东面的 porta decumana 对着莱茵河，因而从这方面进攻是不大可能的。

③ 这大概是一种杠杆之类的器械。它的一半突出在外面，尖端上有钩子，另一半在营地内部。这个杠杆平时平放着，但它可以像跷板那样上下摆动。战斗时外部的一端落入围攻的敌人中间钩住一个或更多敌人之后，然后利用向上压的力量把他们钩到营地内部。

器械突然间落下来时可以当着敌人的面捉住一个或更多的敌人，然后向回一拉，就把这些敌人抛到营地里去了。现在奇维里斯放弃了用猛袭办法攻占营地的企图，又开始了一种不慌不忙的包围，同时还企图用各种消息[①]和许诺来动摇军团的防守信心。

(31) 这些事情都是克雷莫纳一役之前在日耳曼发生的。[②]人们从普利姆斯·安托尼乌斯的一封信知道了这一战役的结果，而这封信还附了凯奇纳的一个公告。[③] 被战败一方的一名中队队长，一个叫做阿尔披尼乌斯·蒙塔努斯的人[④]也亲自承认了他们一方的失败。这个消息引起了情感上的不同反应。高卢的辅助部队不一定要归附或憎恨哪一派，而且在服役时也没有什么热情，因此他们的军官一经怂恿，立刻就背弃了维提里乌斯。老兵们这时却还拿不定主意。但是由于霍尔狄奥尼乌斯·佛拉库斯的命令和他们的将领们的恳求，他们才举行了效忠宣誓，不过无论他们的面部表情还是他们的内心意愿，都没有把这一宣誓确定下来。而且当他们按照一般的程式重复大部分誓词的时候，他们对维斯帕西亚努斯的名字表现了犹豫：他们中间的一些人只是有气无力地默默叨念维斯帕西亚努斯的名字，但大多数人则根本不提他的名字。

(32) 随后安托尼乌斯给奇维里斯的一些信又在集合的士兵们面前宣读了。不过这些信引起了他们的怀疑，因为这些信好像

① 指对被围攻者不利的一些消息。

② 这就是说在公元 69 年 10 月底以前。

③ 凯奇纳这一公告可能是在克雷莫纳发表的，内容当然是劝告士兵追随执政官转到维斯帕西亚努斯的一面来。

④ 关于蒙塔努斯，参见本书第三卷，第 35 章。

是写给联盟者的，而且在谈到日耳曼军队的时候表现了一种敌视的口吻。不久之后，当这个消息到达盖尔杜巴地方罗马军营的时候，它引起了同样的议论和同样的行动。蒙塔努斯受命到奇维里斯那里去，命令他放弃战争，并且不要利用虚伪的借口来掩盖他的敌对行动。① 他要向对方讲的是：如果奇维里斯是为了帮助维斯帕西亚努斯而行动的，那么他已经作了足够的努力。对于这一声明，奇维里斯在开头作了一个狡猾的回答。后来当他看到蒙塔努斯是个性情暴烈的人并且有叛变的意图时，他就开始抱怨他二十五年中间在罗马人的军营中所经历的各种危险。他说："我多年的劳苦的报酬真是光荣啊。我的兄弟被杀死，我本人被加上镣铐，还有要求对我加以惩处的这支军队的野蛮叫嚣。各民族的权利使我有正当的理由要求对这些事情进行报复。可是，你们特列维利人还有所有你们其余的人，你们这些有着奴隶心情的人，你们这样多次地流了鲜血，可是你们所能指望的报偿是什么呢，还不是令人厌恶的军役，无止无休的租税、鞭打、刽子手的斧头和你们的主子的头脑里所能想到的一切花样！就看我这样一个中队的队长吧，我同坎宁尼法提斯人和巴塔维亚人②，全体高卢人当中无足轻重的这一部分人，已经用事实证明给你们罗马人的巨大的军营是空虚的，我们已经摧毁了它们，或是正在包围着它们，并且用武器和饥馑对它们施加巨大的压力。总之，应当鼓起勇气来！或者是你的勇敢给你带来自由，或者是我们所有的人都一起被战败。"奇维里

① 这就是说，奇维里斯假装拥护维斯帕西亚努斯的姿态，实际上却对罗马帝国宣战。

② 巴塔维亚人实际上是日耳曼人。

斯用这些话煽动起了蒙塔努斯的情绪，但是他却要蒙塔努斯在回去时作温和的传达。蒙塔努斯这样就回去了，但是他却做出使命未能完成的样子，完全隐瞒了到后来才发现的一切。

(33) 奇维里斯留下了自己的一部分军队，却派遣优利乌斯·玛克西姆斯和他自己的侄子克劳狄乌斯·维克托尔率领着老兵的中队和最精锐的日耳曼军队去进攻沃库拉和他的军队。在他们的进军途中，他们劫掠了阿司奇布尔吉乌姆①地方一个骑兵中队的冬营；他们还这样突然地攻击了沃库拉的营地②，以致他竟然来不及给他的军队下命令或是把他们士兵列成战阵。在混乱当中他所能下的唯一的一道命令就是用军团士兵加强营地中心的防守：辅助部队被分散到附近各处。骑兵发动了进攻，但是遇到了队形严整的敌人，结果又返回了自己的队列。在这之后就是一场屠杀，而不是一场战争。涅尔维伊人的中队或是因为害怕，或是有心叛变，他们也离开了我们，使我们的两侧暴露在敌人面前：这样，进攻的重担现在就落到军团士兵的身上。他们在失掉了自己的队旗之后，就在栅栏之内受到屠杀，但这时突然一支不曾预料到的援军扭转了战斗的局势。原来先前由伽尔巴征募、现在又受到召唤的瓦斯科尼斯人③的一些中队，在他们开近营地并听到战斗的声音时，从背后向正在专心致志地作战的敌人发动了进攻，从而引起了一

① 位于维提拉和盖尔杜巴的中间，它是今天的阿斯贝尔格(Asberg)或是埃森贝尔格(Essenberg)。

② 在盖尔杜巴，参见本卷第 26 章。

③ 今天的巴斯克人的祖先；他们居住在塔尔拉科西班牙的东北部和与高卢接壤的地区。伽尔巴曾担任过塔尔拉科西班牙的长官。

场比他们的人数所能引起的惊恐要更加广泛的惊慌情绪，因为有些人以为诺瓦伊西乌姆的全部军队到来了，另一些人则以为是摩功提亚库姆的军队到来了。敌人的错误激发了罗马人的勇气，当他们信赖别人的力量的时候，他们也恢复了自己的力量。巴塔维亚人步兵的全部精锐都被杀死了；但骑兵却带着战斗刚开始时他们夺得的队旗和俘虏逃跑了。在那一天里，我们阵亡的人数较多，但是这些人并不是最勇敢的。日耳曼人的最精锐的军队却都阵亡了。

（34）双方的将领由于同样的错误都应遭到失败，并且都未能利用他们的胜利。如果奇维里斯把更多的军队投入战线，就不会被这样少数的中队所包围，而且在突入罗马军营之后，他本来是可以把它摧毁的。沃库拉这方面则未能发现敌人的迫近，因此他一出击就被击败了；继而由于对自己的胜利缺乏信心，他在向敌人进军之前又耽搁了好几天。如果他能当机立断紧逼敌人，并且把战事进行到底的话，他本来是可以一举而解军团之围的。就在这个时候，奇维里斯用如下的办法试探了被围攻者的情绪。他放出一种空气，好像罗马已经失败而他的一方面取得了胜利。他显示罗马的标记和队旗；他甚至把俘虏也陈列出来。在这些俘虏中间有一个人有胆量做出了一件英雄的事迹：他高声说出了事情的真相。日耳曼人立刻刺死了他。他们的这种做法使人们更加相信他的话是真的了。这时被蹂躏的田野和农家被焚时的火光[①]则说明一支

① 这里指库格尔尼人的农家，参见本卷第 26 章。

胜利的军队正在逼近了。当沃库拉看到军营①的时候，就下令把队旗立起来，同时在它们周边挖一道沟，构筑一道栅栏，并且要他的军队把行李用具都放到那里去，以便使他们能够毫无牵累地作战。这项命令使得军队同他们的统帅吵了起来，并且要求立刻作战。实际上他们已经习惯于进行威胁了。他们甚至不等到排成战阵，便在混乱中拖着疲倦的身体向敌人展开了进攻。奇维里斯这方面对他们也早有准备，他相信敌人会犯错误，就如同他相信自己方面士兵的勇气一样。罗马方面的命运是有好有坏的，而事实表明最喜欢闹事的士兵都是贪生怕死之辈。有些人还没有忘记他们不久之前取得的胜利，因此他们守住自己的阵地，打击敌人，相互激励并且激励他们旁边的人们。他们在重新整顿了队伍之后，就向被围攻者伸出手来，请他们不要放过出击的机会。从城上看到了一切的被围攻者，于是从他们的营地的所有的营门出击。而正是在这个时候，奇维里斯的马恰巧滑倒并且把他摔了下来。于是双方便都接到报告说，奇维里斯受了伤或是被杀死了。这样一个被人相信的消息把他自己方面的人吓坏了，而使他的敌人高兴得了不得。然而就是在这样的情况下，沃库拉并不追击逃跑的敌人，却继续加固栅栏和他的营地的塔楼，就好像他又面临了一次围攻的威胁似的。这样，由于他屡次不能利用已经取得的胜利，从而使人们有充分的理由怀疑他宁愿要战争而不想要和平。②

① 即维提拉。

② 沃库拉所以希望战争拖下去，或是因为战争的结束会终止他自己的统帅权力，或是因为他自己倾向于维斯帕西亚努斯的一面，并且看到战争继续下去对维提里乌斯不利。

(35)使我们的军队最感苦恼的莫过于缺粮的问题了。军团的辎重队和不能作战的人们都被送到诺瓦伊西乌姆去,要他们从陆路把那里的粮食运来,因为河上的运输被控制在敌人的手里。第一批人的来回都是平安的,因为这时奇维里斯的力量还没有恢复到可以发动进攻的程度。[①] 但是当他听说再度被派往诺瓦伊西乌姆去的从军商贩和卫护他们的一些中队就像在和平时期那样出发,并且只有很少的士兵照管队旗,而他们武器都放在车上,他们自己又都随随便便地走开的时候,他就整顿了他的队伍,对他们发动了进攻(在这之前他还先派出了一些军队占领了路上的桥梁和狭窄的部分[②])。他们拉开了一道很长的战线作战,战斗一直分不出胜负来,最后直到夜里才不得已而告结束。中队到达了盖尔杜巴,那里的军营还是先前的老样子,由被留在那里的一支队伍防守着。他们毫不怀疑,如果他们同这些带着很多东西并且已经心惊胆战的从军商贩回去的话,他们会遇到很大的危险。沃库拉从曾在维提拉被围攻的第五和第十五军团中选拔了一千名精锐来增援他的军队,这些人都是难以驾驭而又敌视他们的统帅的。[③] 出发的人比得到命令出发的人要多,而在进军的时候,他们开始毫无顾忌地念叨说,他们再也不能忍受饥饿或是他们的统帅的阴谋了;但是那些被留在后面的人们却又抱怨说,由于部分军团的撤退,人们

① 因为他坠马受伤,还没有复原(参见本卷第 34 章)。

② 维提拉和盖尔杜巴之间是一片平原,因此这里所说的狭窄部分,似仍指桥而言。

③ 关于莱茵河一带罗马军队的士气,参见茹里昂:《高卢史》(*Jullian*, *Histoire de la Gaule*),第 4 卷,第 140 页以次。

就把他们抛下不管了。这样就开始发生了一次双重的兵变：一些人要沃库拉回来，另一部分人却又拒绝回到营地去。

（36）正在这个时候，奇维里斯包围了维提拉。沃库拉退到盖尔杜巴，[①]然后又退到了诺瓦伊西乌姆。〔奇维里斯占领了盖尔杜巴。〕[②]但后来，在离诺瓦依西乌姆不远的地方他在对骑兵的一次作战中取得了胜利。但不管是成功还是失败，同样都激起了士兵们想杀死他们的将领的愿望。当军团士兵得到从第五和第十五军团来的人们[③]的支援以后，他们便开始要求赠赐，因为他们听说维提里乌斯已经把钱送来了。霍尔狄奥尼乌斯并没有拖延很久，但他是以维斯帕西亚努斯的名义向他们发放赠赐的。这一行动比其他任何事情都更加促成了兵变。沉湎在放纵、饮宴和夜间的幽会之中的士兵重新燃起了对霍尔狄奥尼乌斯的旧恨。由于没有一个副帅或是将领敢于反抗他们，再加上黑夜使他们把羞耻的念头忘得一干二净，结果他们真地把他从床上拖下来杀死了。他们还准备用同样的手段对付沃库拉，但是他把自己打扮成奴隶的模样，趁着黑夜跑掉了。

（37）当这次事变平息下去的时候，他们又害怕起来了。军队派遣一些百人团长带着信件到高卢各城市去请求派遣辅助部队并送来征发的物品。他们这一大群没有领袖的人永远是轻举妄动、怯懦而又无精打采的。在奇维里斯逼近的时候，他们很快地拿起

① 沃库拉向南退是因为他在沿河一带不容易保持公开的联系。

② 这一句的拉丁文原文　Civilis capit Geldubam，有人怀疑是边注混入了正文的。

③ 沃库拉从维提拉的卫戍部队那里带来的队伍，参见上一章。

了武器，但是又立刻把它们抛掉并逃跑了。灾难在他们中间引起了不和；从上日耳曼军队来的人把他们的事业同其余的人的事业分裂开来。[①] 维提里乌斯虽然已经死了，[②]但是维提里乌斯的像再度在军营和近旁的贝尔伽伊人的城市中树立起来。后来第一、第四和第二十二军团的人们又后悔自己的行动，于是他们便遵照沃库拉的指示，向维斯帕西亚努斯宣誓效忠，沃库拉并且率领着他们解除了对摩功提亚库姆的围攻。但是由卡提伊人[③]、乌西披人[④]和玛提亚奇人[⑤]构成的驳杂的大群围攻者已经满足于自己的掳获物而撤退了。不过他们依然受到了一些损失，因为在他们分散开来并且毫无戒备的时候，我们的士兵向他们发动了袭击。此外，特列维利人还沿着他们的边界修造了一道胸墙和栅栏[⑥]，并且对日耳曼人展开了一场给双方都造成了惨重损失的战争，但不久之后，由于他们的叛变，他们玷辱了过去为罗马人民所树立的显著功勋的历史。

(38) 在这个时候，维斯帕西亚努斯担任了第二任的执政官，提图斯则担任了第一任的执政官，尽管他们还都不在罗马。[⑦] 精

---

① 这是说，不和他们为同一事业而奋斗，也就是说不拥戴同一个皇帝。

② 维提里乌斯是在12月20日或21日被杀死的，参见本书第三卷，第85章。

③ 参见本书第12章。

④ 乌西披人住在腾克提里人（参见本卷第21章）以南，卡提伊人以西，吉克河(Sieg)与拉恩河(Lahn)之间。

⑤ 玛提亚奇人住在美因河(Main)、莱茵河和拉恩河之间，在今天的威斯巴登(Wiesbaden)附近。

⑥ 这大概是说一道壁垒上还有一道栅栏。

⑦ 这说明已经进入了公元70年。维斯帕西亚努斯之所以是第二次担任执政官，因为在十九年前克劳狄乌斯的统治时期，他是补缺执政官。

神沮丧、内心又因多种恐惧而有所顾虑的人民在实际上威胁着他们的灾祸之外，又加上了没有根据的惊恐情绪。他们说路奇乌斯·披索[1]策划了叛国的阴谋并且率领阿非利加起来叛变了。当时担任着阿非利加总督的披索实际上根本不是个喜欢闹事的人。但是现在由于向罗马运送粮食的船只因严冬的气候而受到阻碍，所以习惯于每天购买粮食[2]而且除了粮食的供应以外对国家事务概不关心的罗马普通人民，就害怕起来而相信港口被封，同时运送粮食的船只也被扣下了。[3] 还没有放弃自己的党派情绪的维提里乌斯派助长了这一消息的传播，但老实讲，这个谣传甚至对胜利者的那一派来说都不是不受欢迎的，因为他们那甚至对外战争都不能满足的贪欲，更不是任何内战的胜利所能满足的了。[4]

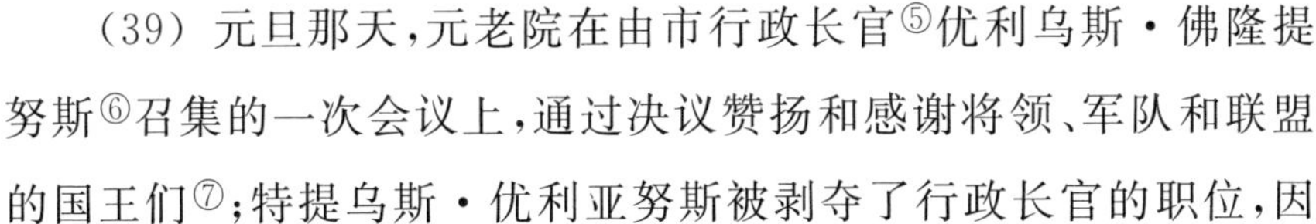

(39) 元旦那天，元老院在由市行政长官[5]优利乌斯·佛隆提努斯[6]召集的一次会议上，通过决议赞扬和感谢将领、军队和联盟的国王们[7]；特提乌斯·优利亚努斯被剥夺了行政长官的职位，因

① 披索据说是公元 57 年度执政官路奇乌斯·卡尔普尔尼乌斯·披索的儿子（参见塔西佗：《编年史》，第 13 卷，第 28、31 章）和格涅乌斯·披索（也就是毒死日耳曼尼库斯的那个人，参见塔西佗：《编年史》，第 2 卷）的重孙。

② 这是指收入微薄、仅足餬口的人。

③ 埃及是供应罗马粮食的主要基地。这些粮食免费供给最贫苦的公民并按照固定的官价供应一般市民。

④ 这就是说人们已变得这样贪欲，他们更注意的是掠夺财物而不是权力。

⑤ 因为两位执政官都不在，所以元老院由市行政长官召集。

⑥ 《战略》(*Strategematica*)的作者，公元 30 年生，公元 74 年度执政官，公元 103 年(一说 108 年)卒。他在阿古利可拉之前担任过不列颠的统帅（公元 75—78 年）。小普利尼则在他死后继任占卜师(augur)的职务。

⑦ 索佩尼和埃美撒的索海木斯、孔玛盖尼的安提奥库斯和卡尔启斯与特拉科尼提斯的希罗·阿格里帕(参见本书第二卷，第 81 章)。

为当他的军团转到维斯帕西亚努斯一面去的时候，他离开了他的军团。[①] 行政长官的职务授给了普洛提乌斯·格律普斯；[②]霍尔姆斯被提升入骑士等级。[③] 在这之后不久，恺撒·多米提安就代替辞去职务的佛隆提努斯担任行政长官。他的名字被放在书信和文告的前面，但是实权却掌握在木奇亚努斯的手里，不过多米提安在他的朋友们的怂恿下或是在他自己突然感到有这样的需要的时候，也常常敢于自主地做许多事情。但是木奇亚努斯主要害怕的是普利姆斯·安托尼乌斯和伐鲁斯·阿里乌斯，因为这两个人曾由于最近的胜利而声誉卓著，并且得到军队的爱戴。甚至普通市民对他们也有好感，因为除了在战场上之外，他们从来不曾对任何人使用过武力。还有一个谣传说，安托尼乌斯曾劝司克里波尼亚努斯·克拉苏斯[④]——他因显赫而又古老的门第和一个著名的兄弟而出名——夺取统治大权，他说如果司克里波尼亚努斯不拒绝这个建议的话，那是会有不少的人支持他的。司克里波尼亚努斯之所以拒绝，因为他甚至在肯定有成功希望的时候，都不会轻易地受到诱惑，更不用说在他对事情的结果没有把握的时候了。

木奇亚努斯既然不能公开除掉安托尼乌斯，他就在元老院里把安托尼乌斯捧到天上去，在暗中又用各种许诺笼络他，并且向他指出，近西班牙长官的职务由于克路维乌斯·路福斯的离开而出

① 参见本书第二卷，第 85 章。他的行动与其说是政治上的叛变，毋宁说是逃避私敌的陷害。

② 他已经代替优利亚努斯担任第七军团的副帅（参见本书第二卷，第 85 章；第三卷，第 52 章）。

③ 参见本书第三卷，第 12、28 章。

④ 他是伽尔巴的继子披索的哥哥(参见本书第一卷，第 15 章)。

缺了。同时，他还把将领和队长[①]的职务赠给安托尼乌斯的朋友们。继而，当木奇亚努斯把这个蠢人的头脑装满了希望和野心的时候，他就把最热心拥戴安托尼乌斯的第七军团[②]调到它的冬营[③]去，从而摧毁了他的实力。后来，阿里乌斯·伐鲁斯自己的军队第三军团[④]也被调回了叙利亚，一部分军队被调到了日耳曼。被清除了骚乱分子的罗马城恢复了它的旧日的面貌。法律重新有了效力，高级官吏重新取得了他们的职权。

（40）在多米提安进入元老院的那一天，他简短而又谦虚地谈到了他的父亲和兄弟不在罗马的事情，谈到了他自己的年轻。他的举止是恰当的，而由于人们还不知道他的性格，因此常常在他的面孔上出现的慌乱害羞的情绪[⑤]就被人们认为是一种谦逊的表现。当多米提安提出恢复伽尔巴的荣誉的问题时，库尔提乌斯·蒙塔努斯[⑥]便建议也应当纪念披索。元老院通过了两项决议，但是有关披索这一项决议却从来不曾付诸实现。继而用抽签的办法选出了一个委员会，负责偿还在战争期间被劫去的财产，确定和重

① 这里指辅助军队的军官职位。

② 即伽尔巴军团(septima Galbiana)。

③ 在潘诺尼亚，参见本书第二卷，第 86 章。

④ 即高卢军团，它的大本营在叙利亚，参见本书第一卷，第 10 章。

⑤ 从人们的记载来看，可以判断多米提安的面孔是红色的（参见塔西佗：《阿古利可拉传》，第 45 章；小普利尼：《颂词》，第 48 章），这种红色往往被人认成是一种慌乱、害羞情绪的表现。

⑥ 蒙塔努斯在尼禄统治时期曾发表过讽刺诗，从而引起了御用诗人的忌妒。他曾受到埃普里乌斯·玛尔凯路斯的控告，虽由于他父亲的斡旋而免于判罪，却被禁止担任任何公职（参见塔西佗：《编年史》，第 14 卷，第 28、29、33 章）。在多米提安统治时期，他好像取得了比较负责的职位。优维纳尔（《讽刺诗》，第 4 卷，第 107 行）说他是皇帝的朋友或近臣之一。

新安置由于年深日久而掉下来的法律青铜板，清除文告中由于过去各个时代的阿谀谄媚而被增加进去的肮脏东西，[①]节制国家的开支。在人们弄清楚特提乌斯曾逃到维斯帕西亚努斯那里去请求庇护的时候，他的行政长官的职位就被恢复了。但是格律普斯保留了他的职位。随后元老院就决定重新审理穆索尼乌斯·路福斯和普布里乌斯·凯列尔之间的案件；[②]普布里乌斯·凯列尔被定了罪，而索拉努斯的幽灵得到了慰解。在表现了国家的这种严厉行动的日子里，对于穆索尼乌斯个人同样也是光荣的。人们都认为他做了一件伸张正义的事情，但是舆论对于犬儒学派的戴米特里乌斯[③]却抱有不同的看法，因为在为罪恶昭彰的普布里乌斯进行辩护的时候，他表现出自己是把私利放在崇高的目的之上的：普布里乌斯本人在危险的时刻，既没有勇气，也没有口才来应付这种局面。既然已经发出了对密告者进行报复的信号，于是尤尼乌斯·玛乌里库斯[④]就请求恺撒授权元老院审查皇帝的档案，以便使他们知道在每次控告中告密者都是一些什么人。多米提安回答说，他必须在同皇帝商量之后才能决定这样一项重大的事件。

① 当时人们甚至为最恶劣的皇帝制定了国家的节日和祭祀；公元 65 年，四月的名称被改为 Neroneus，五月改为 Claudius，六月改为 Germanicus（参见塔西佗：《编年史》，第 15 卷，第 74 章；第 16 卷，第 2 章；苏埃托尼乌斯：《卡里古拉传》，第 15 章；《多米提安传》，第 13 章）。

② 参见本卷第 10 章。

③ 他是特拉塞亚的挚友（参见塔西佗：《编年史》，第 16 卷，第 34 章），因此他为普布里乌斯·凯列尔的辩护被认为是言行不一的，甚至是可耻的。维斯帕西亚努斯根据木奇亚努斯的意见驱逐了他，因为木奇亚努斯似乎认为哲学家在政治上是危险的。

④ 他是阿路列努斯·路斯提库斯的兄弟（参见本书第三卷，第 80 章）。他被多米提安放逐，到涅尔瓦统治时期才返回罗马。

（41）在那些首要元老的倡议之下，元老院起草了一份誓词，全体高级官吏和其他元老则按照他们被召请的次序，热诚地以此誓词来召请诸神作证：他们从来不曾支持过任何足以危害任何人的安全的行动，他们也从来不曾为着任何人的不幸而接受过赏赐或是官职。不过自己知道犯过罪的人在重复誓词的时候，心里是胆怯的，所以就用各种不同的办法改换里面的词句。

元老院赞许他们的这种有所顾忌的态度，但是却反对他们的伪誓。[①] 受到了这类最严厉的谴责的有撒里奥列努斯·沃库拉、诺尼乌斯·阿提亚努斯和凯司提乌斯·谢维路斯，他们在尼禄统治时期都是因多次进行密告而臭名昭著的人物。撒里奥列努斯在不久之前还有过这类可耻的行为，因为在维提里乌斯统治时期他还想干同样的勾当；元老们也不断伸出拳头来对他个人进行恐吓，最后他只得离开元老院。在这之后，他们的愤怒的锋芒又转到帕克奇乌斯·阿非利卡努斯身上去并且把他也赶了出去，因为他曾向尼禄建议杀害以兄弟间的情谊和财富而著名的司克里波尼亚努斯兄弟。[②] 阿非利卡努斯不敢承认，但是也不能否认自己的罪行：当维比乌斯·克利司普斯[③]不断用各种问题折磨他的时候，他就

① 这是说他们由于内心有愧而不敢照原文念誓词。这至少还是一种有所顾忌的态度，所以受到赞许，然而另一方面，他们的行为却依然还是一种骗人的伪誓行为。这句话有的译者有不同的理解，例如比尔努的法译本就译为：“元老们赞许他们的老实，却反对他们的伪誓”（Les sénateurs applaudissaient à la bonne boi, protestaient contre la parjure.）。

② 路福斯·司克里波尼亚努斯和普洛库路斯·司克里波尼亚努斯二人分别是上日耳曼和下日耳曼的长官。尼禄在公元 67 年游历希腊时曾逼迫他们自杀以便夺取他们的财富。参见狄奥·卡西乌斯，第 63 卷，第 17 章。

③ 参见本书第二卷，第 10 章。

指出说克利司普斯也参加过一些他自己无法否认的行动，这样，在揭露了维比乌斯是他的同谋者之后，就把元老院的愤怒情绪从自己身上引开了。

（42）那一天，维普斯塔努斯·美撒拉[①]由于他对兄弟的友爱以及由于他的口才而取得了很大的声誉，因为尽管论年纪他还不能参加元老院，[②]但是他却有胆量为他的兄弟阿克维里乌斯·列古路斯[③]呼吁：原来列古路斯曾因为搞垮了克拉苏斯[④]和奥尔菲图斯[⑤]两家而受到人们的极大痛恨。虽然他当时十分年轻，看来他却是自愿地进行这一控诉的，这并不是为了防止某种危险，而是因为他想借以取得权力。克拉苏斯的妻子苏尔皮奇娅·普拉提克斯塔塔和她的四个孩子也在那里要求复仇，如果元老院受理这一案件的话。因此美撒拉既不为这一案件，也不为被告进行辩护，而是亲身担起了逼临到他的兄弟的头上的危险，结果他的这种做法竟然感动了一些元老。但是库尔提乌斯·蒙塔努斯却发表了一篇尖刻的演说反对他，甚至指控说，在伽尔巴被杀死之后，列古路斯曾把金钱送给杀死披索的凶手，并且用牙齿咬裂他的脑袋。他说："尼禄肯定不会强迫你做这样的事情，而且你也不曾用这样的野蛮

① 参见本书第三卷，第9章。

② 奥古斯都规定进入元老院的年龄是二十五岁。

③ 玛尔库斯·阿克维里乌斯·列古路斯在尼禄统治时期是一个臭名昭著的告密者。在被他以大逆罪的罪名陷害的人们当中就有两个贵族李奇尼乌斯·克拉苏斯·福路吉和谢尔维乌斯·科尔涅里乌斯·奥尔菲图斯（参见本书第一卷，第48章）。

④ 克拉苏斯是披索·李奇尼乌斯的兄弟，参见塔西佗：《编年史》第15卷，第33章。

⑤ 关于奥尔菲图斯，参见塔西佗：《编年史》，第12卷，第41章；第16卷，第12章。

行径保全你的地位或是你的生命。老实说，如果有人为了自己摆脱危险而想嫁祸于人，那么他们的辩护我们总还可以容忍。但是在你的情况下，你的父亲的放逐和把他的财产在债权人中间分配，这只会使你得到安全；你的年龄还没有大到可以担任官职，你没有任何可以引起尼禄羡慕的东西，没有任何可以使他害怕的东西。由于渴望屠杀，贪图赏赐，你一开头就用高贵人物的鲜血试验了你那还不为世人所发现，还没有在法庭上锻炼过的才能，而在国家多难的时候，你夺取了担任过执政官的人物的财产，[①]侵吞了七百万谢司特尔提乌斯并且享有显赫的祭司职位，同时还陷害了无辜的儿童、显要的老人和高贵的妇女；你谴责尼禄缺乏魄力，因为他和他的密告者只是一家一家地陷害下去，最后是会使自己感到厌倦的。你说过一句话就可以把整个元老院推翻。元老们，把这个无论在什么时候都能立刻提供意见的人保留和保存起来吧，这样才能使每一个时代都能向他学习。既然我们老一辈的人可以学习玛尔凯路斯[②]和克利司普斯[③]，那么年轻人也就可以学习列古路斯了。邪恶，甚至如果是不幸的邪恶，仍然可以找到热心的模仿者。如果邪恶能飞黄腾达，如果邪恶能变得很有势力的话，那是什么情况就更不难想象了。而如果在他只不过是担任过财务官的时候，我们就不敢触犯他，那么当他在担任过行政长官和执政官的时候，我们还敢反对他么？你们以为尼禄就是最后的一个暴君么？从提贝里乌斯和盖乌斯的统治时期活过来的人都有这样的想法；然而

① 克拉苏斯和奥尔菲图斯都担任过执政官。

② 指埃普里乌斯·玛尔凯路斯，参见本书第二卷，第 53 章。

③ 指维比乌斯·克利司普斯，参见本书第二卷，第 10 章；第四卷，第 41 章。

就在这个时候，出现了一个更加无情、更加残酷的尼禄。我们并不害怕维斯帕西亚努斯。他的年纪和他的谦逊保证了这一点；然而事例是比一个人的品德有更长久的生命力的。[①] 元老们，我们的精力已经衰退了，我们已经不再是在尼禄被杀死之后、要求他的密告者和爪牙都应按照我们祖先的惯例加以惩办的那个元老院了。在一个坏皇帝倒下去之后的第一天才是最美好的一天啊。”

（43）元老院对蒙塔努斯的发言十分赞同，以致赫尔维狄乌斯竟开始指望连玛尔凯路斯也可以被搞掉了。因此他的发言一开始就赞扬了克路维乌斯·路福斯[②]——这个人虽然也很富有和以辩才出名，在尼禄的统治时期却没有危害过任何人——他把这个人的崇高事例同他自己的指控结合起来，这样就使玛尔凯路斯陷入了狼狈之境并且激起了元老院的怒气。当玛尔凯路斯看到这种情况时，他就在他显然开始想离开元老院的时候说：“普利司库斯啊，我走了，把你的元老院留给你吧：在恺撒面前作威作福吧。”维比乌斯·克利司普斯[③]也要跟着他出去；他们两个人都是恼怒的，不过面色却不一样。玛尔凯路斯的眼光发着咄咄逼人的闪光，不过克利司普斯却装出微笑的样子；[④]但是最后他们却被他们的那些跑

---

① 意思是说：维斯帕西亚努斯虽然是个好皇帝，但他死后他的政策便不起作用，但如果惩办告密者，这样的事例却可以较长久地起作用。

② 路福斯是尼禄所信任的人物，因此他很有可能成为一个为人们所畏惧的危险人物（参见苏埃托尼乌斯：《尼禄传》，第 21 章）。

③ 参见本书第二卷，第 10 章。

④ 他可能是表示不大在乎的样子。克温提里亚努斯说他是一个幽默家，优维纳尔（第 4 卷，第 82 行）也说：“随后进来的是上了年纪的、温和的克利司普斯，他的温和的性格可以同他的演说的风格比美。”

过去的朋友拉了回来。当争辩激烈化的时候，大多数的元老和比较正派的元老形成一派，但另一派却是少数几个有势力的人物，他们全都是悻悻然地顽强地争辩着。这一天是在争吵当中度过去的。

（44）在元老院的下一次集会时，恺撒带头建议人们忘掉过去的坏事、怨恨和那些很难避免的、必然会发生的事情。继而木奇亚努斯又作了长篇的演说为告密者开脱；不过同时他又对那些重新提出了控诉的人们——他们曾提出过这些控诉，但后来又放弃了控诉——用温和的、并几乎是恳求的口气提出了劝告。自己的做法受到反对的元老们只好放弃了他们已经开始享有的自由。木奇亚努斯为了避免给人一种印象，好像他不重视元老院的意见或是赦免了在尼禄统治时期所犯下的一切罪行，他把奥克塔维乌斯·撒吉塔①和安提司提乌斯·索西亚努斯②这两个元老级的人物送回了流放的岛屿，因为他们是在流放时自己逃回来的。奥克塔维乌斯曾诱奸过彭提亚·波司图米娜，但是当她拒绝同他结婚的时候，他便在妒火之下把她杀死了；索西亚努斯也用卑劣的手段陷害过不少人。两个人都被定了罪，并且通过元老院的一项严厉的命令而遭到放逐。当别人都得到允许返回罗马的时候，他们的处分却仍然没有改变。不过木奇亚努斯这一行动却依然不能使他那不受欢迎的程度缓和一些。因为索西亚努斯和撒吉塔都是无关紧要的人，甚至如果他们真的回来的话。人们所害怕的是，告密者用到

① 公元 58 年度保民官。参见塔西佗：《编年史》，第 13 卷，第 44 章。
② 公元 62 年度行政长官。参见塔西佗：《编年史》，第 14 卷，第 48 章。

坏事上面去的才能、怒气和权力。

(45) 元老院按照古老惯例所受理的一个案件暂时缓和了元老之间的敌对情绪。一个名叫曼里乌斯·帕图路伊图斯的元老①抱怨说,他曾在谢纳移民地②遭到一群人的殴打,而且他们还是根据地方长官的命令这样做的。此外,他还说对他的侮辱还不止于此,他们还把他包围起来,当着他的面痛哭、哀悼,为他举行假的殡仪,同时还对整个元老院加以侮辱和粗暴的谩骂。被告被召到了元老院,而在元老院听了案件的经过时,有罪的人都受到了惩处;元老院同时还通过了一项命令,警告谢纳的民众应当更守法一些。同时安托尼乌斯·佛拉玛则由于库列涅人民的控诉按照惩治勒索罪的法律判了罪,并且因为他的残酷行为而被放逐了。③

(46) 这时,在军队中几乎爆发了一次兵变。过去曾被维提里乌斯所解散④但后来又集合起来支持维斯帕西亚努斯的那些士兵,现在要求恢复他们的近卫军的职务。而且军团士兵被选拔出来准备担任近卫军的那些人也要求答应给他们的报酬。⑤ 甚至维提里乌斯派的士兵⑥不付出大量流血的代价都不能加以调遣。可是要维持这样一支庞大的武装部队那就需要一笔巨额款项。木奇

① 这里指不担任任何公职的元老。

② 在翁布里亚,今天的锡耶纳(Siena)。

③ 克里特的长官佛拉玛曾受贿处死一个无辜的人,因而被放逐。如果他仅仅是勒索的话,那么他只需把勒索的钱按四倍偿还就可以了。

④ 参见本书第二卷,第 67 章。

⑤ 近卫军士兵的军饷每天是两个狄纳里乌斯,相当于普通军团士兵的一倍。

⑥ 他们大概就是在纳尔尼亚和波维莱投降的近卫军(参见本书第三卷,第 63 章;第四卷,第 2 章)。

亚努斯来到了军营以便比较仔细地审查每个士兵的服役期限，他命令胜利一方的士兵带着他们各自的标记和武器列起队来，队与队之间留出适当的距离。继而维提里乌斯派——前面我们说过，他们是在波维莱投降的——和所有其他在城内和郊区被搜索出来的属于同派的士兵，也都在几乎没有衣服或武器的情况下被集合到一处。木奇亚努斯命令他们站到一边去，并且命令日耳曼、不列颠的士兵和从其他军队调来的所有军队都分别站好各自的位置。他们一看到自己所处的位置就被吓住了：原来这时他们看到在他们对面的就像是敌人的战线一样，那些人都用兵器和防御的武器作出威吓他们的姿态，而他们自己却被对方包围起来，没有武器的保护，肮脏而又难看。而当他们开始被分开来、向着不同的方向开拔的时候，他们所有的人全都害怕极了。其中最害怕的是日耳曼的军队，[①]因为他们认为这样分开来之后，他们是准备被屠杀的。于是他们开始扑到同他们一同当兵的人们身上去，搂住他们的脖子，请求最后的吻别，并请他们不要离开自己或是使那些为着同一事业而服役的人遭到不同的命运。他们一直在时而向木奇亚努斯、时而向不在场的皇帝进行恳求，最后又向上苍和诸神祈求，直到最后木奇亚努斯称他们为“用同样的誓言团结起来的士兵”和“属于同一位皇帝的士兵”，这才制止了他们那毫无必要的惶恐情绪。由于胜利一方的士兵用欢呼声对这部分士兵的哭诉表示支持，所以木奇亚努斯就更加有必要这样做了。这一天就这样地过去了。几天之后，当多米提安又对他们发表讲话时，他们重新表示

① 他们是挑起战争的人，因而最害怕。

了对他的信任。他们看不上送给他们的土地，而是要求在军队中服役并取得报酬。他们确实只是采用了恳求的办法，不过这种恳求却是不容回绝的恳求。因此他们就被接受进了近卫军的军营。继而那些论年纪和服役期限都够资格的士兵就光荣地退役了。①另一些人则由于犯了错误或其他原因而被解职了。不过这些人的被解职是逐步进行的，是一个一个地被解职的。要想拆散团结的一群人，这乃是一种安全的办法。

（47）但是，不知国库是真正空虚还是元老院想作出这样的姿态，元老们通过一项决定，向普通公民借款六千万谢司特尔提乌斯，并责成彭佩乌斯·西尔瓦努斯②负责这件事。不久之后，也许这种必需过去了，也许无须再装做有这种必需了。在这之后，由于多米提安的建议，维提里乌斯所授予的执政官的职位都被取消了。③ 为佛拉维乌斯·撒比努斯举行了监察官的葬礼。④ 撒比努斯的这种哀荣十分明显地证明了命运的多变，它总是把荣誉和屈辱掺和在一处的。

（48）大概就在这同时，总督路奇乌斯·披索被处死了。⑤ 关于他的被杀，我将要尽我力之所及作最忠实的记述，不过在这之前，我还要谈一谈更早的若干事情，因为这些事情同这样一些罪恶

① 士兵在五十岁的时候可以退役，此外在近卫军中服役满十六年、在军团中服役满二十年的也可以退役。

② 他曾在达尔马提亚任执政官级的副帅。

③ 因为维提里乌斯任命了今后十年的执政官，所以有必要通过一项正式的法律把这项任命取消。

④ 实际上就是国葬（funus publicum）的意思。

⑤ 披索是阿非利加的总督，参见本卷第 38 章。

的起源和原因不是没有关系的。在阿非利加用来保卫帝国边疆的军团和辅助部队在圣奥古斯都和提贝里乌斯的统治时期是由一位总督[①]统率的。后来头脑混乱而且对当时的阿非利加行省的长官玛尔库斯·西拉努斯心怀畏惧的盖乌斯·恺撒把军团从总督手中调走,而交给了专门派到那里去的一位副帅。这样一来,委任官吏的权力就在两个官吏之间平分了。两个人在权力上的纠纷成了倾轧不和的根源,而他们的见不得人的争吵更为加深了这种不合。副帅们的权力加强了,这或者是因为他们的任期长,[②]但也可能是因为地位较低的人[③]争强斗胜之心更重一些,而那些最显赫的总督所更关心的反而是安全,而不是权力。

(49) 在那个时候,阿非利加行省军团的统帅是瓦列里乌斯·费司图斯[④],这是一个野心甚大而且生活习惯十分奢华的年轻人,不过他却由于自己同维提里乌斯的亲属关系而感到不安。在他和披索的多次会晤当中,是他唆使披索叛变,还是他反对披索的建议,这一点我们就不清楚了,因为在他们的私下的会谈中没有任何一个第三者在场,而且在披索被杀之后,大多数的人都是想取得谋杀者的好感的。行省和军队对维斯帕西亚努斯并无好感,这一点是没有问题的;而且,从罗马逃来的一些维提里乌斯派还向披索指

---

① 在元老院所属行省当中,只有阿非利加(今天的突尼斯)有一支常驻的卫戍部队,因为当地的倍贝里人是很难制服的。

② 副帅是皇帝随意任命和调换的,通常的任期是几年。但元老院所属行省的长官在帝国时期则和共和时期一样,是每年调换的。

③ 这里指地位较低的副帅。

④ 在公元 69 年和 70 年他是第三军团的将领,后来他又是潘诺尼亚和西班牙的副帅(参见本书第二卷,第 98 章)。

出，高卢各行省的态度是犹豫不定的，日耳曼是准备叛变的，而且他自己的处境也很危险，因为对于一个在和平时期受到怀疑的人来说，战争却是一个比较安全的办法。就在这个时候，佩特拉骑兵队①的队长克劳狄乌斯·撒吉塔由于一次顺利的航程而比木奇亚努斯派遣来的百人团长帕披里乌斯更早地到达了；撒吉塔说，百人团是受命前来杀死披索的，而且他的从兄弟和女婿伽列里亚努斯已经被处死了。他认为要取得安全，唯一的希望在于采取某种大胆的行动，但是要这样做，有两种办法：披索可以立刻发动战争，但他也可以到高卢去，担起维提里乌斯派军队的领袖的职务。虽然披索根本不想采取这样的办法，但是当木奇亚努斯派来的百人团长到达迦太基的港口的时候，他就提高了自己的嗓音，不断地为披索祈祷和发愿，就仿佛披索是个皇帝似的。他还要那些看到他的并且对他的这种奇怪的行动感到惊讶的人们也都这样讲。轻信的人群于是拥到广场上去，要求披索出来同他们见面，并且发出了一片欢呼声，根本不管事情的真相而只是热心于表现自己的阿谀。不知是受到了撒吉塔的通知的影响，还是出于他天生的谦逊，披索并没有同公众见面或是使自己受热情的群众的影响。当他仔细地询问了这个百人团长之后，才知道这个军官是打算找一个机会把罪名加给他再把他杀死，于是他就下令处死了这个人，不过他这样做的动机与其说是想拯救自己的性命，毋宁说是对凶手的愤怒，因为这个百人团长曾参加过对克洛狄乌斯·玛凯尔的屠杀，②而在

① 因为这个骑兵队是由一个叫佩特拉的人组织起来的（参见本书第一卷，第 70 章）。

② 参见本书第一卷，第 7 章。

这之后，又带着沾满了副帅的鲜血的双手前来谋杀一位总督了。随后他又发表了一个表现了他个人的忧虑的公告以谴责迦太基人，并且放弃了甚至他日常的工作，把自己关在自己家里，以便使自己在今后不致甚至由于偶然的事故而成为一次新的骚动的借口。

(50) 当人民群众骚动的消息、百人团长被杀的消息，还有照例会被夸大的其他各种真真假假的事情传到费司图斯这里来的时候，他就派遣骑兵去杀披索。他们奔驰得如此迅速，以致在天刚刚破晓的时候，他们就拔刀闯进了总督的住宅。他们的大多数人都同披索不相识，因为费司图斯选派前来执行谋杀任务的是迦太基的辅助部队和玛乌利人。在离披索的寝室不远的地方，他们恰巧碰到一个奴隶。士兵们问他谁是披索，他在什么地方。奴隶英勇地回答了一句谎话，说他就是披索，结果立刻给杀死了。不过不久之后，披索还是被杀死了，因为那里有一个人认出了他，这个人就是巴伊比乌斯・玛撒[①]，皇帝在阿非利加的代理官之一。甚至在那个时候，这个人已经成了那些最正直的公民的祸害，而且他的名字在后来我们所遭受的那些灾难的原因中间还是要多次出现的。[②] 费司图斯从阿杜路美图姆[③]——他就等在那里注视事件的

① 多米提安统治时期的一个臭名昭著的告密者。优维纳尔(第1卷，第35行)把一个可怕的告密者说成是“甚至玛撒都害怕的人”。他担任巴伊提卡・西班牙的代理官时曾有勒索行为，结果在小普利尼和塞内奇奥的控诉之下被判罪。参见塔西佗：《阿古利科拉传》，第45章；小普利尼：《书信集》，第7卷，第33章。

② 本书论述这一时期的部分已失。

③ 在迦太基以南海岸上，今天的苏撒(Susa)。

演变——赶到军团[①]这里来，为了报复私仇而下令逮捕了营帅凯特洛尼乌斯·皮撒努斯，但是他把皮撒努斯说成是披索的工具。他还惩办了一些士兵和百人团长，又赏赐了另一些士兵和百人团长。他的赏罚都不是以功过为准，而是因为他想表示出自己已经制止了一场战争。后来他又调解了欧埃阿[②]和列普提斯[③]两城人民之间的纠纷。这次纠纷在开头时虽然不过是由于偷窃粮食和牲畜而在这里的农民中间引起的小事情，现在却发展到武装冲突和正规战争的程度。原来欧埃阿的人民因为比他们的对手人数少而召来了伽拉芒提斯人[④]。伽拉芒提斯人是一个剽悍而难以驾驭的民族，他们一贯是对他们邻近的民族打劫的。这种行径使得列普提斯的居民列普提塔尼人备遭困苦。他们的土地到处都被蹂躏，他们战战兢兢地躲在自己的城里，直到辅助部队的步兵和骑兵到来的时候，伽拉芒提斯人才被赶跑，全部的掠夺物才被收回来，然而强盗们在当地极为荒僻的村落中游荡时售给边远部落的掠夺物却无法再收回来了。

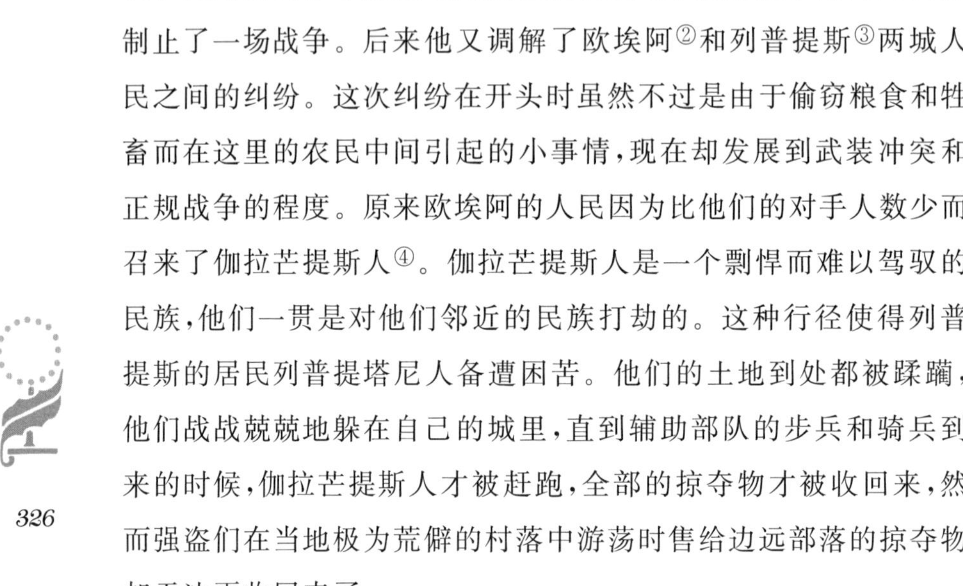

（51）但是维斯帕西亚努斯[⑤]在得知克雷莫纳之役的结果并从各方接到有利的消息之后，现在又从各个等级的许多人那里知道了

---

① 军团的本营在阿非利加边境的提维斯特（Theveste）（今天的特贝萨〔Tebessa〕)。

② 今天的的黎波里(Tripoli)。

③ 在阿杜路美图姆以南，欧埃阿以东，今天的列布达(Lebda)。

④ 住在今天的费赞(Fezzan)地方的帕恰里克人(Pachalik)。味吉尔认为他们是最边远的民族之一。

⑤ 这时他还在亚历山大。参见本书第二卷，第82章；第三卷，第48章；第四卷，第38章。

维提里乌斯死亡的消息。这些人都是同样勇敢地而又幸运地冒着冬天的海洋的危险到这里来报信的。国王沃洛伽伊苏斯（沃洛吉西斯）也派遣使节前来，建议提供四万名帕尔提亚的骑兵。① 联盟者请他接受这样的援助，而他却不需要这样的援助，这对他来说是一种光荣，也是值得高兴的事情。他对沃洛伽伊苏斯表示感谢，并指令他派遣使节到元老院去，以便使元老院确信帝国内部并没有战争发生。正当维斯帕西亚努斯专心考虑意大利和罗马局势的问题时，他听到了有关多米提安的一项不利的消息，那就是多米提安的行为超过了他的不大的年纪以及作为皇帝的儿子所允许的界限。于是他就把他的军队的主力托付给了提图斯，要他结束对犹太人的战争。②

（52）据说在离开以前，提图斯曾同他父亲作了一次长谈。在这次长谈中，他请求他的父亲不要在听到中伤多米提安的那些人的报告后就轻易地感到激动，并且请他以公正和宽恕的精神对待自己的儿子。他说："对于皇帝的统治大权来说，一些孩子比起陆军和海军来是更加坚强有力的保卫者。因为时间、命运、有时是过度的欲望或过错，这一切都能使友情冷淡、改变和失掉，但是任何人都不能割断血亲之间的关系，尤其是那些王子们，因为他们的成功也能由别人分享，但他们的不幸却只会落到他们最亲近的人们的头上。除非父亲以身作则，树立典范，甚至兄弟之间也不是永远和睦的。"维斯帕西亚努斯虽然不一定就打消了对多米提安的怒气，但是对于提图斯所表现出来的手足之情却是十分高兴的，因此

① 参见本书第二卷，第 82 章。

② 犹太人是在尼禄统治时期发动了反罗马起义的。参见本书第二卷，第 4 章和第五卷。

他就要提图斯不必忧虑，应通过武力来发扬国家的威名；他自己将会注意维护和平和他一家的安全。然后他就把几只最快速的船装上了粮食并且派它们出海了，尽管在这个时候，海上还是有风险的。老实说，当维斯帕西亚努斯的粮食运来接济罗马的时候，这座城市的情况已然十分危急，因为它的仓库中的存粮至多只够全城十天的食用了。①

（53）维斯帕西亚努斯②把重修卡披托里乌姆神殿的事情交给了路奇乌斯·维司提努斯。这个人尽管是骑士等级出身，但是他的势力和声誉却使他同贵族没有什么两样。占卜师③被他集合起来之后就指示说，旧神殿的残砖废土应当运到沼泽地区④去，而新的神殿应当完全建立在旧神殿的原址上面：诸神是不愿意看到旧的神殿的布局有任何改变的。6 月 21 日是个一望无云的晴好的日子。就在这一天里，用来修造神殿的那块土地被花环锦带围绕起来；名字吉利⑤的士兵带着象征吉兆的树枝⑥进入了工程的地界。在这之后，在父母双全的童男童女的伴随之下的维司塔贞女

① 参见本书第三卷，第 48 章。

② 从这一章的叙述来看，举行仪式时维斯帕西亚努斯本人似不在场。但根据苏埃托尼乌斯（《维斯帕西亚努斯传》，第 8 章）和狄奥·卡西乌斯（第 66 卷，第 10 章），维斯帕西亚努斯本人不仅在场，而且积极地参加了这个仪式。

③ 在这里集合起来的占卜师，可能就是克劳狄乌斯统治时期在罗马建立的，由六十名占卜师组成的占卜师团（参见塔西佗：《编年史》，第 11 卷，第 15 章）。

④ 指奥斯蒂亚的沼泽地。

⑤ 吉利名字的举例如 Salvius（健康的）、Valerius（健壮的）、Victor（胜利者）、Longinus（长久的）等等；反之，不吉利的名字则有 Curtius（短暂的）、Minucius（少的）、Furius（疯狂的）、Hostilius（敌视的）等等。

⑥ 橡树、月桂、番石榴和橄榄树的树枝都被认为是吉利的。

就把泉水与河水喷洒在这块土地上。继而行政长官赫尔维狄乌斯·普利斯库斯①在祭司普劳提乌斯·埃里亚努斯的引导下，用猪羊牛三牲作献礼②为这块土地举行了袯除式，并且把牺牲的脏腑放置到草泥的祭坛上。然后他就向朱庇特、优诺和米涅尔瓦，向保护帝国的诸神祈祷，祈求他们保佑修建工程顺利进行，并通过神圣的助力，把他们那出于人们的虔心而开始建造的住所重建起来。祈祷完毕之后，他便用手抚摸缠在基石四周并绕在拖拉基石的绳索上面的饰带。同时在场的其他高级官吏、祭司、元老、骑士和一大部分人民则一致热情而欢乐地用力把这块巨石拖到它应当安置的地方去。人们把大量的金银，大量未经熔炼过而是开采时原样的矿石抛撒在地基的各处。占卜师不许用于任何其他方面的石头和黄金来玷污这项工程的神圣性。新神殿比旧神殿修建得要高。从宗教上的考虑来看，只有这一点是容许改变的，而在宏壮的旧神殿上面，缺少的也只是这样一个特色罢了。

（54）这时，③传遍了高卢和日耳曼诸行省的维提里乌斯被杀害的消息又引起了一场战争。原来现在已经放弃了一切伪装的奇维里斯公开向罗马人民发动了进攻，而维提里乌斯的军团也宁肯甚至受外国人的统治，也不愿服从维斯帕西亚努斯这样一个皇帝。高卢人鼓起了他们的勇气，他们认为所有我们的军队在任何地方

① 多米提安作为市行政长官(praetn urbanus)应当是地位最高的，但这时他可能已出发到高卢去了，故仪式由普利斯库斯主持。

② 三牲礼拉丁文原文是 suovetaurilia，该词由 sus(猪)、ovis(绵羊)、taurus(公牛)三词组成。

③ 塔西佗在这里是接着本卷第 37 章叙述的，时当公元 70 年 1 月。

都是同样的情况，因为外面到处传说我们在美西亚和潘诺尼亚的冬营正在受到撒尔玛塔伊人和达奇人的围攻。[①] 关于不列颠，也捏造了类似的说法。然而最足以促使他们相信我们的统治即将崩溃的，就是卡披托里乌姆神殿被烧掉这样一件事。“很久很久以前，罗马有一次被高卢人占领，但由于朱庇特的神殿没有被摧毁，所以罗马的权力始终屹立不动。但现在这一致命的大火却证明了上天诸神的愤怒，并且预言，世界的统治大权将要转到阿尔卑斯山以北各民族的手里了。”以上就是德鲁伊德们[②]所作的毫无根据的、迷信的预言。此外，外面还传说被奥托派出去抗击维提里乌斯的那些高卢头目[③]在他们出发前也曾发誓说，如果连绵不断的内战和内部的倾轧摧毁了罗马人民的权力的话，他们一定不放过为自由的事业而奋斗的机会。

(55) 在霍尔狄奥尼乌斯·佛拉库斯被杀之前，没有任何事件显露出来可以使阴谋被发觉：但是在霍尔狄奥尼乌斯被杀死以后，在奇维里斯和特列维利人的骑兵长官克拉西库斯[④]之间便开始有使节往来。克拉西库斯论出身、论财富都优于其他人；他是王族出身，他的家系无论在平时还是在战时都是出名的，而他本人就夸耀

① 这个传说多少是有一些根据的，因为达奇人的确进攻过美西亚，不过他们很快地就被制服了（参见本书第三卷，第46章）。

② 一般指高卢和不列颠地方古凯尔特人的祭司。“他们这时并没有理由喜欢罗马人，因为他们的宗教崇拜被取消，而他们本身也受到了克劳狄乌斯的迫害。”（苏埃托尼乌斯：《克劳狄乌斯传》，第25章。）

③ 欧列里认为这可能是奥托派到日耳曼的军队那里去的副帅，但高德雷（Godley）认为这是奥托派到高卢去为他活动的使节。

④ 克拉西库斯曾在瓦伦斯的麾下服役对奥托作战（参见本书第二卷，第14章）。

说，在他的祖先里，同罗马人为敌的比同罗马人友好的要多。优利乌斯·图托尔和优利乌斯·撒比努斯参加了阴谋：图托尔是特列维利部族的人，撒比努斯是林哥尼斯人。维提里乌斯曾任命图托尔为负责莱茵河沿岸驻军[①]的长官；撒比努斯是一个生来就很好虚荣的人物，特别是他对于他那空想的身世感到骄傲，因为据说他的曾祖母当圣优利乌斯在高卢作战时曾因为她的美貌和温柔的言谈举止而受到他的垂青。这些领袖在私下里会见时首先试探所有他们的同谋者的情绪；继而当他们把他们认为适于参加阴谋的那些人确实地拉了进来的时候，他们就在科洛尼亚·阿格里披嫩西斯（科隆）的一个私人的住宅里会晤，因为城市当局，作为官方的机构，对这样的事情是避之唯恐不及的。参加这次会晤的还有几个乌比伊人和通古里人。然而在这件事情上起主导作用的特列维利人和林哥尼斯人却不允许人们把时间耽搁在反复考虑上。他们争先宣布说，罗马人民正在疯狂地进行内战，罗马军团已被分裂，意大利被蹂躏成一片焦土，罗马那时正在被占领，[②]而且全体罗马军队也正在各自忙于自己的战争：他们只需要用武力守住阿尔卑斯山，而高卢诸地一旦在确保他们的自由之后，他们只需决定他们想把自己的权力扩充到怎样的限度就行了。

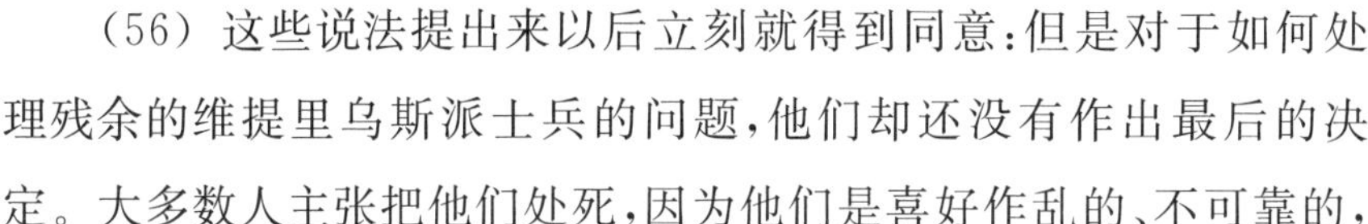

（56）这些说法提出来以后立刻就得到同意：但是对于如何处理残余的维提里乌斯派士兵的问题，他们却还没有作出最后的决定。大多数人主张把他们处死，因为他们是喜好作乱的、不可靠的，

① 这些军队显然是负责巡逻边界的，参见本卷第26、64章。

② 这里指公元69年12月佛拉维乌斯派士兵占领罗马的事情。参见本书第三卷，第82—85章。

而且他们还屠杀过他们的将领。然而,依然是赦免他们的意见占了上风,因为阴谋者担心,如果他们使军队失去任何得到宽大处理的希望的话,反而会激起顽强的抵抗。这些人认为,这些士兵倒是应当被争取过来成为他们的同盟者。他们说:“如果我们只处死军团的统帅,大群的普通士兵就很容易被我们拉过来,因为他们知道他们犯了罪并且希望逃避惩罚。”总之这就是他们第一次考虑的结果。于是他们就把密使派到高卢各行省去煽动战争;阴谋的首领假装作驯顺的样子,以便使沃库拉更加疏于戒备。虽然如此,仍然有人把这件事告诉给沃库拉①;但是他没有足够的力量制止这次阴谋,因为各军团不但人数不足,而且是不可靠的。沃库拉认为,在他所不相信的士兵和他的秘密的敌人之间,当前他能采取的最好的办法是他自己也伪装起来,对敌人使用敌人正在用来对付他的同样的进攻办法。于是他就到科洛尼亚·阿格里披嫩西斯(科隆)去。克劳狄乌斯·拉贝欧过去被俘虏并被放逐到弗里喜人那里去的事情,我在前面已经说过了。② 他就是贿赂了看守人放了他而逃到科隆那里去避难的。现在他向沃库拉保证说,如果给他一支军队的话,他就可以到巴塔维亚人那里去,把那里的大多数的人民争取回来和罗马结成同盟。他取得了一小队步兵和骑兵,但是他不敢在巴塔维亚人那里有任何举动;不过他的确说动一些涅尔维伊人和巴伊塔喜人③拿起了武器,同时他又不断地蹂躏坎宁尼法提斯人和玛尔撒

① 这时他正在摩功提亚库姆。

② 参见本卷第 18 章。

③ 住在通古里人和涅尔维伊人之间,今天勃拉邦特(Brabant)的贝茨(Beetz)附近,设尔特河和马斯河之间。

奇人，[①]不过他用的办法是在暗中骚扰，而不是公开的战争。

(57) 在高卢人的奸计的引诱之下，沃库拉仓促地向敌人发动了进攻。当他来到离维提拉[②]不远的地方时，克拉西库斯和图托尔[③]借口侦察敌情而离开了他们军队的主力，并同日耳曼的头目们缔结了协定。而且也正是在那个时候，他们第一次敢于离开罗马的军团，[④]单独用壁垒把自己的营地守卫起来。不过沃库拉却不同意这个做法，他说罗马还从来不曾因内战而削弱到甚至被特列维利人和林哥尼斯人瞧不起的程度。他说："罗马还有效忠它的行省，还有胜利的军队，还有掌握统治大权的命运，复仇诸神也站在罗马的一面。早先的撒克罗维尔和埃杜伊人，[⑤]近一点的如温代克斯和所有的高卢行省，都是在一次战斗中就被击溃了的。那些破坏条约的人们也一定同先前一样，会遇到同样的神灵，同样的命运。圣优利乌斯和圣奥古斯都能比较深入地理解高卢人的精神。伽尔巴的削减高卢人的租税的行动，[⑥]助长了他们的敌对情绪。他们现在同我们为敌，是因为他们身上的奴役负担轻了：如果我们掠夺他们，把他们剥得精光，他们就会成为我们的朋友了。"沃库拉在气愤地讲了这样的话之后，看到克拉西库斯和图托尔依然

① 与坎宁尼法提斯人相邻，在设尔特河河口一带。

② 维提拉再一次受到奇维里斯的围攻(参见本卷第 36 章)。

③ 这时他们两个人还在沃库拉的麾下服役。

④ 可能是第一、第十六军团，因为第五、第十五军团(无论如何是大部分)都在被围攻的营地里。

⑤ 公元 21 年撒克罗维尔率领的埃杜伊人和佛洛路斯率领的特列维利人发动了起义，但很快就被镇压下去了(参见塔西佗：《编年史》，第 3 卷，第 40—46 章)。

⑥ 伽尔巴实际上并未削减沃库拉所指的这部分高卢人的租税(参见本书第一卷，第 8、53 章)。

坚持他们的叛变行动，于是他就回师到诺瓦伊西乌姆去。高卢人就在二英里以外的地方占据了一个阵地。百人团长和士兵常常到那里去找他们，他们就在那里受到背叛祖国的引诱。结果一支罗马军队就犯下了一件前所未闻的罪行：他们竟然向外国人宣誓效忠，并且杀死或逮捕他们的负责军官用来作为他们这一滔天罪行的保证。虽然许多人劝沃库拉逃跑，但他认为只有勇敢地行动起来才是明智的办法，于是他就召集了一次会议，讲了如下的话。

(58)“我对你们讲话时，对你们从来不曾表现过这样大的牵挂，或者说，对我自己也从来不曾这样不介意过，因为我很高兴地知道，人们已决定杀死我，而我在目前的不幸当中，等候我的最后的命运就如同等待我的痛苦的结束一样。我正是为你们感到羞耻，正是为你们感到遗憾——要知道，敌人甚至不屑于排成阵势对你们展开堂堂正正的战争。因为，如果是这样的话，那就符合于作战的规则和敌人之间的正当权利了。你们知道吗，克拉西库斯是想要你们自己对罗马人民作战的：他指给你们的远景是一个高卢帝国，是对高卢人的效忠。即使我们一时运气不好，勇气不够，然而我们难道完全忘记了过去的历史，忘记罗马军团曾有多少次宁肯死也不肯被敌人赶出阵地么？我们的联盟者[①]有多少次曾忍受他们的城市被破坏，使他们自己同他们的妻子儿子一道在火中被烧死，而当时他们的死亡的唯一报偿就是取得始终忠诚不渝的光荣？正是在这个时候，维提拉的军团不为威胁所屈，不为许诺所

① 例如在布匿战争中，撒贡图姆(Saguntum)和卡西里努姆(Casilinum)的卫戍部队。

动，而正在忍受着饥饿与围攻的痛苦：而我们呢，我们不仅有我们的武器、我们的士兵和我们营地的十分坚固的工事，我们还有不论多么长期的战争都够用的粮食和食物。最近我们甚至有足够的钱来颁发赠赐；不管你们愿意把这赠赐认为是维斯帕西亚努斯的也好，认为是维提里乌斯的也好，反正你们毫无疑问是从一位罗马皇帝那里取得的。如果你们，你们这些曾在这样多次战争中取得过胜利的人们，你们这些曾在盖尔杜巴和维提拉这样多次打跑过敌人的人们竟然害怕一次公开的战争的话，那确实是一件可耻的事情。而且你们还有工事、壁垒和推迟危险的办法，因为你们可以等待相邻诸行省的军队赶到这里来支援你们。若是我不能得到你们喜欢，这没有什么关系。还有别的统帅、将领，甚至某些百人团长或是普通士兵，这些人你们都可以投靠，但是不能把这样一个丑恶的消息传到外面去，说你们竟要投靠奇维里斯和克拉西库斯，并且帮助他们进攻意大利。当日耳曼人和高卢人把你们率领到罗马城下的时候，你们难道愿意拿起武器反对你们的祖国吗？在想到这样一件罪行的时候，我的灵魂都在感到战栗，难道你们愿意为一个图托尔，一个特列维利人站岗么？难道你们能容许一个巴塔维亚人发出作战的信号么？难道你们愿意补充日耳曼人的队伍么？当罗马的军团列阵同你们对抗的时候，你们的罪行的后果将会是什么？难道你们还想作第二次的逃兵，第二次的叛徒，而在受到诸神的憎恨的情况下徘徊于你们的新旧誓言之间么？我请求你，恳求你，朱庇特，至善至尊的神，这位在八百二十年中间使我们获得了这样多次胜利的神，我还恳求你，克维利努斯，罗马的父亲：如果你们不愿意看到在我领导下的这座营地能保持纯洁和不受侵犯，至

少请你不要使它为图托尔或克拉西库斯之辈所亵渎和玷污吧。使这些罗马士兵都能保持清白无瑕吧，否则就使他们能够很快地改悔而不致干出可耻的罪行来吧!”

(59) 士兵们听了这一讲话之后，反应各不相同，他们有人抱着希望，有人害怕，有人感到羞愧。沃库拉退去之后，作了自杀的准备，但是他的被释奴隶和奴隶使得他不能自愿地死去以避开最可怕的一种死法。克拉西库斯把第一军团的一个叫做埃米里乌斯·隆吉努斯的逃兵派了来，很快地杀死了沃库拉。对于副帅希伦尼乌斯[①]和努米西乌斯[②]，他只是给他们上了镣铐。然后他就给自己加上了罗马统帅的标记[③]，进入了营地。尽管他残忍到什么罪行都干得出来，但是他除了发誓之外，却什么话都讲不出来；在场的那些人都向高卢人的统治大权宣誓效忠。他提升了刺杀沃库拉的凶手担任高级军职；对于其他的人，他按照他们的罪行的大小，也分别给予了赏赐。

在这之后，图托尔和克拉西库斯在作战方面就作了分工。图托尔率领一支坚强的队伍围攻科洛尼亚·阿格里披嫩西斯，并且强迫该地的居民和莱茵河上游一带的全体士兵[④]作了同样的效忠宣誓；在摩功提亚库姆，他杀死了那里的将领并且赶跑了营帅，因为他们拒绝宣誓效忠：克拉西库斯把投降的人们中间那些最坏的

---

① 他统率的是第一军团(参见本卷第 19 章)。

② 他可能是第十六军团的副帅。

③ 一般是紫袍和侍从(lictor)。

④ 可能是摩功提亚库姆的第四和第二十二军团。因为莱茵河上游的另一个军团即第二十一军的本营在温多尼撒(今天的温狄什)，而这个地方似乎还没有被卷入这一纠纷。

人派到被包围的人们那里去，建议他们承认既成事实而取得宽大，否则他们是不会有任何希望的。他们将会遭到饥饿、屠戮和最可怕的灾难。他的使节用他们亲身的榜样着重指出他们的话并不是毫无根据的。

（60）一方面的忠诚同另一方面的饥饿，一直使被围攻的人们在光荣和羞耻之间徘徊不定。正当他们这样犹豫观望的时候，他们的正规的和甚至非正规的食物资源都没有了，因为他们把他们的驮畜、他们的马匹和所有其他尽管不干净和令人恶心但仍然不得不宰杀的动物全都吃光了。最后他们甚至把从石头缝里长出来的灌木、树根和野草都采集来吃了；①他们的这种做法同时却证明了他们的灾难和他们的忍耐力，但到最后，他们还是可耻地玷污了一件本来可以称得起是了不起的光荣行径，因为他们派了一个使团到奇维里斯那里去请求留条活命了。奇维里斯拒绝了他们的请求，直到他们向高卢的统治大权宣誓效忠的时候：继而他就约定要取得他们军营中的战利品，并且把一些卫兵派了去取得营地的财库、仆从②和辎重行李，以及在罗马士兵空着手离开他们的营地时监视他们。当他们走了大约五英里的时候，③日耳曼的军队突然向他们发动袭击，把他们包围起来，但他们在行进时却完全没有预料到会有任何危险发生。最勇敢的士兵在抵抗时当场被杀死了，还有许多人在逃散时被杀死了；其余的人则逃回营地。奇维里斯确实对日耳曼人的行动表示遗憾，并且谴责他们可耻地背弃了自

① 实际上在克桑顿附近的土地并不是石质的。

② 这些人(calones)都是奴隶，所以作为财产和货物等一同被看管起来。

③ 在阿尔本(Alpen)附近，在克桑顿和莱茵贝尔格(Rheinberg)之间。

己的信义。但是这也许只不过是他这方面的一个借口，也许是他真的不能控制他们的愤怒情绪，真实情况如何就无从确切地加以证实了。他的军队掠夺了营地，然后放火把它烧掉；大火把在战争中活下来的人们都烧死了。

（61）奇维里斯曾根据他过去许下的一个愿——这些蛮族常常许这样的愿[①]——把他的头发染红[②]并且把它从他开始反抗罗马人的时候起留起来，但既然他已最后完成了对军团的屠杀，所以他就把它剪短了。[③] 还有一个传说，说他给了他的小儿子一些俘虏，用作练习射箭和投枪的靶子。但是他却没有使他自己或任何巴塔维亚人同高卢缔结效忠的誓约，因为他所依靠的是日耳曼人的资源，而且他感到，如果一旦必须同高卢人争夺统治大权的话，他的声誉和他的优势兵力对他都是有利的。一个军团的统帅穆尼乌斯·卢佩尔库斯[④]连同其他礼物一道被送到维列妲[⑤]那里去。这个出身布路克提里人[⑥]部落的处女按照古代日耳曼的习惯而拥有广泛的权力，因为古代日耳曼的习惯认为许多妇女都具有预言

① 日耳曼人常常是全城的人发这样的愿（例如塔西佗在《日耳曼尼亚志》第31章中所说的卡提伊人）。保路斯·狄亚科努斯（Paulus Diaconus）就告诉我们，六千名撒克逊人曾发誓在他们对苏埃比人进行报复之前决不剃掉自己的头发和胡须。苏埃托尼乌斯说（《恺撒传》，第67章），甚至优利乌斯本人也发过这样的誓言。

② 玛尔提亚里斯（Martialis）曾提到过巴塔维亚人人工染红头发的办法。普利尼（《自然史》，第28卷，第12章）也提到过高卢人用兽脂和灰染发的事情。因此染红头发的事不一定就是誓言的内容。

③ 参见塔西佗：《日耳曼尼亚志》，第31章。

④ 参见本卷第18章。

⑤ 这个妇女后来被俘并送往罗马。参见塔西佗：《日耳曼尼亚志》，第8章。

⑥ 参见本卷第21章。

的能力，而当人们变得越来越迷信的时候，就把她们奉为神明了。维列妲的势力现在是最大的时候，因为她过去曾预言过日耳曼人的胜利和军团的覆灭，但是在路上卢佩尔库斯就被杀死了。少数高卢人出身的百人团长和将领被扣留起来作为人质，以保证联盟的关系。辅助步兵与骑兵部队的和军团的冬营都被捣毁和烧掉了，仅有的例外就是摩功提亚库姆和温多尼撒[①]两地的军营。

（62）第十六军团和同时投降奇维里斯的辅助部队奉命从诺瓦伊西乌姆开到特列维利人的移民地去，并且确定了一个必须全部离开营地的日期。在这中间的一整段时期里，士兵们真是顾虑重重：胆怯的人看到在维提拉被屠杀的那些人的命运而被吓住了，较好的士兵则又因为觉得可耻和丢面子而十分痛苦。他们问他们自己："这将是怎样的一种行军？谁来率领我们？一切都要由我们已把生死大权交给他们的那些人摆布啊。"另一些人却没有羞耻之心，他们只是把他们的钱和最心爱的东西妥善地藏在身上；还有一些人则整备自己的武器并且带上他们的投枪，就好像是出发去作战似的。当他们正在这样忙着的时候，出发的时刻到了。但是这个时候却比他们的等待时期还要悲惨。因为在城里面，他们的屈辱地位还不这样明显：但是平原地带和白天的光亮却把他们的耻辱暴露出来了。皇帝们的像都被毁掉了，他们的旗帜被弄得光秃秃的，[②]但是高卢的标记却在到处闪闪发光；他们的队伍默默地

① 今天的温狄什（Windisch）。从第1卷第61章我们知道，守卫温多尼撒的第二十一军团已经随同凯奇纳去意大利，因此留在这里的只能是后来补充的新兵了。

② 在队旗和军旗的旗杆上照例有皇帝图像的圆牌作为装饰，圆牌被毁掉之后，旗杆的头部就是秃秃的了。参见本书第一卷，第41章；第三卷，第13章。

前进着，像是送葬的行列。率领着他们的是克劳狄乌斯·桑克图斯；这是一个面目可憎的人，他的一只眼睛被挖掉了，甚至他的智力也有些迟钝。当着离开了波恩军营的另一个军团参加了他们的行列的时候，他们的耻辱就更重了。而且，由于外面都传说军团被俘虏，因而所有那些在昨天听了罗马的名字还要战栗的人，都从他们的田地和住宅跑来，从四面八方聚拢来，对这一不平常的景象表现了极大的欢乐情绪。皮肯提那骑兵中队[①]忍受不了群众的这种侮辱性的欢乐情绪，他们不顾桑克图斯的诺言和威胁而逃到摩功提亚库姆去；在路上他们凑巧碰上杀害了沃库拉的隆吉努斯，他们就用一阵投枪把他刺死，这样他们就开始了他们未来的赎罪行为。军团并没有改变自己的进路，就在特列维利人的城[②]前设营了。

（63）由于胜利而得意起来的奇维里斯和克拉西库斯讨论他们要不要把科洛尼亚·阿格里披嫩西斯交给他们的士兵，任凭他们劫掠的问题。他们的残酷本性和他们对于战利品的贪欲使他们倾向于赞同摧毁这座城市。但是当他们正在树立新的统治大权的时候，这种做法却违反战争的利益[③]和取得宽大声誉的好处；而且奇维里斯也还没有忘记这座城待他的好处，因为在叛乱开始的时候，他的儿子曾在科隆被逮捕，但是在扣押期间他的儿子却受到礼貌的待遇。虽然如此，莱茵河对岸各部落对于这座城市还是憎恨

---

① 本书中只此处提到，但它还见于公元74年的一项军事特许状（在这里它被称为 Picentiana）和美因兹附近的一个铭文上。

② 今天的特里夫斯（Treves）。

③ 他们要摧毁这座城市，自然就会失掉这里人民的支持。

的，这一则是因为它的财富，一则是因为它的迅速发展。他们相信，要结束这场战争那只能有两个办法，或者是开放这个地方，使它毫无区别地成为全体日耳曼人的共同住所，或者把城市毁掉，把乌比伊人像其他民族一样地驱散。[①]

（64）于是腾克提里人[②]——他们是隔着莱茵河同移民地相对的民族——派出了一个使团，要他们在科隆的民会上提出他们的要求。代表中性情最暴烈的人是这样提出了他们的请求的："我们感谢我们共同的诸神，首先是玛尔斯神[③]，因为你们返回了日耳曼各民族的大家庭，你们重新取得了日耳曼人的名字，而且我们还向你们庆贺，因为你们终将成为自由人中间的自由人；要知道，在先前的时候，罗马人封锁了河流、土地，而且多多少少还封锁了天空本身，[④]其目的则是为了使我们不能聚会在一起商讨事情，或是为了——而这对于我们这些生性好战的人们是一个更加严重的侮辱——使我们在人们的监视下，而且还要为取得这一特权付了钱之后，[⑤]才能赤手空拳地并几乎是赤身露体地见面。但是为了使我们的友谊和联盟得到永久的保证，我们要求你们拆毁你们的移民地的城墙[⑥]，奴役你们的堡垒；要知道，如果你们把野兽关起来，

① 乌比伊人在日耳曼自然会受到同他们相邻的各民族的怀疑，因为他们虽然是日耳曼人，但很早就采用了罗马的风俗习惯，成为一个繁荣富庶的大城市（参见本卷第28章）。

② 参见本卷第21章。

③ 玛尔斯神相当于日耳曼人的提乌（Tiu）或吉欧（Zio）。比如，英语的星期二（Tuesday）即相当于法语的Mardi（dies Martis）。

④ 这里大概是指高耸的城墙和壁垒。

⑤ 日耳曼人到城里来要纳税，而且在城里还要受到警察的监视（参见下章）。

⑥ 城墙是罗马领土的标记，而没有城墙的村落则是日耳曼式的。

甚至它们都会忘掉自己的勇气的。我们要求你们把你们领土[①]之内的一切罗马人杀死。自由和主子是不容易结合到一起的。那些被杀死的人的财产要归公，这样任何人就不能隐匿任何东西或是在这里享有他特殊的私人利益。我们和你们都将有权利在河的两岸居住，就像我们的祖先过去做过的那样。就如同大自然一向使全人类都能享受白天的光亮一样，它同样也使勇敢的人能享受一切土地。重新恢复你们祖先的生活习惯和风俗，抛弃使罗马人比用武力更能制服他们的臣民的那些享乐吧。只有当你们变成一个纯洁的、清白的、忘掉你们的奴役的民族的时候，你们才能过同任何人完全平等的生活或是统治别人。”

(65) 科隆的人民先是把这件事情考虑了一个时候，后来由于对未来的恐惧不容许他们答应提出的条件，而当前的情况又使他们不可能公开拒绝这些条件，于是他们便作了如下的答复：“我们是迫不及待地而不是瞻前顾后地抓住我们所能遇到的任何一次取得自由的机会的，因为只有这样，我们才可以同你们以及属于同一血统的其他日耳曼人联合起来。可是，在当前罗马军队正在集中的时候，把城壁加高较之摧毁城壁却是更加安全的办法。所有在我们土地上居住的意大利或行省出身的异邦人都已死于战争或是各自逃回自己的家乡去了。最早的一批移民，[②]他们早已定居在这里，并且同我们有了婚姻上的联系，而对他们以及他们的孩子来

① 乌比伊人的领土最南到安德纳赫(Andernach)，北面则同玉尔丁根(Uerdingen)相接。

② 这也只是二十年前的事。老兵是公元 50 年定居在这里的。参见塔西佗：《编年史》，第 12 卷，第 27 章。

说，这里就是他们的故乡了。我们也不能想象你们会不公正到要我们杀死我们自己的双亲、兄弟和子女。现在我们取消了妨碍商业的关税和一切捐税：让我们自由地相互交往吧，但是这交往要在白天进行，进城时也不要带武器，这样久而久之，我们就会习惯于我们的新制定的因而还感到生疏的权利了。我们希望奇维里斯和维列妲作我们的仲裁者，我们的一切协议都将在他们面前被批准。”

他们先是用这些建议把腾克提里人安抚下来，跟着就派遣一个使团带着礼物到奇维里斯和维列妲那里去，从他们那里得到了科洛尼亚·阿格里披嫩西斯的人民所希望的一切；但是使节们不允许见到维列妲本人并直接同她说话：她不要他们见到自己是为了引起他们更大的尊敬。她自己住在一个高塔里①；为这件事而选出来的她的一个亲戚把问题带到她那里去，再把她的答复带回来，就仿佛此人是神的一名使者似的。

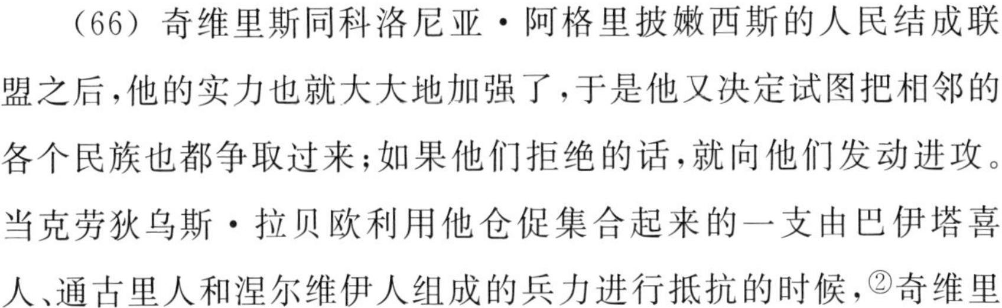

（66）奇维里斯同科洛尼亚·阿格里披嫩西斯的人民结成联盟之后，他的实力也就大大地加强了，于是他又决定试图把相邻的各个民族也都争取过来；如果他们拒绝的话，就向他们发动进攻。当克劳狄乌斯·拉贝欧利用他仓促集合起来的一支由巴伊塔喜人、通古里人和涅尔维伊人组成的兵力进行抵抗的时候，②奇维里

① 大概在利珀河（Lippe 即 Lupia）可通航部分的附近，参见本书第 5 卷，第 22 章。利珀河即路皮亚河。

② 参见本卷第 56 章。

斯已经把苏努奇人[①]争取过来，并且把他们的青年编成了步兵队伍。但是拉贝欧对他所占的地势是有信心的，因为他占据了马斯河上的一座桥。[②] 双方的兵力在这一狭窄的地区展开了不能决定最后胜负的战斗。但最后日耳曼人却泅水过河，进攻拉贝欧的背后。与此同时，奇维里斯或是因为一时勇气上来，或是因为事先已有安排，冲到通古里人的队伍里去，高声叫道："我们发动这场战争并不是为了使巴塔维亚人的或特列维利人统治其他的民族：我们决没有这样骄傲的企图。同我们结成联盟吧，我愿意同你们联合在一起，不管你们想把我当做你们的领袖也好，还是想把我当作一名普通的士兵也好。"大群的通古里人受到了这一呼吁的影响，当他们的两个头目康帕努斯和优维纳里斯率领全体人民向奇维里斯投降的时候，他们也都在把自己的刀剑插入鞘内了。拉贝欧在他被敌人包围之前便得以逃掉了。巴伊塔喜人和涅尔维伊人也投降了奇维里斯，而奇维里斯就把他们编入了自己的队伍。他的实力现在已经十分可观了，因为各个民族不是被他吓住，就是自愿地为他的事业而战斗了。

(67) 这时，优利乌斯·撒比努斯[③]摧毁了足以使人联想到同罗马的联盟的一切纪念物[④]，并且下令要人们尊他为恺撒。然后

① 苏努奇人是乌比伊人的西邻，居住在马斯河和洛尔河(Rör)之间。今天的金尼希(Sinnich)村的这个名字可能就同苏努奇人(Sunuci)的名称有关。

② 可能在后来特拉耶克图斯·莫赛(Trajectus Mosae)，即马斯特里赫特(Maastricht)地方。

③ 参见本卷第55章。

④ 这里指刻着联盟条约的铜板或石柱。

他就率领着一大群毫无组织的本族人民向谢夸尼人[①]发动了进攻，谢夸尼人的土地同林哥尼斯人的土地相接，并且是忠实于我们罗马人的。谢夸尼人并没有放弃对他们的抵抗；命运帮助了正义的一方面；林哥尼斯人被打败了。[②] 撒比努斯把这样的战争挑起来有多么快，他惊惶地从战场上逃走时也就有多么快。为了散布他本人死亡的消息，他把他逃到那里避过难的一座乡间住宅烧掉了，但外面人们却都认为，他是在那里自杀身死的。不过在后面适当的地方，我还要谈到他用什么办法，在怎样的一些藏身之所，又多活了九年之久。我还要描写一下他的朋友对他的忠诚和他的妻子埃波尼娜所树立的崇高范例。[③] 谢夸尼人的胜利制止了战争的冲动。各个城市渐渐地清醒过来并开始重视他们缔结的条约上为他们规定的义务了。列米人[④]在这一行动中起了带头作用，他们带信给高卢各个行省，要它们派遣使节讨论有关他们共同利益的一个问题，即高卢各民族是想取得自由，还是想取得和平。

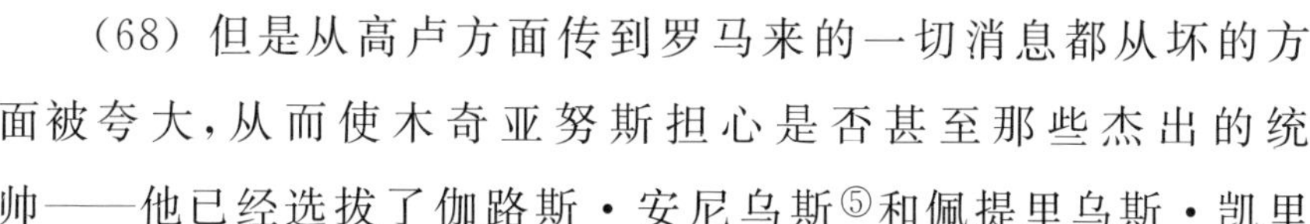

（68）但是从高卢方面传到罗马来的一切消息都从坏的方面被夸大，从而使木奇亚努斯担心是否甚至那些杰出的统帅——他已经选拔了伽路斯·安尼乌斯[⑤]和佩提里乌斯·凯里

① 谢夸尼人的首府是维松提奥(Vesontio)，即今天的贝桑松(Besançon)。

② 根据佛隆提努斯(Frontinus)的说法，在战斗中，林哥尼斯人投降的有七万人。

③ 塔西佗的《历史》中的这一部分已经遗失了，但是狄奥·卡西乌斯(第 66 卷，第 16 章)和普鲁塔克却叙述了这事的经过。原来撒比努斯和他的妻子在山洞里住了九年，并且还在这里生了两个儿子。后来在公元 79 年，他们终于被发觉，结果被解送到罗马去处死了。

④ 列米人住在马恩河和埃纳河(Aisne)之间，在今天的兰斯(Reims)附近。

⑤ 奥托的一名统帅(参见本书第一卷，第 87 章)。现在他被派往上日耳曼。

亚里斯[1]——都应付不了这样一场大规模的战争。他不能使罗马没有一个首脑，而且看到多米提安的那种无法管束的情欲，他感到十分不安。另一方面，我前面说过，他又不放心普利姆斯·安托尼乌斯和伐鲁斯·阿里乌斯。[2] 担任近卫军长官的伐鲁斯手里依然控制着一支军队：木奇亚努斯调开了他，但是为了不致伤害他的情绪，就要他负责粮食供应的工作。另一方面为了安抚多米提安的感情——因为多米提安对伐鲁斯的印象还是不坏的——他把同维斯帕西亚努斯一家有姻亲的关系[3]而又为多米提安所喜爱的阿尔列奇努斯·克利门斯调任为近卫军长官。他反复地指出这样一个事实：克利门斯的父亲在盖乌斯·恺撒的统治时期曾出色地担任过同样职务，而且克利门斯在士兵当中声望也很高，他本人虽然是一名元老，但他是胜任近卫军长官的任务和他本等级的任务的。[4]所有最显要的公民都被登记参加出征，其他的人则是通过他们自己的请求才参加出征的。多米提安和木奇亚努斯于是都作了出发的准备，不过两个人的情绪却不相同。多米提安那一面是少年气

---

① 他在统率着下日耳曼的军队。关于凯里亚里斯，参见本书第三卷，第 59 章。根据约瑟普斯的说法，凯里亚里斯是被维斯帕西亚努斯派往不列颠的，但是在途中遇到了叛乱。

② 木奇亚努斯是有充分的理由表示不安的，多米提安不安分而野心勃勃，普利姆斯·安托尼乌斯和伐鲁斯·阿里乌斯的忠诚也很成问题（参见本书第三卷，第 52 章以次，第 78 章；第四卷，第 39 章）。木奇亚努斯使阿尔列奇努斯·克利门斯担任了近卫军长官之后，就解除了多米提安和可能支持他的伐鲁斯的军权，同时又保证了近卫军对维斯帕西亚努斯的忠诚。

③ 克利门斯的一个姊妹是提图斯（一说维斯帕西亚努斯）的第一个妻子。参见苏埃托尼乌斯：《多米提安传》，第 11 章。

④ 从奥古斯都统治时期起，便规定近卫军长官必须由骑士等级的人担任。以前的一个例外是提贝里乌斯当政时期的谢雅努斯。

盛，踌躇满志；木奇亚努斯这一面却是想各种办法造成耽搁以抑制另一个人的热情，因为他担心：一旦多米提安控制了全部军队，他的那种年轻人的暴躁性格和那些给他出坏主意的人们就会使他变成一个无论在和平还是战争时期都是同样危险的人物。胜利的军团即第八①，第十一②，第十三军团，原来属于维提里乌斯派的第二十一军团③和征募不久的第二军团④被调入高卢，他们一部分是通过奔尼努斯阿尔卑斯山和科提安努斯阿尔卑斯山⑤的，另一部分则是通过格莱乌斯山⑥的。从不列颠调来了第十四军团，⑦从西班牙调来了第六⑧和第一军团。

这样，当大军正在迫近的消息传到四面八方去的时候，那些很自然地倾向于采取妥协路线的高卢城市就在列米人那里举行集会。特列维利人的一个使团正在那里等候他们，这个使团的领袖是一个最热心主战的人物优利乌斯·瓦伦提努斯。在一篇精心构思的演说里，他作了人们通常对大帝国进行的一切指控，把最大的侮辱和咒骂的词句加到罗马人民身上，这个演说家很善于煽起骚动和叛乱，而且他的狂热的演说才能是很受他的大量听众的欢

① 参见本书第三卷，第 10、21、27 章。

② 奥托的一个军团，原驻在潘诺尼亚。

③ 即拉帕克斯军团，它曾是凯奇纳的军队的主力（参见本书第一卷，第 61 章）。它的本营在温多尼撒（Vindonissa）。

④ 即阿德优特里克斯军团，它是由在拉温那投到维斯帕西亚努斯这一面来的维提里乌斯派的水兵组成的。

⑤ 参见本书第一卷，第 61 章。

⑥ 参见本书第二卷，第 66 章。

⑦ 参见本书第二卷，第 66、86 章。

⑧ 即维克特利克斯军团。

迎的。

(69) 但是优利乌斯·奥斯佩克斯,列米人的一名贵族,详细地论述了罗马的强大力量与和平的好处;他指出说,甚至怯懦的人都能挑起一场战争,但是只有最勇敢的人们冒着危险才能把战争进行下去,而且罗马的军团已经逼到他们的头上来了。这样他就用尊敬和忠诚作为理由抑制了他们本族中最慎重的人,而为了抑制青年人,他向他们指出了危险,引起了他们的恐惧:人民称扬瓦伦提努斯的勇敢精神,但是接受了奥斯佩克斯的忠告。毫无疑问,下列的事实是颇为引起高卢人的反感的,即在温代克斯发动叛乱的时候,特列维利人和林哥尼斯人是站在维尔吉尼乌斯一面的。许多人由于高卢行省相互间的忌妒而未能采取共同行动。他们问道:"我们到什么地方去寻找一个战争的领袖呢?到什么地方去寻求命令和占卜权呢?[①] 如果我们一切都顺利的话,我们又要选择什么地方作我们的首都呢?"他们还没有取得胜利,但是内部已经争吵起来了;有些人傲气凌人地吹嘘自己的条约,有些人吹嘘自己的财富和力量或是自己的古老的历史:他们厌恶考虑未来的问题,而最后却是选择了他们的现状。他们以高卢诸行省的名义写信给特列维利人,命令他们不要使用武力,并且说,如果他们悔悟的话,他们可以取得宽恕,而且有人愿意为他们从中斡旋。瓦伦提努斯又出来反对,并且做到使他的本族人民拒绝听从这样的建议。他虽然热心煽动人民,但是他在实际的备战行动方面却不是表现得

① 这就是说:"我们到什么地方去寻求一个领袖呢?"罗马统帅的占卜权(ius auspiciorum)最初由人民授予,这时则是由皇帝授予了。

同样积极的。

(70) 但结果却是：无论特列维利人、林哥尼斯人，还是其他参加叛乱的民族都根本没有适应当前十分严重的情况作出应有的努力。甚至领袖们都没有集合到一起进行商议。但奇维里斯却在贝尔吉乌姆的一片无路可通的荒野[①]中到处拼命搜索，以便捕捉克劳狄乌斯·拉贝欧，或是想把他赶出那个地方；另一方面，克拉西库斯却把他的时间大部分浪费在安乐闲散的生活中，享受他那好像已经没有问题的最高权力。甚至图托尔都不急于带领军队去占领上莱茵地区和阿尔卑斯山的隘道。就在这个时候，第二十一军团从温多尼撒突入，而塞克司提里乌斯·费里克斯也带着一部分辅助步兵部队通过莱提亚进来了。[②] 此外参加这些军队的还有一个精锐的骑兵中队，这队骑兵最初是维提里乌斯组成的，但是后来转到维斯帕西亚努斯的一面来了。率领这些骑兵的是优利乌斯·不列刚提库斯，[③]他是奇维里斯的一个姊妹的儿子。奇维里斯憎恨他，但他也极端憎恨他的舅父(这种痛恨情绪在最近的亲属之间是往往会出现的)。图托尔最初新征募了一支万吉欧尼斯人[④]、凯拉卡提斯人[⑤]和特里波奇人[⑥]的队伍，来补充特列维利人的军队，

---

① 可能是设尔特河河口以南、佛兰德斯的沼泽地区。

② 参见本书第三卷，第5章。他现在的行程是走阿尔柏格山路，通过费尔特奇尔希(Feldkirch)而来到瑞士和上莱茵。

③ 参见本书第二卷，第22章。他在瓦尔河(Waal)上的战役中阵亡(参见本书第五卷，第21章)。

④ 住在波尔比托玛古斯(Borbetomagus)附近，即今天的沃尔姆斯(Worms)地区。

⑤ 不详。只在这里提到过。

⑥ 住在下亚尔萨斯地区。

随后他又从军团抽调了步兵和骑兵的老兵用来补充这些军队。这些军团士兵不是他用诺言收买的，就是他用恐吓手段制服住的。这批士兵在开头时屠杀了被塞克司提里乌斯·费里克斯派出来的一个先锋中队；后来，当罗马的将领和军队开始迫近的时候，他们就光荣地重新归顺了罗马的军队，接着特里波奇人、万吉欧尼斯人和凯拉卡提斯人也学了他们的样子。图托尔在特列维利人的陪伴下避开了摩功提亚库姆而退到宾吉乌姆去。① 他对这里的地势具有信心，因为他已经摧毁了纳瓦河②上的桥，但是他还是受到了塞克司提里乌斯麾下的一些中队的进攻，因为塞克司提里乌斯发现了一个可渡的浅滩，这种情况就把他暴露出来，并迫使他逃跑了。这次失败吓坏了特列维利人，普通人民都放弃了他们的武器，逃散到他们的田地里去了。有些头目为了想作出最早放弃作战的姿态，于是就跑到没有同罗马断绝联盟关系的那些城市去逃避。从诺瓦伊西乌姆和波恩开出去对付特列维利人的军团，我在前面说过，现在自愿地向维斯帕西亚努斯宣誓效忠了。所有这一切都是在瓦伦提努斯不在时发生的。但当他回来的时候，他简直疯狂了，他想使一切都再度陷入混乱和毁灭。军团于是撤到一个联盟的民族美狄奥玛特里奇人③那里去。瓦伦提努斯和图托尔把特列维利人又都给武装起来了。他们杀死了罗马的两名统帅希伦尼乌斯和努米西乌斯，他们的这种做法减少了他们取得宽恕的希望，却加强

① 由于图托尔看来占据的是纳瓦河的左岸，所以宾吉乌姆也必定在那一面，即今天的宾格尔布律克(Bingerbrück)，但也有人认为是右岸的宾根(Bingen)。

② 今天的纳厄河(Nahe)。

③ 住在今天的梅茨(Metz)一带。

了他们的共同犯罪的联系。

（71）佩提里乌斯·凯里亚里斯到达摩功提亚库姆时的战况就是这样。他的到达激起了巨大的希望；凯里亚里斯本人是急于想作战的；而且就他的本性而论，与其说他善于保护自己，毋宁说他更能够蔑视敌人。他用激烈的语言煽动他的士兵，他说只要有机会向敌人发动进攻，他是一刻都不愿意耽搁的。他把他在高卢各地征募的军队分别送回了他们自己的城市，并且要他们散布这样一个消息，即军团本身的力量已足够维持帝国的统治。联盟者可以毫无顾虑地各自回去从事和平的事务，因为，只要罗马军队开始进行战争，这场战争实际上就已结束了。这一行动更加促成了高卢人的原来就有所准备的投降行动。因为现在他们的青年人既然都回来了，他们的租税负担就比以前更加轻松了，而且，当他们看到自己根本没有被罗马人放到眼里的时候，他们就更加愿意俯首就范了。

但是，当奇维里斯和克拉西库斯听到图托尔被打败、特列维利人的队伍被割裂、而他们的敌人在到处都取得胜利的时候，他们就害怕起来，赶忙地把他们的分散的兵力集合起来了。与此同时，他们又多次送信给瓦伦提努斯，提醒他不要冒险进行决定性的战斗。这些情况促使凯里亚里斯更加迅速地行动起来。他派遣几名军官到美狄奥玛特里奇人那里去，指令军团通过一个更加便捷的道路向敌人发动进攻；另一方面，他本人则把摩功提亚库姆的军队①同

①　第四和第二十二军团的士兵。

他身边所带领的全部军队结合起来;经过三天的行军①之后,他来到了利果杜路姆②,这个地方曾被瓦伦提努斯所率领的一大支特列维利人的军队占领过。这座城市就地形方面来看,有一些小山和莫塞列河保卫着,在这之外,瓦伦提努斯还修造了壕沟和石砌的壁垒。但是这些工事并不曾阻止罗马的统帅下令他的步兵进攻,或是派遣他的骑兵攻上山来,因为他根本不把他的敌人放到眼里,而相信他自己手下的士兵的勇气,较之阵地之对于敌人的仓促集合起来的士兵,占有更大的优势。当罗马军队受到敌人的投枪的进攻时,他们向上攀登的速度受到一些影响;但他们逼到敌人近前的时候,特列维利人就像山崩那样迅速地被打倒了。而且一部分骑兵在较低的小山的周边巡视,他们俘虏了最显要的比尔伽伊人③,其中包括他们的领袖瓦伦提努斯。

(72) 第二天,凯里亚里斯进入了特列维利人的移民地④。他

① 从美因兹(Mainz)到利果杜路姆大约是二十七小时的行军路程。

② 今天的利奥尔(Riol),离特里尔(Trier)约九英里,莫塞列河右岸的小山形成一个半圆形,而隆维希(Lonwich)和利果杜路姆的村落就在小山的环抱之中。利果杜路姆的位置就在小山开始隆起的山脚下面,而它的西侧(即离特里尔最近的那一面)则是一块不高的突出的余脉。瓦伦提努斯就占领了这一村落。由于他估计罗马人肯定会从河岸方面进攻(罗马人是从诺依玛根〔Neumagen〕沿着河岸前进的),他就用壕沟和石壁加强了他在那一方面的阵地,但凯里亚里斯不仅直接攻击这些工事,他的骑兵还到利果杜路姆后面的山上去,从那里出其不意地向特列维利人发动了进攻,因为他们在这一方面显然是没有戒备的。继而从山上或是从河岸又派出了一队士兵通过缓斜的山坡切断了敌人向西面即特利尔方面的退路。

显而易见,瓦伦提努斯只是部分地防守了他的阵地。但令人不解的却是(如果利果杜路姆即是利奥尔的话),他没有防守小山的这一面,虽然这些小山并不是很高的。

③ 即特列维里人和林哥尼斯人。

④ 今天的特里尔(Trier)。这一移民地是尼禄或克劳狄乌斯建立的,后来是贝尔吉卡·普利玛(Belgica prima)行省的首府和罗马皇帝的驻地,因而直到今天在阿尔卑斯山以北的地区罗马的遗存仍以这里为最多。

的士兵都急于想掠夺城市，他们说："这是克拉西库斯的故乡，也是图托尔的故乡；正是由于他们的背叛，我们的军团才受到包围和屠杀。克雷莫纳干了什么极大的罪行呢？可是它还是从意大利的中心地带被分离出去，就因为它使胜利者仅仅耽搁了一夜。但这个移民地却仍然毫无损伤地在日耳曼的边界屹立着，并且由于从我们军队得来的战利品，由于屠杀了我们的统帅①而感到高兴。战利品可以归入皇帝的财库；但我们只需把这一叛乱的移民地烧掉，把它毁掉就够了，因为只有这样，我们才能补偿我们这样多被摧毁的营地。"凯里亚里斯担心如果人们认为他的士兵的放纵和残酷是他所灌输的，他将会因此而蒙受耻辱，于是他就制止他们的极大的愤怒：他们服从了他，因为现在他们既然已经放弃了内战，他们对国外的敌人就比较温和了。他们的注意力当时被吸引到从美狄奥玛特里奇人那里被召集来的军团②所表现的悲惨外貌上面去。这些军队站在那里，由于意识到他们自己的罪行而垂头丧气，他们的眼睛望着地下；当士兵们相遇时，他们相互间没有打招呼；士兵们对于那些想安慰或是想鼓励他们的人们不作任何回答。他们躲在他们的营帐里，白天也不出来。使他们无精打采地待在那里的，与其说是危险和恐惧，毋宁说是一种羞耻和不名誉的感觉，而且甚至胜利者都在那里发呆。这些士兵不敢讲话或是进行恳求，他们只是默默地流着眼泪，不断地为他们的同伴请求宽恕，直到最后，当凯里亚里斯说由于士兵同统帅之间的不和以及由于他们的敌人的

① 他们所指的是霍尔狄奥尼乌斯、沃库拉、希伦尼乌斯和努米西乌斯。

② 这些军团是第一和第十六军团，参见本卷第25、37、59、62和70章。

叛变所发生的一切都是命运使然的时候，这才使他们平静下来。他劝他们把这看成是他们服役的和效忠的第一天，他还说，皇帝和他都不再记起他们先前的罪过。继而他们就和其他士兵被调入同一营地，此外还在每一个队里都宣读了一项文告，禁止任何士兵在争吵或辩论时用叛变或谋杀的罪名去嘲弄对方同伴。

(73) 随后不久，凯里亚里斯就召集了特列维利人和林哥尼斯人的一次会议，向他们讲了这样的话："在演讲术方面，我在过去是没有过任何训练的，罗马人民一直是通过武力来确定自己的价值的：然而既然言语最能对你们发生作用，而你们并不是从事物的本质来判断它们的善恶，却要根据叛乱分子的言谈来衡量它们的价值，因此我决定讲一些事情，这些事情在战争业已结束的情况之下，对你们听起来较之对我说起来是更有益处的。罗马的统帅和将领进入你们的土地和其他高卢人的土地并不是为了自己的利益，而是因为他们受到了你们的那些由于内争而被折磨得要死的祖先的邀请，但另一方面，被他们邀请来帮助他们的日耳曼人却不分联盟者和敌人①把他们全都奴役了。我们对金布利人和条顿人进行过多少场战争，我们的军队经历了怎样的一些苦难以及我们对日耳曼人的战争取得了怎样的结果，②这一切都是你们知道得很清楚的。我们占领了莱茵河的两岸，并不是为了保卫意大利，而是为了阻止第二个阿里奥维斯图斯取得高卢的王位。③ 你们相信

---

① 联盟者指谢夸尼人，敌人指埃杜伊人。

② 提贝里乌斯、杜路苏斯和日耳曼尼库斯都进行过对日耳曼人的战争。

③ 公元前58年在恺撒出征高卢的第一次战役中，阿里奥维斯图斯败于优利乌斯·恺撒。

你们同奇维里斯和他的巴塔维亚人或是同莱茵河对岸各民族的关系，较之你们的祖父和父亲同他们的祖先更亲近吗？日耳曼人永远有同样的理由渡河侵入高卢行省——情欲、贪婪和想改变自己的住所的希望，他们这样做是为了离开他们的沼地和沙漠，而变成这片最肥沃的土地和你们本人的主人。当然，他们的借口是自由和各种表面上好听的名词；但是凡是有野心奴役别人或是为自己占夺领土的人，没有不使用同样的辞令的。

(74)“在你们服从我们的法律之前，在整个高卢总是不断出现国王和战争。虽然我们常常为你们所激怒，但是作为胜利者，我们惟一利用我们权利的地方，就是使你们为维持和平而付出必要的费用。要知道，没有军队你们就不能在各民族之间得到安静，没有钱就不能维持军队，而没有税收就不能筹划出钱来。除此之外，我们对一切都是共同享有的。你们常常统率着我们的军团，你们治理着某些行省，我们不要求任何特权，你们也不受任何歧视。[①]尽管你们住得离首都很远，但你们同我们一样享受好皇帝的利益。可是残暴的皇帝所残害的却是离他们最近的那些人。你们要忍受凶年、淫雨和所有其他的天灾；同样地你们也要忍受你们的统治者的奢侈或贪欲。只要有人，就会有罪恶，但是这些罪恶并不是永久的，当更好的时代到来时，这些罪恶就会得到补偿：除非你们也许希望你们可以享受一次比较缓和的统治，如果图托尔和克拉西库斯成为你们的统治者的话；或是你们希望用来维持军队以阻挡日

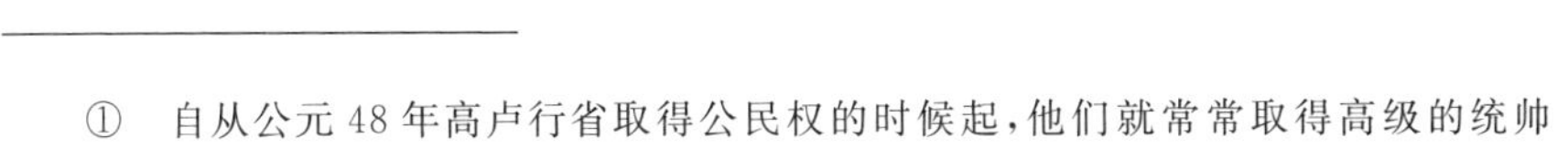

① 自从公元48年高卢行省取得公民权的时候起，他们就常常取得高级的统帅权力，比如高卢的长官温代克斯就是一个高卢人。

耳曼人和不列颠人的租税会比现在少一些。要知道，如果罗马人被驱逐出去——但上天不许这样做——那么除了在所有的民族当中引起普遍的混乱之外，又能有什么结果呢？八百年的好运和秩序建立了这样一个强大的建筑，而要想摧毁它的人是必然会被压死在它的废墟之下的。而且你们的危险是最大的，因为你们拥有作为战争的主要原因的黄金和财富。因此，爱并且珍惜和平与城市吧，在这里，我们征服者和被征服者都享有同样的权利：接受好运和厄运的教训，不要放弃服从和安全反而采取抗拒和毁灭的道路吧。”凯里亚里斯就用这样的一些话安抚和鼓励了他的那些害怕更加严厉的措施的听众。

(75) 当特列维利人为胜利的军队所制服的时候，奇维里斯和克拉西库斯就写信给凯里亚里斯说了这样的话：“尽管人们封锁了维斯帕西亚努斯死亡的消息，但维斯帕西亚努斯是死了。罗马和意大利已经被内战耗得精疲力竭了。木奇亚努斯和多米提安只剩下了没有任何分量的空名字。如果你希望看到高卢人取得统治大权的话，我们满足于我们自己的国界；如果你们宁愿战争的话，我们也一定奉陪。”凯里亚里斯没有回答奇维里斯和克拉西库斯的信；但是他把带这封信来的使者和这封信本身都转到多米提安那里去了。

兵力被分散的敌人现在从四面八方迫近了。许多人责怪凯里亚里斯，说他使他本来可以分别切断的军队集合起来。罗马的军队在他们军营的四周修筑了一道壕沟和栅栏；这一军营虽然没有任何工事，但过去他们却一直是轻率地占领着这一军营的。

(76) 在日耳曼人中间不同的意见争论不休。奇维里斯认为他们应当等待莱茵河对岸的各个民族，他说这些民族可以把罗马人吓到使他们的力量瓦解和崩溃的程度。他说："至于高卢人，那他们只不过是胜利者手中的战利品罢了。而且他们当中真正有实力的比尔伽伊人是公开站在我们的一方，或是希望我们取得胜利的。"图托尔却认为，拖延只会改善罗马人的处境，因为他们的军队正在从四面八方集合到这里来。他说："从不列颠调来了一个军团；[①]其他的军团也已从西班牙召来，[②]或是正在从意大利开来。[③]这些士兵不是仓促征募的军队，而是久经战阵的熟练的军队。而我们的希望所寄托的日耳曼人却从来是不服从命令和指示的，他们总是高兴怎样行动就怎样行动；至于金钱和礼物——我们只能用这样的东西才能争取到他们——那么罗马人有的比我们要多，而且如果一个人能取得同样报酬的话，则任何一个也不会好战到宁愿冒险而不愿过宁静生活的程度。因此，如果我们立刻作战的话，凯里亚里斯除了那些由在日耳曼的残余军队所组成的军团以外是没有别的军团的，而且这些军队又是同高卢各城市有缔约的关系的。至于说不久之前他们出乎意料地打败了瓦伦提努斯的没有纪律的军队，那么这一情况只会助长军队和将领的轻举妄动的情绪。让他们再来进攻一次吧，这次他们将不是落到一个注意言语过于注意武力的没有经验的年轻人[④]的手里，而是落到奇维里斯或克拉西库斯的手里了。当我们的敌人看到这些领袖的时候，

① 指第十四军团，参见本卷第 68 章。

② 维克特利克斯第六军团和第十军团。

③ 从意大利来的是第八、十一、二十一军团。

④ 指瓦伦提努斯。

他们的内心将要再一次感到恐怖，将会再一次记起他们的溃逃、饥饿，记起他们多次被俘时生死完全操在我们手里的情况。特列维利人或林哥尼斯人也不一定非要爱罗马人不可：他们一旦打消自己的恐惧，他们会立刻重新拿起他们的武器的。”克拉西库斯同意了图托尔的看法而结束了他们的争论。他们立刻行动起来了。

(77) 他们的战线的中心分配给乌比伊人和林哥尼斯人[①]；右翼是巴塔维亚人的步兵中队，左翼是布路克提里人和腾克提里人。于是他们一部分通过小山，另一部分是沿着道路和莫塞列河之间的地带展开了这样迅速的进攻，以致当凯里亚里斯接到报告说，他的军队已对敌展开战斗并且正在被击败的时候，他还在自己寝室的床上，因为那一夜他不是在营地里度过的。[②] 他不断责骂报信的人，说他们大惊小怪，但最后他自己却亲眼看到了全部灾难。敌人攻入了军团的营地，打败了骑兵，并且占领了莫塞列河上那座桥的中部，而对岸[③]同移民地便是靠这座桥连接在一起的。凯里亚里斯遇到这种危急情况并不惊慌，而是亲手阻拦了逃兵。他虽然得不到任何掩护，却冲到敌人火力集中的地方去，结果就仗着他的好运气和蛮勇，再加上跑上来帮忙的、他手下最勇敢的士兵的支

---

① 林哥尼斯人的国家在名义上虽然投降罗马人，但他们仍然是奇维里斯的军队的一个构成部分。

② 特列维利人的移民地（即今天的特里尔）位于莫塞列河的右岸。罗马军团为了保卫它使不受奇维里斯（他的军队在这座城市西北的地区）的侵犯，而在左岸设营，守卫位于河与平行的小山之间的道路。他们显然驻在桥的附近。奇维里斯从两方面（从小山的一面和从河的上游河岸的一面）向他们展开了进攻，罗马的军营受到猛攻，同城市的交通由于桥的占领而被切断。凯里亚里斯是在右岸过夜的。他在得到敌人进攻的消息后才赶到桥这里来，而在收复了它之后，才过了桥来到营地。

③ 有人把原文 ulteriora 理解为郊区。

援，他收复了这座桥，并且用一支精兵来守卫它。随后他就返回营地，在那里发现曾在诺瓦伊西乌姆和波恩被俘的那些军团①的队伍毫无目的分散在各处，只有少数几名士兵打着队旗，而军旗几乎被敌人包围了。他看到这种情况就愤怒地喊道："你们现在背弃的不是佛拉库斯，也不是沃库拉。这里没有背叛行为。我也不需要给自己进行什么辩解，除非我过分轻易地相信，你们忘掉了你们对高卢人的誓约，却又记起了你们对罗马的效忠宣誓。我将要遭到同努米西乌斯和希伦尼乌斯一样的命运，这样所有你们的统帅将会死在他们的士兵的手里或是敌人的手里。去告诉维斯帕西亚努斯，或者去告诉奇维里斯和克拉西库斯——因为他们更近一些——说你们在战场上背弃了你们的统帅吧。可是你们要记住，将会有一些军团来为我报仇或是惩罚你们的。"

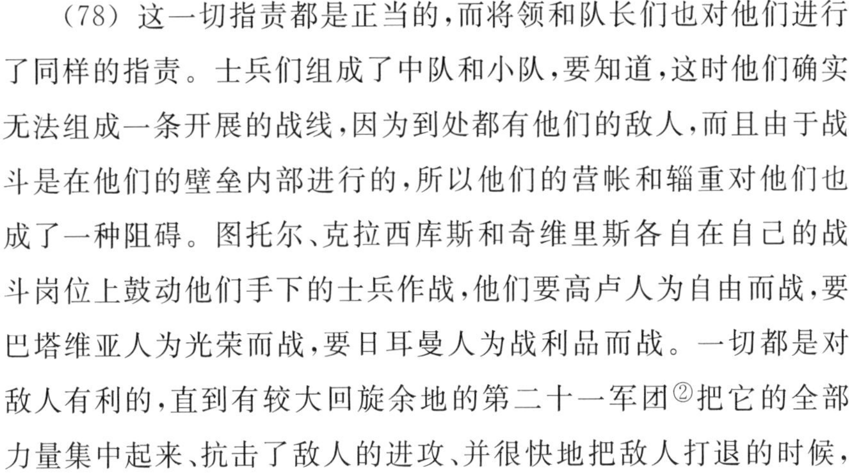

（78）这一切指责都是正当的，而将领和队长们也对他们进行了同样的指责。士兵们组成了中队和小队，要知道，这时他们确实无法组成一条开展的战线，因为到处都有他们的敌人，而且由于战斗是在他们的壁垒内部进行的，所以他们的营帐和辎重对他们也成了一种阻碍。图托尔、克拉西库斯和奇维里斯各自在自己的战斗岗位上鼓动他们手下的士兵作战，他们要高卢人为自由而战，要巴塔维亚人为光荣而战，要日耳曼人为战利品而战。一切都是对敌人有利的，直到有较大回旋余地的第二十一军团②把它的全部力量集中起来、抗击了敌人的进攻、并很快地把敌人打退的时候，

①　这里指第一及十六军团。他们都是在诺瓦伊西乌姆投降的，不过其中一个军团的本营是在波恩，因此作者可以这样说。

②　原来维提里乌斯的一个军团，参见本卷第 68 章。

局势才有所扭转。而且在这里也不是没有上天的帮助的:原来胜利的军队突然间改变了自己的情绪而转身逃跑了。他们自己说,当他们看到在他们刚刚发动攻击时被击退的那些中队[①]在山岭上重新集合起来时,以为是新的援军到来了,因此他们就感到十分害怕。然而事实是,胜利的蛮族的进攻之所以能够被制止,是因为他们之间相互可耻地争夺起战利品来,结果他们便把他们的敌人忘记了。这样,由于疏忽大意而几乎毁灭了自己的事业的凯里亚里斯,就通过自己的决心恢复了自己的事业。为了把他的胜利坚持到底,他在同一天里又攻占和摧毁了敌人的营地。

(79) 然而,军队却依然得不到长时期的休息。科洛尼亚·阿格里披嫩西斯(科隆)的人民前来求援,并且表示愿意把奇维里斯的妻子和姊妹还有克拉西库斯的女儿交出来,这些人原来都是为了保证联盟的忠诚才交给他们作为人质的。在这同时,他们还杀死了散居在他们各家之中的日耳曼人。这种做法使他们有理由害怕并且使他们的呼吁求救成为合理的,[②]因为他们不能等待敌人恢复自己的力量并武装起来进行某种新的冒险或是进行报复。原来事实上奇维里斯已经向科隆方面开来了;这仍然是一支可怕的力量,因为他的中队当中最好战的分子还没有受到损害,而由卡乌奇人[③]和弗里喜人[④]所组成的这一部分人就驻屯在科隆人民的领

① 这里指辅助部队。

② 这里指向凯里亚里斯求救。

③ 他们是日耳曼人;住在埃姆斯河(Ems)和威悉河(Weser)之间。

④ 参见本卷第 15 章。

土边界地带的托尔比亚库姆[①]那里。但是一个令人沮丧的消息迫使他改变了进军的路线，那就是这个中队被科隆的居民利用计谋全部杀害了。他们在一次讲究的宴会上用大量的酒灌醉了日耳曼人之后，就关上了门，把建筑物点着了火，把日耳曼人全部烧死了；就在这同时，凯里亚里斯以急行军的速度赶来了。奇维里斯又遇到了另一件害怕的事情：他担心在来自不列颠的海军[②]支援之下的第十四军团会对沿海地带的巴塔维亚人有所伤害。但是领导着军团向内地进发的法比乌斯·普利斯库斯却把进攻的锋芒指向涅尔维伊人和通古里人，[③]并且接受了这两个城市的投降；至于舰队，它实际上受到了坎宁尼法提斯人的攻击，结果大部分的船只不是被击沉就是被俘虏了。这些坎宁尼法提斯人还打败了自愿起来为罗马人作战的一支涅尔维伊人的庞大队伍。克拉西库斯也打败了凯里亚里斯派到诺瓦伊西乌姆去的一些骑兵。这些挫折的规模虽然都不大，但次数却很多，因而足以损害罗马人最近胜利的威信。[④]

(80) 就在这些日子里，木奇亚努斯处死了维提里乌斯的儿子，[⑤]因为他说，如果他不把这战争的种子毁掉的话，纷争就会继续下去。他还不允许多米提安的那要使安托尼乌斯·普利姆斯成

① 今天的沮尔皮希(Zülpich)，在科隆的西南，是乌比伊人的城市。

② 不列颠沿海地带是罗马一部分海军的常驻地。

③ 军团是在盖索里亚库姆(Gessoriacum)(今天的布洛涅〔Boulogne〕)登陆的，从那里有一条道路通向巴伽库姆·涅尔维奥路姆(Bagacum Nerviorum)、阿杜亚图卡·通格罗路姆(Aduatuca Tungrorum)和科洛尼亚·阿格里披嫩西斯。

④ 本书后面第五卷第 14 章是接着这里叙述的。

⑤ 参见本书第二卷，第 59 章。

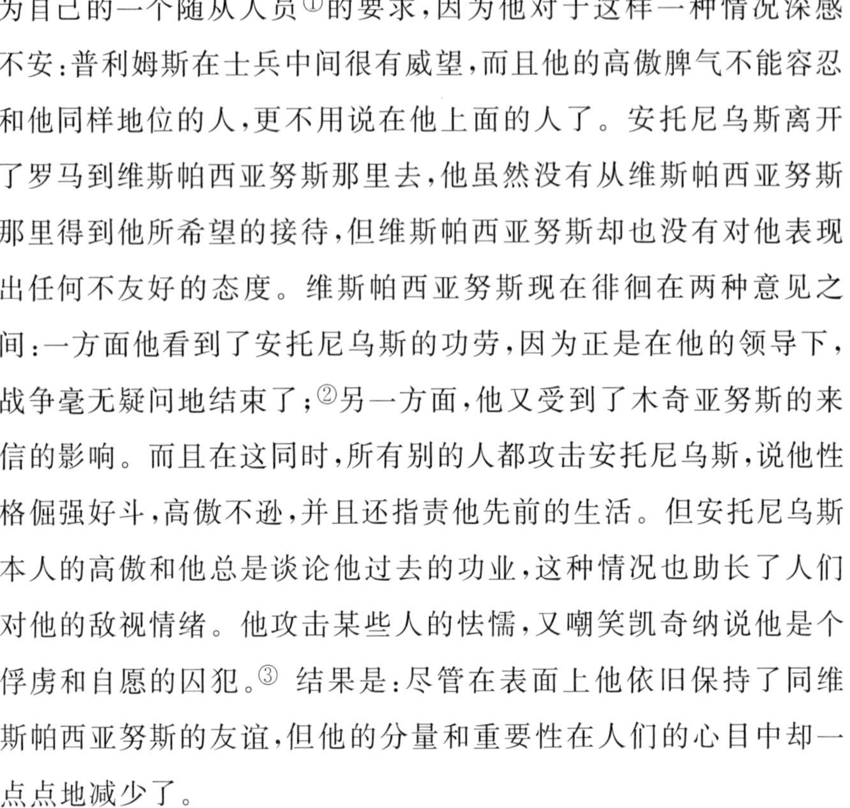

为自己的一个随从人员①的要求，因为他对于这样一种情况深感不安：普利姆斯在士兵中间很有威望，而且他的高傲脾气不能容忍和他同样地位的人，更不用说在他上面的人了。安托尼乌斯离开了罗马到维斯帕西亚努斯那里去，他虽然没有从维斯帕西亚努斯那里得到他所希望的接待，但维斯帕西亚努斯却也没有对他表现出任何不友好的态度。维斯帕西亚努斯现在徘徊在两种意见之间：一方面他看到了安托尼乌斯的功劳，因为正是在他的领导下，战争毫无疑问地结束了；②另一方面，他又受到了木奇亚努斯的来信的影响。而且在这同时，所有别的人都攻击安托尼乌斯，说他性格倔强好斗，高傲不逊，并且还指责他先前的生活。但安托尼乌斯本人的高傲和他总是谈论他过去的功业，这种情况也助长了人们对他的敌视情绪。他攻击某些人的怯懦，又嘲笑凯奇纳说他是个俘虏和自愿的囚犯。③ 结果是：尽管在表面上他依旧保持了同维斯帕西亚努斯的友谊，但他的分量和重要性在人们的心目中却一点点地减少了。

(81) 维斯帕西亚努斯在亚历山大等待着夏天的风与平静的海洋这样一个例行季节④的到来，就在这几个月里，出现了许多奇迹表明上天的眷顾和诸神对他的某种偏爱。亚历山大的一个由于

① 他们大多是高级官吏，一般充任顾问的职务；文献上说多米提安虽是一个坏皇帝，但身旁却有一些贤明的辅佐（参见优维纳尔：《讽刺诗》，第 4 卷）。

② 参见本书第二卷，第 86 章。

③ 参见本书第三卷，第 13 章。

④ 东风一般是从 5 月底吹到 7 月下旬，所以这里所指的就是六月和七月了。在这之后就要在四十（一说五十）天中间连续刮一种西北风或埃提西亚风（etesiae）。参见本书第二卷，第 98 章；《编年史》，第 6 卷，第 33 章。

失明而为人所熟知的普通人跪到维斯帕西亚努斯的面前，恳切要求维斯帕西亚努斯医治他的失明，因为塞拉皮斯神命令他这样做。这个最迷信的民族所最崇奉的神，就是塞拉皮斯。这个盲人请求皇帝俯允用唾液涂在他的面颊和眼睛上面。[①] 另一名有一只手残废了的人也因为受到同一位神的命令而请求恺撒用脚踏一踏这只残废的手。维斯帕西亚努斯起初嘲笑这些请求，并且以轻蔑的态度对待他们；然而当他们坚持请求的时候，他开始有了不同的想法。他一时里担心治不好病而自己丢面子，一时里在请求者的恳请和他的廷臣的谄媚之下又认为有希望能得到成功。最后他问医生们，这种盲目和这种残废是否为人力所能挽回，命令他们提出看法。对这两种情况，他们提出了不同的回答。他们说，在第一种情况下，视力并未完全损坏，如果视力的障碍消除的话，那个人是可以重新看到东西的。但在第二种情况下，是关节脱了节、变了位，如果在医疗上对它加以压力的话，他也是可以恢复正常的。这也许就是诸神的意旨，可能皇帝不过是被选来执行上天交付的任务罢了。但无论如何，如果能够治愈的话，这将是恺撒的光荣；如果失败的话，那么人们嘲笑的就只能是那些可怜的请求者了。因此，维斯帕西亚努斯既然相信他的好运可以做出任何事情来，[②]而且不再有任何事情是不可信的，于是他就微笑着，在旁边侍立的人们的十分紧张兴奋的心情当中按照向他所请求的那样做了。那只残

① 关于用唾液治病的传说，可参见《新约全书·马可福音》（第 8 章，第 22 节）中耶稣用唾液治好瞎子的传说。

② 参见本书第二卷，第 82 章。

废的手立刻能转动了，而那盲人也立刻重新看见了光明。甚至现在，[1]当谎言并不能取得任何报酬的时候，当时的目击者对这两件事实也还是津津乐道的。

（82）这些事情使维斯帕西亚努斯更加想到神殿[2]去向神请示有关他之继承帝位的命运的事情。他下令所有的人都离开神殿。继而，在他进入神殿并陷入对神的沉思的时候，他就看见在他后面出现了埃及的一个显要人物巴西里德斯[3]，他知道这个人曾因病而被耽搁在离开亚历山大有多日旅程的一个地方。他问祭司们，巴西里德斯是否在那天到神殿里来过；他又问路人是否有人在城里看到他；最后他又派出了一些骑兵去，结果发现在那个时候他是在八十英里以外的地方。于是他就得出结论，这是一个神奇的幻象，并且把巴西里德斯这个名字当成是神的预言了。[4]

（83）我们的作家对于这个神的起源[5]还没作过概括的论述。按照埃及祭司们的说法则是这样：当第一个马其顿人、国王托勒米[6]为了想把埃及的权力安置在一个巩固的基础上而把城墙、神殿和宗教仪式给予这座新的亚历山大城的时候，他在梦中看到了一个极其漂亮的而且比一般人身材高大的年轻男子的幻象，这个

---

① 指本书发表时的图拉真统治时代。

② 即塞拉皮斯的神殿。

③ 意思是“国王的儿子”。

④ 维斯帕西亚努斯认为神是借着巴西里德斯的外形显示出来的，这意味着佛拉维乌斯家族将要取得统治大权。

⑤ 塔西佗所以在本章里特别介绍这个神的起源，是因为在罗马，人们崇拜埃及的神是很流行的事情。普鲁塔克认为，西诺佩的神本来不叫做塞拉皮斯，这个名字是在埃及取得的。

⑥ 拉吉达伊朝的建立者托勒米·索特尔（公元前306—前283年在位）。

幻象告诫他把他的最忠诚的友人派到本都去把这个男子的像带到这里来。幻象说，这一行动对于王国将是一件幸运的事情，而接受这个神的城市也将变成一座伟大的名城。在说了这些话之后，一道火光好像把这个年轻人带到天上去。为这一奇异的朕兆所感动的托勒米把夜间的这个梦告诉了埃及的祭司们，而祭司们的任务就是要解释这些东西。当他们表明他们对于本都和外国地方几乎毫无所知的时候，他就问埃乌莫尔皮达伊家族①的一个雅典人提莫提乌斯（这个人是他从埃列乌西斯召来主持宗教仪式的），问他这是怎样一种宗教，这个神又是怎样的神。提莫提乌斯通过向旅行过本都的人们打听而得知，在那里有一个叫西诺佩的城市②，而在离西诺佩不远的地方有朱庇特·迪斯③的一座神殿，这座神殿在当地人中间是早已著名的：因为在那里的神像旁边还有一个女人的像，当地的人大都称她为普洛西尔皮娜。但是尽管托勒米也有国王们那样的性格，容易有各种迷信的恐惧，但是他在再度感到自己安全的时候，因为更热心于享乐而不是宗教仪式，于是他开始逐渐忽视这件事，并把注意力放到别的事情上去，直到同一个幻象——现在它变成更加可怕和明显了——对国王本人进行了威胁，说如果国王不执行他的命令，则不仅国王本身会死亡，而他的王国也会崩溃的。这样托勒米才下令要使节带着礼物到国王斯奇德罗提米斯那里去，因为他当时在统治着西诺佩的人民。而当使团即将乘船出发的时候，他又指示他们去访问佩提亚的阿波罗。

---

① 阿提卡的一个家族，他们有世袭的权利担任埃列乌西斯的戴美特尔的祭司。

② 黑海南岸的一个最古老的米利都的移民地。后来本都的国王就住在那里。

③ 冥界的统治者。

使节们发现海路是十分顺利的。神托的回答也是肯定的。阿波罗嘱告他们前去带回他父亲的像，但是留下他的姊妹的像。①

(84) 当使节们到达西诺佩的时候，他们就把他们的国王的礼物、请求和问候转达给了斯奇德罗提米斯。他不知应当怎样应付才好。他时而害怕天神，时而又害怕他的人民的恫吓和反对。使者的礼物和许诺往往对他起引诱的作用。但在三年中间，托勒米一直保持自己的热情并且不断提出恳求。他派来的人的身份越来越高贵，带来的船和送的黄金也越来越多。但随后斯奇德罗提米斯却梦见了一个可怕的幻象，这个幻象警告他不要再阻碍执行神②的意旨：当国王还在犹豫不定的时候，却遇到了各种日益严重的灾难、疾病和诸神的明显的愤怒。他召集了本国人民的一次大会，把神的命令向他以及向托勒米显示的幻象和他们遭到的大量不幸告诉了他们。人民反对他们的国王；他们忌妒埃及，为自己担心害怕，因此就聚集在神殿的四周。故事讲到这个地方就出现了怪事。原来根据传统的说法，这个神自己自动地登上了岸上的船队，神奇地渡过了广大的海洋并且在两天中间到达了亚历山大。一座同城市的规模相适应的神殿在拉科提斯区③里修建起来。在那个地方原来有一座奉祀塞拉皮斯和伊西司的古老的神殿。关于这个神的起源和到来的情况的最流行的说法就是这样。不过我知

① 在这里冥界的朱庇特同上天的朱庇特(阿波罗的父亲)是没有区别的。阿波罗的姊妹是普洛西尔皮娜。

② 这或是指西诺佩的神，或是指佩提亚的阿波罗。

③ 亚历山大市离船坞最近的市区。

道，有些人认为，这个神是托勒米三世统治时期[①]从叙利亚的塞琉西亚带来的。但又有一些人说，是同一个托勒米把这个神引进来的，但是它来自的地方是孟斐斯，这在过去一度曾是古埃及的一个著名的城市和堡垒。许多人认为这个神就是埃司库拉皮乌斯，因为他能够治病。有些人则认为它是欧西里斯，即这些民族的最古老的神；但又有更多的人认为它就是朱庇特，是万物的最高统治者。不过大多数的人根据从神像上看到的神的特征，以及根据他们自己的猜测而认为它是父神迪斯。[②]

（85）但在多米提安和木奇亚努斯[③]到达阿尔卑斯山之前，他们就接到了对特列维利人取得了胜利的消息。对特列维利人取得胜利的一个主要证据，就是敌人的一名领袖瓦伦提努斯被俘虏到他们的跟前。不过瓦伦提努斯一点也没有垂头丧气的表现，他的面孔上依然表现出了他一贯保有的那种气概。他得到了一次发言的机会，但这只是因为审讯他的人想借以了解他的性格。他在定罪之后被送去处死时，有人用他的祖国已被征服这样一件事实来嘲笑他，但他回答说，正是由于这一点他才死得毫无遗憾。于是木奇亚努斯提出了一项建议，这项建议仿佛是刚刚想到的，但实际上是在内心中隐藏了很久的。他的主张是：既然由于诸神的垂顾，敌人的力量被粉碎，则在战争几乎已经结束的情况之下，多米提安再干预别人的荣誉就是不适当的了。如果帝国的稳定或高卢的安全

① 托勒米·埃乌厄尔吉提斯（公元前 247—前 222 年在位）。

② 塔西佗这里的说法似乎是从玛涅托（Manetho）来的。玛涅托在重新组织对塞拉皮斯和欧西里斯的祭祀一事上起过重要作用。

③ 参见本卷第 68 章。

受到危害，那么恺撒应当亲临战阵，但是他却应当把坎宁尼法提斯人和巴塔维亚人交给次要的统帅去指挥。他还说：“你本人应当从附近的路格杜努姆①发挥皇帝的权力和尊严，但是不要去冒那些无谓的小危险，不过对于比较重大的危险你倒是应当亲自去处理的。”

（86）他的计谋被识破了，但是多米提安必须百依百顺地听从木奇亚努斯，这种关系要求他必须做出完全没有看出这一点来的样子。这样他们就来到了路格杜努姆。人们相信多米提安曾从这一城市暗中送信给凯里亚里斯以试探他的忠诚，他问凯里亚里斯，如果他亲自前来的话，凯里亚里斯是否愿意把军权交给他。多米提安的这项计划是想对他父亲作战，还是想控制资源和军队以便反对他的兄弟，这一点是无法确定的了。因为凯里亚里斯巧妙地应付和回避了这项请求，而只把它看做是一个孩子的一种愚蠢的希望。当多米提安看到长辈的人都瞧不起他年轻的时候，他就放弃行使皇帝的一切职权，甚至那些无关重要的和他先前行使过的职权。继而在天真和谦逊的外衣之下，他就把自己彻底地伪装起来，而做出专心于文学和喜好诗歌的姿态，借以掩盖他的真正性格，并避免自己的兄弟的忌妒，因为对于他的兄弟的那种比较温和的，与他完全不同的品质，他是作了并非善意的理解的。

① 即今天的里昂。这样，多米提安就不是通过大圣伯尔纳直抵莱茵河到作战地带来的。

第　五　卷

（1）这一年[①]年初，为父亲选派出来去彻底征服犹太，[②]而且在他们父子二人还都是普通公民的时候，就已经成了杰出的军人的提图斯·恺撒[③]，开始享有更大的权力和声誉，因为各行省和军队现在都争先恐后地向他表示好感。而且，由于他想给人以他的功业要超过他的命运的印象，因此他在战场上便总是表现得崇高而英勇。他的亲切近人的态度引起人们对他的热爱，而且他在劳作中以及在行军时常常同普通士兵混在一处，却又不损伤他作为统帅的尊严。他在犹太看到有三个军团等着他，他们是维斯帕西亚努斯的旧部第五、第十和第十五军团。在这些军团之外，他又补充了叙利亚的第十二军团，还有他从亚历山大带来的第二十二军团和第三军团的部分士兵[④]。和这些士兵在一起的还有联盟步兵部队的二十个中队，八个骑兵中队，以及国王阿格里帕[⑤]和索海木斯[⑥]，国王安提奥库斯[⑦]派来的辅助部队，此外更有阿拉伯人的一支强大的分遣队（因为阿拉伯人和同犹太人相邻接的各个民族一

① 公元 70 年。

② 参见本书第二卷，第 4 章；第四卷，第 51 章。

③ 在日耳曼和不列颠他担任过将领，在犹太统率过一个军团。

④ 这两个军团一共只有两千人；参见约瑟普斯：第 5 卷，第 3 章。

⑤ 阿格里帕是特拉科尼提斯和迦利里的国王。

⑥ 索海木斯是索佩尼的国王和叙利亚的埃美撒的国王。

⑦ 安提奥库斯是孔玛盖尼和部分奇里奇亚的国王。以上参见本书第二卷，第 81 章。

样，他们也是十分憎恨犹太人的）。此外还有许多罗马人，他们离开罗马和意大利跟随他，是指望在皇子还没有确定哪些人应当是他的亲信之前取得他的好感。提图斯就是带领着这些军队开进了敌人的土地的。他的军队在行进时排成严整的队形，他每走一步都要进行侦察，并且时时刻刻保持战斗的警惕；他在离耶路撒冷不远的地方扎下了营。

（2）但是，由于我在下面要记述一座名城的末日，所以我认为在这里谈一谈它的起源是适宜的：①

据说犹太人原来是从克里特岛上逃亡出来的；②他们在朱庇特废掉和赶跑撒图尔努斯的时候，定居在利比亚的最边远的地区。名字本身对这一点来说就是一个有利的论据：在克里特有一座有名的伊达山，因此那里的居民就被称为伊达埃伊人，这个名称后来按照蛮族的发音方式拖长而成为犹太人。有些人认为在伊西司的统治时期，埃及的过剩的居民在希耶罗索律木斯和犹达③的率领之下移居到相邻的土地上去；还有许多人则认为他们原来是埃及

① 塔西佗的关于犹太人的这一简略的但是有些混乱的记述，显然是采用了亚历山大的历史家凯列蒙（Chaeremon）和吕西玛库斯（Lysimachus）的史料。

② 这一说法除了这里之外不见于其他任何地方。它的这一起源可能用下述几种方法加以解释：（1）伊达埃伊人（Idaei）和犹太人（Iudaei）名称的相似；（2）犹太人的安息日（sabbath）等于撒图尔努斯日（saturni dies），而克里特岛又是撒图尔努斯神崇拜的起源地。也可能犹太人把他们的邻人腓尼基人从克里特岛移居阿非利加并建立了迦太基和它的沿岸城市的事情混入了本国的历史。

③ 普鲁塔克也把犹太人移居的事情同伊西司联系起来。至于希耶罗索律木斯和犹达的名称则是从希耶罗索律玛（即耶路撒冷）和犹太人逆推出来的、想象的名字，犹如罗木路斯之于罗马。

人，他们是在凯培乌斯①的统治时期，由于恐惧和憎恨而不得不移居出来的。但还有一部分人认为，他们是亚述的逃亡者，②是一个没有土地的民族；他们最初控制了一部分埃及，后来他们才有了自己的城市并定居于希伯来的领土和叙利亚的较近的各个地区。更有一些人说，犹太人的出身是显赫的，他们是在荷马的史诗③中被歌颂的一个民族索律米人。他们建立了一座城市，并且用他们自己的名字而给它起了一个名字希耶罗索律玛。

（3）大多数的作者都同意这样一种说法：④过去当埃及发生一种使人的身体变得极其难看的流行病⑤的时候，国王波科里斯⑥到阿蒙神那里去请示神托⑦，问是否有什么应付的办法。神托要他清洗他的王国，并把这个民族迁移到别的国土上去，因为诸神憎恨这个民族。于是希伯来人就都被搜寻出来，集合到一处；当所有其他离乡背井被弃置到沙漠里来的人都不知所措地在那里哭泣的

① 他是安德罗美达(Andromeda)的父亲，他的故事的背景地一般是放在腓尼基的城市约帕(Joppa)。这里作者是把腓尼基人和犹太人的事情混到一起了。

② 这种说法似乎和《圣经》里所提到的亚伯拉罕移居的事情有一些关系。优斯提努斯(第 36 卷，第 2 章)就认为犹太的起源地是亚述国王统治的一个城市大马士革。

③ 参见《伊利亚特》，第 6 卷，第 184 行；《奥德赛》，第 5 卷，第 282 行。

④ 塔西佗的有关走出埃及的记载看来主要是以公元前 2 世纪的作家吕西玛库斯·亚历山大里努斯的作品为依据的。约瑟普斯就保存了他的叙述，这一叙述在许多地方是同玛涅托、凯列蒙、狄奥多洛斯、斯特拉波、特洛古斯、彭佩乌斯和优斯提努斯的叙述相符合的。

⑤ 根据优斯提努斯的说法(第 36 卷，第 2 章)，这种病是麻风病。

⑥ 波科里斯的统治时期在公元前 763—前 720 年，但犹太人移居的事情一般都认为是公元前 1500 年或更早的事情，因此本书这里的叙述在年代上是不大准确的。

⑦ 阿蒙的神托所位于今天巴尔卡高地东南部的西瓦绿洲(Siwah)。关于这一地方的情况，参见希罗多德：《历史》，第 4 卷，第 181 章。

时候，流亡者当中只有一个名叫摩西的人告诫他们，不要指望诸神或是人们能够给他们援助，因为他们是被神和人所遗弃的人。他们应当相信他们自己，把那能首先帮助他们摆脱他们目前苦难的人看成是上天派来的引路者。他们一致同意了他的说法，于是他们就踏上了他们的旅途。他们完全凭命运的支配，一点也不认识道路。使他们最感苦痛的是缺水，①而且实际上他们已经精疲力尽地倒在平原上和死人差不多了，但正是在这个时候，有一群野驴从它们的草地向着一座有树林覆盖的小山那里走去。摩西跟着它们走，他从有草地这一点推测到实际的情况，从而发现了大量的水流。这种情况挽救了他们，于是他们又继续行进了六天，而在第七天里占据了一块地方，把原来的居民从那里赶了出去。他们就在那里建立了一座城市，并奉献了一座神殿。

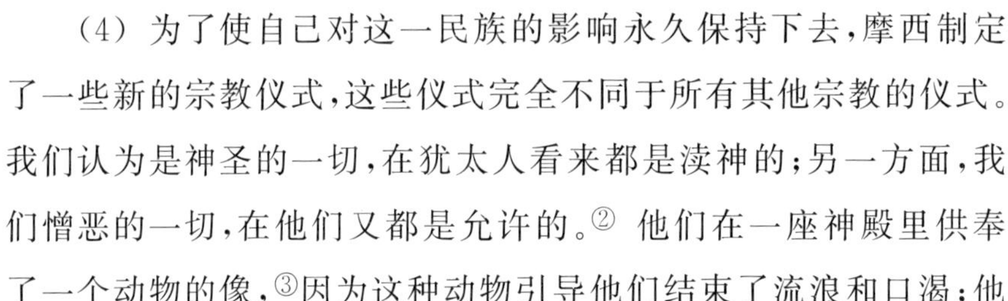

(4) 为了使自己对这一民族的影响永久保持下去，摩西制定了一些新的宗教仪式，这些仪式完全不同于所有其他宗教的仪式。我们认为是神圣的一切，在犹太人看来都是渎神的；另一方面，我们憎恶的一切，在他们又都是允许的。② 他们在一座神殿里供奉了一个动物的像，③因为这种动物引导他们结束了流浪和口渴；他

① 参见《旧约全书》，“出埃及记”，第15—23章。

② 例如他们允许伯父或叔父同侄女结婚。

③ 这里指野驴的像。在犹太的传统和崇拜里出现了驴子，这可能是由于把犹太人的移民同埃及的有关提彭(Typhon)骑着驴子逃跑了七天的神话混同起来。普鲁塔克就清楚地指出，有些人把提彭的神话同犹太的初期历史混到一处。但是根据狄奥多洛斯的说法，安提奥库斯·埃披帕尼斯在耶路撒冷的一座神殿里就看到一座骑驴的人像并且推定这个人就是摩西。

们把一只公羊作为牺牲献给它，这对阿蒙显然是一种嘲弄。[①] 他们同样把牛作为牺牲，因为埃及人是崇拜阿披斯的。他们由于过去得过一种传染病而不吃猪肉，因为他们就是从猪身上传上了疥癣病的。甚至今天他们还经常斋戒禁食，[②]这一点证明他们过去遭受过长期的饥饿之苦，而不加酵粉的犹太面包现在仍然被食用，以纪念他们过去取得谷物时的仓促情况。[③] 他们说他们最初选择第七天为休息日，是因为他们的痛苦是那一天才结束的。但是过了一个时候，他们因为爱上了懒散的生活，结果每到第七年也什么都不做了。[④] 另有一些人说，他们是为了纪念撒图尔努斯才这样做的。这或者是因为他们的宗教的最初原理是伊达埃伊人规定下来的，而根据传统的说法，伊达埃伊人是同撒图尔努斯一同被逐并且成了犹太民族的始祖的；或者是因为这样一个事实，即在控制着人类的命运的七个行星中，撒图尔努斯[⑤]的轨道最高，也最有权威；而且许多天体的运行和旋转都是和七的倍数有关的。[⑥]

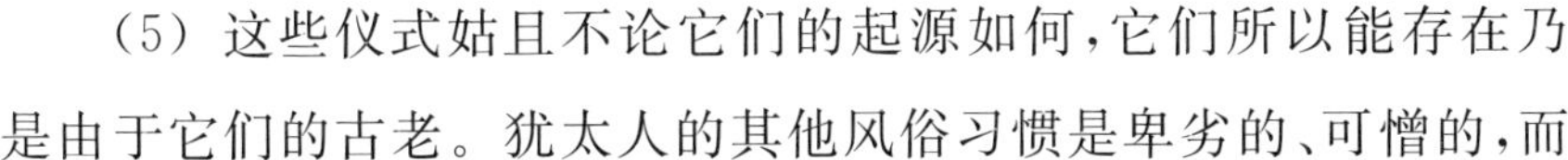

(5) 这些仪式姑且不论它们的起源如何，它们所以能存在乃是由于它们的古老。犹太人的其他风俗习惯是卑劣的、可憎的，而

① 在艺术品中，埃及的神有公羊的角。

② 摩西只制定了每年一次的斋戒，这就是7月10日的大赎罪日。但后来斋戒日就多了起来，法利赛人甚至每周斋戒两次。

③ 参见《旧约全书》，“出埃及记”，第12章，第15—20，34—39节。

④ 参见《旧约全书》，“申命记”，第15章；“利未记”，第25章，第4节。

⑤ 希腊人和罗马人都采用了埃及人的用行星的名字给日子命名的办法。撒图尔努斯（土星）日就相当于犹太人的安息日。

⑥ 参见狄奥·卡西乌斯，第37卷，第18章以次。

且正是由于它们的邪恶，它们才得以保存下来。因为在其他民族当中那些最坏的恶棍，他们放弃了古老的宗教，却始终不断地把贡品和献礼送到耶路撒冷，[①]这样就增加了犹太人的财富。而且犹太人相互间是极端忠诚的，他们在自己人中间总是准备向别人表示同情，但是对每一个别的民族，他们却只有憎恨与敌视了。[②] 他们吃饭、睡觉都不在一处。虽然他们整个民族都是生性淫荡的，但是他们却不同外国女人发生关系。可是在他们中间，任何事情都是合法的。他们采用了割礼，借以用这样的区别使自己同别的民族分开。皈依了他们的宗教的那些人都采用了同样的办法，而他们所接受的最早的教训就是藐视诸神，[③]同他们自己的国家脱离关系并且不把他们的双亲、儿女和兄弟放在心上。不过，他们却也设法增加自己的人口；因为他们认为杀死任何晚生的孩子[④]都是一种罪过，而且他们还相信，在战争中或是被刽子手杀死的人们的灵魂是不朽的：因此他们就特别喜欢生男育女，并且不把死亡放到

---

① 所有的犹太人和新皈依犹太教的人每年都要给神殿献礼，每人每年是两个德拉克玛。在塔西佗的时代，巴勒斯坦以外的犹太人大约有四百万。所以约瑟普斯指出（《犹太古代史》，第 7 卷，第 2 章）：“任何人都不应对我们神殿的财富感到惊讶，要知道，世界上所有的犹太人很久以来就都是向神殿献礼的。”

② 当时对基督教徒也有过类似的指责，参见塔西佗：《编年史》，第 15 卷，第 44 章。对犹太人的这种看法也见于古代的其他作家，例如庇洛斯特拉图斯（Philostratus）就说：“犹太人离开我们较之苏撒人、巴克妥利亚人和印度人离开我们更远。”狄奥多洛斯（第 34 卷，第 1 章）也说：“他们把所有的人都看成自己的敌人。”

③ 信奉多神教的罗马人很容易吸收多神教的宗教，但对于犹太的一神教却难于理解。

④ 这里所说的晚生的孩子（agnatus）是指父亲立了遗嘱之后才生的孩子，或是不受欢迎、不愿有的孩子。参见塔西佗：《日耳曼尼亚志》，第 19 章。

眼里。他们按照埃及人的习惯，对死者大多是埋葬，[①]而不是火化。他们对死者施以同样的照料，关于地下的世界也抱着相同的信仰；但是他们的有关天上事物的想法却是恰恰相反的。埃及人崇拜许多动物和怪诞的形象；但犹太人认为只有一个神，而且只有用心灵的眼才能看到这个神。他们认为用可以毁坏的物质把神像塑造成人形的那些人对神都是不敬的。在他们看来，那最高的和永恒的存在是不可能表现出来的，而且是没有终止的。因此他们在他们的城市里就不立神像，更不用说在他们的神殿里了。他们也不用给他们的国王立像的办法来谄媚他们，对恺撒也不给以这样的荣誉。但由于他们的祭司通常是在笛子和铙钹的伴奏下歌唱并且戴着常春藤的花环，而且因为在他们的神殿里人们发现了黄金的葡萄蔓，[②]所以有些人便认为他们是崇奉东方的征服者利倍尔[③]的，虽然这种崇拜同他们的风俗习惯根本不协调。要知道，利倍尔规定的节日仪节的性质是欢乐的，但是犹太人的生活习惯却是荒诞不经的和卑贱的。

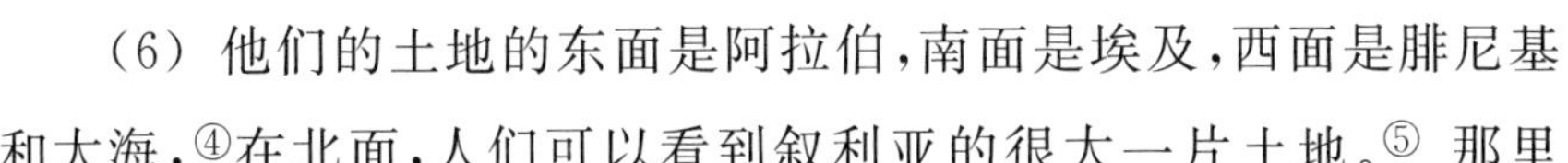

（6） 他们的土地的东面是阿拉伯，南面是埃及，西面是腓尼基和大海，[④]在北面，人们可以看到叙利亚的很大一片土地。[⑤] 那里

① 实际上，埃及人把他们的死者制成木乃伊，但是犹太人只是给死者涂上香料，参见《新约全书》，“约翰福音”，第19章，第40节：“他们就照犹太人的殡葬的规矩，把耶稣的身体用细麻布加上香料裹好了。”

② 黄金制的葡萄蔓是作为还愿的礼物献给神殿的。

③ 古意大利的神，相当于希腊的巴库斯神（酒神）。

④ 这里不是犹太本土以西，而是迦利里以西，塔西佗是把迦利里包含在犹太之内的。

⑤ 这是说从黎巴嫩山俯视科列叙利亚（Coele-Syria）。

的居民是健康的和吃苦耐劳的。雨水稀少，土地肥沃。[①] 那里的出产和我们这里[②]的出产相似，所不同的是那里也生长凤仙花和棕榈树。棕榈树是一种高大而又美丽的树。凤仙花[③]只是一种灌木。如果涨满了汁液的花枝用铁针刺过的话，叶脉就要枯萎。因此人们就用石头或是陶器的碎片来切开它。医生们使用它的汁液。[④] 在那里的群山当中，最高的是黎巴嫩山；[⑤]老实说，这座山可以说是一件奇迹，因为尽管那里的气候极端炎热，它的山顶却有树木和白雪覆盖着；它同样又是约旦河的源头和供水者。[⑥] 这条河不是流入大海的，而是以同样的水量流经两个湖，最后才消失在第三个湖里。这第三个湖是一个大湖，[⑦]它像一个海，但是它的水的味道却是令人作呕的，而且它的那种讨厌的气味对于住在它附近的人来说是有害的。风不能吹动它的水，在它那里，水鸟和鱼都不能生活。它那毫无生气的水波漂得起抛到上面去的任何东西，就好像抛在坚硬的土地上似的。任何游泳的人，不论他是否熟练，都

① 这似乎指迦利里，因为犹太本土是荒瘠得多的。

② 指意大利。

③ 棕榈树和凤仙花多产于约旦河流域一带，特别是耶利哥(Jericho)附近。约瑟普斯说凤仙花是希巴(Sheba)的女王带到犹太来的，目前巴勒斯坦的棕榈已很罕见了。这是一种可作药用的芳香植物。参见斯特拉波：《地理》，第16卷，第763章；普利尼：《自然史》，第12卷，第111章。

④ 这种汁液就是没药。

⑤ 作者在这里所指的显然是安提黎巴嫩山(Antilebanon)的南峰赫尔蒙峰(Hermon)，该峰高约九千英尺。

⑥ 约旦河的水源在赫尔蒙山(Hermon)上，作者显然把它同黎巴嫩山等同起来了。

⑦ 前两个湖是沼泽式的美罗姆湖(Merom)和根尼撒列特湖(Gennesareth)，最后的湖则是死海。死海四十英里长，九英里宽，在海面下一千三百英尺。

能漂在水上。在一年的某个季节里，海水把沥青喷出来，经验教会当地人如何收取沥青，[①]就和它教会了他们所有的技艺一样。沥青本来是一种深色的液体，这种液体如果用醋喷洒到上面就会凝结，漂在水面上。那些收取沥青的人用手抓住它，把它拖到船的甲板上，在这之后无需用人工的帮助，沥青自己就陆续流进来，直到把船装满，再把流进来的沥青切断。不过你却不能用青铜或铁的东西来切断流到船里来的沥青；它一遇到血或是为妇女的月经所玷污的布就会缩回去。这就是古代作家的说法，但是对当地熟悉的人们却断言，漂浮起来的大块沥青[②]是被风吹到岸上，或是用手拖到岸上的。沥青在那里被地上的热气或太阳的热力烘干之后，人们再用斧头或是楔子把它们劈开，就像是劈木块或石块一样。

（7）在离这个湖不远的地方有一个平原。根据记载，这个平原一度曾是肥沃的，而且上面有过若干大城市，但后来却为电火烧毁了。[③] 据说到现在在那里还可以看到这一灾难的痕迹，而且这个地方看起来是被烧毁的并失去了它的肥沃。老实说，那里所有的植物，无论是野生的还是人工培植的都变成了黑色，都不结果实，它们在长了叶或长了花的时候，或是在达到它们通常的成熟形式之后，就枯萎成为尘土了。至于我本人，尽管我可以假定名城一度曾被天火所摧毁，但我仍旧认为，正是从湖里蒸发出来的东西沾

---

① 收集沥青今天仍是死海沿岸居民的主要工业。

② 约瑟普斯在《犹太战争史》第 4 卷，第 8 章里说大块的沥青和没有头的牛一样。

③ 这里所指的是《旧约全书》“创世纪”第 19 章中所提到的、被火烧毁的所多玛(Sodom)和蛾摩拉(Gomorrah)。这里所说的天火，实际上可能是火山。斯坦莱(Stanley)认为城市的摧毁同死海附近盐山的形成有关。

染了土地并且毒化了这一地区的空气，而且正是这个原因，谷物和果实才枯萎，因为土壤和空气都是有毒的。[①] 倍路斯河[②]也是流入犹太海的；在它的河口四周有一种沙子，这种沙子同硝石混合起来就可以溶解出玻璃来。这一段海岸地带并不大，[③]但是它供应的沙子却是取之不竭的。

(8) 在犹太的很大一部分土地上都有散在的村落，然而也还有若干城镇。[④] 犹太人的首府是耶路撒冷。在那里有一座拥有巨大财富的神殿。[⑤] 第一道工事保卫城市，第二道工事保卫皇宫，最内部的一道城墙保卫神殿。[⑥] 只有犹太人可以走近神殿的门，而

① 参见约瑟普斯：《犹太战争史》，第 4 卷，第 8 章；斯特拉波：《地理》，第 16 卷，第 763 章以次；普利尼：《自然史》，第 5 卷，第 71 章以次；第 7 卷，第 65 章。

② 倍路斯河，即纳曼河(Naaman)是巴勒斯坦第二大河，发源于迦利里的高地，在圣冉达克(St. Jean d'Acre)附近流入地中海，它实际上是腓尼基的河流。参见普利尼：《自然史》，第 36 卷，第 26 章。

③ 普利尼(同上书)说大约有五百步长。

④ 约瑟普斯说，在伽利里的九十到一百平方英里的土地上有二百零四个村落和十一个城镇。斯坦莱(《西奈和巴勒斯坦》，第 2 章)说："巴勒斯坦的无数废墟，不管它们的时代如何，使我们只要一看就可以知道，我们不能从当前这一凄凉荒废的景象来判断古时的繁荣。"

⑤ 应当注意的是：塔西佗是在神殿被毁之后写作的。他特别说明耶路撒冷是犹太人的首府，因为罗马的代理官驻在恺撒列亚。

⑥ 约略说来，耶路撒冷位于一块有低地错杂其中的高地上。它除了北面之外，其他三面都是深谷(欣嫩谷〔Hinnom〕和耶霍沙法特谷〔Jehoshaphat〕)，从而形成了几乎无法进攻的天然屏障。在城市西北部则正像塔西佗所说的有几道防线。从本文看来，这三道防线似乎是同一圆心的，但实际上并非如此。但塔西佗的说法在下述的意义上来说却是正确的，即军队要占领三四道城壁才能控制全城。米尔曼说有四个各不相属的城区需要分别加以围攻。在第一城壁之内的是贝吉塔郊区(Bezetha)，紧接在它的南面是城市较低的部分阿克拉，设防的摩利亚山(Moriah)(山上有神殿和安托尼乌斯塔)和锡安山(Sion)(山上有王宫)。以上各区均各有城壁围绕着。

且除去祭司之外，任何人都不准到里面去。当亚述人、米地亚人和波斯人统治着东方的时候，犹太人被他们看成是他们的最下贱的臣民。但是自从马其顿人成了统治者①以后，国王安提奥库斯曾试图取消犹太人的迷信并且把希腊的文明介绍过来。不过对帕尔提亚人的战争却使他未能改善这个最卑鄙的民族，因为正是在这个时候，阿尔撒凯斯叛变了。② 后来由于马其顿的势力衰微下去，帕尔提亚人还没有强大起来而罗马人又远在千里之外，犹太人就选择了他们自己的国王。③ 不过这些国王却又依次地被性格无常的民众赶跑了。但是在他们用武力恢复了他们的王位之后，④他们却又把公民赶跑、摧毁城市，杀死了兄弟、妻子和父母并且毫不犹豫地敢于做出了王族的所有其他种类的罪行；不过对于民族的迷信他们还是奖励的，因为他们利用祭司的地位来支持他们在国内的统治。

（9）征服了犹太人并且作为征服者而踏入了他们的神殿的第

① 这里指叙利亚的塞琉古王朝。

② 阿尔撒凯斯是在安提奥库斯二世（公元前260—前245年在位）叛变的，但是塔西佗在这里却把阿尔撒凯斯的叛乱同安提奥库斯四世当政时期由于迫害犹太人而引起的玛卡比战争（公元前167—前164年）混淆到一起了。

按安提奥库斯四世埃披帕尼斯（公元前176—前164年在位），由于不断迫害犹太人而引起了玛卡比或哈司摩尼家族的英勇抵抗并且败于这一家族。塔西佗并不重视犹太的英勇爱国者，因为他憎恨犹太人，从而对犹太人的敌人一概采取偏袒的态度。

③ 根据约瑟普斯的说法，玛卡比或哈司摩尼家族的阿里斯托布路斯第一个采取了国王的称号（公元前107年）。

④ 这可能指国王亚历山大和法利赛人之间的战争（开始于公元前92年，持续六年），也可能指亚历山大的寡妇莎罗美（Salome）在公元前70年死后的争夺王位的斗争。

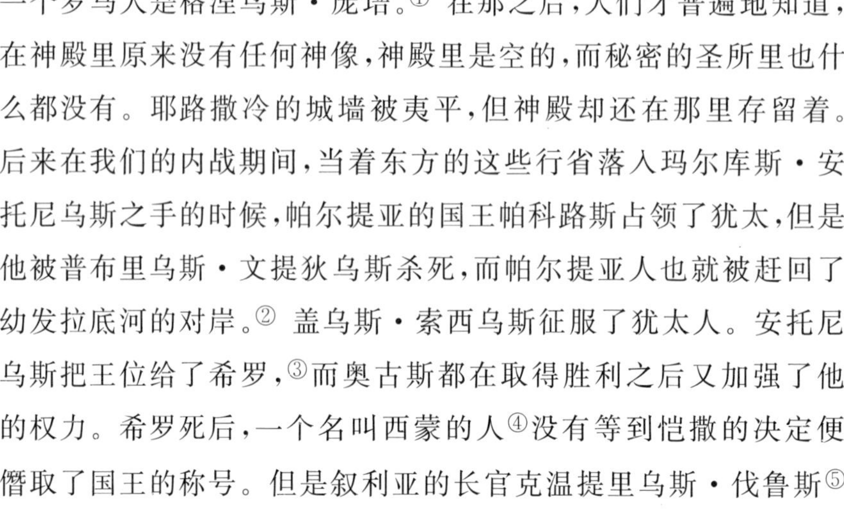

一个罗马人是格涅乌斯·庞培。[①] 在那之后，人们才普遍地知道，在神殿里原来没有任何神像，神殿里是空的，而秘密的圣所里也什么都没有。耶路撒冷的城墙被夷平，但神殿却还在那里存留着。后来在我们的内战期间，当着东方的这些行省落入玛尔库斯·安托尼乌斯之手的时候，帕尔提亚的国王帕科路斯占领了犹太，但是他被普布里乌斯·文提狄乌斯杀死，而帕尔提亚人也就被赶回了幼发拉底河的对岸。[②] 盖乌斯·索西乌斯征服了犹太人。安托尼乌斯把王位给了希罗，[③]而奥古斯都在取得胜利之后又加强了他的权力。希罗死后，一个名叫西蒙的人[④]没有等到恺撒的决定便僭取了国王的称号。但是叙利亚的长官克温提里乌斯·伐鲁斯[⑤]

---

① 庞培在公元前 63 年为了决定叙尔卡努斯和阿里斯托布路斯争夺王位的问题而被请入耶路撒冷。犹太王国暂时被取消，叙尔卡努斯被任命为太守(ethnarchus)和高级祭司。

② 帕科路斯奉了他的父亲欧洛狄斯的命令率领一支军队渡过了幼发拉底河，因为他要履行同布鲁图斯和卡西乌斯的代理人、共和派的拉比耶努斯所缔结的协定(公元前 40 年)。但是他在两年后被杀死。

玛卡比家族的最后的代表者安提戈努斯利用同帕尔提亚的联盟取得犹太的王位，但是他和他的联盟者在公元前 38 年和 37 年被安托尼乌斯的副帅索西乌斯和文提狄乌斯所打败。安提戈努斯在安提奥奇亚(Antiochia)被斩首。

③ 文提狄乌斯和索西乌斯都是安托尼乌斯的副帅。希罗在索西乌斯的支援下在公元前 37 年赶跑了玛卡比王朝的最后一个代表者。王位于是转入亲罗马国王的手里。

希罗的父亲安提帕提尔是伊都米亚的贵族，犹太太守叙尔卡努斯的大臣。安提帕提尔在世时，希罗是伽利里的长官。安提帕提尔死后，安托尼乌斯任命他为这一行省的总督。安提戈努斯在被玛卡比族驱逐后就逃往罗马。他所拥护的恺撒派把他提升为犹太国王。他娶了安提戈努斯的侄女玛利亚姆妮，这样便加强了自己的要求继承哈司摩尼家族的遗产的权利。

④ 希罗的奴隶。他率领着耶路撒冷和耶利哥之间溪谷中的一群强盗，自称以色列国王。

⑤ 他可能就是十二年之后在提乌托布尔格森林中同自己的军队一道覆灭的那个伐鲁斯。

处死了他；犹太人遭到了镇压；王国被分为三部分，分给了希罗的儿子们。[①] 在提贝里乌斯当政期间，一切都是平静无事的。但后来当卡里古拉下令犹太人在他们的神殿中设立他的像的时候，他们就宁肯诉诸武力抵抗的办法，但皇帝的死亡结束了他们的暴动。[②] 国王们这时不是死掉就是变得默默无闻了，[③]克劳狄乌斯于是把犹太变成一个行省，并把它交给了罗马的骑士或被释奴隶来负责。有一个名叫安托尼乌斯·费里克斯[④]的被释奴隶备极残酷、放荡，他带着奴隶的一切本能来行使一个国王的权力。他娶了

① 阿尔凯拉乌斯作为太守治理犹太、伊都米亚南部和撒玛利亚北部。希罗·安提帕斯作为总督治理伽利里和培莱亚，菲利浦作为总督治理约旦河以东的地区（伽乌洛尼提斯、巴塔奈亚、特拉科尼提斯、伊图莱亚、奥拉尼提斯）。九年之后，阿尔凯拉乌斯被皇帝黜免和放逐，犹太和撒玛利亚暂时成为罗马行省，由皇帝的代理官负责。

② 虽然卡里古拉的要求使犹太人感到难以服从，但实际上他们并未诉诸武力。根据约瑟普斯的比较详细的记载，叙利亚的长官佩特洛尼乌斯自己担起了不服从皇帝命令的责任并且为他们向皇帝说情。可以肯定，如果不是卡里古拉死掉，他的这种大包大揽的作风是会把自己毁掉的。

③ 阿尔凯拉乌斯是在亡命时期死掉的。希罗·阿格里帕一世（希罗大王的孙子、卡里古拉的友人）不仅继承了菲利浦的约旦河对岸的领土，而且还设法取得伽利里和培莱亚的总督职位，因为这时他的叔父希罗·安提帕斯正在放逐中。公元41年阿格里帕奉准把犹太和撒玛利亚诸地区（它们在过去三十多年中间一直是罗马的行省）并入自己的王国，但是他未能长久享受自己的王位，而在公元44年被虫咬气绝（参见《新约全书》，“使徒行传”，第12章）。他的年轻的儿子只继承了他的叔父的卡尔启斯的土地，后来他便奉准换了约旦河以东的土地。犹太、伽利里、撒玛利亚和培莱亚后来成了罗马的一个行省。

④ 安托尼乌斯·费里克斯是克劳狄乌斯的臭名昭著的宠臣帕拉斯的兄弟。根据约瑟普斯的《犹太古代史》（第20卷，第7章）的记述，他在公元52—60年是犹太的代理官，但在公元52年以前似乎只治理它的南半部。参见塔西佗：《编年史》，第12卷，第54章。

克利欧帕特拉和安托尼乌斯二人的外孙女杜路西拉①为妻，这样就成了安托尼乌斯的孙婿，而克劳狄乌斯则是安托尼乌斯的孙子。

（10）但犹太人却一直忍受到盖西乌斯·佛洛路斯②担任代理官的时候才开始了对罗马的战争。③ 当叙利亚的长官凯司提乌斯·伽路斯想制止这场战争的时候，他的运气是有好有坏的，但一般地说是败多于胜。④ 在他死时——他也许是善终的，也许是愁死的⑤——尼禄派来了维斯帕西亚努斯。维斯帕西亚努斯仗着他的好运和声誉，也仗着他有一批优秀的辅佐，他在两个夏天里便利用他的胜利的军队占领了全部平原地带和除耶路撒冷之外的一切城市⑥。下一年被用到内战上面去，所以在谈到犹太人时，这一年里没有发生什么事情。但是当整个意大利恢复了和平的时候，外患又开始了。只有犹太人不肯投降这样一个事实，加深了我们的愤怒情绪。与此同时，考虑到一个新王朝的一切可能会发生的事件和可能会遭到的意外事件，看来要提图斯和军队留在一起还是合适的。

① 阿格里帕的第二个女儿，阿格里帕娶了安托尼乌斯和克利欧帕特拉的一个女儿赛浦路斯。

② 盖西乌斯·佛洛路斯是克拉佐美纳伊（Clazomenae）地方的希腊人，他娶了尼禄的情妇波培娅的女友克利欧帕特拉为妻。他在公元64—66年间是犹太的代理官。

③ 战争爆发在公元66年秋天。

④ 在他从贝特霍伦山路（Bethhoron）溃退时，他损失了他所有的战争器械和将近六千人。这是伐鲁斯在日耳曼的森林中战败后最惨重的一次失败。

⑤ 有人认为是“自杀”。凯司提乌斯被召回，由木奇亚努斯替代，对犹太人的战争则交由维斯帕西亚努斯负责。

⑥ 如约塔帕塔（Jotapata）、加玛拉（Gamala）和吉斯卡拉（Gischala）等。但实际上有些城市是在耶路撒冷之后攻陷的，这时只不过是处于被包围状态而已。

(11) 因此，正如我在前面所说，提图斯便在耶路撒冷的城前设下了营地，把他的军团[①]排成战斗的队列。犹太人就在他们的城下列成战阵，这样他们在胜利时能随时进击，在被击退时近处也有地方可以逃避。派出了一些骑兵和轻武装步兵去进攻他们，但是战斗不能决定胜负。后来敌人退了回去，在随后的日子里，他们在他们的城门前面展开了多次的小战斗，到最后他们才因为不断遭到失败而退守到城里。罗马人这时就着手准备一次猛袭。因为士兵们认为用饥饿迫使敌人投降，对自己来说是一件不光彩的事情。于是他们便要求不惜冒险进攻，一部分人固然是因为他们的勇敢，但许多人却是出于他们的野蛮本性和夺取战利品的欲望。提图斯本人心里在向往着罗马，向往着罗马的财富和欢乐，他以为如果耶路撒冷不立刻被攻陷的话，他就不能很快地享受到这些东西。但是这座城市是建立在一个高地上面，而且犹太人为它所修建的防御工事甚至足够保卫平原上的城市。原来有两座很高的山[②]被围在城墙内部，而且城墙修得很巧妙，它无论是突出还是凹入都能使进攻队伍的两侧全部受到火力的攻击。山到峰顶处都变成了陡峭的悬崖绝壁。在依靠小山之助而筑起的塔楼工事的高度是六十英尺，在谷地里它们就高达一百二十英尺了。这些塔楼十

① 这里是指第三、五、十、十二、十五和二十二军团。参见本卷第1章。

② 欧列里(Orelli)认为这两座山是阿克拉山(Acra)和锡安山(Zion)，阿克拉山比它南面的莫里亚山(Moriah)要低得多，而从本章末尾的叙述来看，作者所指也显然是阿克拉山和锡安山；但希略斯(Heräus)和莫尔(Moore)则认为是阿克拉山和贝吉塔山(Bezetha)。高德雷(Godley)认为两座山的说法可能是对这座城市的一般叙述，因为该城主要分布在两座山即锡安山和莫里亚山的范围内。

分壮观，[①]而从远处来看，它们是同样高的。内城是环绕着皇宫修筑的，安托尼乌斯塔[②]耸立在特别引人瞩目的高地上。希罗是为了纪念玛尔库斯·安托尼乌斯而给它起了这个名字的。

（12）神殿[③]修建得像一座城堡，它有自己的城墙，这道城墙较之其他任何城墙都修造得更加细心和努力。神殿周边的柱廊本身就是极好的防御工事。在神殿地界之内有一个永不枯竭的泉水；[④]在山里面有开凿的地穴，这里面有盛雨水的池子和水槽。建立这座城市的人早就预见到将会发生多次的战争，因为他们的民族的生活习惯同相邻各民族相去甚远，因此他们把城市的每一个部分都修建得好像会发生一次长时期的围攻似的。但自从这座城市受到庞培的猛攻之后，他们的恐惧和他们的经验又使他们学到很多东西。而且他们从克劳狄乌斯统治时期罗马人的贪欲取得好处，因为他们用贿赂的办法取得了修筑他们的城防工事的特权，他们在和平时期筑城就和在战时一样。这时这里的人口由于被攻占的其他城市[⑤]的大群民众的涌入而增加了，因为天不怕地不怕的叛乱分子都逃避到这里来，所以这里的叛乱因素就更多了。那里

① 外围工事有塔楼九十个；根据约瑟普斯在《犹太战争史》（第5卷，第4章）中的说法，塔楼全部是一百六十四个。

② 这个要塞原来叫做巴利斯（Baris），位于神殿高地西北角一个九十英尺高的小山上。希罗一世重修和加强了它的防守，有时它被用来驻屯罗马卫戍部队。

③ 在该城东部莫里亚山上，神殿每面长度约220码，周边有柱廊环绕着。

④ 这里塔西佗所指的可能是西罗亚池（Siloam）。耶罗美（Jerome）说这个泉水是间歇性的，不是永不枯竭的。

⑤ 这些城市是公元67年和68年维斯帕西亚努斯和提图斯攻占的，它们是约塔帕塔、加玛拉、吉斯卡拉和吕达。

有三个统帅，三支军队：最外面也是最大的一道城墙①由西蒙②防守；城市的中心部分由约翰③防守；神殿由埃列亚札尔④防守。约翰和西蒙在人力和装备方面都强。埃列亚札尔则在地形方面占有优势。在这三个人之间不断发生战斗、叛变和纵火的事件，而且大批的粮食被消耗掉。继而约翰借口奉献牺牲⑤派了一队士兵去把埃列亚札尔和他的军队杀掉，从而占领了神殿。这样市民中间便分成了两派，直到罗马人迫近的时候，外患才使他们言归于好。

(13) 一些怪事的确发生了。⑥ 但是用奉献牺牲或是许愿的方式来回避这些怪事在这个民族看来却是不合法的，⑦这个民族虽然一向迷信，然而他们却反对任何慰解的仪式。人们在天空中看到了交战的大军，武器闪闪发光，突然间从云间射出的火光照亮

① 即阿格里帕城墙，它把全市围绕在内，阿克拉山和贝吉塔山也在其中。

② 西蒙是约旦河以东盖拉撒(Gerasa)人，原来是一支打劫的队伍的头目，他既反对耶路撒冷的迦利里犹太教徒，又反对罗马侵略者。后来由于城市内部的争吵，他才在公元 68 年被吸收到城里去，参加了伊都米亚派。他们把他说成是人民的救主。耶路撒冷陷落后西蒙作为最勇敢的犹太领袖被解往罗马以点缀提图斯的凯旋式，随后便被处死了。

③ 约翰是迦利里犹太教徒的领袖，他是在他的故乡吉斯卡拉陷落后逃到耶路撒冷来的。城市中心部分指神殿除外的安托尼乌斯塔和莫里亚山。

④ 他是爱国的主战派的领袖。

⑤ 在逾越节的时候，这时一般是要用羊羔献神的。

⑥ 在怪事当中，约瑟普斯曾提到说在神殿里一只母牛生了一只羊羔。但是最奇怪的一个故事却是：阿那努斯的儿子一个名叫耶稣的，在城市攻陷之前的七年中间不断地在街上喊：“让耶路撒冷遭难吧！”人们把他当作无害的疯子，才没有惩罚他。但在围城期间他突然又喊：“让我自己遭难吧！”就在那个时候他被一块石头砸死了。

⑦ 参见《旧约全书》，“利未记”，第 19 章，第 26 节：“你们不可吃带血的物，不可用法术，也不可观兆。”“耶利米书”，第 10 章，第 2 节也有类似的说法：“耶和华如此说，你们不要效法列国的行为，也不要为天象惊惶，因列国为此事惊惶。”

了神殿。忽然圣所的门打开了，里面一个神灵的声音喊道："诸神离开了！"就在这个时候，人们听到了诸神离开时的巨大的骚动声。[①] 少数人认为这些朕兆是可怕的。大多数人却坚信他们的古老的宗教文献曾预言，正是在这个时候，东方才能强大起来，而从犹太出发的人将会占有世界。[②] 这一神秘的预言实际上指的是维斯帕西亚努斯和提图斯，不过普通民众，正像有野心的人那样，却对这些重大的定数作了有利于自己的解释，甚至在遭到厄运的时候仍不能认识到真理。我们听说，被包围在城内的男女老少一共是六十万人；[③]凡是能使用武器的都能得到武器，而在全部居民中间，愿意作战的人数比人们所能期望的人数要多。男人和妇女表现了同样的坚决。如果有人强迫他们改变自己的祖国的话，那他们是宁肯求死也不肯贪生的。[④]

提图斯·恺撒当前所要进攻的城市和民族就是这样。由于当地的地势使他无法发动猛攻或进行任何突然行动，他就决定使用堆土和活动雉堞的办法。各个军团被分配了自己的任务。战斗暂时停了下来，直到最后他们为着猛攻一个城市而准备好了古人曾经使用过的，或者是现代的才智之士所发明的每一种办法的时候。

(14) 但是在这个时候，在特列维利人那里遭到了失败的奇维

① 参见味吉尔：《埃涅伊特》，第2卷，第351行以次；约瑟普斯：《犹太战争史》，第6卷，第299页(尼斯本)。

② 参见苏埃托尼乌斯：《维斯帕西亚努斯传》，第4章。

③ 约瑟普斯在《犹太战争史》(第6卷，第9章)里说，在这次围攻中死亡的有一百一十万人，这个数目显然是夸大了的。

④ 参见狄奥·卡西乌斯(第66卷，第6章)："他们认为与神殿同归于尽就是胜利和安全。"

里斯[①]却又在日耳曼把自己的军队重新补充起来，并在维提拉扎下了营地。他在这里有良好的地势作为屏障，而且他还要他的蛮族士兵记起他们过去在那里取得的胜利，从而激发起他们的新的勇气。凯里亚里斯跟踪在他的后面，这时他的兵力由于第二、第六和第十四军团的到来而增加了一倍。此外，还有他早已经下令召唤、但直到他取得胜利之后才赶来同他会合的辅助步兵与骑兵部队。

双方的统帅都急于展开战斗，但是他们中间却隔着一大片广阔的、天然的沼泽地带。而且奇维里斯还在莱茵河上斜着修了一道水堤，这样被阻挡的河水便泛滥到附近的地区上来了。这样的一种地形对我们是十分不利的，因为我们不知道浸水地面的情况，这一点对我们很危险。要知道，罗马士兵背负的武器很重，而且是害怕游泳的。但另一方面，日耳曼人却习惯于渡河，而且用的是轻武装，他们的高大的身材使他们能够把自己的头保持在水面之上。

（15）因此当巴塔维亚人向我们的士兵发动进攻的时候，我们的最勇敢的士兵便迎了上去。但是当人马陷到深深的沼泽之中的时候，士兵们就立刻感到十分惊恐了。日耳曼人熟悉水下的地形，所以他们在水中跳来跳去，并且往往离开我们的战线的正面而绕到我们军队的侧面和后面去包围我们。在这里并不曾像通常的步兵战斗那样地发生肉搏战，而这一战斗毋宁是像是一场海战，因为人们都在水里到处挣扎，而且如果他们找到一块坚硬的土地，他们就尽一切的力量保卫它。因此受伤的和没有受伤的士兵，会游泳

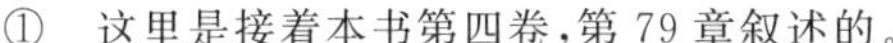

① 这里是接着本书第四卷，第 79 章叙述的。

和不会游泳的人都抓到一处，结果弄得大家同归于尽。不过就混乱的情况而论，我们损失的人数还不算多，因为日耳曼人不敢从沼泽中到干地上来，而是返回了自己的营地。这次战斗的结果促使双方的领袖都想尽快地一决胜负，不过却出于不同的动机：奇维里斯想把他的胜利的斗争进行到底，凯里亚里斯则是想湔雪耻辱；日耳曼人由于自己的胜利而有了勇气，罗马人则由于羞耻而感到激动。在夜间，蛮族高歌长啸，但我们的士兵却十分气愤，并发狠要进行报复。

（16）第二天，凯里亚里斯把他的骑兵和辅助步兵部队配置在第一线，而把他的军团配置在第二线，他自己则亲自率领着若干精锐士兵作为预备部队以应付随时发生的紧急情况。奇维里斯并不是拉开一条长长的战线来迎击他，而是把自己的军队组成一些纵队：巴塔维亚人和库格尔尼人[①]在他的右手；莱茵河对岸的各部落则据守着左翼，也就是离河较近的一面。将领们并不是通过对全军的正式呼吁来激励他们的士兵，而是当他们骑马行经战线上的每一部队时分别加以鼓励。凯里亚里斯回忆了罗马这一名字的古老的光荣，他们过去的和不久之前的胜利；他要他们永久地消灭这些已被他们击败的叛变的和卑怯的敌人；他们需要的毋宁说是报仇，而不是战斗。“不久之前你们曾同优势的敌人作战，但是你们仍然打败了日耳曼人，而且那正是敌人的精锐力量。活下来的人只是那些心怀忐忑和背上负伤的人罢了。”他对每一个军团都作了

① 参见本书第四卷，第 26 章。

适当的鼓励。他称第十四军团是“不列颠的征服者”[①]；他提醒第六军团说，正是由于这个军团的影响，伽尔巴才成为皇帝；[②]他告诉第二军团说，他们应当在那天的战斗中奉献他们的新队旗和他们的新军旗。[③] 随后他又骑马到日耳曼的军队[④]那里去，伸出双手请求这些军队杀死敌人，以便收复他们自己的河岸和他们的营地[⑤]。全军向他发出了热情的欢呼，因为有一些人在长期的和平之后渴望作战，另一些人则又对战争感到厌倦而渴望和平。但是他们所有的人则都希望得到报酬和在这之后的休息。

（17） 奇维里斯在安排他的阵势时也没有沉默，他发出号召说，战斗的地点将会为他的士兵的勇敢作证。他提醒日耳曼人和巴塔维亚人说，他们站在光荣的土地上，正在把罗马军团的尸骨和灰烬践踏在脚下。他高声说：“不管罗马人的眼睛望着什么地方，他们所能看到的就只能是被俘、灾难和不祥的朕兆。你们不必因为你们同特列维利人作战失败而感到惊恐。[⑥] 正是日耳曼人在那里的胜利成了日耳曼人自己的累赘，因为他们抛下了自己的武器，而双手满都是战利品。但是从那时以来，一切就都对我们有利，而对罗马人不利了。凡是明智的将领所应当作的每一项准备工作他

① 参见本书第二卷，第 11 章。

② 驻在西班牙的维克特利克斯第六军团曾选伽尔巴为皇帝。参见本书第三卷，第 44 章。

③ 因为第二军团是最近才征募起来的。参见本书第四卷，第 68 章。军旗（aquila）实际上是鹰徽。

④ 第一、十六和二十一军团曾投到高卢人方面去，后来才又重新效忠于罗马人。参见本书第四卷，第 72 章。

⑤ 即维提拉。

⑥ 参见本书第四卷，第 77 章以次。

都做了：土地虽被淹没，但是对这片土地我们是非常熟悉的；沼地对我们的敌人是致命的。在你们前面的是莱茵河和日耳曼的诸神。记住你们的妻子、双亲和祖国，在他们的神圣的护佑下去作战吧。这一天将是我们的祖先所曾经历的最光荣的一天，否则在我们子孙的心目中，它就是最可耻的一天！"当日耳曼人按照他们的习惯响动自己的武器和狂舞起来以表示赞同这些话时，他们就射出了一阵石头、铅弹和其他投射物而开始了战斗。但由于我们的士兵没有进入沼泽地，所以敌人就设法激发他们的怒气，引诱他们前来接战。

(18) 他们把他们的投射物都用完了，战斗也越来越激烈了，敌人展开了十分凶猛的进攻。他们的巨大身材和他们那极长的投枪使得他们能够从远处刺伤我方在水中滑动和挣扎的士兵。同时又有一队布路克提里人从我前面所提到的、在莱茵河上修筑的那道土堤那边游了过来。这一行动引起了某种混乱，联盟步兵部队的战线在敌人的压力下后退了；但这时军团士兵同敌人发生了接触，他们制止了敌军的疯狂进攻，从而使战斗处于相持不下的状态。这时一名巴塔维亚的逃兵走到凯里亚里斯近前，答应给他一个进攻敌人背后的机会，如果他愿意派遣一些骑兵到沼泽地带的尽头那边去的话。他说在那里是干燥的土地，而且在那里守卫的库格尔尼人是漫不经心的。两队骑兵和这个逃兵一同派了出去，结果他们就得以从侧面包抄了没有料到这一点的敌人。当呼叫声说明这部分士兵已经达到目的地的时候，军团士兵就从正面发动了进攻；日耳曼人被打败并且向着莱茵河那方面逃走了。如果罗马舰队[1]能及时跟踪追击的话，战斗本来是可以在当天结束的。但实际上，甚至骑兵都没有追击，因为突然下起雨来，天也快黑了。

(19) 第二天，第十四军团被派到上行省[2]的伽路斯·安尼乌斯[3]那里去。从西班牙调来的第十军团在凯里亚里斯的军队里补了这个军团的空额。奇维里斯这方面从卡乌奇人那里得到了一些辅助部队的支援。虽然如此，他不敢保卫巴塔维亚人的首都[4]，而是把能够携带的东西都带走，余下的一切都烧掉，然后退到岛上去，因为他知道，凯里亚里斯没有船搭浮桥，而且罗马军队是没有任何别的办法可以渡河的。此外他还摧毁了杜路苏斯·日耳曼尼库斯所修建的水堤，[5]而由于这道封锁了莱茵河的水堤被摧毁，他就使莱茵河的河水汹涌澎湃地沿着毫无阻碍的河道泄入了高卢。[6] 这样一来，莱茵河的河水实际上是被泄了出去，结果在岛和日耳曼之间的浅浅的河道就使得土地好像是连成一片了。图托尔

① 罗马在莱茵河上通常是驻有小舰队的，参见本卷第21章。

② 这里指上日耳曼行省。

③ 他是上日耳曼行省的长官，参见本书第四卷，第68章。

④ 拉丁文 oppidum Batavorum，就是"巴塔维亚人的城市"的意思。它相当于现在的什么地方已不易确定，有人认为是今天的克利夫斯(Cleves)。可以肯定的是这一地方在瓦尔河(Waal)的左岸。

⑤ 这一水堤是杜路苏斯在公元前9年开始修造的，公元55年由下日耳曼的长官彭佩乌斯·保里努斯完成。

修建这一水堤的目的是加强罗马的边界防御力量：在河道分叉后，通过水堤以增加右面即北面的河道的水量。水堤把南面河道即瓦尔河的部分河水引入了北面的河道。奇维里斯摧毁了水堤，这就使得北面的河道河水枯竭，但南面的河道充满了河水：这样一方面加强了对罗马人的防御，同时在另一方面又便利了他同日耳曼的联系。关于这道水堤，参见塔西佗：《编年史》，第13卷，第53章。杜路苏斯还开了一道运河，把右面的河道同依赛尔河(Yssel)连接起来。

⑥ 这是说，莱茵河的河水泄入了它的南面的支流瓦尔河。

和克拉西库斯以及一百十三名特列维利人的元老渡过了莱茵河[①]。在这些元老中，就有我前面所提到的那个被普利姆斯·安托尼乌斯派往高卢的阿尔披尼乌斯·蒙塔努斯。[②] 和他在一起的还有他的兄弟戴奇姆斯·阿尔披尼乌斯。同时所有其他的人也都试图用诉诸对方的同情心或送礼的办法在这些勇敢的和喜欢冒险的部落当中寻求支援力量。

(20) 实际上战争远未结束，因为就在同一天里，奇维里斯在四个地方进攻辅助步兵和骑兵部队以及正规军团的常设营地，同时他还在阿列纳库姆[③]进攻第十军团，在巴塔沃杜路姆[④]进攻第二军团，在格林尼斯和瓦达[⑤]进攻辅助步兵与骑兵部队的营地。他还把他的兵力分散开来，使他和他的侄子维拉克斯、克拉西库斯和图托尔各领一支军队；他们并不指望在每一个地点都取得胜利，但是他们相信，在许多地方同时发动进攻时，他们总会在某一个地方取得胜利的。而且他们认为，凯里亚里斯的警惕性不是很高，在他接到不同的战报而从一处匆匆赶向另一处的时候，人们是完全可以截击他的。准备进攻第十军团的营地的那支军队，认为向一个军团发动猛袭是件困难的事情，于是就截击了离开工事并且忙于砍伐木材的部分士兵，[⑥]他们还得以杀死了营帅、五名主力百人团

① 这里指瓦尔河。

② 参见本书第三卷，第 35 章。

③ 大概在克利夫斯附近。

④ 大概在尼姆威根(Nymwegen)附近。

⑤ 这两个地方不详。

⑥ 砍伐木材为修造工事之用，参见本书第四卷，第 23 章。克利夫斯的森林盛产木材。

长和一些普通士兵；其他的士兵于是就据守在工事里保卫自己。这时巴塔沃杜路姆的一支日耳曼人的军队则试图摧毁已经在那里开始修建的一座桥梁；到夜里才结束了这场不分胜负的战斗。

（21）格林尼斯和瓦达两地的局势比其他地方更加危险。奇维里斯想用猛攻的办法攻占瓦达，克拉西库斯则想用同样的办法攻占格林尼斯。我们无法挫败他们的进攻，因为我们的最勇敢的士兵都阵亡了，其中就有一个骑兵中队的队长不列刚提库斯。在前面我们提到过，[①]他是忠于罗马人并敌视他的叔父奇维里斯的。但是凯里亚里斯率领的一支精锐骑兵部队的到来，扭转了这一天的局势，日耳曼人一直被赶到河里[②]去了。正当奇维里斯想把逃跑的士兵重新集合起来的时候，他被我们认了出来，结果我们大量的投枪向他投去，但是他跳下了马，泅水渡过了河。维拉克斯也是这样逃跑的。图托尔和克拉西库斯则是被前来接应他们的一些船渡过了河的。甚至在这样的时刻，罗马的舰队也未能就近助战。舰队的确是接到了作战的命令，但是恐惧以及桡手被分散去执行其他战斗任务的情况，使他们无法执行命令。凯里亚里斯通常确实是不给别人充分的时间来执行他的命令；他的计划是仓促的，但胜利却很辉煌。甚至当他没有好办法时他的运气都能帮助他取得胜利。结果是他和他的士兵都很不重视纪律。几天后他几乎被敌人所俘虏，但是他未能逃脱随之而来的耻辱。

（22）原来他曾到诺瓦伊西乌姆和波恩去，视察正在那里作为

① 参见本书第四卷，第70章。
② 指瓦尔河。

军团的冬营[①]而正在修建的营地，现在正在随同舰队一同返回，但他的卫士却散在各处，他的哨兵也放松了警惕。日耳曼人注意到了这一点，组织了一次伏击。他们选择了一个乌云满天的黑夜顺流而下，在无人抵抗的情况下潜进了营地。[②] 他们起初是用巧计来帮助他们的进攻，原来他们割断了营帐的绳索，而趁着营帐压在士兵们身上的时候杀死了罗马的士兵。另一支兵力则使舰队陷入了混乱，因为他们把铁钩子抛向船的甲板，而把船只拖跑了。起初为了不引起人们的注意，他们不声不响地活动，但屠杀开始以后，他们却又大声叫喊起来，试图以此加强对方的惶恐情绪。由于负伤而惊醒的罗马人，起来去寻找他们的武器，并在营地的通路上跑来跑去。只有很少的人正式地装备起来，大多数的人只是把外衣卷在胳臂上，抽出刀来作战。他们那还没有完全醒来而且又几乎是裸体的统帅，只是由于敌人弄错了人才逃了性命。原来日耳曼人拖走了他的上面有旗帜作为标记的旗舰，[③]以为他就在那里。但是凯里亚里斯却是在别的地方度夜的，许多人相信这是因为他同一个乌比伊人的女人克劳狄娅·撒克拉塔私通的缘故。哨兵们想利用他们的统帅的丑行来掩盖他们自己的错误，声称他们曾奉命保持安静，这样他们的统帅的休息才不至受到干扰，而且正是由

① 这次战争已经持续了将近整整一年。

② 凯里亚里斯是在河岸上设营的，从上下文来看这里显然是乌比伊人的地区，在诺瓦伊西乌姆和维提拉之间。

③ 黑夜里是看不到旗帜的，因此有人认为可能是日耳曼人在白天已经进行了侦察。根据李维的《罗马史》（第 29 卷，第 25 章），旗舰上有三个灯笼作为标帜。

于这个原因，才取消了喇叭的信号[①]和对人们的盘问[②]，结果他们自己也就睡倒了。敌人在光天化日之下乘着他们俘获的船离开了；他们把旗舰拖到路皮亚河[③]作为献给维列妲的礼物去了。[④]

（23）奇维里斯现在很想在罗马人面前显示一下自己的海军力量，于是他把所有的双层桨的舰船和所有只有一层桡手的船只都装备起来。在舰队之外，他还加上了大量的小船，每只小船上配置三十或四十个人，[⑤]里布尔尼亚快船上配置的人数一般就是这样。而同时他俘获的船只则都用五颜六色的外衣当作帆，这样不仅好看，而且可以帮助船只的运行。选来作为检阅的地方是一个小小的海子，说起来这里正是玛司河纳入莱茵河的河水，然后再把它送入大海的地方。[⑥] 现在他检阅这支舰队的目的，除了要满足一个巴塔维亚人的生来就有的虚荣之外，还为了吓跑来自高卢的运粮船。对奇维里斯的这一行动与其说感到害怕、毋宁说更加感到惊讶的凯里亚里斯也把他的舰队整顿起来。他的舰队虽然船只的数量较少，但是质量却较优，因为他这方面有较多有经验的桡

① 喇叭的信号表示换班的开始。

② 主要是口令。

③ 利珀河（Lippe）。

④ 参见本书第四卷，第 61 章。

⑤ 拉丁文原文在这里有脱落，文意很不清楚，这里是根据莫尔（Moore）的推测译出的。但葛尔策（Goelzer）则认为三十或四十是指小船的数目。莫尔的依据似是比尔努（Burnoff）。有的译者（例如摩斐）则认为大量船只中只有三四十只是按照里布尔尼亚人的方式装备起来的。

⑥ 大约六英里宽的水面，当玛司河和同东莱茵河相接的列克河的合流处。作者这里是说，玛司河与瓦尔河汇合之后，又纳入了列克河的河水，然后以摩撒河（Mosa）的名字入海。普利尼在《自然史》（第 4 卷，第 15 章）中把这片水域称为“赫里尼乌姆”（Helinium）。

手，较多熟练的舵手和更大的舰船。他的舰船受到了顺流而下的水势的帮助，但是他的对手却得到了顺风的帮助。因此两支舰队在相互驶过时用较轻便的投射物相互投射了一下便又分开了。奇维里斯却也不敢再有什么举动，而是撤退到莱茵河[①]对岸去了。凯里亚里斯毫不留情地蹂躏了巴塔维亚人的岛，但是却按照统帅们的常用的办法，而没有触动奇维里斯的土地和房屋。[②] 就在这个时候，秋天快要过去了，再加上继之而来频繁的秋分雨，这就使得河水涨了出来，结果地势低湿的岛看起来便成了一片沼泽。手头既没有舰队，也没有粮食，而又位于平地之上的罗马营地也开始被急流冲跑了。

（24） 奇维里斯后来曾宣称，罗马军团当时本来是可以被歼灭的，而且日耳曼人有这个打算，只是由于他的巧妙的劝说他们才放弃了。实际上，他的这种说法看来同真实情况相去不远，因为他在几天之后就投降了。原来当凯里亚里斯通过自己的密使向巴塔维亚人指出和平的前景，向奇维里斯指出取得宽恕的指望时，他还劝告维列妲和她的亲属为罗马人民及时地做一件事情以便扭转一次给他们带来了许多灾难的战争的命运：他提醒他们，特列维利人已被割裂，乌比伊人已重新归附了罗马人，[③]巴塔维亚人失掉了他们的故土；他们通过他们同奇维里斯的友谊并没有得到任何别的东西，

---

① 这里指莱茵河的北面的、也就是右手的支流。

② 在伯罗奔尼撒战争中阿尔奇达姆斯（Archidamus）在进攻阿提卡时曾对柏利克里斯使用了这个办法（参见修昔底德：《历史》，第 2 卷，第 13 章）；汉尼拔对法比乌斯的田产也使用了同样的办法（参见李维：《罗马史》，第 22 卷，第 23 章）。这样做是为了使支持奇维里斯的人怀疑他同罗马人有所勾结。

③ 参见本书第四卷，第 79 章。

而得到的只是负伤、放逐和痛苦。他这个无家可归的亡命之徒对于任何收容他的人，只能是一个负担，而且他们由于这样多次地越过莱茵河已经做了够多的坏事。如果他们继续这样犯错误，坏事和罪过将要是他们的，但报复和上天的垂顾却是属于罗马人的了。

（25）这些许诺是同威胁夹杂在一起的。当莱茵河对岸诸部落的忠诚发生动摇的时候，在巴塔维亚人中间便也发生了辩论："我们无论如何不能再把这一多难的战争拖下去了；任何一个民族都无法摆脱加到整个世界上面的奴役。我们虽然用火与剑摧毁了罗马的军团，但是我们所得到的结果是什么呢？这只不过是招来更多的军团和更强的兵力罢了。如果我们过去是为维斯帕西亚努斯作战的话，那么维斯帕西亚努斯现在已经是世界的主人了；如果我们是向武装的全体罗马人民挑战的话，那么我们就必须认识清楚，我们巴塔维亚人在全人类当中是多么微不足道的一个部分。看一看莱提人、诺里库姆人吧，考虑一下罗马的其他联盟者的负担吧。罗马人不要我们缴纳租税，只要我们拿出勇气和人员来。这个条件几乎同自由差不多了。而且如果我们要选择我们的主人的话，我们忍受罗马皇帝的统治较之受日耳曼女人的统治更要光荣一些。"以上是普通民众的说法。至于头目们，他们的说法就更加激烈了："我们是由于奇维里斯发疯才被卷入了战争的。他想毁掉他的国家以逃避他自己的不幸。在我们围攻罗马军团、屠杀他们的统帅并且开始仅仅是奇维里斯需要、但对我们却是致命的这场战争的那一天，诸神是敌视巴塔维亚人的。除非我们开始清醒过来，并且通过对这个首要罪犯的惩罚来表示我们的悔过，我们是不会得到任何东西的。"

（26）奇维里斯对于人们在情绪上的这种变化并不是不知道，

因此他决定走在这些人的前面，这不仅是因为他已经感到吃够了苦头，而且因为他想求得活命，这一点往往使人们的很大的勇气受到挫折。当他请求和罗马人会晤的时候，纳巴里亚河[①]河上的桥被切成两段，而双方的统帅就各自来到断桥的一方。于是奇维里斯就说了下面的一席话："如果我是在维提里乌斯的一位副帅的面前为自己辩解的话，我的行动就不会得到任何宽恕，我的言语也就不会得到任何信任；在他和我之间所存在的只是憎恨。他挑起了争端，而我加剧了争端。但对于维斯帕西亚努斯，我很久以来就怀有敬意。当他还是一个普通公民的时候，我们就以朋友相称。[②]普利姆斯·安托尼乌斯在他送信给我、要我武装起来阻止日耳曼的军团和高卢的青年人越过阿尔卑斯山时，他对这一点是知道得很清楚的。安托尼乌斯在信里敦促我的事情，霍尔狄奥尼乌斯·佛拉库斯亲自劝过我；这样我才在日耳曼发动了同木奇亚努斯在叙利亚、阿波尼乌斯在美西亚、佛拉维亚努斯在潘诺尼亚所发动的一样的战争。"……[③]

---

① 在别的地方都没有提到过这条河。既然奇维里斯显然曾撤过了岛的北面或右手的边界，那么这河也许就是依赛尔河（Yssel）（在阿恩海姆上首从莱茵河向北分支的河流）或威希特河（Vecht）（在稍下手的一个地方把莱茵河同沮伊德湖连接起来的河流）。有人认为是列克河（Lek）。

② 希略斯（Heräus）认为，当维斯帕西亚努斯在公元 43 年率领第二军团征讨不列颠时他们就已相识。这样算来奇维里斯也很有年纪了。

③ 本书到这里中断，后面文字已逸失。奇维里斯后来的命运如何我们已不知道了。我们只知道巴塔维亚人后来受到了尊敬的对待。（参见塔西佗：《日耳曼尼亚志》，第 29 章：他们保留了荣誉和他们在古时和我们结盟的标志；他们并未受到必须向罗马人纳贡的侮辱，并未受到包税人的迫害；他们身上没有负担，也无需缴纳各种献金，他们只被留起来用于战争的目的，可以说，罗马人保存他们，就好像是保存我们的武装和武器似的。）

残　　篇

（1）被紧紧地包围住并且没有机会媾和或投降的犹太人最后快要饿死了，街道上开始到处堆满了尸体，因为现在他们已无力掩埋死者了。他们还竟然敢于吃起名种骇人听闻的食物来，甚至死尸也不放过——除非是由于吃了这类食物而得了痨病的那些人的尸体。

——苏尔皮奇乌斯·谢维路斯：《年代记》，第 2 卷，第 30 章。

（2）据说提图斯起初召集了一次会议，讨论他应不应当摧毁这样一座强大的神殿。因为有些人认为比人类的所有其他建筑都更要著名的一座奉献给神的神殿是不应当被夷平的，他们的理由是，保留这座神殿可以证明罗马人是有节制的，而把它摧毁却会使人们永远记起罗马的残暴。但另外一些人，其中包括提图斯本人却反对这一意见，他们认为摧毁这一神殿是首要的事情，因为只有这样才能更加彻底地肃清犹太人和基督教徒的宗教。他们的理由是：尽管这两个宗教相互间是敌视的，但它们却是从同一个源流产生出来的。基督教徒是从犹太人中间产生出来的。如果根被毁掉，枝干很快就会枯死了。

——苏尔皮奇乌斯·谢维路斯：《年代记》，第 2 卷，第 30 章。

（3）科尔涅里乌斯和苏埃托尼乌斯都说在那一战争中阵亡的犹太人有六十万。[①]

---

① 塔西佗在《历史》第 5 卷，第 13 章里确实说过被包围的人是六十万人。但苏埃托尼乌斯在他现存的著作中却没有提到被杀死的人数。

——欧洛西乌斯，第 7 卷，第 9 章。

(4) 随后，用科尔涅里乌斯·塔西佗的话来说，“奥古斯都年老时被打开的雅努斯〔神殿〕的门，当各个新的民族正在世界的边界上受到攻击(这对我们往往是有利的，但有时也造成我们的损失)的时候一直是这样，甚至到维斯帕西亚努斯的统治时期。”科尔涅里乌斯说的就是这些。

——欧洛西乌斯，第 7 卷，第 3 章。

(5) 戈尔地亚努斯……打开了雅努斯〔神殿〕的门：[①]至于是否有任何人在维斯帕西亚努斯和提图斯的统治时期之后把这些门关上，我却想不起有任何历史家这样提过；不过科乐涅里乌斯·塔西佗说，这门是一年后维斯帕西亚努斯亲手打开的。

——欧洛西乌斯，第 7 卷，第 19 章，第 4 节。

(6) 如果极其细心地撰述了这一时期历史的科尔涅里乌斯·塔西佗没有说过撒路斯提乌斯·克利司普斯和其他许多历史家都同意不提我方损失的人数而他本人这方面也率先采取同样办法的话，那么关于达奇人的国王狄乌尔帕涅乌斯对罗马统帅富斯库斯[②]的大规模的战争和罗马人的沉重损失现在就该我来详加论述了。

——欧洛西乌斯，第 7 卷，第 10 章，第 4 节。

---

① 公元 242 年。

② 科尔涅里乌斯·富斯库斯在多米提安的统治时期曾在达奇人手下吃了惨重的败仗。参见苏埃托尼乌斯：《多米提安传》，第 6 章，狄奥·卡西乌斯，第 67 卷，第 6 章。

(7) 根据彭佩乌斯[1]和科尔涅里乌斯的证明，为所有我们的祖先，甚至为著名的亚历山大大帝所畏惧和回避的、斯奇提亚的那些庞大的民族……我所指的是阿兰人、匈奴人、哥特人，这些人在多次大战中受到了提奥多西乌斯的果断的攻击，并且被他打败。

——欧洛西乌斯，第7卷，第34章，第5节。

(8) 但是在住在戴尔波伊附近的这些（罗克里人）被称为欧佐里人……；不过迁往利比亚的那些人，根据科尔涅里乌斯·塔西佗的说法，是叫做纳索莫尼斯人，他们是纳利奇人的后裔。

——味吉尔：《埃涅伊特》，第3卷，第399行，谢尔维乌斯注。

① 彭佩乌斯·特洛古斯的历史保存在优斯提努斯的提要里。

要 目 索 引

说明：1. 条目首字按汉语拼音字母顺序排列；2. 每一首字项下按该条目（如系人名，则以名字的主要部分为准）的字数多少的顺序排列，同样字数的条目则按后面一字笔画多少的顺序排列；3. 各条中的阿拉伯数字，黑体字为卷次，白体字为章次。

A

阿蒙（Ammon）**5**，3 以次.

阿杜亚（Adua）**2**，40.

阿里亚（Allia）**2**，91.

阿拉尔（Arar）**2**，59.

阿拉伯（Arabia）**5**，6.

阿波罗（Apollo）**1**，27；**3**，65；**4**，83.

阿披斯（Apis）**5**，4.

阿基坦（Aquitania）**1**，76.

阿克维拉（Aquila）见维狄乌斯.

阿拉伯人（Arabs）**5**，1.

阿里奇亚（Aricia）**4**，2.

阿里乌斯·伐鲁斯（Arrius Varus）**3**，6，16，52，61，63 以次；**4**，1，4，11，39，68.

阿里乌斯·安托尼努斯（Arrius Antoninus）**1**，77.

阿非利加（Africa）**1**，7，11，37，49，70，73，76，78；**2**，58，97；**3**，48；**4**，38，48 以次.

阿格里帕（Agrippa，奥古斯都之婿）**1**，15.

阿格里帕（Agrippa，“使徒行传”，第 25 章第 13 节）**2**，81；**5**，1.

阿格里帕，丰提乌斯（Agrippa，Fonteius）**3**，46.

阿提库斯（Atticus）见优利乌斯，克温提乌斯.

阿提斯特（Ateste）**3**，6.

阿尔巴尼人（Albani）**1**，6.

阿尔比努斯（Albinus）见路凯乌斯.

阿尔吉乌斯（Argius）**1**，49.

阿尔披努斯（Alpinus）见优利乌斯.

阿尔卑斯山 **1**，23，66，89；**2**，11，17，20，32；**3**，34 以次，53，54，70，85；**5**，26.

阿克提乌姆（Actium）**1**，1.

阿克维莱阿（Aquileia）**2**，46，85；**3**，6，8.

阿克维努姆（Aquinum）**1**，88；**2**，63.

阿克维努斯（Aquinus）见科尔涅里乌斯.

阿列纳库姆（Arenacum）**5**，20.

阿庇尼乌斯·提洛（Apinius Tiro）**3**，57，76.

阿披亚大道（Appian Way）**4**，11.

阿尔菲努斯·伐鲁斯（Alfenus Varus）**2**,29,43;**3**,36,55,61;**4**,11.

阿尼凯图斯（Anicetus）**3**,47 以次.

阿尔提努姆（Altinum）**3**,6.

阿尔撒凯斯（Arsaces）**5**,8.

阿西尼乌斯·波里欧（Asinius Pollio）**2**,59.

阿克维努斯,科尔涅里乌斯（Aquinus, Cornelius）**1**,7.

阿里米努姆（Ariminum）**3**,41. 以次.

阿那格尼亚（Anagnia）**3**,62.

阿里耶努斯（Alienus）见凯奇纳.

阿波尼乌斯·撒图尔尼努斯（Aponius Saturninus）**1**,79;**2**,85,96;**3**,5,9 以次;**5**,26.

阿提亚努斯（Attianus）参见诺尼乌斯.

阿提里乌斯·维路斯（Atilius Verus）**3**,22.

阿提里乌斯·维尔吉里奥（Atilius Vergilio）**1**,44.

阿路列努斯·路斯提库斯（Arulenus Rusticus）**3**,80.

阿穆里乌斯·谢列努斯（Amullius Serenus）**1**,31.

阿维尔尼人（Arverni）**4**,17.

阿司普列纳斯（Asprenas）见卡尔普尔尼乌斯.

阿尔伦提乌斯（Arruntius）**2**,65.

阿尔列奇努斯·克利门斯（Arrecinus Clemens）**4**,68.

阿尔宾高努姆（Albingaunum）**2**,15.

阿尔披尼乌斯·蒙塔努斯（Alpinius Motanus）**3**,35;**4**,31 以次;**5**,19.

阿尔撒奇达伊（Arsacidae）**1**,40.

阿克维里乌斯（Aquilius）**4**,15.

阿克维里乌斯·列古路斯（Aquilius Regulus）**4**,42.

阿杜路美图姆（Adrumetum）**4**,50.

阿格列斯提斯（Agrestis）见优利乌斯.

阿波里那里斯（Apollinaris）见克劳狄乌斯.

阿非利卡努斯·帕奇乌斯（Africanus Paccius）参见帕奇乌斯.

阿里奥维斯图斯（Ariovistus）**4**,73.

阿洛布罗吉斯人（Allobroges）**1**,66.

阿普洛尼亚努斯（Apronianus）见维普斯塔努斯.

阿司奇布尔吉乌姆（Asciburgium）**4**,33.

阿尔宾提米里乌姆（Albintimilium）**2**,13.

埃及,埃及人（Egypt, Egyptians）**1**,11,70,76;**2**,6,9,74,76,82;**3**,8,48;**4**,3,82 以次;**5**,2 以次,5 以次.

埃杜伊人（Aedui）**1**,51,64;**2**,61;**3**,35;**4**,17,57.

埃波尼娜（Epponina）**4**,67.

埃里亚斯（Aerias）**2**,3.

埃美里塔（Emerita）**1**,78.

埃尔维提人（Helvetii）**1**,67,69 以次.

埃列亚札尔（Eleazar）**5**,12.

埃列乌西斯（Eleusis）**4**,83.

埃米里乌斯·帕肯西斯（Aemilius Pacensis）**1**,20,87;**2**,12;**3**,73.

埃米里乌斯·隆吉努斯（Aemilius Longinus）**4**,59,62.

埃披帕尼斯（Ephiphanes）**2**,25.

埃波列地亚（Eporedia）**1**,70.

埃格纳提乌斯·凯列尔（Egnatius Celer）**4**,10,40.

埃特路里亚（Etruria）**1**,86;**3**,41.

埃普里乌斯·玛尔凯路斯（Eprius Mar-

cellus) **2**,53,95;**4**,6 以次,10,42 以次.
埃塞俄比亚人 (Ethiopians) **5**,2.
埃司库拉披乌斯 (Aesculapius) **4**,84.
埃乌莫尔皮达伊 (Eumolpidae) **4**,83.
安尼乌斯·巴苏斯 (Annius Bassus) **3**,50.
安尼乌斯·伽路斯 (Annius Gallus) **1**,87;**2**,11,23,33,44;**4**,68;**5**,19.
安尼乌斯·法乌司图斯 (Annius Faustus) **2**,10.
安提奥克 (Antioch) **2**,79 以次,82.
安托尼努斯 (Antoninus) 见阿里乌斯.
安托尼乌斯·纳索 (Antonius Naso) **1**,20.
安托尼乌斯·佛拉玛 (Antonius Flamma) **4**,45.
安托尼乌斯·普利姆斯 (Antonius Primus) **2**,86;**3**,2,6 以次,9 以次,13,15 以次,19 以次,23 以次,34,49,52 以次,59 以次,63 以次,66,78 以次;**4**,2,4,11,13,24,31 以次,39,68,80;**5**,19,26.
安托尼乌斯·费里克斯 (Antonius Felix) **5**,9.
安托尼乌斯,玛尔库斯 (Antonius, Marcus) **2**,6;**3**,24,66;**5**,9,11.
安托尼乌斯·诺维路斯 (Antonius Novellus) **1**,87.
安提波里斯 (Antipolis) **2**,15.
安提奥库斯 (Antiochus) **2**,81;**5**,1.
安提司提乌斯·索西亚努斯 (Antistius Sosianus) **4**,44.
奥托 (Otho) **1**,13,21 以次,24,26—36,39—47,50,64,70—90;**2**,1,6 以次,11,13 以次,16 以次,21,23,25 以次,28,30 以次,33,36,38—60,63,65,75,85 以次,95,101;**3**,10,32,44;**4**,17,54.
奥托派 (Othonians) **1**,34,75;**2**,12,15,20—24,26,33 以次,37,41 以次,44 以次,54,60,71,86;**3**,13,26;4,1.
奥古斯都 (Augustus) **1**,11,15,18,50,89 以次;**2**,76;**3**,66;**4**,17,28,48,57;**5**,9;残篇,4.
奥古斯都 (Augustus,封号) **2**,62,90.
奥古斯塔 (Augusta, 维提里乌斯之母) **2**,89.
奥古斯塔·陶利诺路姆 (Augusta Taurinorum) **2**,66.
奥斯蒂亚 (Ostia) **1**,80;**2**,63.
奥尔菲图斯,科尔涅里乌斯 (Orfitus Cornelius) **4**,42.
奥列里乌斯·福尔乌斯 (Aurelius Fulvus) **1**,79.
奥斯佩克斯 (Auspex) 见优利乌斯.
奥克塔维乌斯·撒古塔 (Octavius Sagitta) **4**,44.
奥尔菲狄乌斯·贝尼格努斯 (Orfidius Benignus) **2**,43,45.
奥布尔特洛尼乌斯·撒比努斯 (Obultronius Sabinus) **1**,37.
奥古斯都祭司团成员 (Augustales) **2**,95.

B

巴列亚·索拉努斯 (Barea Soranus) **4**,7,10,40.
巴苏斯 (Bassus) 见安尼乌斯,路奇里乌斯.
巴伊提卡 (Baetica) **1**,53,78.
巴尔比乌斯·普洛库路斯 (Barbius Pro-

culus) **1**,25.
巴伊比乌斯·玛撒(Baebius Massa)**4**,50.
巴伊塔喜人(Baetasii)**4**,56,66.
巴西里德斯(Basilides,祭司)**2**,78.
巴西里德斯(Basilides,埃及首领)**4**,82.
巴塔维亚人(Batavians)**1**,59,64;**2**,17,22,27 以次,43,46,69,97;**4**,12,14—25,28,30,32 以次,56,58,61,66,73,77 以次,85;**5**,15 以次,19,23 以次.
巴塔沃杜路姆(Batavodurum)**5**,20.
拜占廷(Byzantium)**2**,83;**3**,47.
保路斯,优利乌斯(Paulus Iulius)**4**,13.
贝图斯·奇罗(Betuus Cilo)**1**,37.
贝列妮凯(Berenice)**2**,2,81.
贝律图斯(Berytus)**2**,81.
贝尼格努斯(Benignus)见奥尔菲狄乌斯.
贝德里亚库姆(Bedriacum)**2**,23,39,44 以次,49 以次,57,66,70,86;**3**,15,20,25,27,31.
倍路斯(Belus)**5**,7.
本都(Pontus)**2**,6,8,81,83;**3**,47;**4**,83.
比尔伽伊(Belgae)**4**,17,20,37,70 以次,76.
比利牛斯山(Pyrenees)**1**,23.
宾吉乌姆(Bingium)**4**,70.
波恩(Bonn)**4**,19 以次,25,62,70,77;**5**,22.
波伊人(Boii)**2**,61.
波列莫(Polemo)**3**,47.
波培娅·萨比娜(Poppaea Sabina)**1**,13,22,78.
波斯人(Persians)**5**,8.
波维莱(Bovillae)**4**,2,46.
波尔塞那(Porsenna)**3**,72.
波拉努斯(Bolanus)见维提乌斯.
波科里斯(Bocchoris)**5**,3.
波诺尼亚(Bononia)**2**,53,67,71.
波尔奇乌斯·谢普提米努斯(Porcius Septiminus)**3**,5.
波埃托维奥(Poetovio)**3**,1.
波里克利图斯(Polyclitus)**1**,37;**2**,95.
波司图米亚大道(Via Postumia)**3**,21.
不列颠,不列颠人(Britain,Britons)**1**,2,6,9,43,52,59,61,70;**2**,11,27,32,37,57,65 以次,86,97,100;**3**,1 以次,15,22,35,41,44 以次,70;**4**,12,15,25,46,54,68,74,76,79;**5**,16.
不列刚提斯(Brigantes)**3**,45.
不列刚提库斯(Briganticus)见优利乌斯.
布尔多(Burdo)见优利乌斯.
布林诺(Brinno)**4**,15 以次.
布莱苏斯(Blaesus)见尤尼乌斯,培狄乌斯.
布伦地西乌姆(Brundisium)**2**,83.
布利克西亚门(Brixian Gate)**3**,27.
布利克赛路姆(Brixellum)**2**,33,39,51,54.
布路克提里人(Bructeri)**4**,21,61,77;**5**,18.

D

达奇亚,达奇人(Dacia,Dacians)**1**,2;**3**,46,53;**4**,54;残篇,6.
达尔马提亚,达尔马提亚人(Dalmatia,Dalmatians)**1**,76;**2**,11,32,86;**3**,12,50,53.

代克斯特（Dexter）见苏布里乌斯.

戴尔波伊（Delphi）残篇,8.

戴奇姆斯（Decimus）见帕卡里乌斯.

戴米特里乌斯（Demetrius）**4**,40.

德鲁伊德（Druids）**4**,54.

邓苏斯（Densus）见显普洛尼乌斯.

狄里乌斯·沃库拉（Dilius Vocula）**4**,24 以次,33 以次,56 以次,62,77.

狄里乌斯·阿波尼亚努斯（Dilius Aponianus）**3**,10 以次.

狄第乌斯·司凯瓦（Didius Scaeva）**3**,73.

狄沃杜路姆（Divodurum）**1**,63.

狄尔拉奇乌姆（Dyrrachium）**2**,83.

狄乌尔帕涅乌斯（Diurpaneus）残篇,6.

迪斯（Dis）**4**,83 以次.

杜路西拉（Drusilla）**5**,9.

杜路苏斯（Drusus）见克劳狄乌斯.

杜凯尼乌斯·盖米努斯（Ducenius Geminus）**1**,14.

多瑙河（Danube）**3**,46.

多米提安（Domitian）**1**,1;**3**,59,69,74,86;**4**,2 以次,39 以次,43 以次,51 以次,68,75,80,85 以次.

多拉贝拉,科尔涅里乌斯（Dolabella, Cornelius）**1**,88;**2**,63 以次.

多纳提乌斯·瓦伦斯（Donatius Valens）**1**,56,59.

多米提乌斯·撒比努斯（Domitius Sabinus）**1**,31.

F

伐鲁斯（Varus）见阿尔菲努斯,阿里乌斯,普朗奇乌斯,克温提里乌斯.

法努姆·佛尔图纳伊（Fanum Fortunae）**3**,50.

法比乌斯·瓦伦斯（Fabius Valens）**1**,7,52,57,61 以次,64,66,74;**2**,14,24,27,29 以次,41,43,51,54 以次,59,67,70 以次,77,92 以次,95,99 以次;**3**,15,36,40 以次,62,66.

法比乌斯·法布路斯（Fabius Fabullus）**3**,14.

法比乌斯·普利斯库斯（Fabius Priscus）**4**,79.

法乌司图斯（Faustus）见安尼乌斯.

法温提努斯（Faventinus）见克劳狄乌斯.

梵蒂冈（Vatican）**2**,93.

菲利披（Philippi）**1**,50;**2**,38.

腓尼基人（Phoenicians）**5**,6.

费司图斯（Festus）**2**,59.

费尔姆斯（Firmus）见普洛提乌斯.

费里克斯（Felix）见安托尼乌斯,塞克斯提里乌斯.

费罗尼亚（Feronia）**3**,76.

费迪纳伊（Fidenae）**3**,79.

丰达努斯（Fundanus）**3**,69.

丰提乌斯·卡皮托（Fonteius Capito）**1**,7 以次,37,52,58;**3**,62;**4**,13.

丰提乌斯·阿格里帕（Fonteius Agrippa）参见阿格里帕.

佛拉玛（Flamma）见安托尼乌斯.

佛路姆·优里乌姆（Forum Julium）**2**,14;**3**,43.

佛隆托,优利乌斯（Fronto, Iulius）**1**,20;**2**,26.

佛拉库斯（Flaccus）见霍尔狄奥尼乌斯.

佛拉乌斯（Flavus）**2**,94.

佛拉维乌斯·撒比努斯（Flavius Sabinus,市长官）**1**,46;**2**,55,63,99;**3**,

59,64 以次,68 以次,73 以次,78 以次,81,85;**4**,47.

佛拉维乌斯·撒比努斯(Flavius Sabinus. 69 年 5—6 月补缺执政官)**1**,77;**2**,36,51.

佛隆提努斯,优利乌斯(Frontinus, Iulius)**4**,39.

佛拉维亚努斯(Flavianus)见塔姆皮乌斯.

佛拉维亚努斯·优利乌斯(Flavianus Iulius)**3**,79.

佛拉维亚努斯,佛拉维亚努斯家族(Flavianus,Flaviani)**2**,67;**3**,1,7,9,13,19,22 以次,27,37,59,62 以次,69,82.

佛拉米尼亚大道(Flaminian Way)**1**,86;**2**,64;**3**,79,82.

佛拉维乌斯家族(Flavian House)**2**,101.

弗里喜人(Frisi)**4**,15 以次,18,56,79.

福尔乌斯(Fulvus)见奥列里乌斯.

富斯库斯(Fuscus)见科尔涅里乌斯.

富斯库斯,科尔涅里乌斯(Fuscus Cornelius)**2**,86;**3**,4,12,42,66;**4**,4;残篇,6.

G

盖塔(Geta)**2**,72.

盖乌斯(Gaius,即卡里古拉)**1**,16,48,89;**2**,76;**3**,68;**4**,15,42,48,68;**5**,9.

盖尔杜巴(Gelduba)**4**,26,32,35 以次,58.

盖西乌斯·佛洛路斯(Gessius Florus)**5**,10.

盖米努斯(Geminus)见维尔狄乌斯,杜肯尼乌斯.

盖莫尼埃台阶(Gemonian Stairs)**3**,74,85.

高卢(Gallia)**1**,2,8,37,51,61 以次,87,89;**2**,6,11,29,32,57,61,86,94,98;**3**,2,13,15,35,41,44,53;**4**,3,12,14,17 以次,24 以次,28,31 以次,37,49,54,67 以次,71,73 以次,85;**5**,19,23.

高卢人(Gauls)**1**,51,64,70;**2**,68 以次,93;**3**,34,72;**4**,25,54,57 以次,61 以次,71,73,76,78.

格拉图斯,优利乌斯(Gratus, Iulius)**2**,26.

格拉蒂拉(Gratilla)见维路拉努斯.

格林尼斯(Grinnes)**5**,20.

格莱乌斯阿尔卑斯山(Graian Alps)**2**,66;**4**,68

H

海木斯(Haemus)**2**,85.

汉尼拔(Hannibal)**3**,34;**4**,13.

荷马(Homer)**5**,2.

荷司提里亚(Hostilia)**2**,100;**3**,9,14,21,40.

荷拉提乌斯·普尔维路斯(Horatius Pulvillus)**3**,72.

赫尔克里士·摩诺伊库斯(Hercules Monoecus)**3**,42.

赫尔维狄乌斯·普利斯库斯(Helvidius Priscus)**2**,91;**4**,4,10,43,53.

霍尔姆斯(Hormus)**3**,12,28;**4**,39.

霍尔狄奥尼乌斯·佛拉库斯(Hordeonius Flaccus)**1**,9,52,54,56;**2**,57,97;**4**,13,18 以次,24 以次,27,31,36,55,77;**5**,26.

J

基督教徒（Christians）残篇，2.
加拉提亚（Galatia）**2**，9.
伽尔巴（Galba）**1**，1，5—16，18以次，21以次，26以次，29—56，64以次，67，71以次，77，87以次；**2**，1，6，9以次，23，31，55，58，71，76，86，88，92，97，101；**3**，7，22，25，57，62，68，85以次；**4**，6，13，33，40，42，57；**5**，16.
伽列里娅（Galeria）**2**，60，64.
伽列里乌斯·特拉卡路斯（Galerius Trachalus）**1**，90；**2**，60.
伽列里亚努斯，卡尔普尔尼乌斯（Galerianus Calpurnius）**4**，11，49.
伽拉芒提斯人（Garamantes）**4**，50.
迦太基（Carthage）**1**，76；**4**，49.
迦太基人（Carthagians）**4**，50.
金布利人（Cimbri）**4**，73.

K

卡皮托（Capito）见丰提乌斯，维尔吉里乌斯.
卡普亚（Capua）**3**，57；**4**，3.
卡路斯（Carus）见优利乌斯.
卡尔维娅·克利司披尼拉（Calvia Crispinilla）**1**，73.
卡列努斯（Calenus）见优利乌斯.
卡米路斯·司克里波尼亚努斯（Camillus Scribonianus）**1**，89；**2**，75.
卡西乌斯，盖（Cassius，C.）**2**，6.
卡西乌斯·隆吉斯（Cassius Longus）**3**，14.
卡狄乌斯·路福斯（Cadius Rufus）**1**，77.
卡里古拉（Caligula）见盖乌斯.
卡图路斯（Catullus）见路塔提乌斯.
卡乌奇人（Chauci）**4**，79；**5**，19.
卡提伊人（Chatti）**4**，12，37.
卡木里乌斯（Camurius）**1**，41.
卡司托路姆（Castorum）**2**，24.
卡尔苏拉伊（Carsulae）**3**，60.
卡尼尼乌斯·列比路斯（Caninius Rebilus）**3**，37.
卡帕多奇亚（Cappadocia）**1**，78；**2**，6，81.
卡拉布里亚（Calabria）**2**，83.
卡拉塔库斯（Caratacus）**3**，45.
卡美里努斯（Camerinus）见司克里波尼亚努斯.
卡司佩里乌斯·尼格尔（Casperius Niger）**3**，73.
卡尔普尔尼乌斯·披索（Calpurnius Piso，阿非利加长官）**4**，38，48以次.
卡尔维西乌斯·撒比努斯（Calvisius Sabinus）**1**，48.
卡披托里乌姆（Capitolium）**1**，2，33，39以次，47，71，86；**2**，89；**3**，69以次，75，78，81；**4**，4，9，53以次.
卡尔普尔尼乌斯·列本提努斯（Calpurnius Repentinus）**1**，56，59.
卡尔普尔尼乌斯·阿司普列那斯（Calpurnius Asprenas）**2**，9.
恺撒（Caesar，头衔）**1**，62；**2**，62，80；**3**，58，86.
凯列司（Ceres）**2**，55.
凯列尔（Celer）见埃格纳提乌斯.
凯奇纳·图司库斯（Caecina Tuscus）**3**，38
凯奇纳·阿里耶努斯（Caecina Alienus）**1**，52以次，61，67以次，70，89；**2**，11，17—27，30以次，41，43，51，55以次，

59,67,70 以次,77,92 以次,95,99 以次;**3**,8 以次,13 以次,31 以次,40;**4**,31,80.
凯尔苏斯（Celsus）见马利乌斯.
凯尔图斯（Certus）见克温提乌斯.
凯利乌斯·撒比努斯（Caelius Sabinus）**1**,77.
凯培乌斯（Cepheus）**5**,2.
恺撒列亚（Caesarea）**2**,79.
凯司提乌斯·伽路斯（Cestius Gallus）**5**,10.
凯里亚里斯（Cerialis）见佩提里乌斯，图路里乌斯.
凯特里乌斯·谢维路斯（Cetrius Severus）**1**,30.
凯拉卡提斯人（Caeracates）**4**,70.
凯特洛尼乌斯·皮撒努斯（Caetronius Pisanus）**4**,50.
坎宁尼法提斯人（Canninefates）**4**,15 以次,19,32,56,79,85.
康帕尼亚（Campania）**1**,2,23;**3**,58 以次,63,66,77;**4**,3.
科布斯（Chobus ）**3**,48.
科西嘉（Corsica）**2**,16.
科苏斯（Cossus）见克劳狄乌斯.
科林斯（Corinth）**2**,1.
科斯塔（Costa）见佩达尼乌斯.
科尔布罗,多米提乌斯（Corbulo,Domitius）**2**,76.
科尔杜斯,优利乌斯（Cordus Iulius）**1**,76.
科埃努斯（Coenus）**2**,54.
科凯乌斯·普洛库路斯（Cocceius Proculus）**1**,24.
科里努斯门（Colline Gate）**3**,82.
科埃里乌斯（Coelius）见罗司奇乌斯.
科凯阿努斯（Cocceianus）见撒尔维乌斯.
科提安努斯阿尔卑斯山（Cottian Alps）**1**,61,87;**4**,68.
克里特（Crete）**5**,2.
克列美拉（Cremera）**2**,91.
克利门斯（Clemens）见阿尔列奇努斯，苏埃狄乌斯.
克拉苏斯（Crassus）见李奇尼乌斯,司克里波尼亚努斯.
克劳狄娅·撒克拉塔（Claudia Sacrata）**5**,22.
克路维埃（Cluviae）**4**,5.
克雷莫纳（Cremona）**2**,17,22 以次,67,70,100;**3**,14 以次,19,21 以次,26 以次,30 以次,40 以次,46,48 以次,53 以次,60,72;**4**,2,31,51.
克列司肯斯（Crescens）**1**,76.
克利司普斯（Crispus）见维比乌斯.
克拉西库斯,优利乌斯（Classicus, Iulius）**2**,14;**4**,55,57 以次,63,70 以次;**5**,19 以次.
克劳狄乌斯（Claudius）**1**,10,16,48,52,77,89;**2**,75 以次;**3**,44 以次,66;**5**,9.
克劳狄乌斯·科苏斯（Claudius Cossus）**1**,69.
克劳狄乌斯·杜路苏斯·日耳曼尼库斯（Claudius Drussus Germanicus）**5**,19.
克劳狄乌斯·阿波里那里斯（Claudius Apollinaris）**3**,57,76 以次.
克劳狄乌斯·法温提努斯（Claudius Faventinus）**3**,57.
克里司披娜（Crispina）**1**,47.
克洛狄乌斯·玛凯尔（Clodius Macer）**1**,7,11,37,73;**2**,97;**4**,49.

克温提乌斯·凯尔图斯（Quintius Certus）**2**,16.
克温提乌斯·阿提库斯（Quintius Atticus）**3**,73 以次.
克路维乌斯·路福斯（Cluvius Rufus）**1**,8,76;**2**,58,65;**3**,65;**4**,39,43.
克维里努斯（Quirinus）**4**,58.
克利司披尼拉（Crispinilla）见卡尔维娅.
克利司披努斯（Crispinus）**1**,58.
克利欧帕特拉（Cleopatra）**5**,9.
克温提里乌斯·伐鲁斯（Quintilius Varus）**4**,17;**5**,9.
库列涅（Cyrene）**4**,45.
库特诺斯（Cythnus）**2**,8 以次.
库尔提乌斯·蒙塔努斯（Curtius Montanus）**4**,40,42 以次.
库格尔尼人（Cugerni）**4**,26;**5**,16,18.

L

拉科,科尔涅里乌斯（Laco, Cornelius）**1**,6,13 以次,19,26,33,39,46.
拉贝欧,克劳狄乌斯（Labeo, Claudius）**4**,18,56,66,70.
拉温那（Ravenna）**2**,100;**3**,6,12,36,40,50.
拉帕克斯（Rapax，第二十一军团）**1**,61,67;**2**,43,100;**3**,14,18,22,25;**4**,68,70,78.
拉提乌姆（Latium）**3**,55.
拉科提斯区（Rhacotis）**4**,84.
莱茵河（Rhine）**1**,51;**2**,32;**4**,12,16,22,26,55,59,64,73;**5**,14,17 以次,23 以次.
莱提亚,莱提亚人（Raetia,Raetians）**1**,11,59,67 以次,70;**2**,98;**3**,5,8,15,53;**4**,70;**5**,25.
莱卡尼乌斯（Laecanius）**1**,41.
黎巴嫩（Lebanon）**5**,6.
李奇尼乌斯·凯奇纳（Licinius Caecina）**2**,53.
李奇尼乌斯·克拉苏斯（Licinius Crassus，三头之一）**1**,15.
李奇尼乌斯·克拉苏斯（Licinius Crassus，披索之兄弟）**1**,48;**4**,42.
李奇尼乌斯·克拉苏斯（Licinius Crassus，公元 27 年度执政官）**1**,14.
李奇尼乌斯·木奇亚努斯（Licinius Mucianus）**1**,10,76;**2**,4 以次,7,74,76 以次,95;**3**,1,8,25,46 以次,49,52 以次,63,66,75,78;**4**,4,11,24,39,44,46,49,68,75,80,85;**5**,26.
李奇尼乌斯·普洛库路斯（Licinius Proculus）**1**,46,82,87;**2**,33,39 以次,44,60.
里昂（Lyons）**1**,51,59,64 以次,74;**2**,59,65;**4**,85 以次.
里古斯（Ligus）**2**,13.
里倍尔（Liber）**5**,5.
里布尔尼亚船（Liburnian vessels）**2**,16,35;**3**,12,14,42 以次,47 以次,77;**5**,23.
利比亚（Libya）**5**,2; 残篇,8.
利古里亚（Liguria）**2**,15.
利古里亚人（Ligurians）**2**,14.
利果杜路姆（Rigodulum）**4**,71.
列米人（Remi）**4**,67 以次.
列古路斯（Regulus）见阿克维里乌斯,罗西乌斯.
列吉乌姆·列庇都姆（Regium Lepi-

dum) **2**,50.

列乌奇人(Leuci) **1**,64.

列普提斯人(Leptitani) **4**,50.

林哥尼斯人(Lingones) **1**,53 以次,57,59,64,78;**2**,27;**4**,55,57,67,69 以次,73,76 以次.

卢布里乌斯・伽路斯(Rubrius Gallus) **2**,51,99.

路皮亚(Lupia) **5**,22.

路库斯(Lucus) **1**,66.

路卡尼亚(Lucania) **2**,83.

路菲努斯(Rufinus) **2**,94.

路凯里亚(Luceria) **3**,86.

路凯乌斯・阿尔比努斯(Lucceius Albinus) **2**,58 以次.

路西塔尼亚(Lusitania) **1**,13,21,70.

路贝里乌斯・普劳图斯(Rubellius Plautus) **1**,14.

路奇里乌斯・巴苏斯(Lucilius Bassus) **2**,100 以次;**3**,12 以次,36,40;**4**,3.

路格杜努姆(Lugdunum) 见里昂.

路塔提乌斯・卡图路斯(Lutatius Catulus) **3**,72.

罗马(Roma) **1**,4,8,79;**2**,9,55;**3**,56,60,77;**4**,3;**5**,11.

罗木路斯(Romulus) **2**,95.

罗克里人(Locrians) 残篇,8.

罗司奇乌斯・列古路斯(Roscius Regulus) **3**,37.

罗司奇乌斯・科埃里乌斯(Roscius Coelius) **1**,60.

罗米里乌斯・玛尔凯路斯(Romilius Marcellus) **1**,56,59.

罗克索拉尼人(Rhoxolani) **1**,79.

M

马利乌斯(Marius) **2**,38.

马利乌斯・凯尔苏斯(Marius Celsus) **1**,14,31,39,45,71,77,87,90;**2**,23 以次,33,39 以次,44,60.

马利乌斯・玛图路斯(Marius Maturus) **2**,12;**3**,42 以次.

马其顿人(Macedonians) **4**,83;**5**,8.

玛尔斯(Mars) **4**,64.

玛凯尔(Macer) 见克洛狄乌斯,玛尔奇乌斯.

玛尔喜人(Marsi) **3**,59.

玛西里亚(Massilia) **3**,43.

玛利努斯(Marinus) 见瓦列里乌斯.

玛利库斯(Maricus) **2**,61.

玛格努斯,格涅乌斯・彭佩乌斯(Magnus, Cn. Pompeius,李・披索之兄弟) **1**,48.

玛乌利人(Mauri) **1**,78;**2**,58;**4**,50.

玛尔奇乌斯・玛凯尔(Marcius Macer) **2**,23,35 以次,71.

玛尔斯广场(Martis Campus) **1**,86;**2**,95;**3**,82.

玛尔撒奇人(Marsaci) **4**,56.

玛尔凯路斯,克劳狄乌斯(Marcellus, Claudius) **1**,15.

玛尔凯路斯,科尔涅里乌斯(Marcellus, Cornelius) **1**,37.

玛克西姆斯,优利乌斯(Maximus Iulius) **4**,33.

玛提亚奇人(Matiaci) **4**,37.

玛尔奇亚努斯(Marcianus) **1**,13.

玛尔提亚里斯(Martialis) 见科尔涅里乌斯,优利乌斯.

玛尔提亚里斯,优利乌斯（Martialis, Iulius）**1**,28,82.

玛尔提亚里斯·科尔涅里乌斯（Martialis, Cornelius）**3**,70 以次,73.

玛乌列塔尼亚（Mauretania）**1**,11;**2**,58 以次.

麦维乌斯·普登斯（Maevius Pudens）**1**,24.

曼里乌斯·瓦伦斯（Manlius Valens）**1**,64.

曼里乌斯·帕图路伊图斯（Manlius Patruitus）**4**,45.

曼苏埃图斯,优利乌斯（Mansuetus Iulius）**3**,25.

美西亚,美西亚人（Moesia, Moesians）**1**,76,79;**2**,32,44,46,74,83,85 以次;**3**,2,5,9,11,18,24,46,53,75;**4**,54;**5**,26.

美撒拉（Messala）见维普斯塔努斯.

美瓦尼亚（Mevania）**3**,55,59.

美菲提斯（Mefitis）**3**,33.

美地欧拉努姆（Mediolanum）**1**,70.

美狄奥玛特里奇人（Mediomatrici）**1**,63;**4**,70 以次.

孟斐斯（Memphis）**4**,84.

米涅尔瓦（Minerva）**4**,53.

米塞努姆（Misenum）**2**,9,100;**3**,56,60.

米尼奇乌斯·优斯图斯（Minicius Justus）**3**,7.

明图尔纳伊（Minturnae）**3**,57.

摩西（Moses）**5**,3 以次.

摩撒河（Mosa）**4**,28,66;**5**,23.

摩功提亚库姆（Mogontiacum）**4**,15,24 以次,33,37,59,61,70 以次.

莫里尼人（Morini）**4**,28.

莫斯库斯（Moschus）**1**,87.

莫塞列河（Moselle）**4**,71,77.

木提那（Mutina）**1**,50;**2**,52,54.

穆尼乌斯·卢佩尔库斯（Munius Lupercus）**4**,18,22,61.

穆索尼乌斯·路福斯（Musonius Rufus）**3**,81;**4**,10,40.

穆尔维乌斯桥（Mulvius Pons）**1**,87;**2**,89;**3**,82.

N

纳瓦（Nava）**4**,70.

纳巴里亚（Nabalia）**5**,26.

纳尔尼亚（Narnia）**3**,58,60,63,67,78 以次.

纳利奇人（Narycii）残篇,8.

纳尔波高卢（Narbonensis Gallia）**1**,76;**2**,12,14,32;**3**,41.

纳索莫尼斯人（Nasomones）残篇,8.

尼禄（Nero）**1**,2,4—10,13,16,20 以次,25,30,46,48 以次,51,53,65,70,72 以次,76 以次,78,89 以次;**2**,5,8 以次,27,54,58,66,71 以次,76,86,95;**3**,6,62,68;**4**,7,8,13,41,42 以次;**5**,10.

尼格尔（Niger）见卡司佩里乌斯.

尼姆披狄乌斯·撒比努斯（Nymphidius Sabinus）**1**,5 以次,25,37.

涅尔瓦（Nerva）**1**,1.

涅尔维伊人（Nervii）**4**,15,33,56,66,79.

努米西乌斯·路普斯（Numisius Lupus）**1**,79;**3**,10.

努米西乌斯·路福斯（Numisius Rufus）

4,22,59,70,77.

诺尔巴努斯（Norbanus）3,72.

诺尼乌斯·列凯普图斯（Nonius Receptus）1,56,59.

诺尼乌斯·阿提亚努斯（Nonius Altianus）4,41.

诺瓦里亚（Novaria）1,70.

诺里库姆（Noricum）1,11,70;3,5;5,25.

诺瓦伊西乌姆（Novaesium）4,26,33,35,57,62,70,77,79;5,22.

O

欧佐里人（Ozolae）残篇,8.

欧西里斯（Osiris）4,84.

欧弗尼乌斯·提盖里努斯（Ofonius Tigellinus）1,24,72.

欧克里库路姆（Ocriculum）3,78.

欧诺玛斯图斯（Onomastus）1,25,27.

欧皮特尔吉乌姆（Opitergium）3,6.

P

帕都亚（Padua）2,100;3,6 以次,11.

帕尔提亚,帕尔提亚人（Parthia, Parthians）1,2;2,6,82;3,24;4,51;5,8 以次.

帕伊图斯（Paetus）见特拉塞亚.

帕肯西斯（Pacensis）见埃米里乌斯.

帕科路斯（Pacorus,帕尔提亚的） 5,9.

帕都斯河（Padus, 今波河）1,70;2,11,17,19 以次,22 以次,32,34,39 以次,43 以次;3,34,50,52.

帕卡里乌斯·戴奇姆斯（Pacarius Decimus）2,16.

帕尔撒里亚（Pharsalia）1,50;2,38.

帕克奇乌斯·阿非利卡努斯（Paccius Africanus）4,41.

帕拉提乌姆（Palatium）1,17,29,32,35,39,47,70,80,82;3,67 以次,70,80,82;3,67 以次,70,74,84.

帕披里乌斯（Papirius）4,49.

帕塔维乌姆（Patavium）见帕都亚.

帕图路伊图斯（Patruitus）见曼里乌斯.

帕特洛比乌斯（Patrobius）1, 49; 2,95.

潘披里亚（Pamphylia）2,9.

潘诺尼亚,潘诺尼亚人（Pannonia,Pannonians）1,26,67,76;2,11,14,17,32,85 以次;3,1,4,11 以次,24;4,54;5,26.

潘诺尼亚阿尔卑斯山（Pannonian Alps）2,98;3,1.

庞培（Pompeius Magnus）1,15,50;2,6,38;3,51,66;5,9,12.

培狄乌斯·布莱苏斯（Pedius Blaesus）1,77.

佩路西亚（Perusia）1,50.

佩达尼乌斯·科斯塔（Pedanius Costa）2,71.

佩利格尼人（Paelignians）3,59.

佩特洛尼娅（Petronia）2,64.

佩提里乌斯·凯里亚里斯（Petilius Cerialis）3,59,78 以次;4,68,71 以次,75 以次,86;5,14—24.

佩特洛尼乌斯·乌尔比库斯（Petronius Urbicus）1,70.

佩特洛尼乌斯·图尔披里亚努斯（Petronius Turpillianus）1,6,37.

彭提娅·波司图米娅（Pontia Postumia）

4,44.

彭佩乌斯·隆吉努斯（Pompeius Longinus）**1**,31.

彭佩乌斯·西尔瓦努斯（Pompeius Silvanus）**2**,86;**3**,50;**4**,47.

彭佩乌斯·沃皮司库斯（Pompeius Vopiscus）**1**,77.

彭佩乌斯·普洛皮恩库斯（Pompeius Propinquus）**1**,12,58.

披索,盖乌斯·卡尔普尔尼乌斯（Piso, C. Calpurnius）**4**,11.

披索,路奇乌斯·卡尔普尔尼乌斯（Piso, L. Calpurnius, 公元57年度执政官）**4**,38,48以次.

披索·李奇尼亚努斯,路奇乌斯·卡尔普尔尼乌斯（Piso Licinianus, L. Calpurnius, 伽尔巴之继子）**1**,14以次,17以次;**3**,68;**4**,40,42.

皮凯努姆（Picenum）**3**,40.

皮尔里库斯,克劳狄乌斯（Pyrricus, Claudius）**2**,16.

普利尼（Pliny,老普利尼）**3**,28.

普利姆斯（Primus）见安托尼乌斯,科尔涅里乌斯.

普利姆斯,科尔涅里乌斯（Primus, Cornelius）**3**,74.

普劳提乌斯·埃里亚努斯（Plautius Aelianus）**4**,53.

普利斯库斯,优利乌斯（Priscus, Iulius）**2**,92;**3**,55,61;**4**,11.

普拉奇都斯,优利乌斯（Placidus, Iulius）**3**,48.

普拉肯提亚（Placentia）**2**,17以次,23以次,32,36,49.

普洛提乌斯·格律普斯（Plotius Grypus）**3**,52;**4**,39以次.

普洛提乌斯·费尔姆斯（Plotius Firmus）**1**,46,82;**2**,46,49.

普朗奇乌斯·伐鲁斯（Plancius Varus）**2**,63.

普布里里乌斯·撒比努斯（Publilius Sabinus）**2**,92;**3**,36.

普洛西尔皮娜（Proserpina）**4**,83.

Q

奇罗（Cilo）见贝图斯.

奇尼拉斯（Cinyras）**2**,3.

奇维里斯,优利乌斯（Civilis, Iulius）**1**,59;**4**,13以次,16以次,21以次,24以次,28以次,32以次,54以次,58,60以次,63,65以次,70以次,73,75以次;**5**,14以次,19以次.

钦戈尼乌斯·瓦罗（Cingonius Varro）**1**,6,37.

秦纳,路奇乌斯（Cinna, Lucius）**3**,51,83.

琴吉塔那（Tingitana）**2**,58.

青年节（Juvenalia）**3**,62.

犬儒学派（Cynic School）**4**,40.

R

日耳曼（Germania）**1**,7,9,12,37,49以次,52以次,55,61,73;**2**,16,22,69,93,97;**3**,2,35,41,46,62,70;**4**,3,15,17以次,21,23,28,31,41,49,54,64,70,72;**5**,14,17.

S

撒吉塔,克劳狄乌斯（Sagitta Claudius）**4**,49.

撒比努斯,优利乌斯（Sabinus, Iulius）**4**,55,67.
撒丁尼亚（Sardinia）**2**,16.
撒尔维乌斯·科凯阿努斯（Salvius Cocceianus）**2**,48.
撒尔维乌斯·提齐亚努斯（Salvius Titianus）**1**,75,77,90;**2**,23,33,39以次,44,60.
撒姆尼特人（Samnites）**3**,59.
撒罗尼娜（Salonina）**2**,20.
撒克罗维尔,优利乌斯（Sacrovir, Iulius）**4**,57.
撒图尔努斯（Saturnus）**1**,27;**5**,2,4.
撒尔玛提亚人（Sarmatians）**1**,2,79;**3**,5,24;**4**,4,54.
撒里奥列努斯·沃库拉（Sariolenus Vocula）**4**,41.
撒图尔那里亚节（Saturnalia）**3**,78.
塞琉古（Seleucus，占星术士）**2**,78.
塞拉皮斯（Serapis）**4**,81,84.
塞浦路斯（Cyprus）**2**,2.
塞琉西亚（Seleucia）**4**,84.
塞克司提拉（Sextilla）**1**,75;**2**,64,89;**3**,67.
塞克司提里乌斯·费里克斯（Sextilius Felix）**3**,5;**4**,70.
赛维努斯（Saevinus）**1**,77.
赛多凯吉人（Sedochezi）**3**,48.
桑克图斯,克劳狄乌斯（Sanctus, Claudius）**4**,62.
色雷斯（Thrace）**1**,11,68.
森提乌斯（Sentius）**4**,7.
司塔提乌斯·穆尔库斯（Statius Murcus）**1**,43.
司托伊卡达伊（Stoechadae,群岛名）**3**,43.
司克里波尼娅（Scribonia）**1**,14.
司克里波尼亚努斯·卡美里努斯（Scribonianus Camerinus）**2**,72.
司克里波尼亚努斯·克拉苏斯（Scribonianus Crassus）**1**,47;**4**,39.
斯奇比奥（Scipio,公元前218年执政官）**3**,34.
斯奇比奥（Scipio,公元前83年执政官）**3**,72.
斯奇比奥（Scipio，步兵中队队长）**2**,59.
斯奇德罗提米斯（Scydrothemis）**4**,83以次.
苏拉（Sulla）见科尔涅里乌斯.
苏拉,路奇乌斯·科尔涅里乌斯（Sulla, Lucius Cornelius）**2**,38;**3**,72,83.
苏埃撒·波美提亚（Suessa Pometia）**3**,72
苏努奇人（Sunuci）**4**,66.
苏埃比人（Suebi）**1**,2;**3**,5,21.
苏尔皮奇娅·普拉提克斯塔塔（Sulpicia Pratextata）**4**,42.
苏布里乌斯·代克斯特（Subrius Dexter）**1**,31.
苏埃狄乌斯·克利门斯（Suedius Clemens）**1**,87;**2**,12.
苏尔皮奇乌斯,佛洛路斯（Sulpicius, Florus）**1**,43.
苏埃托尼乌斯·保里努斯（Suetonius Paulinus）**1**,87,90;**2**,23以次,31,33,37,39以次,44,60.
索西乌斯（Sosius）**5**,9.
索律米人（Solymi）**5**,2.
索海木斯（Sohaemus）**2**,81;**5**,1.

索西亚努斯（Sosianus）见安提司提乌斯.

索斯特拉图斯（Sostratus）**2**,4.

T

塔伦特（Tarentum）**2**,83.

塔米拉斯（Tamiras）**2**,3.

塔提乌斯（Tatius）**2**,95.

塔尔拉乞那（Tarracina）**3**,57,60,76 以次,84;**4**,2 以次.

塔尔培亚岩（Tarpeian Rock）**3**,71.

塔尔塔路斯（Tartarus）**3**,9.

塔姆皮乌斯·佛拉维亚努斯（Tampius Flavianus）**2**,86;**3**,4,10 以次;**5**,26.

塔尔克维尼乌斯·苏培尔布斯（Tarquinius Superbus）**3**,72.

塔尔克维尼乌斯·普利斯库斯（Tarquinius Priscus）**3**,72.

台伯河（Tiber）**1**,86;**2**,93;**3**,82.

特拉塞亚·帕伊图斯（Thrasea Paetus）**2**,91;**4**,5 以次.

特提乌斯·优利亚努斯（Tettius Iulianus）**2**,85;**4**,39 以次.

特列维利人（Treveri）**1**,53,57,63;**2**,14,28;**3**,35;**4**,18,28,32,37,55,57 以次,62,66,68 以次,85;**5**,14,17,19,24.

特拉佩佐斯（Trapezus）**3**,47.

特里波奇人（Triboci）**4**,70.

特里娅里娅（Triaria）**2**,63 以次;**3**,77.

特列贝里乌斯·玛克西姆斯（Trebellius Maximus）**1**,60;**2**,65.

特列波尼乌斯·伽路提亚努斯（Trebonius Garutianus）**1**,7.

腾克提里人（Tencteri）**4**,21,64 以次,77.

提图斯（Titus）**1**,1,10;**2**,1,4 以次,74,79,82;**4**,3,38,51 以次;**5**,1,10 以次,13;残篇,2,5.

提奇努姆（Ticinum）**2**,17,27,30,68,88.

提伦提乌斯（Terentius）**1**,41.

提贝里乌斯（Tiberius）**1**,15,16,27,89;**2**,65,76,95;**4**,42,48;**5**,9.

提莫提乌斯（Timotheus）**4**,83.

提盖里努斯（Tigellinus）见欧弗尼乌斯.

条顿人（Teutoni）**4**,73.

通古里人（Tungri）**2**,14 以次,28;**4**,16,55,66,79.

图托尔,优利乌斯（Tutor,Iulius）**4**,55,57 以次,70 以次,74,76,78;**5**,9,21.

图拉真（Trajanus）**1**,1.

图司库斯（Tuscus）见凯奇纳.

图里乌斯（Tullius）见谢尔维乌斯.

图路里乌斯·凯里亚里斯（Turullius Cerialis）**2**,22.

图尔披里亚努斯（Turpilianus）见佩特洛尼乌斯.

托勒米（Ptolemaeus,占星术士）**1**,22.

托勒米·索特尔（Ptolemaeus Soter）**4**,83 以次.

托尔比亚库姆（Tolbiacum）**4**,79.

W

瓦达（Vada）**5**,20 以次.

瓦罗（Varro）见钦戈尼乌斯.

瓦伦斯（Valens）见多纳提乌斯,法比乌斯,曼里乌斯.

瓦里乌斯·克利司披努斯（Varius

Crispinus）**1**,80.
瓦伦提努斯（Valentinus）见优利乌斯.
瓦伦提努斯,优利乌斯（Valentinus, Iulius）**4**,68 以次,76,85.
瓦列里乌斯·保里努斯（Valerius Paulinus）**3**,42 以次.
瓦列里乌斯·费司图斯（Valerius Festus）**2**,98;**4**,49 以次.
瓦列里乌斯·玛利努斯（Valerius Marinus）**2**,71.
瓦列里乌斯·亚细亚提库斯（Valerius Ariaticus）**1**,59;**4**,4.
瓦斯科尼斯人（Vascones）**4**,33.
万吉欧尼斯人（Vangiones）**4**,70.
维也纳（Vienna）**1**,65 以次,77;**2**,29,66.
维司塔（Vesta）**1**,43.
维列妲（Veleda）**4**,61,65;**5**,22,24.
维纳斯（Venus）**2**,2.
维路斯（Verus）见阿提里乌斯.
维提拉（Vetera）**4**,18,21,35 以次;57 以次,62;**5**,14.
维尼乌斯（Vinius）**1**,1,6,11 以次,32 以次,37,39,42,44,47 以次,72;**2**,95.
维尔凯莱（Vercellae）**1**,70.
维比乌斯·克利司普斯（Vibius Crispus）**2**,10;**4**,41 以次.
维拉尼娅（Verania）**1**,47.
维克托尔（Victor）见克劳狄乌斯.
维克托尔,克劳狄乌斯（Victor, Claudius）**4**,33.
维狄乌斯·阿克维拉（Vedius Aquila）**2**,44;**3**,7.
维拉克斯（Verax）**5**,20 以次.
维凯提亚（Vicetia）**3**,8.
维提乌斯·波拉努斯（Vettius Bolanus）**2**,65,97.
维路拉娜·格拉蒂拉（Verulana Gratilla）**3**,69.
维尔吉里乌斯·卡皮托（Vergilius Capito）**3**,77;**4**,3.
维尔吉里奥（Vergilio）见阿提里乌斯.
维尔狄乌斯·盖米努斯（Virdius Geminus）**3**,48.
维司塔贞女（Vestae Virgines）**3**,81;**4**,53.
维司提努斯（Vestinus）**4**,53.
维拉布鲁姆（Velabrum）**1**,27;**3**,74.
维洛卡图斯（Vellocatus）**3**,45.
维提里乌斯,路奇乌斯（Vitellius, Lucius,皇帝维提里乌斯之父）**1**,9;**3**,66,86.
维提里乌斯,路奇乌斯（Vitellius, Lucius, 皇帝维提里乌斯之兄）**1**,88;**2**,54,63;**3**,37 以次,55,58,76 以次;**4**,2.
维提里乌斯（Vitellius）**1**,1,9,14,44,52,56 以次,67 以次,73 以次,84 以次,90;**2**,1,6 以次,14,16 以次,21,27,30 以次,38,42 以次,47 以次,52 以次,80 以次;**3**, 1 以次,8 以次,31,35 以次,47 以次,53 以次,78 以次,84 以次;**4**,1,3 以次,11,13 以次,17,19,21,24,27,31,36 以次,41,46 以次,49,51,54 以次,58,70,80;**5**,26.
维图里乌斯（Veturius）**1**,25.
维努提乌斯（Venutius）**3**,45.
维提里乌斯·撒图尔尼努斯（Vitellius Saturninus）**1**,82.
维提里乌斯派（Vitellians）**1**,75;**2**,14 以次,21,23,25,27,31,34 以次,44 以

次,56;**3**,9,16 以次,23 以次,27,29,31 以次,35,43,60 以次,63,69,71,73,77,79,82,84;**4**,1,38,46,49.

维尔吉尼乌斯・路福斯（Verginius Rufus）**1**,8 以次,52 以次,77;**2**,49,51,68,71;**3**,62;**4**,17,69.

维司特里奇乌斯・司普林那（Vestricius Spurinna）**2**,11,18 以次,23,36.

维普斯塔努斯・美撒拉（Vipstanus Messalla）**3**,9,11,18,25,28;**4**,42.

维普斯塔努斯・阿普洛尼亚努斯（Vipstanus Apronianus）**1**,76.

维斯帕西亚努斯（Vespasianus）**1**,1,10,46,50,76;**2**,1 以次,4,5,7,67,73 以次,76,78 以次,96 以次;**3**,1,3,7 以次,34,37 以次,42 以次,48 以次,52 以次,57,59,63 以次,69 以次,73,75,77 以次,86;**4**,3 以次,13 以次,17,21,24,27,31 以次,36 以次,42,46,49,51 以次,54,58,68,70,75,77,80 以次;**5**,1,10,13,25 以次;残篇,4,5.

温代克斯,优利乌斯（Vindex, Iulius）**1**,6,8,16,51,53,65,70,89;**2**,94;**4**,17,57,69.

温多尼撒（Vindonissa）**4**,61,70.

文提狄乌斯（Ventidius）**5**,9.

翁布里亚（Umbria）**3**,41 以次,52.

翁布里奇乌斯（Umbricius）**1**,27.

沃库拉（Vocula）见狄里乌斯,撒里奥列努斯.

沃孔提伊人（Vocontii）**1**,66.

沃皮司库斯（Vopiscus）见彭佩乌斯.

沃凯提乌斯（Vocetius）**1**,68.

沃路西乌斯（Volusius）**3**,29.

沃拉吉尼乌斯（Volaginius）**2**,75.

沃洛伽伊苏斯（Vologaesus）**1**,40;**4**,51.

乌比伊人（Ubii）**4**,18,28,55,63,77;**5**,24.

乌西披人（Usipi）**4**,37.

乌尔比努姆（Urbinum）**3**,62.

乌尔比库斯（Urbicus）见佩特洛尼乌斯.

乌尔卡奇乌斯・特尔图里努斯（Vulcacius Tertullinus）**5**,9.

X

西多（Sido）**3**,5,21.

西蒙（Simon）**5**,9.

西班牙（Hispania）**1**,8,22,37,49,62,76;**2**,32,58,65,67,86,97;**3**,2,13,15,25,35,44,53,70;**4**,3,25,39,68,76;**5**,19.

西森纳（Sisenna, 历史家）**3**,51.

西诺佩（Sinope）**4**,83 以次.

西努埃撒（Sinuessa）**1**,72.

西里乌斯・意大利库斯（Silius Italicus）**3**,65.

西拉努斯,玛・尤尼乌斯（Silanus, M. Iunius）**4**,48.

西徐亚人（Scythians）残篇,7.

希腊人（Greeks）**2**,4;**3**,47;**5**,8.

希罗（Herod）**5**,9,11.

希拉路斯（Hilarus）**2**,65.

希伦尼乌斯・伽路斯（Herennius Gallus）**4**,19 以次,26 以次,59,70,77.

希思帕里斯（Hispalis）**1**,78.

希耶罗索律玛（Hierosolyma）**2**,4;**5**,1 以次,8 以次,11.

希耶罗索律木斯（Hierosolymus）**5**,2.

显普洛尼乌斯・邓苏斯（Sempronius Densus）**1**,43.

显普洛尼乌斯・隆古斯（Sempronius Longus）**3**,34.

协和神殿（Temple of Concord）**3**，68.
谢纳（Sena）**4**,45.
谢夸尼人（Sequani）**1**,51;**4**,67.
谢尔维乌斯·图里乌斯（Servius Tullius）**3**,72.
谢尔托里乌斯（Sertorius）**4**,13.
叙利亚（Syria）**1**,10,76;**2**,2,5 以次,8 以次,73 以次,76,78 以次;**3**,24;**4**,3,17,39,84;**5**,1 以次,6,9 以次,26.

Y

雅努斯（Janus）残篇,4,5.
雅泽吉斯（Iazuges）**3**,5.
雅尼库路姆（Janiculum）**3**,51.
亚述人（Assyrians）**5**,2,8.
亚细亚（Asia）**1**,10;**2**,2,6,8 以次,81,83;**3**,46;**4**,17.
亚历山大（Alexander）**1**,11;**2**,74,79.
亚历山大（Alexandria,地名）**1**,31;**2**,79;**3**,48;**4**,81—84;**5**,1.
亚平宁山（Apennines）**3**,42,50,52,55 以次,59.
亚得里亚（Atria）**3**,12.
亚美尼亚,亚美尼亚人（Armenia, Armenians）**2**,6,81 以次;**3**,6,24.
亚细亚提库斯（Asiaticus,贝尔吉卡副帅）见瓦列里乌斯.
亚细亚提库斯（Asiaticus,高卢领袖）**2**,94.
亚细亚提库斯（Asiaticus,维提里乌斯的被释奴隶）**2**,57,95;**4**,11.
伊达（Ida）**5**,2,4.
伊西司（Isis）**4**,84;**5**,2.
伊里利亚（Illyria）**1**,31;**2**,60,85 以次.
伊凯路斯（Icelus）**1**,13,33,37,46;**2**,95.
伊里利库姆（Illyricum）**1**,2,6,9,76;**2**,74;**3**,35;**4**,3.
伊斯特里亚（Histria）**2**,72.
意大利（Italia）**1**,2,9,11,50,61 以次,70,84;**2**,6,8,12,17,20 以次,27 以次,32,56,62,66,83,90;**3**,1 以次,4 以次,9,30,34,42,46,49,53,59;**4**,5,13,17,51,55,58,65,72 以次,75 以次;**5**,1,10.
意大利军团（Italica legione）**1**,59,64,74;**2**,41,100;**3**,14,18,22.
意大利库斯（Italicus）**3**,5,21.
意大利库斯·西里乌斯（Italicus Silius）见西里乌斯.
因提拉姆那（Interamna）**2**,64;**3**,61,63.
优巴（Juba）**2**,58.
优诺（Juno）**1**,86;**4**,53.
优利乌斯·不列刚提库斯（Iulius Briganticus）**2**,22;**4**,70;**5**,21.
优利乌斯·卡列努斯（Iulius Calenus）**1**,35.
优利乌斯·布尔多（Iulius Burdo）**1**,58.
优利乌斯·阿尔披努斯（Iulius Alpinus）**1**,68.
优利乌斯·阿格列斯提斯（Iulius Agrestis）**3**,54.
优利乌斯·阿提库斯（Iulius Atticus）**1**,35.
优利乌斯·奥斯佩克斯（Iulius Auspex）**4**,69.
优斯图斯（Iustus）见米尼奇乌斯.
优利亚努斯,克劳狄乌斯（Iulianus, Claudius）**3**,57,76 以次.
优维纳里斯（Juvenalis）**4**,66.
优利乌斯阿尔卑斯山（Julian Alps）**3**,8.

尤尼乌斯·布莱苏斯（Junius Blaesus）**1**,59;**2**,59;**3**,38 以次.

尤尼乌斯·玛乌里库斯（Iunius Mauricus）**4**,40.

犹太（Iudaea）**2**,1,5,6,73,76,78,82;**4**,3;**5**,1 以次,8 以次,13;残篇,1—3.

幼发拉底河（Euphrates）**5**,9.

Z

朱庇特（Iuppiter）**3**,72,74;**4**,53 以次,58,83 以次;**5**,2.

希倍尔尼亚
日耳曼海
不列塔尼亚
海比埃苏
日耳曼
维提拉
阿斯奇布尔吉乌姆
科洛尼亚·阿格里披嫩西斯
摩功提亚库姆
比尔吉卡
波那
波思
路格杜嫩西斯
高卢
阿克维塔尼亚
路格杜努姆
维也纳
纳尔波嫩西斯
美地欧拉努姆
莱提亚
诺里库姆
潘诺尼亚
多瑙河
达奇亚
黑海
西班牙
塔尔拉科嫩西斯
路西塔尼亚
巴伊提卡
奥古斯塔·图利诺路姆
巴列亚尔群岛
科西嘉
撒丁尼亚
维罗那
阿克维莱阿
巴塔维乌姆
拉温那
伊里利库姆
波诺尼亚
意大利
罗马
塔尔拉乞那
卡普阿
提列努姆海
亚得里亚海
美西亚(上)
美西亚(下)
色雷斯
马其顿
拜占廷
比提尼亚与本都
加拉提亚
卡帕多奇亚
亚细亚
埃庇路斯
爱奥尼亚海
阿凯亚
爱琴海
吕奇亚
潘披里亚
奇里奇亚
叙利亚
贝利图斯
塞浦路斯
叙利亚·巴勒斯提那
耶路撒冷
阿拉伯·培特莱阿
亚历山大
埃及
阿拉伯湾
克里特
西西里
西西里海
迦太基
阿非利加(旧省)
努米地亚
玛乌列塔尼亚
非利加
昔兰尼加
地中海
①上日耳曼
②下日耳曼

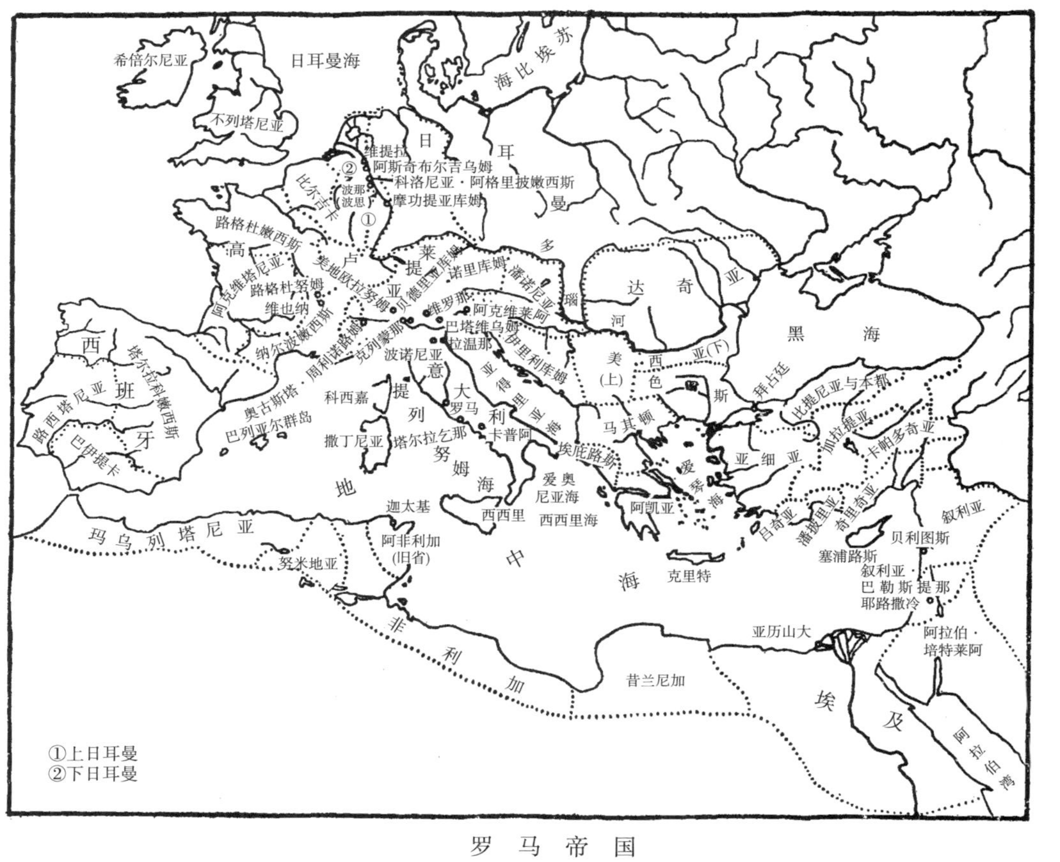

罗马帝国

西诺佩
拜占廷
海拉克列亚
帕普拉哥尼亚
比提尼亚
阿玛西亚
特拉佩佐斯
科尔齐斯
伊伯利亚
阿尔巴尼亚
阿尔巴那
里海
本都
尼科波利斯
撒塔拉
阿尔塔克撒塔
小亚美尼亚
亚美尼亚
凡湖
米地亚·阿特洛帕提尼
伽札卡
米地亚
埃克巴塔纳
苏撒
美西亚
佩尔伽门
玛格涅西亚
吕地亚
以弗所
米利都
卡里亚
吕奇亚
潘披里亚
披西狄亚
伊柯尼乌姆
普里吉亚
加拉提亚
安奇拉（安卡拉）
玛札卡
卡帕多奇亚
吕卡欧尼亚
杜安纳
奇里奇亚
塔尔索斯
塞琉西亚
美利提涅
索佩尼
阿米达
提格拉诺凯尔塔
尼西比斯
尼诺斯
美索不达米亚
亚西里亚
里卡拉·卡罗尼
阿尔提米塔
克提西丰
巴比伦尼亚
底格里斯河
幼发拉底河
卡波拉斯河
叙利亚
希耶拉波里斯
安条克
塞琉西亚
倍罗卡
尼凯波里乌姆
塞浦路斯
阿拉都斯
腓尼基
内海
（地中海）

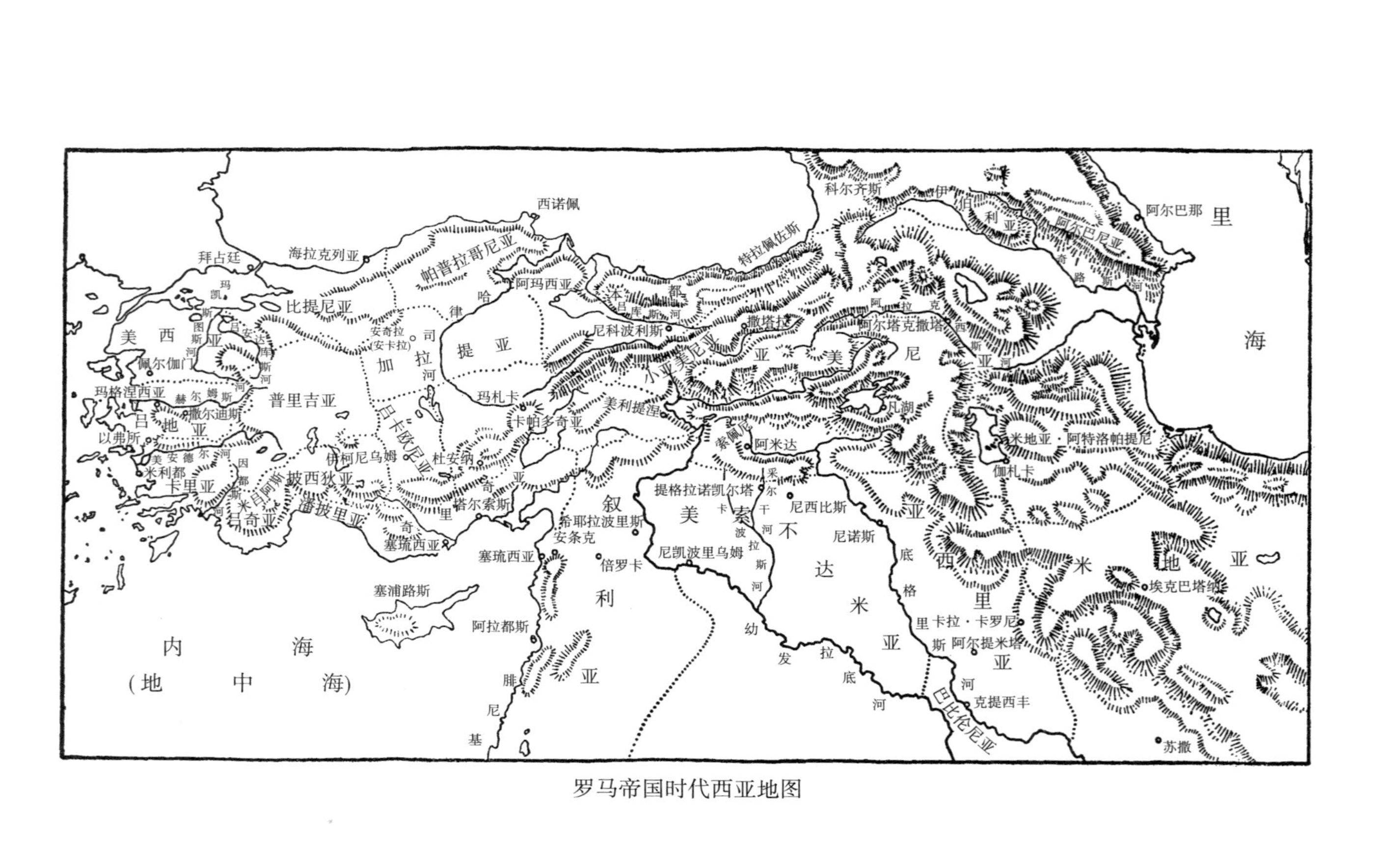

罗马帝国时代西亚地图

图书在版编目(CIP)数据

塔西佗历史/(古罗马)塔西佗著;王以铸,崔妙因译.—北京:商务印书馆,2017
(汉译世界学术名著丛书:120年纪念版:珍藏本)
ISBN 978-7-100-14217-5

Ⅰ.①塔… Ⅱ.①塔… ②王… ③崔… Ⅲ.①古罗马—历史 Ⅳ.①K126

中国版本图书馆CIP数据核字(2017)第137843号

汉译世界学术名著丛书
(120年纪念版·珍藏本)
塔 西 佗 历 史
王以铸 崔妙因 译

商 务 印 书 馆 出 版
(北京王府井大街36号 邮政编码100710)
商 务 印 书 馆 发 行
北京中科印刷有限公司印刷
ISBN 978-7-100-14217-5

2017年12月第1版 开本710×1000 1/16
2017年12月北京第1次印刷 印张28
定价:140.00元